以案释法

INTERPRETING LAWS WITH CASES

ANALYSIS OF COMPLICATED INTELLECTUAL PROPERTY INFRINGEMENT CASES

疑难知识产权侵权案例评析

吕甲木　黄润生　周建中　毛爱东 等著

法律出版社 LAW PRESS · CHINA
北京

图书在版编目(CIP)数据

以案释法：疑难知识产权侵权案例评析 / 吕甲木等著. -- 北京：法律出版社, 2024
ISBN 978-7-5197-8914-5

Ⅰ. ①以… Ⅱ. ①吕… Ⅲ. ①知识产权-侵权行为-案例-中国 Ⅳ. ①D923.405

中国国家版本馆 CIP 数据核字(2024)第 051065 号

以案释法:疑难知识产权侵权案例评析
YI'AN SHIFA:YINAN ZHISHI CHANQUAN QINQUAN ANLI PINGXI

吕甲木 黄润生 周建中 毛爱东 等著

责任编辑 慕雪丹 章雯
装帧设计 汪奇峰 臧晓飞

出版发行 法律出版社
编辑统筹 法商出版分社
责任校对 赵明霞
责任印制 胡晓雅
经　　销 新华书店

开本 710 毫米×1000 毫米 1/16
印张 22.5　字数 365 千
版本 2024 年 5 月第 1 版
印次 2024 年 5 月第 1 次印刷
印刷 三河市龙大印装有限公司

地址:北京市丰台区莲花池西里 7 号(100073)
网址:www.lawpress.com.cn
投稿邮箱:info@lawpress.com.cn
举报盗版邮箱:jbwq@lawpress.com.cn

销售电话:010-83938349
客服电话:010-83938350
咨询电话:010-63939796

书号:ISBN 978-7-5197-8914-5
定价:88.00 元

作 者 简 介

吕甲木

二级高级律师，浙江海泰律师事务所高级合伙人，兼任浙江省律师协会知识产权专业委员会主任，浙江省法学会知识产权法学研究会副秘书长、宁波市法学会知识产权法学研究会副会长、秘书长，全国律协知识产权专业委员会委员，民革宁波市委会法制委主任。被聘为最高人民法院知识产权案例指导研究（北京）基地专家、最高人民检察院民事行政检察咨询网专家、浙江省商业秘密领域智库专家、宁波仲裁委仲裁员、宁波大学硕士生导师、浙江万里学院兼职授课教师，获得浙江省知识产权宣讲活动先进个人、浙江省优秀专业律师（知识产权类）、宁波市十佳律师、宁波市领军型名优律师、宁波市法学会系统先进个人、2020年度宁波律师新闻人物，律新社“2023年知识产权领域领先律师”，浙江省律师协会通报表扬等荣誉。执业20多年来，已承办知识产权诉讼、非诉讼案件数百件，部分专利、商标、著作权、不正当竞争、非法经营等典型案例入选最高人民法院公报，全国法院50大知识产权典型案例，浙江法院10大知识产权案件。在法律出版社和知识产权出版社出版了著作《侵权法原理与判例研究》和《知识产权保护理论与判例研究》；撰写的《论商标在先使用抗辩的构成要件》等10多篇论文分别在《中华商标》《中国知识产权》《宁波大学学报》《中国知识产权报》《宁波日报》等报刊发表，曾7次获得中华全国律师协会知识产权律师年会十佳论文奖。邮箱：jarmoo@163.com。

黄润生

上海兰迪律师事务所高级合伙人，兰迪全国知识产权专业委员会主任，上海兰迪（温州）律师事务所主任。浙江省法学会知识产权法学研究会常务理事、浙江省律师协会知识产权专业委员会副主任、温州市律师协会副会长、温州市法学会知识产权法学研究会副会长兼秘书长、温州市政府立法专家库成员、温州市法学会首席法律咨询专家。黄润生律师专注知识产权领域，曾为诸多国际知名品牌提供过知识产权专项法律服务。其代

理的多起案件被评为最高法院、省高级法院、市中级法院年度十大知识产权案例。擅长处理重大疑难商标侵权及不正当竞争纠纷、商标授权确权、知识产权策划、合规及商业秘密保护等法律事务。曾获评浙江省律师行业优秀党员、浙江省首届优秀专业律师（知识产权类）、浙江省151人才（第二层次）、温州十佳律师、入选首届温州名律师人才库，其撰写的知识产权专业论文连续三年荣获浙江省律师论坛一等奖。

周建中

律师、专利代理师，国浩律师（杭州）事务所合伙人。现任浙江省律师协会知识产权专业委员会副主任、杭州市律师协会知识产权专业委员会主任、浙江省知识产权专家库成员、浙江大学光华法学院实务导师、浙江省法学会知识产权法学研究会常务理事、杭州仲裁委仲裁员、浙江省市场监督管理局商标品牌专家顾问团成员等职务。周律师办理的案件入选过最高法院、浙江省公安机关、杭州市中级人民法院、杭州市人民检察院、Asialaw Profiles《亚洲法律概况》等评选的知识产权典型案例。

毛爱东

浙江英普律师事务所高级合伙人，吉林工业大学工学学士，浙江大学法学硕士，中国计量大学法学院（知识产权学院）兼职教授；浙江省律师协会知识产权专业委员会副主任、中华全国律师协会知识产权专业委员会委员；浙江省及杭州市海外知识产权纠纷应对指导专家；杭州市政协第十届、十一届、十二届政协委员；2019年获聘担任浙江省外经贸法律服务律师团副团长；2020年入选浙江省知识产权高层次人才专家库首批入库专家；2021年入选浙江省商业秘密领域行业专家库；2022年当选浙江省专利代理人协会副会长，获聘浙江省涉案企业合规第三方监督评估机制专业人员（第一批）；2023年入选杭州市法治人才库。

编辑委员会

序一

知识产权保护是营造良好营商环境，推动经济高质量发展的必然要求。

2023 年 11 月 21 日下午，国家知识产权局、浙江省共建知识产权强省推进会暨全省知识产权保护大会在杭州召开。会议深入学习贯彻习近平总书记关于知识产权工作的重要论述和考察浙江重要讲话精神，全面落实党中央、国务院关于知识产权强国建设的战略部署，谋划推进新阶段省部共建各项任务，高水平打造知识产权强省，为“勇当先行者、谱写新篇章”提供有力支撑。

根据 2023 年 10 月 24 日，浙江省召开知识产权保护要情通报会提供的数据，浙江省目前拥有有效专利 195 万件，其中高价值发明专利 11.1 万件；注册商标 430 万件，地理标志 572 件；浙江省处理专利侵权纠纷行政案件超 1 万件，知识产权保护满意度 86.02 分，创历史最高水平；数字经济专利近 4 年年均增长 27.8%，居全国第一。

知识产权的核心是保护。为推动知识产权的保护工作，浙江省相关部门不遗余力地开展各项工作来维护知识产权权利人的合法权益。2023 年 4 月 26 日，浙江省知识产权强省建设工作联席会议办公室发布了《2022 年浙江省知识产权保护与发展状况》。根据该报告披露：全省共有 33 个市、县（市、区）、园区列入首批国家知识产权强国建设试点示范序列，其中，杭州、宁波、温州 3 个城市获批国家知识产权强国建设示范城市，数量全国第一。全省公安系统部署开展“深蓝 2022”“昆仑 2022”打击侵犯知识产权犯罪专项行动，共破获知识产权刑事案件 676 起。全省法院系统共新收一审民事知识产权案件 24811 件，同比上升 12.63%；审结 24193 件，同比上升 16.46%。全省检察机关共受理知识产权刑事案件 982 件、涉案 2486 人，其中提起公诉 520 件，提起公诉 1127 人，起诉人数同比增长 17%。在上述知识产权创造、运用、保护、管理的过程中，我们都可以看到浙江知识产权律师为客户提供知识产权法律服务的身影。

在贯彻落实《知识产权强国建设纲要(2021—2035年)》,打通知识产权创造、运用、保护、管理和服务全链条过程中,加强知识产权法治建设,提高知识产权法律服务水平既是依法治国的应有之义,也是知识产权强国建设的有力保障。在知识产权法治保障建设中,我们律师与学者、法官、检察官、警官、行政执法者一样,是法治建设的主力军,积极参与知识产权立法、执法、司法、普法活动。站在浙江高质量发展建设共同富裕示范区的历史节点,按照“谁执法、谁普法”的普法责任制,浙江省律师协会积极贯彻落实党和国家关于建立法官、检察官、行政执法人员、律师等以案释法制度,加强普法讲师团、普法志愿者队伍建设的要求,自2010年起,与浙江省知识产权局等部门合作,每年举办知识产权巡回宣讲活动。

本书的编著和出版,是浙江律师在知识产权法治宣传、以案释法工作方面取得的又一成绩。

本书系在浙江省律师协会知识产权专业委员会主任吕甲木,副主任毛爱东、黄润生、周建中等的牵头下,组织了14名委员一起编写了26篇案例评析汇编而成,内容涵盖了专利、商标、著作权、不正当竞争等领域。上述案例中既有全国性典型案例,也有浙江省的典型案例;既有法律适用存在争议的传统知识产权侵权案例,也有新类型的案例。各位作者在撰写案例分析时,有的从案件本身的争议焦点出发进行法理分析、研究,从而归纳总结出此类案件的裁判思路;有的从律师办案过程出发,给类似案件的办理提供了思路。因此,此书不仅具有释法、普法功能,而且对于律师办案、学术研究更有借鉴意义。

借此书出版的契机,希望浙江的知识产权律师勇立潮头,脚踏实地,既能办好案件、服务客户,又能讲好课、写好文章,带领青年律师一道积极参与到知识产权强国建设、依法治国的宏伟事业中去。

是为序。

浙江省律师协会会长　沈田丰

2024年2月22日

序二

【序稿】

知识产权重大案件，
智财高手精评细点，
庖丁解牛藉案释法，
画龙点睛疑难与析。

打开甲木发来的他们几位知识产权律师精英刚完成的书稿《以案释法:疑难知识产权侵权案例评析》,开卷展读,爱不释手。几十年来我喜欢阅读知识产权案例书籍,尤其醉心拜读以案释法,析法于案、提纲挈领,纲举目张从而力透纸背,入木三分的高质量知识产权案例书籍。而几十年来我国的知识产权审判实践也与时俱进,今非昔比,厚积薄发,继往开来。记得20世纪八九十年代我开始从业知识产权教师与律师岗位时,全国法院每年审理的知识产权诉讼案件只有区区数千件,而如今我国法院每年审理的知识产权诉讼案件数量却已高达数十万件,并一直居高不下。相应曾存在过的我国知识产权审判实践中“案必称美国,法多引欧盟”的历史状况,早已一去不复返。如今我国堪称世界知识产权诉讼的富矿区与制高点,不但知识产权诉讼案件的审理数量一贯遥遥领先,而且知识产权诉讼案件的审理质量也已雄踞前沿。当代科学技术进步形势日新月异,相应的知识产权新问题也纷至沓来。而知识产权领域新的重大问题、疑难问题,往往首先出现在鲜活的案例中,迎面拷问知识产权审判实践并形成相应案例,进而引发相关的专业讨论与理论研究,或在一系列相关的重大知识产权案例反复研析的基础上,再上升为相应层次的法律规范,甚至登上立法修法的最高平台,从而使知识产权诉讼案例及其研讨首当其冲,引人关注。因此,近年来我国相应知识产权案例书籍的编著出版也如影随形，日积月进，如遍地萌芽，似雨后春笋。有感于迄今我国传统的普法介绍类或案例宣传类的知识产权案例书籍比比皆是，而尤其是研究深入、视角独到的知识产权案例精品书籍却并不常见。

今有缘先睹浙江省律协知识产权专业委员会甲木、润生、建中、爱东四位正副主任共同编著的这本《以案释法：疑难知识产权侵权案例评析》，却感应于此书的析释法，精案深论；问题导向，案例集群；聚焦疑难，注重理论；集思广益，溯源寻根；别开生面，推陈出新。该书共30万字，其案例评析文章覆盖专利、商标、著作权、不正当竞争及其他相关方面共26篇。通读此书感觉到有其鲜明的特点：一是案例评析的目标：一方面是案例关联的法律问题而不是单纯的案例本身；另一方面是以案释法而不是以案普法或者案例宣传；再一方面是不局限于作者亲力亲为的代理案件，而放眼于目标问题所关联的相关案件。二是案例评析的方法：是诸案整合的集群评析，而不是单案导向的一案一评，即是问题导向而整合相关案例的群案系统考量与聚焦分析，大多聚焦于当前知识产权审判实践中的热点、焦点、难点与重点法律问题。三是案例评析的角度：不是一般泛泛的普法层面说文解字的案例评析，而是寻根溯源，攻坚克难的法理高度之相关评析。本书的特色，或在于选择争议性较强的疑难案件及其聚焦的法律问题，登上法理的高度进行系统的、深层的、全面的甚至辩证的整合评析，这恰是与一般知识产权案例书籍的不同之处。

我应是一名知识产权老兵，1984年由理工男转身专利代理人以来从业知识产权的教学、研究与服务，多年来“教师的一半是律师，学者的一半是行者”的经历，感悟知识产权“实务须务实，理论要论理；厚积乃薄发，典型向精深”。而案例教学应是知识产权教学的主要形式之一，案例教材应是知识产权教学的重要教材之一，而且案例教材最好兼具相当的实务深度和理论高度。这也恰是本书引发我强烈共鸣的源头。譬如，对于本书中甲木所撰写数万字的《涉外定牌加工商标侵权问题的认定——以“亚环案”“东风案”“本田案”“时代威科案”为例》一文我就很有感触，对于作者关于“定牌加工作为一种贸易形式，其法律性质为加工承揽，商标权的保护应该遵循的诚实信用原则、利益平衡原则、地域性原则和混淆性原则”等观点我也很有感慨。我也很早曾参与代理过若干涉外定牌加工的民刑案件，其中有一件最后由检察院撤诉的刑案就在浙江。我觉得本书中关于涉外定牌加工的案例及其研究讨论，是我迄今所见这方面的研究文献中尤为深入与全面的。本书宜作为高等院校知识产权教学参考资料，也适用于法学及知识产权继续教育的教学资料，尤其对主要从事知识产权业务的律师工作者特别是年轻人，本书更值得一读。

也感谢本书的四位作者，让我先睹为快，在先读了本书，收获多多，获益深深。

陶鑫良

2024 年 3 月 12 日于南大西洋上

目录

第三章 疑难著作权侵权案例评析

第四章 疑难不正当竞争案例评析

第一章

疑难专利侵权案例评析

1

论可预见规则在专利等同侵权认定中的应用

——以“儿童游戏围栏安全锁装置”发明专利侵权案为例

吕甲木　沈　燕*

【内容提要】等同原则的适用通常考虑专利权人在撰写权利要求时不能预见到侵权者以后可能采取的所有侵权方式等情况，对权利要求的文字所表达的保护范围作出适度扩展，将仅仅针对专利技术方案作出非实质性变动的情况认定为构成侵权，以保护专利权人的合法权益。在专利申请日之前，本领域技术人员能够想到被诉侵权技术方案所使用的凸块替代方式，专利权人却在申请专利之时仅将通过固定螺丝限制位移的方式记载入权利要求，在等同认定时，不应再将申请专利时能够预见到却没有被写入权利要求书的凸块等替代方式纳入专利权的保护范围。

【关键词】专利侵权　可预见规则　等同　权利要求

【案情简介】

佳宝公司向国家知识产权局申请了专利号为 ZL20121058 × × × × .3、名称

* 吕甲木：二级高级律师，浙江海泰律师事务所高级合伙人，兼任浙江省律师协会知识产权专业委员会主任、浙江省法学会知识产权法学研究会副秘书长、宁波市法学会知识产权法学研究会副会长兼秘书长、中华全国律师协会知识产权专业委员会委员，被聘为最高人民法院知识产权案例指导研究（北京）基地专家咨询委员会专家、最高人民检察院民事行政检察咨询网专家、浙江省商业秘密领域智库专家、宁波仲裁委员会仲裁员。沈燕：浙江海泰律师事务所律师、专利代理师。

为“儿童游戏围栏安全锁装置”的发明专利。该发明专利的权利要求为一种儿童游戏围栏安全锁装置，主要包括安全锁机构、套接机构、门栏和围栏，其特征在于：套接机构与围栏可转动连接，安全锁机构包括锁头和锁尾两部分，锁头安装在门栏上，锁尾固定在套接机构上；锁头的锁盖上设置有二道锁开关和扳手，锁头内部与扳手相连有凸轮，并且凸轮通过固定螺丝固定在锁盖上，凸轮下面设置有L型活动模条，L型活动模条一端通过拉簧与锁盖相连接，另一端穿过锁盖设置有活动锁销；锁头内部与二道锁开关相连有横销，横销一端通过固定螺丝固定在锁盖上，同时上端通过弹簧顶在锁盖上面，另一端穿过锁盖侧面，并且中间穿在锁盖上设置的柱子上，横销中间上下均设置有凹槽，分别于锁盖上设置的弹头和凸轮相匹配。

根据佳宝公司申请，宁波海关于2018年11月19日将申报出口的被诉侵权产品413套扣留，该批涉案产品的报关单显示境内发货人为捷时公司，生产销售单位为腾裕公司，实际出口件数411件，单价43.35美元，报关单出口货物总价17816.85美元。

2019年1月22日，捷时公司向国家知识产权局提出涉案专利无效宣告请求，国家知识产权局于2019年9月26日作出无效宣告请求审查决定书，决定维持专利权有效。

经比对，双方对被诉侵权产品是否落入涉案专利的权利要求范围的主要争议在于涉案专利的安全锁机构，佳宝公司认为，关于权利要求中“横销一端通过固定螺丝固定在锁盖上”的技术特征，被诉侵权产品中二道锁上的螺丝实际上实现了固定螺丝的功能，相关领域的技术人员通过附图能够清晰地对这一技术特征作出唯一的理解，该固定螺丝对应的二道锁是用于限制横销的，即起到限位的作用，并且活动锁销是一个成熟的技术，具体如何设置无须在权利要求和说明书中进行详细描述。腾裕公司、博纳公司、捷时公司认为，关于权利要求中“L型另一端穿过锁盖设置有活动锁销”的技术特征，被诉侵权产品中的另一端并没有穿过锁盖，而是通过在L型活动模块后部加装弹簧和活动锁销实现相关功能；关于权利要求中“锁头内部与二道锁开关相连有横销”的技术特征，被诉侵权产品中二道锁与横销之间是分开的，并没有相连；关于权利要求中“横销一端通过固定螺丝固定在锁盖上”的技术特征，被诉侵权产品的横销是通过柱子套接在锁盖上的，可以活动，横销与螺丝没有任何接触，被诉侵权产品的螺丝是用来固定二道锁开关的,和横销没有任何关系。

【裁判理由】

宁波市中级人民法院一审法院认为:(1)关于权利要求中"L 型另一端穿过锁盖设置有活动锁销"的技术特征,被诉侵权产品系通过加装弹簧装置连接 L 型活动模条与活动锁销,完成两个部分之间的联动,该两部分仍然是互相连接的关系,通过拉动 L 型活动模条可以带动活动锁销运动,故被诉侵权产品的该部分技术方案符合涉案专利记载的该技术特征。(2)关于"锁头内部与二道锁开关相连有横销,横销一端通过固定螺丝固定在锁盖上"的技术特征,国家知识产权局在无效宣告请求决定书中对此部分特征作出了具体的说明,即"由于横销需要在凸轮的带动下沿其长度方向进行横向移动,通过横向缩回和伸出完成开锁和上锁的过程,因此横销的一端必然不可能固定在锁盖上不能移动……从附图 2① 上也可以看出,横销的一端抵靠在固定螺丝旁,该螺丝并不是将横销的一端固定在锁盖上,使之不能横向移动,而只是对横销的横向移动起到一个限位的作用"。故从上述权利要求的记载及无效宣告请求决定书中对此作出的具体说明来看,显然涉

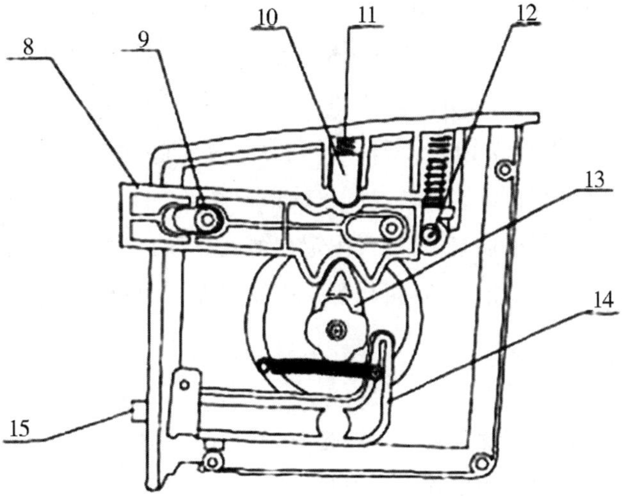

图 1

① 该附图 2 即为本页图 1。——编者注

案专利中的横销与螺丝之间系连接关系,涉案专利系利用螺丝对横销实施限位,横销一端抵靠在固定螺丝旁。而被诉侵权产品使用的技术方案中,螺丝位置明显低于横销位置,螺丝并未对横销起到任何的限位作为,并且螺丝与横销之间不存在连接关系,被诉侵权产品系通过在横销后侧方另行设置的凸块完成限位功能,并且从被诉侵权产品的实现上述功能的具体构造来看并非属于本领域的普通技术人员无须经过创造性劳动就能够联想到的特征,被诉侵权产品的该技术特征与涉案专利的技术特征不相同也不等同。

专利权人佳宝公司不服,上诉到最高人民法院。最高人民法院二审认为:涉案专利权利要求中的“横销一端通过固定螺丝固定在锁盖上”应解释为“横销一端通过固定螺丝限定在锁盖上”。经比对,被诉侵权技术方案中的横销一端并未通过固定螺丝限定在锁盖上,横销通过其后侧方另行设置的凸块进行限位,螺丝只是用来固定二道锁开关的,与横销之间不存在连接关系,也起不到限制横销位移的作用。等同原则的适用通常考虑专利权人在撰写权利要求时不能预见到侵权者以后可能采取的所有侵权方式等情况,对权利要求的文字所表达的保护范围作出适度扩展,将仅仅针对专利技术方案作出非实质性变动的情况认定为构成侵权,以保护专利权人的合法权益。本案中,在专利申请日之前,本领域技术人员能够想到可以用横销移动的部件来限制横销位移,其中包括被诉侵权技术方案所使用凸块的方式,佳宝公司却在申请专利之时仅将通过固定螺丝限制位移的方式记载入权利要求,在等同认定时,不应再将申请专利时能够预见到却没有被写入权利要求书的凸块等替代方式纳入专利权的保护范围。故被诉侵权技术方案不具有涉案专利“横销一端通过固定螺丝限定在锁盖上”的技术特征相同或等同的技术特征,被诉侵权技术方案未落入涉案专利权权利要求的保护范围。①

【法理评析】

可预见规则是在司法实践中发展起来的限制等同适用范围的裁判规则,在我国的法律和司法解释中均未规定。因此,无法从法律上给可预见规则下一个确定的定义。在司法实践中,一般是指专利权人对于申请时能够预见的等同替换技术方式而没有写入权利要求记载的保护范围的,在日后侵权行为的等同认定时,不

---

① 参见最高人民法院民事判决书,(2020)最高法知民终928号。

得再将该专利申请时能够预见的替换技术方式纳入等同侵权的保护范围。显然，可预见规则是对等同侵权适用范围的限制，对专利权人的专利撰写质量提出了很高的要求。

一、可预见规则的比较法上的考察

（一）美国专利等同侵权认定中可预见规则

美国联邦上诉法院雷德（Rader）法官在 Sage Prods. v. Devon Indus. 案（以下简称 Sage 案）判决书中表示：具有丰富经验的专利起草人会合理地预见涉案技术特征所存在的潜在限制性作用……专利权人怠于行使权利，未能充分提出其可能预见的所有权利要求的，其理应自行承担由此带来的不利后果，并且应禁止将这种不利益转嫁给外部主体。① 虽然该案没有明确提出可预见规则的概念，但其隐含表明专利申请人应该将其在专利申请时能够预见的所有非实质变换替代技术方式纳入权利要求中去，否则要承担不利后果。此后通过 2002 年的强生公司案和 2003 年的 Festo 案，可预见规则成为美国法院一项独立的司法规则，在限制等同原则方面发挥了特殊作用。但争议始终不断，美国联邦上诉法院在 Ring & Pinion Serv. Inc. v. ARB Corp. Ltd. 案中明确 Sage 案并未创设出任何具有限制性作用的可预见性规则，也不会限制等同原则的适用；根本不存在所谓的“可预见性规则”，这只是人们对法律的误解；无论过去还是现在，可预见性原则尚未体现出对等同原则适用的限制。②

（二）日本专利等同侵权认定中的可预见规则

日本早期对等同侵权的适用非常严格，对等同原则持消极态度。对于消极适用等同原则的原因，日本学者认为，部分是“由于当时的时代背景，在技术水平总体较低的阶段，有更愿意较窄地确定专利保护范围的要求”。1998 年 2 月，在“无限折动用滚珠花键轴承”案中，日本最高法院首次确认专利侵权可以适用等同原则。在该案中，日本最高法院认为，即使被控侵权物与权利要求记载的技术特征存在差异，在满足下列条件的情况下，被控侵权物作为权利要求范围记载构成的等同物，仍属于专利发明的技术范围：第一，不同的部分不是专利发明的本质部分；第二，即使将被控侵权物中的不同部分与专利发明中的相应部分进行替换，也

① See Sage Prods. v. Devon Indus. ,126 F. 3d 1420,1997 U. S. A.

② See Ring & Pinion Serv. Inc. v. ARB Corp. Ltd. ,743 F. 3d 2014U. S. A.

能产生相同的作用效果、实现发明的目的;第三,上述替换对本领域的普通技术人员来讲在被控侵权物制造时是容易想到的;第四,被控侵权物与专利发明申请时的公知技术或者本领域普通技术人员能够在专利申请时从公知技术容易推导出的技术并不相同;第五,没有诸如在专利申请过程中将被控侵权物从权利要求中有意识地排除之类的特别事由。[①] 上述第四项条件与可预见规则对等同侵权限制的内容有些类似。换言之,被控侵权物属于专利发明申请时本领域普通技术人员能够从公知技术中容易推导出的技术,该技术为专利申请时与现有公知技术等同的技术。因为,如系公知技术,则直接适用现有技术规则,无须考虑等同;如系与现有技术实质不同的技术,则也不存在适用等同侵权的余地。因此,能够在专利申请时从公知技术容易推导出的技术,只能是在专利申请时从公知技术中容易想到的等同替换技术。

二、可预见规则在我国专利侵权司法实践中的应用

(一)上海法院对可预见规则的态度

上海市高级人民法院民事审判第三庭在 2013 年发布的《等同侵权的司法认定》中认为,如果采用“可预见规则”,就更能够防止专利申请人撰写窄范围权利要求,而在专利授权后主张等同的宽范围的保护范围。根据可预见规则,除申请日以后由于技术发展出现的等同特征可以主张等同侵权外,专利权人能够主张专利权保护范围均是经过专利局审查过的专利权保护范围。并且建议可以进一步将专利申请的可预见规则应用到权利要求修改时,不只是为了专利授权限制性修改权利要求应适用可预见规则,权利要求的扩张性修改宜应适用可预见规则。专利权人以技术特征等同为由主张等同侵权就只存在两种情况:第一,对于权利要求中未经修改过的技术特征,专利权人可以主张从专利申请日以后(申请日到侵权行为发生日之间),由于技术的发展而出现的等同特征替换,构成等同侵权。第二,对于权利要求中经修改过的技术特征,专利权人可以主张从技术特征修改日以后(修改日到侵权行为发生日之间),由于技术的发展而出现的等同特征的替换,构成等同侵权。因为,这些等同特征的出现,专利申请人在申请时或者修改时均是不能预见的。除不能要求将前述两种不能预见的等同写入权利要求之外,

① 参见闫文军:《专利权保护的范围:权利要求解释和等同原则适用》,法律出版社 2007 年版,第 274 - 278 页。

还有一种可能存在的情况是专利申请人在撰写申请时或者修改时能够预见与相应技术特征相等同的特征,但由于语言的缺陷不能在撰写权利要求时或者修改权利要求时将相应的等同特征写入权利要求的保护范围之内。基于禁止反悔原则具体规则的明确性与可操作性,建议对这种能够预见而由于语言缺陷不能写入权利要求的特例情况,不应作为可以主张等同侵权的例外。①

(二)北京法院对可预见规则的态度

北京市高级人民法院在其2001年发布的《专利侵权判定若干问题的意见(试行)》(已失效)中并未规定可预见规则,在2013年制定的《专利侵权判定指南》中仍未规定。但北京市高级人民法院在2017年发布的《专利侵权判定指南(2017)》中规定了等同侵权的可预见规则,其规定"对于发明权利要求中的非发明点技术特征、修改形成的技术特征或者实用新型权利要求中的技术特征,如果专利权人在专利申请或修改时明知或足以预见到存在替代性技术特征而未将其纳入专利权的保护范围,在侵权判定中,权利人以构成等同特征为由主张将该替代性技术方案纳入专利权的保护范围的,不予支持"。该规定将可预见规则的对象限定于发明专利的非发明点技术特征、修改形成的技术特征或者实用新型权利要求中的技术特征。可预见的判断时间如果包括专利申请日,会因过于理想而失去可行性;而判断时间点在权利要求修改日(仅指主动修改)则不然。由于对发明和实用新型专利申请文件的修改不得超出原说明书和权利要求书记载的范围,此时对等同物的预见是在符合原专利申请文件的基础上的,不会出现宽的范围导致预见不能。因此,只要求将修改时可预见的等同技术特征写入权利要求中,既可提高权利要求的公众告示作用,又不会使权利人承担过重的责任。②

(三)最高人民法院对可预见规则的态度

一般认为,最高人民法院于2015年在再审申请人孙某义与被申请人任丘市博成水暖器材有限公司、张某辉、乔某达侵害实用新型专利权纠纷案(以下简称孙某义案)中运用可预见规则限制了等同原则的适用范围。③ 该案ZL20032011

① 参见上海市高级人民法院民事审判第三庭:《等同侵权的司法认定》,第24页。

② 参见董慧凝、郑璐璐:《专利侵权中可预见规则的法律适用》,载《北方工业大学学报》2019年第6期。

③ 参见徐焕然:《可预见性规则的历史流变及未来我国司法应用政策分析》,载《河南理工大学学报(社会科学版)》2020年第4期;董慧凝、郑璐璐:《专利侵权中可预见规则的法律适用》,载《北方工业大学学报》2019年第6期。

××××.2“防粘连自动排气阀”专利权利要求写明“其特征在于进水套高于壳体底部,进水套上表面呈锥面,浮球落在进水套上,不与壳体接触”,而被诉侵权产品“一体式盖母进水套上表面为平面”。双方的争议在于两者是否构成等同。最高人民法院认为,本案中判断被诉侵权产品“一体式盖母上表面呈平面”与涉案专利“进水套上表面呈锥面”的技术特征是否为等同技术特征需考虑以下因素:首先,应考虑等同原则与专利权保护范围之间的关系,以及专利法律制度规定等同原则的必要性。一方面,在专利侵权判定中,等同原则是对专利权利要求字面保护范围的扩张,是对专利权字面侵权的适当补充,等同原则的适用为专利权人提供了切实有效的法律保护,鼓励了技术创新;另一方面,专利制度本身又要确保专利权的保护范围具有足够的法律确定性和可预见性,不因滥用等同原则致使专利权保护范围缺乏确定性而损害社会公众的利益。因此,等同原则既是专利权保护中一项不可或缺的重要原则和制度,又必须对等同原则的适用施加必要限制,兼顾专利权人和社会公众的利益,既要保护专利权人在现有技术基础上作出的技术贡献,又要促进科学技术的进步。其次,等同原则的适用须考虑专利申请与专利侵权时技术的发展水平,防止对专利技术方案中某些技术特征以专利申请日后新出现的技术进行简单替换而规避侵权的情况,合理界定专利权的保护范围。本案中,涉案ZL20032011××××.2“防粘连自动排气阀”实用新型专利权利要求和说明书均记载:进水套的上表面呈锥面。这表明,孙某义在申请涉案专利时将其要求保护的技术方案限定为进水套的上表面呈锥面,不是平面,而锥面或平面均是涉案专利申请时,该领域普通技术人员普遍知晓的技术方案。因此,专利权人将权利要求中该技术特征限定为锥面,是将平面排除在涉案专利权的保护范围之外。鉴于此,在侵权判定时,不能将技术特征“锥面”扩张到“平面”予以保护,否则将有损社会公众对专利权保护范围确定性和可预见性的信赖,从而损害社会公众的利益,动摇专利制度的基石。故本案中,被诉侵权产品的技术特征与涉案专利权利要求记载的技术特征相比,并未构成等同的技术特征,被诉侵权产品未落入涉案专利权保护范围。此外,对于关于孙某义主张最高人民法院(2009)民申字第157号民事裁定已认定等同侵权的问题,最高人民法院进一步认为,2001年6月22日发布的《最高人民法院关于审理专利纠纷案件适用法律问题的若干规定》(已被修改)确立了专利侵权判定中的等同原则。等同原则的适用克服了专利权利要求在表达上的局限性,弥补了字面侵权的不足,实现了对专利权人的保护,但在实践中出现了等同原则适用过宽的倾向,不适当地扩张了专利权保护范围。2009 年 12 月 28 日发布的《最高人民法院关于审理侵犯专利权纠纷案件应用法律若干问题的解释》通过对捐献原则、禁止反悔原则以及全面覆盖原则的明确,结合等同原则的适用对专利权人的权利进行了一定程度的限制,使之与社会公众的利益之间形成了更好的平衡关系。同时,一方面,随着专利制度的进一步普及和发展,专利权人的专利文件撰写水平不断提高,专利行政部门对专利申请文件的撰写要求更为严格,等同原则对于撰写水平较低的专利权利要求的保护作用在逐级减弱;另一方面,人民法院对等同原则的认识更为深刻,对等同原则的适用也更为严格和谨慎。故最高人民法院(2009)民申字第 157 号民事裁定对等同侵权的认定并不影响本案侵权是否成立的判定。[①] 在该案中,最高人民法院并没有明确以可预见规则来限制等同侵权的适用范围,其在说理部分主要在于阐述锥面或平面均是涉案专利申请时,该领域普通技术人员普遍知晓的技术方案,在专利申请时将权利要求中该技术特征限定为锥面是将平面排除在涉案专利权的保护范围之外,故在等同侵权判定时不能将“锥面”扩大到“平面”予以保护,实质是明确排除的技术方案不能再予以保护的“禁反言”原则的运用。所以,《最高人民法院知识产权案件年度报告》(2015 年)对该案的裁判要旨提炼为“专利申请时已经明确排除的技术方案,不能以技术特征等同为由在侵权判断时重新纳入专利权的保护范围”。

但最高人民法院在本节论述的案例“儿童游戏围栏安全锁”发明专利侵权案中明确了对等同侵权予以限制的可预见规则:等同原则的适用通常考虑专利权人在撰写权利要求时不能预见侵权者以后可能采取的所有侵权方式等情况,对权利要求的文字所表达的保护范围作出适度扩展,将仅仅针对专利技术方案作出非实质性变动的情况认定为构成侵权,以保护专利权人的合法权益。在专利申请日之前,本领域技术人员能够想到被诉侵权技术方案所使用的凸块替代方式,专利权人却在申请专利之时仅将通过固定螺丝限制位移的方式记载入权利要求,在等同认定时,不应再将申请专利时能够预见却没有被写入权利要求书的凸块等替代方式纳入专利权的保护范围。

随后,最高人民法院又在上诉人常州格瑞德园林机械有限公司、上诉人宁波

① 参见最高人民法院民事裁定书,(2015)民申字第 740 号。

昂霖智能装备有限公司与被上诉人徐州中森智能装备有限公司侵害发明专利权纠纷案中再次应用了可预见规则。其认为:专利权保护范围的确定,既要严格保护专利权人的利益,又要维护权利要求书的公示作用和社会公众对专利文件的信赖,平衡专利权人与社会公众之间的利益。如果专利权人在撰写专利申请文件时已明确地知晓相关技术方案,但并未将其纳入权利要求保护范围之内,则在侵权诉讼中不得再适用等同理论将该技术方案纳入保护范围。确定专利权人在专利申请时是否明确知晓并保护特定技术方案,可结合说明书及附图内容予以认定,并应将说明书及附图作为整体看待,判断的标准是本领域普通技术人员阅读权利要求书与说明书及附图之后的理解。该案专利说明书记载"为了解决传统剪刀工作强度高,工作效率差的问题,现市面上推出了一些电动剪刀和燃油剪刀。电动剪刀和燃油剪刀虽然为自动剪刀,但在修剪圆形绿篱时,工作效率低,操作难度大的问题仍然悬而未决"。"为解决现有电动剪刀和燃油剪刀工作强度高、效率差、难度大等问题,有必要提供一种可用作平剪也可用作圆形剪的电动绿篱机。""有鉴于此,本发明的目的是为了克服现有技术中的不足,提供一种可用作平剪也可用作圆形剪的电动绿篱机,其具有工作强度低、工作效率高、工作难度低、环保无污染的特点。"专利主题名称一般而言具有限定作用,它限定了技术方案所适用的技术领域。涉案专利权利要求前序部分的主题名称已载明为"一种电动绿篱机",在前序的特征部分亦有关于"电机"的明确记载。通过前述记载可知,专利权人在撰写涉案专利权利要求书和说明书时,即已明确知晓现有技术中存在电机驱动和燃油发动机驱动两种方式,并且"环保无污染"是本专利相较于现有技术新增的一个技术效果,但专利权人在涉案专利权利要求中仅强调电机驱动,即明确表示涉案专利的驱动方式仅限于电机驱动,而非燃油发动机驱动。从说明书的相关内容可以看出,专利申请人在撰写涉案专利权利要求时,基于对环保效果的追求,专利申请人并不寻求保护以燃油发动机作为动力源的绿篱机技术方案。换言之,本领域普通技术人员基于对权利要求所限定的"电动绿篱机"、说明书背景技术部分对存在电机驱动和燃油发动机驱动两种方式的介绍以及发明目的部分关于"环保无污染"效果的强调等,完全可以理解为专利申请人明确不寻求保护以燃油发动机作为动力源的绿篱机技术方案。在此种情况下,若在判断被诉侵权产品是否落入涉案专利权保护范围时,将燃油发动机驱动与电机驱动认定构成技术特征等同,则不利于专利权利要求公示作用的发挥和社会公众信赖利益的保护。综上所述,原审法院对于被诉侵权产品和涉案专利的驱动方式技术特征构成等同的认定结论不当,最高人民法院依法予以纠正。[①]《最高人民法院知识产权法庭裁判要旨》(2021 年)明确将该案的裁判要旨提炼为"专利权利人在撰写专利申请文件时未将其明确知晓的技术方案写入权利要求,本领域技术人员在阅读权利要求书、说明书后认为专利权利人明确不寻求保护该未写入权利要求的技术方案的,一般不应再通过等同侵权将该技术方案纳入专利权保护范围"。在该案中,最高人民法院也应用了 2015 年孙某义案中有关专利申请日时已经明确知晓但已排除的技术方案不得纳入等同侵权的保护范围之内的裁判要旨,但在裁判要旨中并未明确出现可预见规则的法律概念。

由于在法律以及最高人民法院的司法解释、司法政策文件中并未明确表述限制等同侵权适用范围的"可预见规则",在孙某义案之后 ,最高人民法院也有不支持可预见规则的案例。最高人民法院对审理的再审申请人深圳厨之道环保高科有限公司与被申请人重庆市创新油烟净化设备有限公司(以下简称创新公司)侵犯发明专利权纠纷案中的被诉侵权产品的技术特征和涉案专利的全部必要技术特征进行比对,两者不同之处在于:涉案专利的技术特征辐条的横截面为圆形,而被控侵权产品辐条的横截面为正六边形,其他技术特征相同。创新公司主张权利要求限定了辐条为圆形,明确排除了对其他形状辐条的保护。对此,最高人民法院认为,尽管涉案权利要求限定辐条为圆形辐条,但本领域普通技术人员可以预期其他类圆辐条在高速旋转拦截时也能产生与涉案专利类似的效果。涉案专利的说明书已经载明,该发明与圆形板状净化器相比,由于该发明辐条是圆形的,其正面和侧面均为曲面,不存在圆形板状净化器的阻风等问题,故其净化率高,由此可见,涉案专利采用圆形辐条是为了解决板状辐条的风阻问题,本领域普通技术人员可以预期其他类圆辐条相对于板状辐条也能解决相同的技术问题。因此,不宜将其他类圆辐条排除在涉案专利的保护范围之外。对于创新公司的主张,最高人民法院不予支持。此外,鉴定意见已表明,一般情况下普通技术人员会认为六边形辐条和圆形辐条的油烟净化效果没有差异,因此,当本领域普通技术人员在看到涉案专利的圆形辐条时很容易想到与之接近的六边形辐条,并且认为二者在油烟净化效果上没有差异。从圆形辐条到六边形辐条,应是本领域普通技术人员

① 参见最高人民法院民事判决书,(2021)最高法知民终 192 号。

无须经过创造性劳动就能够联想到的特征。因此，一、二审法院认定圆形辐条和正六边形辐条不等同错误，最高人民法院对此予以纠正。由于双方对被诉侵权产品与涉案专利独立权利要求的其他特征相同均不持异议，在此基础上，最高人民法院认为，一审证据保全的被诉侵权产品落入涉案专利的保护范围。①

三、结语

作为限制等同侵权适用范围的可预见规则在国内外均存在争议，系一项在司法实践中尚处于探索阶段的裁判规则，而非具有普遍约束力的法律、司法文件和判例确定的规则。因此，在具体适用时，要根据个案的情形来确定是否引入可预见规则来限制等同侵权。一般而言，如果涉案专利的权利要求书、说明书在描述涉案专利发明目的时明确或隐含排除了可以预见的或普遍知晓的等同替换方案，如专利申请时未将该等同替换方案写入权利要求，则在日后侵权判定时不得再将该方案纳入涉案专利的保护范围。

① 参见最高人民法院民事判决书，(2016)最高法民再85号。

2

论专利侵权现有技术抗辩原则及无实物使用公开的认定

——以夏某诉成亚公司专利侵权案为视角

吕甲木*

【内容提要】现有技术的公开方式主要有出版物公开、使用公开和口头公开等方式。然而,在司法实践中,由于证据的证明力问题,使用公开和口头公开很难得到认定。在使用公开的认定中,作为现有技术载体的实物系关键证据。如缺少实物,但有申请日之前形成的图纸以及销售图纸对应产品的增值税专用发票等证据,当该等证据达到高度盖然性的证明标准,则可以认定使用公开,构成现有技术。现有技术抗辩在相同侵权和等同侵权情形下均能适用。如果被诉侵权技术方案与一份现有技术方案结合公知常识或所述技术领域惯常技术手段显而易见的组合的技术方案相同或等同,则可以认定现有技术抗辩成立。

【关键词】现有技术　无实物　使用公开　高度盖然性

* 吕甲木:二级高级律师,浙江海泰律师事务所高级合伙人,兼任浙江省律师协会知识产权专业委员会主任、浙江省法学会知识产权法学研究会副秘书长、宁波市法学会知识产权法学研究会副会长兼秘书长、中华全国律师协会知识产权专业委员会委员,被聘为最高人民法院知识产权案例指导研究(北京)基地专家咨询委员会专家、最高人民检察院民事行政检察咨询网专家、浙江省商业秘密领域智库专家、宁波仲裁委员会仲裁员。

【案情简介】

2005 年 10 月 17 日，原告夏某向国家知识产权局申请名称为“组合式气阀”的实用新型专利，2006 年 11 月 29 日国家知识产权局授权公告，专利号为 ZL20052001××××.1。其权利要求为：一种组合式气阀，包括壳体（1），壳体（1）内设有线圈（2），线圈绕在支架（3）上，支架内部设有相配合的动芯（4）以及静芯（5），静芯中空，并且与动芯（4）之间通过弹簧（6）连接，支架（3）底端连接有充气孔（7），其特征是所述的气阀为 2 个及以上，每个气阀的支架上还设有接头（8）与套接在相邻气阀上的接座（9）内部；接头（8）、接座（9）内部设有通孔，它们与支架（3）内部连通形成三通。2011 年 5 月 5 日，国家知识产权局出具的专利检索报告显示：该专利全部权利要求符合专利法有关新颖性和创造性的规定。

被告成亚公司在阿里巴巴网站的公司网页“公司介绍”处显示，成亚公司的前身为奉化市溪口双雄机械配件厂，以做电磁阀铁芯为主，自 2005 年 11 月研发出第一只按摩椅电磁阀至 2012 年 3 月，累计生产销售 CY040、SX040 电磁阀已突破 500 万只。“供应产品”处显示产品的售价约为每只 100 元，并显示有厂家直供，可定做等字样。

应原告申请，一审法院对成亚公司进行证据保全，发现正在装配生产被控侵权产品，被控侵权产品约 500 只。

应被告申请，一审法院从亚德客公司调取了电磁阀产品的图纸和发票。亚德客公司提供了五份电磁阀产品图纸，分别为：（1）图号为 JV025－302B－A01、名称为 JV025－3（DC24V）组合图、制图时间为 2005 年 11 月 9 日；（2）图号为 JV040－201B－A01、名称为 JV040－2 电磁阀组合图、制图时间为 2005 年 4 月 20 日；（3）图号为 JV040－301B－A01、名称为 JV040－3 电磁阀组合图、制图时间为 2005 年 4 月 20 日；（4）图号为 JV040－401B－A01、名称为 JV040－4 电磁阀组合图、制图时间为 2005 年 4 月 20 日；（5）图号为 JV040－501B－A01、名称为 JV040－5 电磁阀组合图、制图时间为 2005 年 4 月 20 日。

【裁判理由】

一审法院认为，向亚德客公司调取的增值税专用发票不能证明亚德客公司销售的即产品图纸所示的产品，并且该证据中的产品图纸不能披露涉案专利的静芯中空、支架底端连接有充气孔等技术特征，与本案不具有关联性，故不予认定。

2013 年 2 月 5 日，一审法院判决成亚公司立即停止侵害夏某享有的涉案专利权，即立即停止制造、销售、许诺销售侵犯夏某享有的该实用新型专利权的产品；成亚公司赔偿经济损失 20 万元。①

成亚公司不服提起上诉，并提供下列新证据：(1)开票日期分别为 2004 年 7 月 3 日和 2005 年 7 月 25 日，销货单位分别为亚德客公司和亚德客宁波分公司，购货单位均为宁波奥森电子有限公司（以下简称奥森公司），货物名称均为电磁阀，规格型号分别为 JV040－4DC12V 和 JV040－3DC12V，JV040－4DC12V 的增值税专用发票以及国家税务总局的认证证明；(2)型号为 JV040－3 的电磁阀实物。并申请奥森公司工作人员方某出庭作证，说明奥森公司在 2004 年、2005 年使用亚德客公司电磁阀的事实。夏某质证认为增值税专用发票与实物缺乏唯一指向性，实物的来源和购买时间不明，方某证言不能证明实物来源。二审法院认为，虽然实物型号与增值税专用发票中的型号相符，但形成时间难以确认，无法确认其为增值税专用发票对应的产品。但结合方某的证言，可以确认奥森公司曾于 2005 年 7 月 25 日购买亚德客公司销售的型号为 JV040－3 的电磁阀的事实。另外，对于原审法院前往亚德客公司调取的电磁阀产品图纸，夏某虽然对图纸的形成时间有异议，但没有提出相应的证据予以证明，该图纸上的产品型号可以与发票中的型号相互印证，与本案讼争事实具有关联性，应予认定。夏某针对成亚公司的举证，申请曾在奥森公司任职的邓某出庭作证，邓某陈述方某虽于 2005 年时任工艺员，但其于 2002 年至 2007 年一直在精工车间而非工程部工作，不可能接触到电磁阀，拟否定方某证词的真实性。法院认为，邓某陈述中，关于方某 2005 年时任工艺员配合工程部工作的事实，与方某的证言可以相互印证，因此其证言不能否定方某关于其工作任职陈述的真实性。

二审法院认为，根据成亚公司提交的证据，号码为 02466510 的发票经北仑区（开发区）税务局认证，真实性可以确认，结合方某的证言以及奥森公司所作的说明，可以认定奥森公司于 2005 年 7 月 25 日向亚德客宁波分公司购买了型号为 JV040－3 的电磁阀 500 只。原审法院调取的亚德客公司关于电磁阀产品的图纸中，有名称为“JV040－3 电磁阀组合图”、图号为“JV040－301B－A01”、制图时间为 2005 年 4 月 20 日的图纸可以与上述发票中的产品型号相对应。夏某虽对

① 参见浙江省宁波市中级人民法院民事判决书，(2012)浙甬知初字第 398 号。

图纸的制图时间和型号与发票的对应关系存有异议，但没有提出可以推翻制图时间以及型号对应唯一性的证据予以证明，因此上述图纸可以与发票互相印证，相对具有客观性。综合考虑相关证据，可以认定，亚德客公司在涉案专利申请日之前，已经在市场上公开销售具备图号为“JV040－301B－A01”图纸所载技术特征的电磁阀，该型号为JV040－3电磁阀的技术方案已为公众所知悉，上述图纸所载产品的技术特征可以作为现有技术与被诉侵权产品进行比对。经比对，夏某认为，该图纸没有披露被诉侵权产品的“静芯中空”“接头、接座与支架内部连通形成三通”的技术特征，对该图纸披露的其他技术特征与被诉侵权产品一致没有异议。法院认为，该图纸对“静芯中空”“接头、接座与支架内部连通形成三通”的技术特征虽然没有文字表述，但结合图纸的结构特点和机械制图的国家标准，可以看到，图纸中序号为8的部件对应的即静芯部件，该部件的两边绘有剖面线代表有制作材料，中间留白代表没有材料，上述的绘图表示该部件的中间是空心的；图纸中序号为18的部件对应的是接头，其套接在接座上，接头、接座以及支架的两侧都绘有剖面线，中间留白，如前所述，这表示接头、接座和支架的中间都是空心的，接座与支架相交的地方画有相贯线，代表两者是贯通的，因此从图上可知接座与支架贯通、接座与接头贯通，三者之间可以形成连通。据上可知，该图纸披露的技术特征与被诉侵权产品的所有技术特征均相同，应当认定成亚公司生产被诉侵权产品使用的是现有技术。成亚公司就此提出的上诉理由成立，法院予以支持。2014年6月9日，二审法院作出判决，撤销一审判决，驳回夏某的诉讼请求。①

【法理评析】

一、现有技术的范围

《专利法》第22条规定，授予专利权的发明和实用新型，应当具备新颖性、创造性和实用性。其中新颖性，是指该发明或者实用新型不属于现有技术；也没有任何单位或者个人就同样的发明或者实用新型在申请日以前向国务院专利行政部门提出过申请，并记载在申请日以后公布的专利申请文件或者公告的专利文件中。本法所称现有技术，是指申请日以前在国内外为公众所知的技术。《专利审查指南》规定，现有技术包括在申请日（有优先权的，指优先权日）以前在国内外

① 参见浙江省高级人民法院民事判决书，(2013)浙知终字第245号。

出版物上公开发表、在国内外公开使用或者以其他方式为公众所知的技术。现有技术应当是在申请日以前公众能够得知的技术内容。换句话说，现有技术应当在申请日以前处于能够为公众获得的状态，并包含有能够使公众从中得知实质性技术知识的内容。现有技术公开方式包括出版物公开、使用公开和以其他方式公开三种，均无地域限制。

（一）出版物公开

专利法意义上的出版物是指记载有技术或设计内容的独立存在的传播载体，并且应当表明或者有其他证据证明其公开发表或出版的时间。符合上述含义的出版物既可以是各种印刷的、打字的纸件，如专利文献、科技杂志、科技书籍、学术论文、专业文献、教科书、技术手册、正式公布的会议记录或者技术报告、报纸、产品样本、产品目录、广告宣传册等，也可以是用电、光、磁、照相等方法制成的视听资料，如缩微胶片、影片、照相底片、录像带、磁带、唱片、光盘等，还可以是以其他形式存在的资料，例如存在于互联网或其他在线数据库中的资料等。出版物不受地理位置、语言或者获得方式的限制，也不受年代的限制。出版物的出版发行量多少、是否有人阅读过、申请人是否知道是无关紧要的。印有“内部资料”“内部发行”等字样的出版物，确系在特定范围内发行并要求保密的，不属于公开出版物。出版物的印刷日视为公开日，有其他证据证明其公开日的除外。印刷日只写明年月或者年份的，以所写月份的最后一日或者所写年份的 12 月 31 日为公开日。

（二）使用公开

因使用而导致技术方案的公开，或者导致技术方案处于公众可以得知的状态，这种公开方式被称为使用公开。使用公开的方式包括能够使公众得知其技术内容的制造、使用、销售、进口、交换、馈赠、演示、展出等方式。只要通过上述方式使有关技术内容处于公众想得知就能够得知的状态，就构成使用公开，而不取决于是否有公众得知。但是，未给出任何有关技术内容的说明，以致所属技术领域的技术人员无法得知其结构和功能或材料成分的产品展示，不属于使用公开。如果使用公开的是一种产品，即使所使用的产品或者装置需要经过破坏才能够得知其结构和功能，也仍然属于使用公开。此外，使用公开还包括放置在展台上、橱窗内公众可以阅读的信息资料及直观资料，如招贴画、图纸、照片、样本、样品等。使用公开是以公众能够得知该产品或者方法之日为公开日。

（三）以其他方式公开

为公众所知的其他方式，主要是指口头公开等。例如，口头交谈、报告、讨论会发言、广播、电视、电影等能够使公众得知技术内容的方式。口头交谈、报告、讨论会发言，以其发生日为公开日。公众可接收的广播、电视或电影的报道，以其播放日为公开日。

二、现有技术抗辩原则

《专利法》第67条规定："在专利侵权纠纷中，被控侵权人有证据证明其实施的技术或者设计属于现有技术或者现有设计的，不构成侵犯专利权。"长期以来，我国司法实践中判断被诉侵权产品是否侵犯专利权的审理模式为首先根据原告专利的权利要求书、说明书、附图，审查确定原告专利权的保护范围，再审查被告使用的技术内容，把两者的技术特征进行比较，然后运用全面覆盖原则或者等同原则，判定被告使用的技术是否落入原告的专利的保护范围，作出侵权或者不侵权的判决。可是我国专利的现实情况是，大量的实用新型和外观设计专利没有经过实质审查，很多专利利用的是现有技术，已经丧失了新颖性，不具有专利的实质条件。这些专利不应该得到法律的保护，否则有违公平原则。但是，由于专利权的授权属于行政授权，在侵权纠纷中，法院不能直接去审查专利权的有效性。虽然，被告可以通过向国家知识产权局申请宣告原告专利无效来救济，但是走完无效程序需要经历很长的时间，而且要花费大量的成本。所以，作为不侵权抗辩之一的现有技术抗辩原则在我国的专利侵权诉讼中为司法实践所认可，并在2008年修改《专利法》时，为《专利法》所吸收，在2008年《专利法》第62条作出了明文规定。专利权作为一项垄断权，既要保护专利权人的利益，又要维护公众的利益。特权与公众利益之间必须找到一个平衡点，要进行公平合理的划界。所以，对专利权保护范围的解释必须是公平合理的，不能将现有技术给予专利权人以特权保护，被诉侵权技术方案采用的是现有技术的不构成侵权。在现有技术抗辩中，对于以下所述问题，值得探讨。

三、现有技术抗辩的适用范围

由于专利侵权案件中的现有技术抗辩原则是在借鉴国外成熟的司法经验的基础上发展起来的，在国外，对现有技术抗辩的适用范围不同的立法例，导致国内司法实践中也产生了两种不同的观点。

德国通常认为，在权利要求的文字所表达的保护范围内，即便该范围全部为公知技术,侵权受理法院也不能否定专利的权利性。也就是说,侵权诉讼中法院不得触及作为专利权核心的权利要求文字记载范围的有效性,法院只具有判断超越权利要求文字语义以外的保护范围的有效性的权限。公知技术允许在等同侵权范围使用,而不能或者不赞同在相同侵权范围内使用。① 德国采取这种态度的理由是,第三人任何时候都能提起专利权无效复审请求,因此没有必要采用公知技术抗辩。虽然不该授权的专利在授权后有妨碍自由竞争的一面,但瑕疵专利的被控侵权人有义务为公众利益启动无效程序。在侵权诉讼中能以抗辩的形式主张无效的意旨,虽可救济当事人,但本不该授权的专利却仍带着瑕疵负担存在。但是,等同物的实施者没有义务要为公众利益提起无效之诉。② 在现行专利实施前的北京市高级人民法院曾经坚持了这一观点。北京市高级人民法院《专利侵权判定若干问题的意见(试行)》(已失效)第 102 条规定:"已有技术抗辩仅适用于等同专利侵权,不适用于相同专利侵权的情况。"第 103 条规定:"当专利技术方案、被控侵权物(产品或方法)、被引证的已有技术方案三者明显相同时,被告不得依已有技术进行抗辩,而可以向专利复审委员会请求宣告该专利权无效。"该院对这一规定的理由阐述为:因为我国的法律制度和法律规定与有些国家不同,对专利是否有效的结论并不是由负责审理专利侵权的法院直接审查作出的,而是由专利复审委员会作出的,在强调依法办案的情况下,法院不能超越职权。法院在审理专利侵权案件中,有权判定侵权物与专利技术是否相同、等同,而在下结论时,尤其是依据"实施自由公知技术不侵权原则"下结论时,只能是在侵权物与自由公知技术等同的情况下才可以,因为,在等同的情况下,法院判定侵权只是针对一个具体的案件,一般不涉及广大公众。而且,在等同的情况下也不一定导致专利权无效。而相同的情况下则应当先由专利复审委员会宣告该专利权无效。因为相同的情况下,原本就不应该获得专利权。而一旦获得了专利权,它侵害的是公众利益,法院即便判定了不侵权,针对的也仅仅是一个案件,只有宣告该专利权无效,才能从根本上解决问题。③ 在美国,公知技术抗辩原则只有在等同侵权

① 参见张晓都:《专利侵权判定:理论探讨与审判实践》(第 2 版),法律出版社 2008 年版,第 100 页。

② 参见杨志敏:《专利侵权诉讼中公知技术抗辩适用之探讨——中、德、日三国判例、学说的比较研究》,载国家知识产权局条法司编:《专利法研究(2002)》,知识产权出版社 2002 年版,第 79 – 80 页。

③ 参见程永顺主编:《专利侵权判定实务》,法律出版社 2002 年版,第 20 页。

的情况下才应当予以考虑。但美国法院与中国法院不同。美国法院可以同时审查专利权侵权指控与专利权的有效性,相同侵权情况下,如果使用的是公知技术,美国法院可直接判定专利权无效,而不必考虑所谓公知技术抗辩。在等同侵权的情况下,美国法院只是以公知技术来解释权利要求以排除等同侵权的认定。即使在等同侵权的情况下,美国法院也可直接审查专利权的有效性,如果判定专利权无效,也就是失去了侵权行为存在的前提。[①] 在日本,赞成公知技术抗辩的多数学者认为,公知技术抗辩是与争执专利的权利要求无关的主张,它仅着眼于被告实施技术与公知技术之间的关系,并以被告实施技术的新颖性和创造性情况决定抗辩的适用。日本学说的主流是主张在相同侵权领域内也适用公知技术抗辩。[②] 国家知识产权局条法司前司长尹新天先生认为,在我国在相同侵权的情况下,也应允许公知技术抗辩。并提出对于实施公知技术的被控侵权人而言,有可能遭遇不当授权专利权人的阻击和干扰,有时甚至可以说是一种恶意敲诈。此时,被控侵权人实施的技术分明是公知技术,受到不当授权专利权人的侵权指控,如果不允许进行公知技术抗辩,则被控侵权人迫于无奈只好提出无效宣告请求,缠于诉讼数年不得脱身,致使其正常的经济行为受到严重影响,即使法院最后判定侵权指控不成立,也早已伤痕累累,犹如经历了一场噩梦。[③]

在相同侵权情况下能否适用公知技术抗辩的根本原因不在于专利有效性审查与专利侵权判定的职权分工,而在于不当授权的专利是否具有保护的正当性。按照《专利法》的规定,一项专利如果采用的是与现有技术相同或者等同的技术,那么该专利因为丧失新颖性或者创造性而无效。但由于专利授权审查不可能做到周密,一些不具有新颖性或者创造性的技术也被授予了专利权。一旦专利授权以后,对专利无效宣告的职权属于专利复审委员会。只有有人提出专利无效宣告请求受理后,专利复审委员会才启动专利无效宣告程序,因此是被动的。而走完专利无效宣告程序需要花很长时间。如果专利技术采取的是现有技术,那么实质上已经丧失了权利保护的正当性,是不应该被垄断的,否则就属于权利滥用。如

① 参见张晓都:《专利侵权判定:理论探讨与审判实践》(第 2 版),法律出版社 2008 年版,第 102 页。

② 参见张晓都:《专利侵权判定:理论探讨与审判实践》(第 2 版),法律出版社 2008 年版,第 102 页。

③ 参见尹新天:《专利权的保护》(第 2 版),知识产权出版社 2005 年版,第 502 – 504 页。

果被诉侵权技术方案采用的是现有技术,那么该技术是不能够为原告的专利所垄断的,不能判定被诉侵权技术方案侵犯了丧失权利保护正当性的所谓“专利权”。现有技术抗辩的关键在于被诉侵权技术方案是否明显属于现有技术,而与被诉侵权技术与专利技术是相同还是等同无关。因此,在专利侵权判定中,被诉侵权人提出现有技术抗辩的,法院可以先对被诉侵权技术方案与专利权利要求中的技术特征进行比较,判断是否落入专利保护范围。如果落入专利保护范围,无论是相同还是等同,将被诉侵权技术方案与现有技术方案进行比较,如果被诉侵权技术方案与现有技术方案相同或者等同,那么可以判定现有技术抗辩成立,没有必要将现有技术方案与专利技术方案进行比较,也不必去考虑被诉侵权技术方案是更接近于现有技术方案还是专利技术方案。

四、现有技术抗辩的判断原则

如果被诉侵权技术方案与一项现有技术完全一致,那么不存在什么问题。但是当被诉侵权技术与引用的现有技术相近时,就出现问题了,法院是否可以判断现有技术抗辩成立,因为被诉侵权技术与被引用的现有技术相比,不仅是新颖性的判断问题,还是创造性的判断问题。尹新天认为,被控侵权人进行公知技术抗辩应当符合以下三个条件:(1)应当由被控侵权人承担举证责任,提供存在有关公知技术的证据,法院或者专利行政部门没有代为进行调查的责任;(2)被控侵权人只能援引一项公知技术,而不能将两项或者多项公知技术组合起来进行公知技术抗辩;(3)被控侵权人应当证明其实施的技术与其援引的那项公知技术相同或者十分接近。[①]《最高人民法院关于充分发挥知识产权审判职能作用推动社会主义文化大发展大繁荣和促进经济自主协调发展若干问题的意见》(法发〔2011〕18 号)规定:“现有技术抗辩规则在等同侵权和相同侵权中均可适用……正确适用现有技术和设计抗辩,被诉侵权人以一份对比文献中记载的一项现有技术方案或者一项现有设计与公知常识或者惯常设计的显而易见组合主张现有技术或者现有设计抗辩的,应当予以支持。”当被诉侵权技术与一项现有技术相比并不完全相同时,就涉及创造性的判断问题,即被诉侵权技术与现有技术相比是否具有创造性,如果具有创造性,就不能构成现有技术抗辩。根据创造性的判断规则,法院有能力对简单的创造性问题进行独立判断,如果被引用的现有技术是一份公知

① 参见尹新天:《专利权的保护》(第 2 版),知识产权出版社 2005 年版,第 494 页。

技术与所属领域的普通技术人员或者普通公众的常识或者熟知技术显而易见的简单组合,则应认定现有技术抗辩成立。作为被诉侵权人,不仅可以使用一项与现有技术相同的技术,也有权可以使用一项与现有技术等同的技术,也就是不具有创造性的技术。

五、使用公开的证明标准

现有技术的公开方式有出版物公开、使用公开和其他方式公开。出版物公开因为有相应的书面载体,而且基本上为在先的专利文献,容易认定。因此,在司法实践中,用以证明现有技术的证据大多为出版物。而使用公开的认定明显比出版物公开来得复杂,因为使用公开是在申请日之后再现申请日之前公开使用的技术方案。使用公开的认定要具备以下三个要件:第一,时间要素,使用公开的载体在申请日之前已经真实存在并持续到认定之时,并且能排除中间存在变造的可能性;第二,内容要素,作为一份独立证据的载体能够完整包含被诉侵权技术方案,而不能因该载体欠缺某一技术特征而与其他证据披露的该欠缺技术特征结合起来判定;第三,公开要素,即包含技术特征的载体在申请日前处于公众能够获得的状态。在具体的个案中,要证明被诉侵权技术方案采用的是申请日之前已经公开使用的现有技术,就应该针对上述三个要件进行举证。

在民事诉讼中,根据“谁主张、谁举证”的举证证明责任分配规则,主张法律关系存在的当事人,应当对产生该法律关系的基本事实承担举证证明责任;主张法律关系变更、消灭或者权利受到妨害的当事人,应当对该法律关系变更、消灭或者权利受到妨害的基本事实承担举证证明责任。当事人未能提供证据或者证据不足以证明其事实主张的,由负有举证证明责任的当事人承担不利的后果。法院对于当事人提供的证据是否足以证明待证事实的判断标准为高度盖然性的证明标准,即对负有举证证明责任的当事人提供的证据,法院经审查并结合相关事实,确信待证事实的存在具有高度可能性的,应当认定该事实存在。对一方当事人为反驳负有举证证明责任的当事人所主张事实而提供的证据,法院经审查并结合相关事实,认为待证事实真伪不明的,应当认定该事实不存在。因此,主张一方提供的证据的证明标准与反驳一方提供的证据的证明标准是不一样的。主张一方提供的证据要达到待证事实的存在具有高度盖然性的证明标准,反驳一方提供的证据只要达到待证事实真伪不明即可。当事人提供的证据有可能是直接证据,能够直接证明待证事实存在与否。但大多数情况下,当事人提供的证据不是直接证据而是间接证据,有时候即使提供了直接证据,但单一的直接证据尚不能证明待证事实。在这种情况下,当事人为了证明待证事实的存在,就会提供一系列的证据来证明;同时,对方当事人为了反驳该待证事实的存在,也会提供一系列的证据来证明。当双方提供的证据都不能直接证明其主张时,法院根据各方提供的证据的证明力,结合相关事实,如果主张一方提供的证据能够证明待证事实存在具有高度盖然性,而反驳一方提供的证据达不到待证事实真伪不明的状态。法院就认定待证事实存在,主张一方提供的证据相对于反驳一方提供的证据就属于优势证据。本案原审法院从亚德客公司调取的"JV040 - 301B - A01"电磁阀图纸结合制图国家标准可以认定该图纸包含了全部被诉侵权技术方案;专利申请日之前的增值税专用发票和国家税务总局认证证明结合方某的证言,能够证明专利申请日之前,奥森公司向亚德客公司采购了 500 只 JV040 电磁阀的事实。因此,成亚公司主张亚德客公司在涉案专利申请日前已经公开销售包含被诉侵权技术方案的 JV040 电磁阀 500 只,被诉侵权技术方案采用的是使用公开的现有技术的主张具有高度盖然性,应该予以认定。成亚公司提供的证据相对于夏某为反驳成亚公司该主张所提供的证据而言,符合高度盖然性的证明标准。

在上诉人杭州米欧仪器有限公司(以下简称米欧公司)与被上诉人宁波拓普森科学仪器有限公司(以下简称拓普森公司)侵害实用新型专利权纠纷案中,涉案专利系拓普森公司于 2017 年 11 月 29 日向国家知识产权局申请的名为"一种混匀仪上的可调节夹具"的实用新型专利。米欧公司为支持其现有技术抗辩,向原审法院提交了(2018)浙杭东证字第 24150 号公证书。根据公证书的记载,账号主体为莱普特科学仪器(北京)有限公司的微信公众号"leopardchina"于 2017 年 11 月 8 日展示了"MIX - S 智能旋转震动混匀仪"产品,并在产品介绍文字部分记载了"可通过水平、垂直旋转对各种样品管内的样品进行混合的同时加入震动"。米欧公司主张以微信公众号展示的第三幅图片结合上述产品介绍文字记载部分,作为现有技术抗辩的比对文献。一审法院认为,比对文献公开了一种混匀仪的图片,虽然该混匀仪的图片具有与被诉侵权产品较为相近的外观结构,并且从图上能够看出卡接座、安装座以及连接组件等部件,即从附图中可以看出存在两种不同安装角度的夹具,但本领域技术人员无法确定该两种夹具为同一结构的夹具,也无法确定该夹具能够以两种不同的角度安装在转轴上,即使附图中存在凹槽结构,但仅根据图片中示出的凹槽,并无法确定该凹槽的具体功能,也不能由此直接、毫无疑义地确定出该凹槽的存在使得该夹具能够以两种不同的角度安装在转轴上，故仅从附图中本领域技术人员无法直接、毫无疑义地认定其公开了连接组件为至少两个角度不同的连接头形成的组件结构，也无法直接、毫无疑义地认定连接组件上设置不同方向的槽必然用于连接。而被诉侵权产品中的上述特征，使得夹具至少能以两种角度安装在混匀仪上，从而可以根据需要来选择固定试管的角度，并且在无证据支持和充分说理的基础上，本领域技术人员也无法确认上述特征属于本领域的公知常识。因此，比对文献并未公开被诉侵权产品技术方案中关于“连接组件为至少两个角度不同的连接头形成的组件结构”的技术特征。此外，对于米欧公司主张的产品介绍文字部分记载的“可通过水平、垂直旋转对各种样品管内的样品进行混合的同时加入震动”，结合附图可以确定夹具安装包括水平、垂直两种方式。一审法院认为，根据该段文字，结合对图片的分析，仅可以确定比对文献公开的混匀仪的夹具能够使样品管以水平安装或垂直安装两种不同的安装方式安装在混匀仪上，而这两种安装方式可以通过水平夹具和垂直夹具两种不同夹具来实现。因而，据此仍然无法得出比对文献中的夹具为可同时满足水平、垂直安装的特殊结构夹具，并且该夹具能够以两种不同的角度安装在转轴上的结论。综上所述，比对文献并未公开被诉侵权产品技术方案中关于“连接组件为至少两个角度不同的连接头形成的组件结构”的技术特征，故米欧公司的现有技术抗辩不成立。二审法院查明，2017 年 7 月 5 日，南京百思禾生物科技有限公司（以下简称百思禾公司）与拓普森公司签订销售合同，购买了一台名称为“MAGIC – MIXER”、型号为 TMM – 5L 的魔方程序混匀仪，合同上有双方当事人盖章。该销售合同载明：产品货号为 8011252，金额为 1089 元。2017 年 7 月 7 日，拓普森公司向百思禾公司开具了编号为 01140950，金额为 1089 元的增值税专用发票。二审审理中，拓普森公司提交了该份销售合同对应的机器一台。经勘验，该产品上有拓普森公司商标，产品名称为“MAGIC – MIXER”，型号为“TMM – 5L”，该产品包含了被诉落入涉案专利权利要求的全部技术特征。二审法院认为，米欧公司原审阶段提供了百思禾公司向拓普森公司购买“MAGIC – MIXER” TMM – 5L 的魔方程序混匀仪的采购合同、对应发票以及实物，该合同中载明的产品货号 8011252，该实物中公开了被诉落入涉案专利权保护范围的全部技术特征。此外，在（2018）浙杭东证字第 24144 号公证书第 21 页中，贷号为 8011252 的夹具图片中包括与涉案夹具外观相似的夹具，并且该型号夹具亦出现在米欧公司员工先于涉案专利申请日之前的聊天记录中,同时结合该销售合同中载明的产品货号为8011252,可以认定米欧公司提供的产品实物上的夹具系专利申请日之前购买,即拓普森公司在涉案专利申请日之前已公开销售依照涉案专利技术方案生产的产品。虽然拓普森公司主张该实物上的夹具可以拆卸,无法确认该夹具是否为当时生产,但其作为相关产品的制造者并未提供证据证明其当时销售产品的技术方案,应依法承担举证不利的法律后果,故对其该辩解依法不予采纳。综上,根据现有在案证据并结合民事诉讼证据规则,可以认定米欧公司被诉产品实施的是现有技术,原审法院对此认定不当,二审法院依法予以纠正。① 因该案中的实物为当事人在诉讼过程中提供,实物本身无法表明在专利申请日之前已经销售。所以,最高人民法院根据专利申请日前的销售合同、发票、合同上的产品货号,涉案专利申请日前公开的微信公众号上同样货号的夹具图片,以及结合涉案专利申请日之前的记载有销售合同产品货号的聊天记录,认定拓普森公司在涉案专利申请日之前已公开销售依照涉案专利技术方案生产的产品,在拓普森公司无法确认该夹具是否为当时生产,但其作为相关产品的制造者并未提供证据证明其当时销售产品的技术方案,应依法承担举证不利的法律后果。法院认定米欧公司实施的是现有技术。在该案中,虽然有实物,但作为庭审证据的实物的具体销售日期是无法确定的,最高人民法院是根据举证规则,通过对涉案专利申请日之前的销售合同、发票、微信公众号图片、聊天记录等间接证据,在作为产品的制造者的专利权人无法提供反证的情况下,根据高度盖然性的证明标准,认定专利权人在涉案专利申请日之前公开销售了依照涉案专利技术方案生产的产品,构成现有技术。

① 参见最高人民法院民事判决书,(2021)最高法知民终488号。

3

现有技术抗辩中图片证据的认定

——以“一种大电流跷板开关”实用新型专利侵权案为视角

徐富明*

【内容提要】在专利侵权诉讼中，现有技术抗辩是被告不侵权的重要抗辩事由之一，但法律相关规定对于现有技术抗辩较为原则笼统，导致司法实践中，各地法院在适用时把握的尺度相差较大。因此，现有技术抗辩能成立的案件较为少见。本案关于现有技术抗辩能否成立的问题，法院认为，在专利侵权纠纷中，被控侵权人有证据证明其实施的技术或者设计属于现有技术或者现有设计的，不构成侵犯专利权。被告举证了2014年7月17日在其邮箱中收到过包含被诉侵权产品图片的宣传册，并于2014年6月11日向案外人发送了包含被诉侵权产品外形爆炸图的邮件，此外，2013年7月18日，QQ名称为“上善若水”的用户在被告所在的名称为“焊机技术配件”的QQ群的相册中上传了被诉侵权产品的照片，上述证据的形成时间均在涉案专利申请日2014年7月19日之前，可以进行现有技术比对。经比对，无论是被告举证的宣传册、爆炸图还是QQ群相册中的产品照片，均清晰地展示了产品的技术特征，现有技术具备了涉案专利的全部技术特征，可以认定被告的现有技术抗辩成立。因此，被告不构成侵害涉案专利权。

* 徐富明：上海兰迪（温州）律师事务所律师，执业十多年以来，专注于知识产权领域，擅长办理复杂疑难商标与不正当竞争、专利等案件，曾为诸多国内外知名企业提供过知识产权专项法律服务，譬如阿迪达斯公司（ADIDAS AG）、施耐德（SCHNEID）、依兰德公司（E. LANDLTD）、雨果博斯（HUGO BOSS）、潘多拉（PANDORA）、匹杰斯（PJS）、联想集团、帝斯曼（DSM）、新纪元（NEW ERA）、添柏岚（Timberland）、汤美（Tommy）、华森葳、奇特乐、良精阀门、良工阀门等。

【关键词】专利侵权　现有技术　抗辩事由

【案情简介】

原告乐清市金鼎电子科技有限公司系名称为“一种大电流跷板开关”的实用新型专利的专利权人,该专利号为ZL20142040××××.3,申请日为2014年7月19日,授权公告日为2014年11月26日,该专利现处于有效状态。原告在被告乐清市卓鸿电气科技有限公司处购买了被诉侵权产品。同时,被告的公司网页中有对被诉侵权产品的图片展示。原告认为被告构成了实用新型专利侵权,因此将被告起诉至法院要求被告承担法律责任。

法院审理后查明,原告的公司网页上对型号为JD03 - A系列产品进行了展示,包括产品图片以及产品图纸。同时,该网页上还展示了首次颁发日期为2008年3月13日的中国质量认证中心出具的产品认证证书,该证书中载明产品名称为跷板开关,系列、规格、型号包括JD03 - A1。案外人浙江中汛电子有限公司网页上对型号为KCD4 - JK的产品进行了展示,包括产品图片以及产品图纸。另外,被告于2014年7月17日在邮箱中收到包含被诉侵权产品图片的宣传册,并于2014年6月11日向案外人发送了包含被诉侵权产品外形爆炸图的邮件。在该邮件中可以清晰地看见相关图纸。2013年7月18日,QQ名称为“上善若水”的用户在被告所在的名称为“焊机技术配件”的QQ群的相册中上传了被诉侵权产品的照片。上述照片的右下角显示的时间为2012年7月25日。

法院审理后,认为被诉侵权产品落入了涉案专利的保护范围。与此同时,法院采纳了被告方关于原告涉案专利技术已被在先公开的抗辩意见,即认为无论是被告举证的宣传册、爆炸图还是QQ群相册中的产品照片,均清晰地展示了产品的技术特征,现有技术具备了涉案专利的全部技术特征,可以认定被告的现有技术抗辩成立。因此,被告不构成侵害涉案专利权。故本案不存在赔偿的问题,从而支持了被告方的抗辩主张,全部驳回了原告的诉讼请求。①

【裁判理由】

关于现有技术抗辩能否成立的问题,法院认为,在专利侵权纠纷中,被控侵权

① 参见浙江省宁波市中级人民法院民事判决书,(2021)浙02知民初39号。

人有证据证明其实施的技术或者设计属于现有技术或者现有设计的,不构成侵犯专利权。被告提供了原告的公司网页上对型号为 JD03 - A 系列产品进行展示的公证书、产品认证证书以及案外人浙江中汛电子有限公司网页上对型号为 KCD4 - JK 的产品展示公证书。法院认为,上述证据虽然证明原告和案外人在其各自的公司网站上展示了相关产品,但是无法证明展示该照片的时间,即便有相关的产品认证证书予以佐证,也无法证明该产品认证证书中对应的产品型号的涉案专利之间是否相同,因此该部分证据无法证明被告的现有技术抗辩。另外,被告还举证了 2014 年 7 月 17 日在其邮箱中收到过包含被诉侵权产品图片的宣传册,并于 2014 年 6 月 11 日向案外人发送了包含被诉侵权产品外形爆炸图的邮件,此外,2013 年 7 月 18 日,QQ 名称为"上善若水"的用户在被告所在的名称为"焊机技术配件"的 QQ 群的相册中上传了被诉侵权产品的照片,上述证据的形成时间均在涉案专利申请日 2014 年 7 月 19 日之前,可以进行现有技术比对。经比对,无论是被告举证的宣传册、爆炸图还是 QQ 群相册中的产品照片,均清晰地展示了产品的技术特征,现有技术具备了涉案专利的全部技术特征,可以认定被告的现有技术抗辩成立。因此,被告不构成侵害涉案专利权。

【法理评析】

基于现有技术抗辩和现有设计抗辩规则基本相同,本文为表述方便,如无特殊说明,现有技术抗辩包括现有设计抗辩。在专利侵权纠纷案件中,被告有不少的抗辩方式,如非生产经营目的使用、专利权用尽后的特定实施行为、先用权人的特定实施行为、临时过境的外国运输工具对专利的使用、实施现有技术抗辩等。因此,现有技术抗辩是被告不侵权的重要抗辩理由,但囿于现有法律规定较为原则,以及对于现有技术抗辩,司法实践还不是非常充分,适用现有技术抗辩的司法案例还不是很多,尤其是抗辩成功的案例更是少见,该案即现有技术抗辩成功的案例之一。

现有技术抗辩是指在专利侵权纠纷案件中,被告主张被诉侵权产品所使用的技术采用的是现有技术,所以不构成侵犯原告所主张的专利技术的一种抗辩形式。虽然现有技术抗辩制度在司法实践中早已得到适用,但该制度在专利法中正式确定,是在《专利法》(2008 年修正)第 62 条中首次规定确立的。并为现行《专利法》(2020 年修正)所承继,其第 67 条规定:"在专利侵权纠纷中,被控侵权人有证据证明其实施的技术或者设计属于现有技术或者现有设计的,不构成侵犯专利权。”同时,《最高人民法院关于审理侵犯专利权纠纷案件应用法律若干问题的解释》第 14 条也作了相应的规定:“被诉落入专利权保护范围的全部技术特征,与一项现有技术方案中的相应技术特征相同或者无实质性差异的,人民法院应当认定被诉侵权人实施的技术属于专利法第六十二条规定的现有技术。被诉侵权设计与一个现有设计相同或者无实质性差异的,人民法院应当认定被诉侵权人实施的设计属于专利法第六十二条规定的现有设计。”

根据上述法律规定及相关司法案例,现有技术抗辩能否成立,有以下几个判断标准。

一、作为对比的现有技术是在先公开或使用的技术

对于涉案专利申请之前已在先公开或使用的,可供援引作为现有技术或现有设计的比对技术或设计,由于前述技术,在涉案专利申请之前,已为公众所知悉或应当为公众所知悉。故前述技术或设计属于现有技术或现有设计,当属于《专利法》(2020 年修正)第 22 条第 5 款所规定的“本法所称现有技术,是指申请日以前在国内外为公众所知的技术”及第 23 条第 4 款所规定的“本法所称现有设计,是指申请日以前在国内外为公众所知的设计”的应有之义。

正如本案,法院因无法确认原告和案外人在其各自的公司网站上展示相关产品照片的时间,故无法确认作为对比的技术文件是在先公开或使用的技术。因此,法院未支持该部分证据可作为现有技术抗辩的对比文件。但是,法院在可以确认被告还举证的在先邮箱中收到过的宣传册、在先向案外人发送了包含被诉侵权产品外形爆炸图的邮件及他人在先于 QQ 群的相册中上传的被诉侵权产品照片情形下,将上述相关技术文件作为现有技术文件进行比对。

对于虽然在先,却不是在先公开的技术或设计,如抵触申请,能否作为现有技术抗辩的援引技术或设计,由于《专利法》并没有对此作出规定,还是有不同的认识。但是,根据《专利法》(2020 年修正)第 22 条第 2 款规定的“新颖性,是指该发明或者实用新型不属于现有技术;也没有任何单位或者个人就同样的发明或者实用新型在申请日以前向国务院专利行政部门提出过申请,并记载在申请日以后公布的专利申请文件或者公告的专利文件中”以及第 23 条第 1 款规定的“授予专利权的外观设计,应当不属于现有设计;也没有任何单位或者个人就同样的外观设计在申请日以前向国务院专利行政部门提出过申请,并记载在申请日以后公告的专利文件中”,上述法律条文前半部分单独规定了现有技术或现有设计,而后半部分,并列地提出抵触申请的规定。从立法者的本意来看,抵触申请应当不能包括在现有技术或现有设计之中,而是对新颖性所作限制的与现有设计并列的概念。而事实上,抵触申请的引入在于解决因专利行政机关的迟延而导致专利滞后公布引发的对同样的发明可能授予两项专利的问题,是禁止重复授权原则的具体适用。①

因此,抵触申请文件由于并非专利申请日之前所公开的技术文件,不能作为现有技术抗辩援引的技术文件。

二、被诉落入专利权保护范围的全部技术特征,与一项现有技术方案中的相应技术特征相同或者无实质性差异

如何判定被诉侵权产品所使用的技术是否属于现有技术,无论是在理论上还是在司法实践中,争议一直都非常大。

首先,在判断时,关于应先比对被诉侵权产品所使用的技术是否落入专利权保护范围,还是直接先比对现有设计抗辩是否成立,就存在非常大的分歧。主张直接先比对现有设计抗辩是否成立的观点,主要是认为这一比对方式,有利于节约司法资源,提高诉讼效率,无须法院多次比对。而反对者则认为,不先比对被诉侵权产品所使用的技术或设计是否落入专利权保护范围,将使比对范围难以确定,被诉侵权产品所使用的技术或设计可能范围更大,在诉讼过程中,仅应将与涉案专利技术保护范围有关的技术或设计,纳入比对范围,否则,因比对范围不当扩大,而更加浪费司法资源。同时,如果不先比对被诉侵权产品所使用的技术或设计是否落入专利权保护范围,现有技术抗辩成立,将使前述保护范围的比对不再有意义。但是,如果原告不服,提起上诉,二审法院经审理,现有技术抗辩不成立,而需比对是否落入涉案专利权保护范围时,鉴于一审法院未对此进行比对,将可能导致二审法院发回重审现象的发生。

正如本案,法院优先比对了被诉侵权产品所使用的设计是否落入专利权保护范围,在确定落入保护范围后,再评价现有设计抗辩是否成立的问题。对此,最高人民法院在佛山市顺德区华申电器制造有限公司、佛山市易豆科技有限公司与浙

① 参见最高人民法院知识产权审判庭、最高人民法院知识产权司法保护研究中心编:《知识产权司法实务新型疑难问题解析》,中国法制出版社2017年版,第61页。

江小智电器科技有限公司侵害实用新型专利权纠纷案二审时认为，在进行现有技术抗辩的判断时，被诉侵权技术方案中与专利权保护范围无关的技术特征无须考虑。[①] 另外，最高人民法院在北京百度网讯科技有限公司与北京搜狗科技发展有限公司、北京搜狗信息服务有限公司侵害发明专利权纠纷案中指出，被诉侵权技术方案中与权利要求的保护范围无关的特定技术特征，或者对认定是否落入权利要求所限定的保护范围没有实质性影响的特定技术特征，在认定现有技术抗辩时不予考虑。[②] 最高人民法院在泽田公司与格瑞特公司侵犯实用新型专利权纠纷案中指出，审查现有技术抗辩时，比对方法是将被诉侵权技术方案与现有技术进行对比，在两者并非相同的情况下，审查时可以专利权利要求为参照，确定被诉侵权技术方案中被指控落入专利权保护范围的技术特征，并判断现有技术是否公开了与之相同或者等同的技术特征。[③]

因此，从现有司法实践来看，并不严格要求何者优先比对。但即使不优先比对是否落入专利权保护范围，在比对被诉侵权技术方案与现有技术方案时，也应以专利权利要求为参照，而不必比对所有的被诉侵权技术方案与现有技术方案。

其次，在判断被诉侵权产品所使用的技术是否构成现有技术时，判断的标准如何确定，不但是司法实务中的难点问题，在理论上争议也非常大。

被诉侵权产品所使用的技术与现有技术构成相同时，认定现有技术抗辩成立，争议不大，基本上都认同抗辩成立。至于完全相同的判断标准，一般而言，是指被控侵权物的技术方案在其技术领域、所解决的技术问题、技术方案和预期效果上与对比文件披露的技术方案实质相同，则认为被控侵权物的技术与现有技术相同。[④]

但是，被诉侵权产品所使用的技术与现有技术存在区别时，其审查判断标准如何把握，争议就非常大。虽然最高人民法院为了统一裁判标准，在司法解释中规定：被诉落入专利权保护范围的全部技术特征或设计，与一项现有技术或设计方案中的相应技术或设计特征相同或者无实质性差异的，认定现有设计抗辩成

① 参见最高人民法院民事判决书，(2019)最高法知民终804号。

② 参见最高人民法院民事判决书，(2020)最高法民再82号。

③ 参见最高人民法院民事判决书，(2012)民申字第18号。

④ 参见最高人民法院知识产权审判庭、最高人民法院知识产权司法保护研究中心编：《知识产权司法实务新型疑难问题解析》，中国法制出版社2017年版，第62页。

立。但何为无实质性差异，同样因标准的模糊性而难以确定，裁量的空间非常大，因此争议也非常大。

判断无实质性差异，目前司法实践中有以下几种方法。

第一种为“可直接替换的判断标准”，即在现有技术抗辩认定中，被诉侵权技术方案的某一技术特征与现有技术方案中的相应技术特征构成本领域可直接置换的惯用手段的，可以认定两对应技术特征无实质性差异。最高人民法院在佛山市顺德区华申电器制造有限公司、佛山市易豆科技有限公司与浙江小智电器科技有限公司侵害实用新型专利权纠纷案中认为，浙江小智电器科技有限公司对047A专利的真实性无异议，该专利申请公开于1984年12月11日，早于涉案专利申请日，故可以作为现有技术抗辩证据使用。涉案专利权利要求中涉及卡夹组件的技术特征“卡夹组件的一端固定到盖体上，另一端沿径向弹性压靠在升降轴上”。被诉侵权技术方案的卡夹组件主要由弹簧和弹珠构成，弹簧一端抵住盖体，另一端通过弹珠和连接块抵住升降轴，整个结构位于盖体内部。047A专利说明书等明确记载了相应的技术特征：扁平弹片（29）设置在中空部件（25）上并带有适于与主轴（26）中的凹槽（28）配合的小突起（30），且中空部件（25）位于盖子（5）及其延伸部分（6）之中。被诉侵权技术方案的弹簧、弹珠式卡夹结构与现有技术的弹片、突起式卡夹结构是能够直接替换的惯用手段，所属领域技术人员能够根据需要选用不同的弹性元件及其对应的结构，属于无实质性差异的情形。落入专利权保护范围的被诉侵权技术方案的全部技术特征，与047A专利方案中的相应技术特征均相同或者无实质性差异，佛山市顺德区华申电器制造有限公司、佛山市易豆科技有限公司的现有技术抗辩成立。①

第二种为仅有非实质性差异判断方法，最高人民法院在王某慈与徐州天龙机电制造有限公司侵害发明专利权纠纷案中认为，关于依据七洲集团的潜水泵实物提出的现有技术抗辩，经法院当庭勘验，七洲集团的潜水泵实物与被诉侵权产品在卡簧位置上存在区别：前者的卡簧设置在电机壳底部靠近下端环的位置，而后者的卡簧位于下端环内孔。原审法院认为，二者卡簧的位置虽然略有区别，但是其功能都是起到固定定子下端的法兰盘和轴承座的作用，是以基本相同的手段，实现基本相同的功能，达到基本相同的效果，并且本领域普通技术人员无须创造

① 参见最高人民法院民事判决书，（2019）最高法知民终804号。

性劳动就能联想到。因此,该技术特征构成等同。最高人民法院认为,原审法院上述判断方法混淆了等同侵权与现有技术抗辩的判定方法。现有技术抗辩应遵循被诉落入专利权保护范围的全部特征与一项现有技术方案相应特征相同或无实质性差异的判断标准。被诉落入专利权保护范围的全部技术特征,与一项现有技术方案中的相应技术特征相同或者无实质性差异的,人民法院应当认定被诉侵权人实施的技术属于《专利法》(2008 年修正)第 62 条规定的现有技术。本案中,七洲集团的潜水泵实物与被诉侵权产品的卡簧分别设置在电机壳底部和下端环内孔两个不同位置上,差别明显,并且卡簧设置在下端环内孔是涉案专利的发明点所在,应认为二者上述技术特征存在实质性差异。因此,原审法院关于徐州天龙机电制造有限公司依据七洲集团潜水泵实物提出的现有技术抗辩成立的认定存在错误,最高人民法院予以纠正。①

第三种为类推"等同"的判断标准,最高人民法院在北京百度网讯科技有限公司与北京搜狗科技发展有限公司、北京搜狗信息服务有限公司侵害发明专利权纠纷案中关于现有技术抗辩是否成立的认定时指出:在认定被诉落入专利权保护范围的技术特征与现有技术方案的相应技术特征是否相同或者无实质性差异时,应当围绕涉案专利所要解决的技术问题以及权利要求中争议技术特征在专利技术方案中的功能和技术效果,对二者在手段、功能、效果等方面的差异及其影响程度作出认定。② 同样地,最高人民法院在泽田公司与格瑞特公司侵犯实用新型专利权纠纷案中指出,审查现有技术抗辩时,比对方法是将被诉侵权技术方案与现有技术进行对比,在两者并非相同的情况下,审查时可以专利权利要求为参照,确定被诉侵权技术方案中被指控落入专利权保护范围的技术特征,并判断现有技术是否公开了与之相同或者等同的技术特征。③

另外,江苏省高级人民法院张晓阳法官对此认为:"现有技术抗辩中的'无实质性差异'判断标准与等同特征的'三基本 + 容易联想'判断标准之间存在密切关联。虽然两判断标准的适用场合有所差异,但两标准的判断对象均为某一技术特征而非整体技术方案,属于同一层次,故在现有技术抗辩的审查中,关于'无实质性差异'的认定,借鉴等同特征判断的思路并不存在大的障碍。另外,从利益

① 参见最高人民法院民事判决书,(2019)最高法知民终 141 号。
② 参见最高人民法院民事判决书,(2020)最高法民再 82 号。
③ 参见最高人民法院民事判决书,(2012)民申字第 18 号。

平衡角度考虑,现有技术抗辩中的'无实质性差异'借鉴等同判断标准亦符合公平原则。因为,法律在允许专利权人主张等同侵权以给予其更大的专利权保护范围的同时,也应当允许被控侵权人在现有技术抗辩中行使等同特征抗辩,即在充分保护创新的同时,需要确保社会公众享有对现有技术合理使用的权利,以实现专利权人与社会公众之间的利益平衡。”①

第四种为“与公知常识的简单组合”的判断标准,江苏省高级人民法院在苏州工业园区新海宜电信发展股份有限公司与南京普天通信股份有限公司、苏州工业园区华发科技有限公司侵犯专利权纠纷案中认为:现有技术抗辩是指在专利侵权纠纷中被控侵权人以其实施的技术属于现有技术为由,对抗专利侵权指控的不侵权抗辩事由。如被控侵权人有充分证据证明其实施的技术方案属于一份对比文献中记载的一项现有技术方案与所属领域技术人员广为熟知的常识的简单组合,则应当认定被控侵权人主张的现有技术抗辩成立,被控侵权物不构成侵犯专利权。该案件由于被《最高人民法院公报》2010 年第 10 期(总第 168 期)所引用,可视为最高人民法院认可的现有技术抗辩判定无实质性差异标准之一。②

第五种为“容易联想到的技术方案”的判断标准,最高人民法院在天津保兴建材工贸有限公司与银川东方京宁建材科技有限公司、宁夏煤炭基本建设有限公司侵犯实用新型专利权纠纷再审案中认为:本案中,被诉落入专利权保护范围的全部技术特征共4 项。经对比,现有的在先专利公开了特征 a 和特征 b;特征 c 与在先专利技术无实质性差异;特征 d 是本领域人员容易联想到的技术方案,与在先专利技术也无实质性差异。据此,法院认定被诉落入专利权保护范围的全部技术特征为现有技术,故现有技术抗辩成立。③

第六种为公开涉案专利发明点的现有技术与通用部件必然结合形成被控侵权技术方案。最高人民法院在王某慈、徐州华盛实业有限公司侵害发明专利权纠纷二审案[该案收录于《最高人民法院知识产权案件年度报告(2019)》]中认为,涉案专利明确指出其技术方案的发明点,并强调发明点以外的技术特征均为通用部件时,如果该发明点对应的技术特征已经为一项现有技术公开,其余技术特征

① 张晓阳:《等同特征判断标准在专利侵权纠纷案件中的适用问题(二)》,载微信公众号“江苏高院”2016 年 3 月 23 日。

② 参见江苏省高级人民法院民事判决书,(2007)苏民三终字第 0139 号。

③ 参见最高人民法院民事裁定书,(2013)民申字第 2243 号。

虽未被该现有技术公开,但该现有技术与通用部件必然结合形成与涉案专利技术方案相对应的整体现有技术方案,则可以认定现有技术抗辩成立。①

三、关于"转用"能否适用于现有设计抗辩的问题

在外观设计侵权纠纷案件中,经常会遇到"转用"问题。同样地,对于外观设计侵权纠纷案件中的现有设计抗辩时发生的"转用"现象,应否加以限制,由于我国法律并没有明确的规定,司法实践只能先行探索适用。广东省高级人民法院在卢某安、广州旗云电子有限公司与东莞市奇声电子实业有限公司(以下简称奇声电子公司)侵害外观设计专利权纠纷案中认为:奇声电子公司提交的"琵琶(823)"外观设计专利的申请日在涉案专利申请日前,该专利公开了与被诉侵权产品外观基本相同的乐器琵琶的造型;并且,奇声电子公司提交的另一份"吉他音箱"专利已经给出了将乐器应用于音箱外观设计的启示。故被诉侵权产品的外观设计系通过"转用"这一常见设计手法,将现有设计"琵琶(823)"转用到音箱领域,由此得到的被诉侵权产品的外观设计,并未产生独特的视觉效果,与现有设计不具有实质性差异,不构成对涉案专利权的侵害。② 可见广东省高级人民法院对被诉侵权产品的外观设计属于对现有设计的"转用",不构成对涉案专利权的侵害的观点持肯定态度。

① 参见最高人民法院民事判决书,(2019)最高法知民终 89 号。

② 参见广东省高级人民法院民事判决书,(2013)粤高法民三终字第 530 号。

4

外观设计近似的主观判断与客观标准

——高仪公司与健龙公司侵害外观设计专利权纠纷再审案

郑才微　李　为*

【内容提要】授权外观设计的设计特征体现了其不同于现有设计的创新内容,也体现了设计人对现有设计的创造性贡献。如果被诉侵权设计未包含授权外观设计区别于现有设计的全部设计特征,一般可以推定被诉侵权设计与授权外观设计不近似。对设计特征的认定,应当由专利权人对其所主张的设计特征进行举证。人民法院在听取各方当事人质证意见的基础上,对证据进行充分审查,依法确定授权外观设计的设计特征。对功能性设计特征的认定,取决于在外观设计产品的一般消费者看来,该设计是否仅仅由特定功能所决定,而不需要考虑该设计是否具有美感。功能性设计特征对于外观设计的整体视觉效果不具有显著影响。功能性与装饰性兼具的设计特征对整体视觉效果的影响需要考虑其装饰性的强弱,装饰性越强,对整体视觉效果的影响越大,反之则越小。

【关键词】　侵害外观设计专利　设计特征　功能性特征　整体视觉效果

【案情简介】

本案系2015年中国法院十大知识产权案件,最高人民法院第85号指导

---

* 郑才微:浙江常青藤律师事务所主任,台州市知识产权保护协会会长,先后牵头起草《专利侵权诉讼代理服务规范》《专利侵权投诉与申辩工作规范》等四个地方标准,上述两个标准为全国首创。李为:浙江一墨律师事务所,资深知识产权律师。

案例。

德国高仪股份公司(以下简称高仪公司)是世界最大的卫浴设施制造商,占有世界市场约8%的份额。早在2010年,高仪公司的销售额就已达9.8亿欧元。而浙江健龙卫浴有限公司(以下简称健龙公司)年销售额只有1亿元人民币。但是健龙公司是浙江省专利示范企业,既借鉴他人的先进思路,更重视自主研发与创新,不断开拓欧美市场,业绩增长很快,因此遭到高仪公司的警惕。2012年,高仪公司以健龙公司侵害外观设计专利权为由提起诉讼,案经台州市中级人民法院(以下简称一审法院)一审、浙江省高级人民法院二审,最后经最高人民法院再审结案。①

对于被告生产销售了涉案产品,双方并无争议。争议在于被告的涉案产品是否落入原告专利的保护范围。三级法院判决的说理部分重点围绕这一焦点展开。

2012年11月29日,高仪公司向一审法院提起诉讼称,健龙公司生产、销售和许诺销售的GL062、S8008等型号的丽雅系列卫浴产品,与其所有的“手持淋浴喷头(NO. A4284410X2)”(专利号为ZL20093019××××.X)外观设计专利产品相同或近似,侵犯了其专利权,请求法院判令健龙公司:(1)立即停止生产、销售、许诺销售侵犯ZL20093019××××.X号外观设计专利权的商品;(2)销毁库存的侵权产品及专用于生产侵权产品的模具;(3)赔偿高仪公司经济损失20万元,其中包括高仪公司为制止侵权所支付的合理费用;(4)承担本案全部诉讼费用。

涉案外观设计专利公告图片上的淋浴喷头包括喷头头部和手柄两部分,喷头头部呈扁椭圆体,正面看为圆角矩形,侧边呈圆弧状,下端平滑收缩过渡形成一体连接的手柄,相对于手柄,喷头头部向正面倾斜,喷头头部的正面设有长椭圆形区域,该区域内呈放射状分布出水孔。手柄下端为圆柱体,向与喷头连接处方向逐步收缩压扁呈扁椭圆体。

经一审庭审比对,健龙公司被诉侵权产品与高仪公司涉案外观设计专利的相同之处为:二者属于同类产品,从整体上看,二者均是由喷头头部和手柄两个部分组成,被诉侵权产品头部出水面的形状与涉案专利相同,均表现为出水孔呈放射状分布在两端圆、中间长方形的区域内,边缘呈圆弧状。二者的不同之处:(1)被

① 参见浙江省台州市中级人民法院民事判决书,(2012)浙台知民初字第573号;浙江省高级人民法院民事判决书,(2013)浙知终字第255号;最高人民法院民事判决书,(2015)民提字第23号。

诉侵权产品的喷头头部四周为斜面,从背面向出水口倾斜,而涉案专利主视图及左视图中显示其喷头头部四周为圆弧面;(2)被诉侵权产品头部的出水面与面板间仅由二根线条分隔,涉案专利头部的出水面与面板间由两条线条构成的带状分隔;(3)被诉侵权产品头部出水面的出水孔分布方式与涉案专利略有不同;(4)涉案专利的手柄上有长椭圆形的开关设计,被诉侵权产品没有;(5)涉案专利中头部与手柄的连接虽然有一定的斜角,但角度很小,几乎为直线形连接,被诉侵权产品头部与手柄的连接产生的斜角角度较大;(6)从涉案专利的仰视图看,手柄底部为圆形,被诉侵权产品仰视的底部为曲面扇形,涉案专利手柄下端为圆柱体,向与头部连接处方向逐步收缩压扁呈扁椭圆体,被诉侵权产品的手柄下端为扇面柱体,并且向与喷头连接处过渡均为扇面柱体,过渡中的手柄中段有弧度的突起;(7)被诉侵权产品的手柄底端有一条弧形的装饰线,将手柄底端与产品的背面连成一体,涉案专利的手柄底端没有这样的设计;(8)涉案专利头部和手柄的长度比例与被诉侵权产品有所差别,两者的头部与手柄的连接处弧面亦有差别。(见本文附录)

一审法院所确定的相同点和不同点,双方当事人均无异议,各级法院也均认可。但对于被诉产品是否落入专利的保护范围,却以不同的理由得出了不同的结论。

一审法院认为:根据《专利法》及其司法解释的规定,结合庭审的比对结果,原告所有的涉案专利与被告的被控侵权产品间虽然在喷头的出水面设计上存在高度近似,但在喷头头部周边设计、喷头头部周边与出水面的分隔方式、手柄整体形状及细节设计、手柄与头部的连接方式及大小长度比例上都存在差别。原告认为涉案专利的头部出水孔呈放射状分布在两端圆、中间长方形的区域内,边缘呈圆弧状的设计为其专利的设计特征部分,被告被控侵权产品的头部设计与其相同,便应认定构成对其外观设计专利侵害。但是,原告涉案专利的设计特征部分是否为喷头头部出水处的设计并未能在该外观设计的简要说明中予以体现,并且根据一般消费者的知识水平和认知能力,淋浴喷头产品应包括头部和手柄两个主要部分,两者各自的设计特征以及两者的连接方式和比例大小,在产品使用时均容易被直接观察到,是构成淋浴喷头产品整体视觉效果的基础,赋予该类产品设计美感。因此,应认定被告被控侵权产品与原告拥有的专利号为ZL20093019××××.X外观设计专利在整体视觉效果存在实质性差异,两者并不构成近似。

2013 年 3 月 5 日，一审法院判决驳回高仪公司的诉讼请求。

高仪公司遂向浙江省高级人民法院提起上诉，二审法院认为：就涉案专利而言，高仪公司明确其跑道状的出水面为专利的设计特征和视觉要部，而该部分确为涉案专利最具可识别度的设计，并且占据了主要的视域面积，并能带来较为独特的设计美感；况且，二审法院在审理过程中明确要求健龙公司作进一步检索，确认在高仪公司的涉案专利申请日前，有无喷头出水面为跑道状的现有设计存在，健龙公司未能提供相应的现有设计以供比对。故涉案专利中跑道状的喷头出水面设计，应作为区别于现有设计的设计特征予以重点考量，而被诉侵权设计正是采用了与之高度相似的出水面设计，具备了涉案专利的该设计特征。此外，被诉侵权设计与涉案专利设计相比，在淋浴喷头的整体轮廓、喷头与把手的长度分割比例等方面均非常相似。再者，被诉侵权设计与涉案专利设计的主要区别在于前者缺乏后者在手柄位置具有的一类跑道状推钮设计。推钮固然可有不同的形状设计，但其在手柄上设置主要仍系基于功能性的设计，对产品的整体视觉效果并未产生显著影响。至于原判归纳的其他区别点，如喷头头部的周边设计及与出水面的分隔方式、手柄形状、手柄与头部的连接方式等存在的差别均较为细微，亦未能使被诉侵权设计与涉案专利设计在产品的整体视觉效果上产生实质性差异，综上所述，二审法院认定被诉侵权设计与涉案专利设计构成近似，落入了高仪公司涉案外观设计专利权的保护范围。2013 年 9 月 27 日，二审法院撤销一审判决，责令健龙公司停止侵权并赔偿经济损失 10 万元。判决生效后，健龙公司销毁了涉案产品的模具并支付了赔偿款。

2014 年 1 月 7 日，最高人民法院受理了健龙公司的再审申请。同年 8 月 6 日询问双方当事人。同月 27 日，也是最高人民法院首次举办面向外国驻华使节主题开放活动日，再次询问双方当事人。20 多个国家的 30 多位驻华使领馆官员应邀到庭旁听，全国多家新闻媒体进行了现场直播，中央电视台第一套频道当晚进行了报道。2014 年 12 月 18 日，最高人民法院下达裁定，决定中止本案的执行并由其提审。2015 年 2 月 10 日，公开开庭审理。2015 年 8 月 11 日，决定撤销浙江省高级人民法院的二审判决，维持一审法院的一审判决。最高人民法院判决后，健龙公司向一审法院申请了执行回转，高仪公司亦已履行完毕。

【裁判理由】

最高人民法院再审认为：本案的关键问题是对于一般消费者而言，被诉侵权产品外观设计与涉案授权外观设计是否相同或者近似，具体涉及以下四个问题。

一、关于涉案授权外观设计的设计特征

最高人民法院院认为，外观设计专利制度的立法目的在于保护具有美感的创新性工业设计方案，一项外观设计应当具有区别于现有设计的可识别性创新设计才能获得专利授权，该创新设计即授权外观设计的设计特征。由于设计特征的存在，一般消费者容易将授权外观设计区别于现有设计。因此，其对外观设计产品的整体视觉效果具有显著影响，如果被诉侵权设计未包含授权外观设计区别于现有设计的全部设计特征，一般可以推定被诉侵权设计与授权外观设计不近似。根据"谁主张、谁举证"的证据规则，专利权人应当对其所主张的设计特征进行举证。无论是专利权人举证证明的设计特征，还是通过授权确权有关审查文档记载确定的设计特征，如果第三人提出异议，应当允许其提供反证予以推翻。人民法院在听取各方当事人质证意见的基础上，对证据进行充分审查，依法确定授权外观设计的设计特征。

二、关于涉案授权外观设计产品正常使用时容易被直接观察到的部位

认定授权外观设计产品正常使用时容易被直接观察到的部位，应当以一般消费者的视角，根据产品用途，综合考虑产品的各种使用状态得出。本案中，首先，涉案授权外观设计是淋浴喷头产品外观设计，淋浴喷头产品由喷头、手柄构成，二者在整个产品结构中所占空间比例相差不大。淋浴喷头产品可以手持，也可以挂于墙上使用，在其正常使用状态下，对于一般消费者而言，喷头、手柄及其连接处均是容易被直接观察到的部位。其次，第 17086 号决定认定在先申请的设计证据与涉案授权外观设计采用了同样的跑道状出水面，但是基于涉案授权外观设计的"喷头与手柄成一体，喷头及其与手柄连接的各面均为弧面且喷头前倾，此与在先申请的设计相比具有较大的差别，上述差别均是一般消费者容易关注的设计内容"，认定二者属于不相同且不相近似的外观设计。由此可见，淋浴喷头产品容易被直接观察到的部位并不仅限于其喷头头部出水面，在对淋浴喷头产品外观设计的整体视觉效果进行综合判断时，其喷头、手柄及其连接处均应作为容易被直接观察到的部位予以考虑。

三、关于涉案授权外观设计手柄上的推钮是否为功能性设计特征

外观设计的功能性设计特征是指那些在外观设计产品的一般消费者看来，由产品所要实现的特定功能唯一决定而不考虑美学因素的特征。一般而言，功能性设计特征对于外观设计的整体视觉效果不具有显著影响;而功能性与装饰性兼具的设计特征对整体视觉效果的影响需要考虑其装饰性的强弱,装饰性越强,对整体视觉效果的影响相对较大,反之则相对较小。

本案中,涉案授权外观设计与被诉侵权产品外观设计的区别之一在于,后者缺乏前者在手柄位置上具有的一类跑道状推钮设计。只要在淋浴喷头手柄位置设置推钮,该推钮的形状就可以有多种设计。当一般消费者看到淋浴喷头手柄上的推钮时,自然会关注其装饰性,考虑该推钮设计是否美观,而不是仅仅考虑该推钮是否能实现控制水流开关的功能。涉案授权外观设计的设计者选择将手柄位置的推钮设计为类跑道状,其目的也在于与其跑道状的出水面相协调,增加产品整体上的美感。因此,二审判决认定涉案授权外观设计中的推钮为功能性设计特征,适用法律错误,最高人民法院予以纠正。

四、关于被诉侵权产品外观设计与涉案授权外观设计是否构成相同或者近似

关于两者的区别设计特征,一审法院归纳了八个方面,对此双方当事人均无异议。对于这些区别设计特征,首先,如前所述,第 17086 号决定认定涉案外观设计专利的设计特征有三点:一是喷头及其各面过渡的形状;二是喷头出水面形状;三是喷头宽度与手柄直径的比例。除喷头出水面形状这一设计特征之外,喷头及其各面过渡的形状、喷头宽度与手柄直径的比例等设计特征也对产品整体视觉效果产生显著影响。虽然被诉侵权产品外观设计采用了与涉案授权外观设计高度近似的跑道状出水面,但是,在喷头及其各面过渡的形状这一设计特征上,涉案授权外观设计的喷头、手柄及其连接各面均呈圆弧过渡,而被诉侵权产品外观设计的喷头、手柄及其连接各面均为斜面过渡,从而使得二者在整体设计风格上呈现明显差异。另外,对于非设计特征之外的被诉侵权产品外观设计与涉案授权外观设计相比的区别设计特征,只要其足以使两者在整体视觉效果上产生明显差异,也应予以考虑。其次,淋浴喷头产品的喷头、手柄及其连接处均为其正常使用时容易被直接观察到的部位,在对整体视觉效果进行综合判断时,在上述部位上的设计均应予以重点考察。具体而言,涉案授权外观设计的手柄上设置有一类跑道状推钮,而被诉侵权产品无此设计,因该推钮并非功能性设计特征,推钮的有无这一区别设计特征会对产品的整体视觉效果产生影响;涉案授权外观设计的喷头与手柄连接产生的斜角角度较小,而被诉侵权产品的喷头与手柄连接产生的斜角角度较大,从而使得两者在左视图上呈现明显差异。正是由于被诉侵权产品外观设计未包含涉案授权外观设计的全部设计特征，以及被诉侵权产品外观设计与涉案授权外观设计在手柄、喷头与手柄连接处的设计等区别设计特征，两者在整体视觉效果上呈现明显差异，两者既不相同也不近似，被诉侵权产品外观设计未落入涉案外观设计专利权的保护范围。二审判决仅重点考虑了涉案授权外观设计跑道状出水面的设计特征，而对于涉案授权外观设计的其他设计特征，以及淋浴喷头产品正常使用时其他容易被直接观察到的部位上被诉侵权产品外观设计与涉案授权外观设计专利的区别设计特征未予考虑，认定两者构成近似，适用法律错误，对此，最高人民法院予以纠正。

综上所述，健龙公司生产、许诺销售、销售的被诉侵权产品外观设计未落入涉案外观设计专利权保护范围，不构成对高仪公司涉案专利权的侵害。

【法理评析】

在最高人民法院发布十大知识产权案件的新闻稿中，认为本案的典型意义是：本案涉及司法实践中争议较大的外观设计专利的设计特征和功能性特征的问题。最高人民法院认为，授权外观设计的设计特征体现了其不同于现有设计的创新内容，也体现了设计人对现有设计的创造性贡献。如果被诉侵权设计未包含授权外观设计区别于现有设计的全部设计特征，一般可以推定被诉侵权设计与授权外观设计不近似。对于设计特征的认定，应当由专利权人对其所主张的设计特征进行举证，并允许第三人提供反证予以推翻。对功能性设计特征的认定，不在于该设计是否因功能或技术条件的限制而不具有可选择性，而在于在外观设计产品的一般消费者看来，该设计是否仅仅由特定功能所决定，而不需要考虑该设计是否具有美感。再审判决对外观设计专利设计特征的意义、证明、确定以及在侵权判断中的考量进行系统阐述，同时对功能性特征的含义、分类和认定展开论述，在此基础上明确外观设计专利侵权判断的的裁判标准，具有十分重要的指导意义。

除审判机关从审判角度认为的本案的典型意义之外，点评人认为，从律师角度，本案尚有可总结和可圈点之处，另外本案三级法院在概念使用上存有瑕疵。

一、律师需要担当和坚持

本案论案由，是专利中被认为技术含量最低的外观设计专利；论标的，起诉标的为 20 万元，二审判决为 10 万元。对当事人而言，这件产品只是其众多同类产品中的一种，而且可以做规避设计继续生产。因此，不会对其后续的生产经营造成太大影响,况且判决已经执行了。就此偃旗息鼓服判认输,也是很正常的。但承办律师能够坚持自己的观点,认准二审判决是错误的,鼓励当事人申请再审,穷尽司法救济手段。体现了律师的担当和坚持。

这种坚持不仅为当事人赢得了最终的胜诉,也为司法贡献了一个经典案例。

二、外观设计看似很浅,实则很深

专利诉讼常被律师视作畏途,原因是涉及技术问题,并且在侵权判定上有一套不同于一般法律的逻辑和规则。从而使没有理工科背景和专利实务训练的律师觉得很难。但外观设计专利是个例外。

凡事入门易,往往深入难。正因为外观的直观性,像与不像似乎只是个主观判断问题。但每个人都有自己的主观,也就产生了纷纭的异见。为了解决这一问题,产生了种种的所谓的客观标准、比对原则。然而,客观标准应用于主观判决,仍会产生大量的歧见。本案一个小小的手持淋浴喷头,经历三审两改判,就是很好的例证。

所以,外观专利案件没有争议则已,如有争议,往往对律师的理论功底和实践经验是很大的考验。

三、无效宣告程序很重要

专利侵权案件往往随着被告提起的专利无效宣告程序。当然其主要的目标是将专利权推翻,起到釜底抽薪的作用。但在没有成功把握的情况下,被告需要考虑:(1)无效宣告程序对侵权诉讼是否会产生不利的后果;(2)即使无效不成,能否利用该程序认定一些对己方有利的事实?

对于第一点,原因是在侵权诉讼程序中和无效宣告程序中,双方对专利保护范围大小的解释正好相反。在侵权诉讼程序中,原告希望把保护范围作扩大解释,以能覆盖被控侵权产品,被告则相反;无效宣告程序中则是被告希望把权利范围作扩大解释,以使其落入现有设计,从而丧失专利性。这样,无效宣告程序中被告的观点就可以使其在侵权诉讼程序中被动。

对于第二点,在无效宣告程序中,被告完全可以在证据的组织上达到这样的目的:采用包含被控侵权产品区别于专利的特征的对比证据。如果无效宣告不成功,也能固定专利和被控产品的区别,得出两者不相似的结论。再将此结论应用于侵权诉讼中,实现不侵权的判决认定。

涉案专利虽然在无效宣告程序中没有成功,但仍得取有价值的结果。从再审判决中我们看到，正是无效宣告程序第17086号决定认定涉案外观设计专利的设计特征有三点，使再审认为这三点对产品外观均有显著影响，均有比对价值。这为本案最终胜诉起到了重要的作用。

四、本案三级法院在"设计特征"这一概念使用上存有瑕疵

本案三级法院使用"设计特征"这一基本概念与《专利法》中同一概念的含义是否相同，确实是值得商榷的。《专利法》中虽没有给出"设计特征"的明确定义，但分析其语境不难理解是泛指一项外观设计所有的设计单元，即每一个设计单元均是设计特征。这与发明和实用新型专利中的"技术特征"概念是对应的。但本案的三级法院均将"设计特征"含义当成了区别于现有设计的创新设计特征，其实他们想说的是"设计特点"。这一概念的错用，使判决书中同时出现的"区别设计特征""功能性设计特征""被诉侵权设计的设计特征""其他设计特征""现有设计特征"，逻辑上显得混乱。整个判决书就在这些概念中绕圈子，很是别扭。

只要正本清源，将外观设计中的任一设计单元均称为设计特征，进而将区别于现有设计的特征称为创新设计特征，将专利与被控侵权产品的不同点称为区别设计特征，那么上述的所有概念在逻辑上就都理顺了。

今后，律师代理外观设计侵权案时，可以在起诉和应诉的一开始就把这些概念厘清，起到正名作用。名正则言顺，从而使整个诉讼过程有一个坚实的逻辑基础。

附录：专利与被控侵权产品外观比对

表1　专利与被控侵权产品外观对比

	高仪产品	说明	健龙产品	说明
主视图		四周是圆弧形，手柄上有开关		四周是斜坡形，手柄上没开关

续表

	高仪产品	说明	健龙产品	说明
左视图		整体背面呈直线形,正面接近直线		背面接近 45°,正面是斜面加圆弧
俯视图	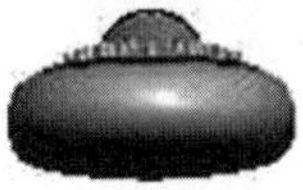	前后圆形弧面连接		前后连接处有斜角
仰视图		手柄是圆形	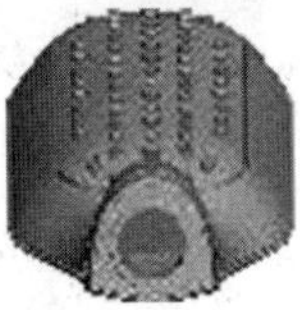	手柄是曲面形
立体图		整体是圆形直手柄,手柄、喷头基本上处于同一个平面上		整体是斜面斜曲面手柄,手柄与喷头并不在同一个平面上

5

外观设计专利侵权中一般消费者对整体视觉效果的判断

——以“绣花机用压脚导向条案”为视角

陆永强　周祥玉　郭小丽*

【内容提要】“绣花机用压脚导向条案”生发于浙江某设备有限公司诉某机械有限公司等三公司侵犯其外观设计专利，本案的裁判最大争议焦点在于被诉侵权产品是否与涉案专利相同或者近似。本案涉及专利无效程序与一审、二审、再审申诉。最终，在无效程序中认定涉案专利有效，在诉讼程序中认定被诉侵权产品与涉案专利既不相同也不近似，未落入涉案专利保护范围。诉讼的裁判重心落脚在一般消费者对外观设计的整体视觉效果的综合判断，其中引发出本文重点论述的三大问题：其一，设计空间大小的评判；其二，外观设计专利中的功能性设计特征和装饰性设计特征；其三，设计要点的认定。对于问题一，在考虑外观设计的设计空间大小时，不应当仅仅考虑相关设计的多寡，而更应当注重相关设计是不是呈现多样化的状态；对于问题二，功能性占比越大的设计特征对整体视觉效果的影响越小，反之则越大；对于问题三，在专利无效和侵权诉讼中对设计要点的认定可根据最接近现有设计的不同进行差异性认定。

【关键词】功能性与装饰性　设计要点　设计空间

---

* 陆永强：浙江永鼎律师事务所律师、专利代理师。周祥玉：浙江永鼎律师事务所律师、专利代理师。郭小丽：浙江永鼎律师事务所律师、专利代理师。

【案情简介】

原告于2017年3月6日向国家知识产权局申请名称为“绣花机用压脚导向条”的外观设计专利，并于2017年8月8日获得公告授权，专利号为20173006×××.2，并且已按规定缴纳年费，该专利处于长期有效的状态，原告系涉案专利的专利权人。涉案外观设计为：一长条形产品，主要由下部的基座和凸出于基座的凸部组成，相邻凸部之间有导向槽，凸部之间均匀分布；中部5个凸部近似圆角长方体形，表面各有一个较大的圆孔，两端的凸部均为半个；凸部之间的导向槽比凸部略窄，中间各有一个较小的圆孔；左右两面及背面为中空设计。

被告之一乙公司成立于2005年8月22日，注册资本为50万元，经营范围：生产销售电脑绣花机、缝制设备、五金机械配件、机械化农业及园艺机具；从事货物及技术的进出口业务；货物运输（凭有效许可证经营，具体经营项目以许可证核定为准）（依法须经批准的项目，经相关部门批准后方可开展经营活动）。原告于2020年向宁波市中级人民法院提起诉讼，诉称乙公司生产被诉侵权产品（一大型绣花设备上针杆架上的一小配件）侵犯上述外观设计专利，并且三被告经营构成混同，应当共同承担赔偿责任。

值得注意的是，原告的专利存在专利权无效的可能性，江西某机械有限公司等公司多年来一直在生产对涉案专利进行转化后的产品，即该专利可能因为其是现有技术而导致专利权无效。事实上，涉案专利的发明人曾于2016年10月6日至22日在江西某机械有限公司参观期间接触到型号为HFT系列电脑绣花机的参考资料，存在将现有技术申报为专利的嫌疑。

被告方向国家知识产权局提起专利无效程序。2020年8月28日，国家知识产权局作出第45922号无效宣告请求审理决定书，决定维持涉案专利有效。决定要点：虽然涉案专利（见图1）与证据1（见图2）均整体呈条形，基座表面规律排布有凸部和凹槽，但两者凸部和凹槽的形状、凸部相对于基座的比例、圆孔的布置均有较大的差异，给一般消费者带来明显不同的视觉感受，并且涉案专利为中空设计，证据1为封闭设计，具体形状差别较大。上述区别所涉及的部分在产品整体中所占比例较大，不属于施以一般注意力不能察觉到的局部细微差异，也不属于《专利审查指南》规定的其他实质相同的情形，因此涉案专利与证据1相比，不属于相同或者实质相同的外观设计，符合《专利法》第23条第1款的规定。最终，维持涉案外观设计专利权有效。在专利无效程序中也将设计要点限定为：①凸部近似圆角长方体;②在每个凸部和每个凹槽中都开设有通孔;③在凸部中间有较大的圆孔,导向槽里有较小的圆孔,大圆孔和小圆孔交替设置。

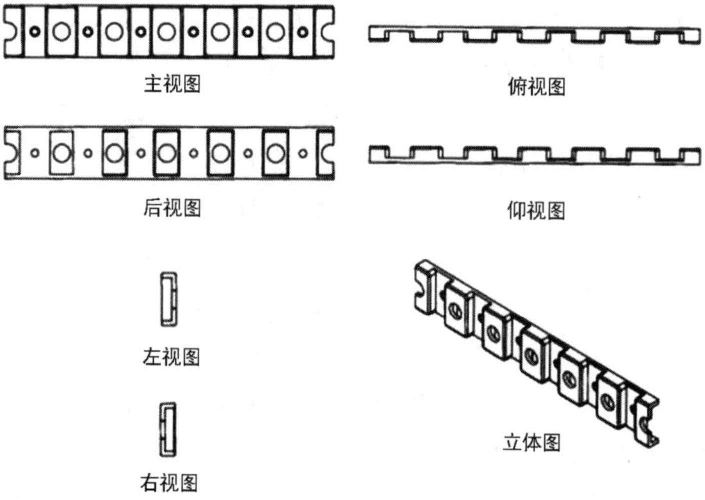

图1　涉案专利

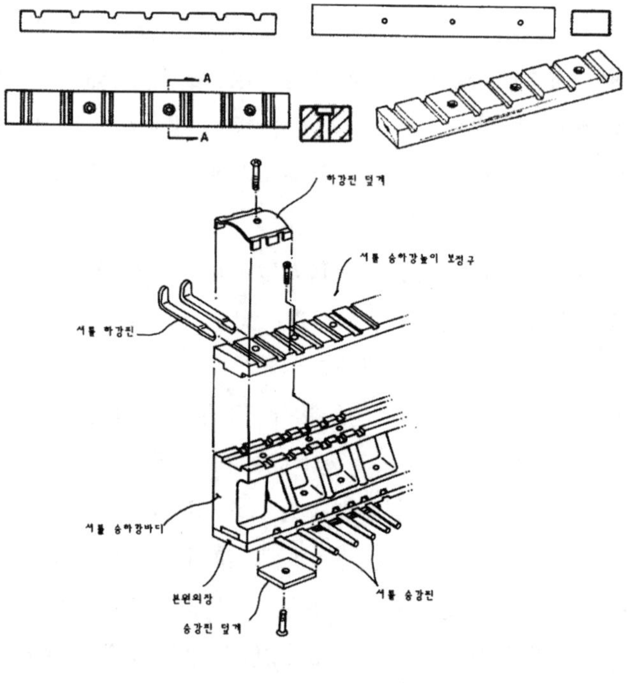

图2　证据1

在诉讼中,乙公司辩称,被诉产品与涉案专利存在以下区别:(1)凸部的形状不同:涉案专利的凸部为长方体且长宽比约为1∶2,在长方体凸部的四个边缘均设有导角面且四个角部为圆弧角部(涉案专利设计要点①),而被诉产品的凸部为正方体且边缘及角部棱角分明,不具备涉案专利设计要点①,并且两者差异明显。(2)通孔的类型不同:涉案专利的凹槽中开设有通孔(涉案专利设计要点②);被诉产品的未设置凹槽通孔,不具备涉案专利设计要点②,并且两者差异明显。(3)通孔的布置不同:涉案专利的凸部及凹槽中均开设有通孔且凸部通孔为大孔,凹槽通孔为小孔,大孔和小孔间隔交错分布(涉案专利设计要点③);而被诉产品的未设置凹槽通孔,仅设有凸部通孔,不具备涉案专利设计要点③,并且两者差异明显。(4)凸部在基座上的位置不同:涉案专利凸部的上沿和下沿分别与基座的上下边缘齐平,即凸部居中设置;而被诉产品凸部的上沿超出基座的上边缘,各个凸部呈现长城烽火台的视觉效果。(5)凸部通孔位置和占据凸部正面的比例不同:涉案专利的凸部通孔在凸部正面的竖直方向居中设置,占据凸部正面的比例较小;而被诉产品的凸部通孔在凸部正面竖直方向偏上设置,占据凸部正面的比例较大。(6)长宽比例不同:涉案专利较粗短;而被诉产品较细长。

原告还主张三被告的经营构成混同,属于本案的争议焦点之一,但是最终法院认定被诉侵权产品与涉案专利不相同也不近似,本文中对于该争议焦点不多赘述。

【裁判理由】

一审中,浙江省宁波市中级人民法院经审理认为,被诉侵权设计系绣花机用压脚导向条,与涉案专利系同类产品。涉案专利区别于现有设计的设计特征在于:(1)涉案专利的左右侧及背面敞开,为中空设计;(2)凸部的厚度与基座的厚度比;(3)凸部和槽的横截面;(4)小圆孔的设计。从被诉侵权设计与涉案专利的比对结果来看,被诉侵权设计具备了涉案专利的设计特征1、特征2,无设计特征4;对于设计特征3,槽的横截面部分基本一致,但凸部的横截面在长宽比例上有区别,该区别主要是由凸部一个为正方形,一个为长方形造成的。本专利产品的一般消费者即该导向条的采购人员,而该导向条是在绣花机的压脚构件中使用的。从一般消费的视觉角度来看:(1)被诉侵权产品凸部相对于基座而言从主视图看，有呈现长城烽火台的视觉效果，系被诉侵权设计特有的创新设计，与涉案专利设计有比较大的区别，能被一般消费者观察注意到。(2)被诉侵权产品从其使用状态来看，其针杆架中的凸起形状必须与该导向条的凸部严密配合使用，该凸起设计和中空设计不仅仅系为美感而设计，而是功能性与装饰性兼备的设计，针杆架的凸起设计的形状会影响导向条的选购，或者说导向条的选购会影响针杆架的选购。因此，导向条的凸部形状会被一般消费者重点关注，而本案中被诉侵权设计凸部的正方形和涉案外观设计凸部长方形的变化会让一般消费者轻易作出区分。(3)涉案外观设计中较大圆孔在凸起中所占据的位置与被诉侵权设计不同，实际该产品在使用过程中，该较大圆孔系与针杆架中的通孔位置相对应，同第二点理由，该圆孔在凸部的位置也会让一般消费者重点关注。以上第二点、第三点的区别系采购人员会着重注意的不同点，第一点区别是会容易观察到的创新设计，上述三个区别对一般消费者而言，可以对被诉侵权设计与涉案外观设计轻易作出区分；而小圆孔的设计属于不易观察到的细微区别。

综上所述，宁波市中级人民法院结合上述区别点，再从外观设计的整体视觉效果进行综合判断，确认被诉侵权设计未落入涉案外观设计的保护范围，乙公司制造该产品的行为，不构成侵权。最终法院判决：驳回原告的诉讼请求。案件受理费 13800 元，由原告负担。

二审中，在事实认定层面，上诉方并未提供新的证据，浙江省高级人民法院查明的事实与一审法院认定的事实一致。浙江省高级人民法院经审理认为，关于被诉侵权设计是否落入涉案专利权的保护范围，此案中，被诉侵权产品与涉案专利产品均为绣花机用压脚导向条，属于相同种类产品，可以进行对比。具体见表 1。

表 1　涉案专利与被诉侵权产品的对比

涉案专利图片	被诉侵权产品照片
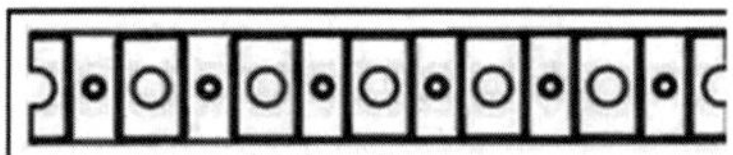 主视图 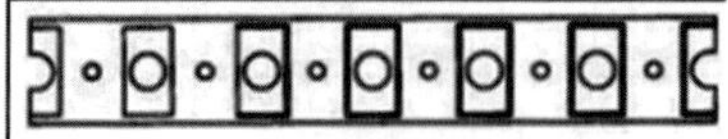 后视图	 主视图  后视图

续表

涉案专利图片	被诉侵权产品照片
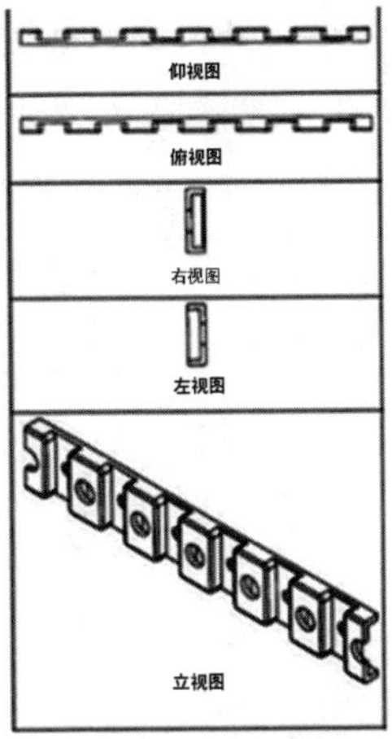	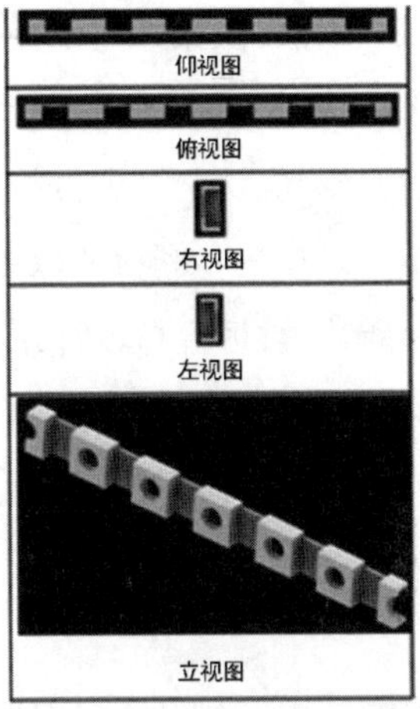

经对比,二者的相同点主要在于:(1)整体均呈长条形,主要由基座和凸部组成,凸部均规律排列,相邻凸部之间均有槽,左右两端的凸部均为半个;(2)左右两端及背面为中空设计;(3)凸部表面有较大圆形通孔。被诉侵权设计与涉案专利第一点的相同点,即整体均呈长条形,主要由基座和凸部组成,凸部均规律排列,相邻凸部之间均有槽,左右两端的凸部均为半个的设计已在涉案无效宣告请求审查决定中的对比设计中体现,并且根据在案证据及当事人的陈述,被诉侵权设计作为适配于绣花机机头横梁的配件,其凸部与槽的间距比例,均取决于所匹配的机头横梁。关于第二点、第三点相同点,被诉侵权设计左右两端及背面中空设计、凸部表面设有较大圆形通孔,亦均与机头横梁凸起结构及其上的通孔相匹配,属于功能性与装饰性兼具的设计特征。而该领域的一般消费者,即绣花机零配件的采购者或装配技术人员,在选购产品时将更加关注产品与绣花机横梁的适配性,故上述相同点的功能性远强于装饰性,对整体视觉效果的影响较小。

两者的区别在于:(1)涉案专利的凸部表面为边角圆润的长方形,被诉侵权设计的凸部表面为棱角分明的正方形;(2)从主视图和后视图中可以清晰地看出,涉案专利凸部上沿和下沿分别与基座的上下边缘齐平,被诉侵权设计凸部上沿超出基座上边缘;(3)涉案专利在槽中设计有小圆通孔,被诉侵权设计无此设计。二者的区别点中,(1)凸部处于正面易于被观察到的显著位置,凸部表面是边角圆润的长方形还是棱角分明的正方形,对于整体视觉效果具有显著影响。

(2)被诉侵权设计在凸部上边沿的设计变化使整个设计呈现长城烽火台的视觉效果,与涉案专利形成了较为明显的不同视觉观感。(3)涉案专利的槽中的小通孔虽然较为细微,但在无效审查过程中,原告明确将槽中开设的通孔陈述为涉案专利的设计特征,而被诉侵权产品不具有该设计特征。故根据整体观察、综合判断的比对原则,应认定被诉侵权设计与涉案专利不构成相同或近似设计,被诉侵权设计不落入涉案专利权的保护范围。

综上所述,被诉侵权设计未落入涉案专利权的保护范围,三被告的被诉行为未侵害原告的涉案外观设计专利权,故浙江省高级人民法院判决驳回上诉,维持原判,二审案件受理费 13800 元,由原告负担。①

【法理评析】

本案属于在外观专利侵权诉讼中衡量一般消费者对外观设计整体视觉效果判断,最终确定被诉侵权产品与涉案专利是否相同或者近似的经典案例。其中,夹杂着对于涉案产品领域的设计空间大小的评判、外观设计专利中的功能性设计特征和装饰性设计特征,以及设计要点的认定三方面的问题研究。外观设计专利的侵权比对在实务中往往受到主观因素的影响,在现行法律的框架下,如何将被诉侵权产品与涉案专利相同或者近似与否的判断推向更加客观是非常重要的。因此,通过本案研究上述三方面问题,对类似案件的审判具有良好的借鉴意义。

一、设计空间的认定

(一)设计空间的概念

设计空间又称设计自由度,是指设计者在创作特定产品外观设计时的自由度。引入设计空间这一概念,是对外观设计侵权比对"整体观察、综合判断"这一原则的有益补充。防止一旦以一般消费者的视角观察到被控侵权产品与外观设计在整体视觉效果上相似即认为构成侵权,而完全忽视外观设计中的局部特征以及局部特征在整个外观设计中的贡献程度。这样,外观设计的局部特征对于判断是否侵权实质上失去作用,进而造成整体近似即构成侵权的片面结论。

① 参见浙江省宁波市中级人民法院民事判决书,(2020)浙 02 民初 153 号;浙江省高级人民法院民事判决书,(2021)浙民终 1154 号。

（二）设计空间大小评判

根据《最高人民法院关于审理侵犯专利权纠纷案件应用法律若干问题的解释（二）》第14条的规定，人民法院在认定一般消费者对于外观设计所具有的知识水平和认知能力时，一般应当考虑被诉侵权行为发生时授权外观设计所属相同或者相近种类产品的设计空间。设计空间较大的，人民法院可以认定一般消费者通常不容易注意到不同设计之间的较小区别；设计空间较小的，人民法院可以认定一般消费者通常更容易注意到不同设计之间的较小区别。但在司法实践中，对于某一类特定产品设计空间的大小在判断过程中存在较多的主观因素，这是司法实践中所面临的难点。

对此，侵权诉讼过程中在评判设计空间时，可参考外观设计专利授权确权过程中关于设计空间的评判标准。《最高人民法院关于审理专利授权确权行政案件适用法律若干问题的规定（一）》第14条规定："人民法院认定外观设计专利产品的一般消费者所具有的知识水平和认知能力，应当考虑申请日时外观设计专利产品的设计空间。设计空间较大的，人民法院可以认定一般消费者通常不容易注意到不同设计之间的较小区别；设计空间较小的，人民法院可以认定一般消费者通常更容易注意到不同设计之间的较小区别。对于前款所称设计空间的认定，人民法院可以综合考虑下列因素：（一）产品的功能、用途；（二）现有设计的整体状况；（三）惯常设计；（四）法律、行政法规的强制性规定；（五）国家、行业技术标准；（六）需要考虑的其他因素。"

值得注意的是，两者在考虑设计空间的时间节点上是存在差异的，在侵权诉讼中，司法解释中所考量的时间节点是"被诉侵权行为发生时"，而在专利授权确权的行政诉讼中，司法解释中所考量的时间节点是"专利申请日"。由此可见，在侵权诉讼中考虑设计空间时，所参照的应当是被诉侵权行为发生时该类产品已存在的设计状况，而并非仅限于外观专利现有设计中的设计状况。

有观点认为，该类产品的相关设计越多，则对外观设计的设计空间挤占越显著，其可采用的替代设计方案越少，设计空间就越小；反之则设计空间就越大。但由于在侵权诉讼中设计空间所考量的时间节点是一个不断变动的时间点，以此观点的逻辑进行推断不难发现，随着时间的推移，该类产品已存在的设计越来越多，对外观设计的设计空间挤占也越来越明显，导致外观设计的设计空间逐渐变小，细微差异对整体视觉效果的影响也就逐渐放大。这就会产生外观设计在授权之后，其实际的保护范围是一个随时间推移逐渐缩小的过程。这样，外观设计申请日之后公开的相关设计或相关专利对外观设计的保护范围产生了实质性的影响，导致与实用新型专利和发明专利的保护制度产生了实质的不同，与专利制度中的先申请原则似乎也存在一定程度上的抵触。

因此，不应当仅考虑相关设计的多寡，而更应当注重相关设计是不是呈现多样化的状态。如若相关设计所呈现出的设计均为大体相同的设计，则应认为该类产品的可设计方案较少，设计空间较小；而相关设计所呈现出的设计多种多样，则应认为该类产品的可设计方案较多，设计空间较大。在国家知识产权局专利复审委员会、浙江今飞机械集团有限公司与浙江万丰摩轮有限公司专利无效行政纠纷案中，专利复审委员会即通过举证了多款造型不同的摩托车车轮设计，使最高人民法院认定：即使在摩托车车轮均由轮辋、辐条和轮毂组成，并且受到设定功能限制的情况下，其辐条的设计只要符合受力平衡的要求，仍可以有各种各样的形状，存在较大的设计空间。①

二、外观设计专利中的装饰性设计特征和功能性设计特征

（一）装饰性与功能性的概念

外观设计，是指对产品的整体或者局部的形状、图案或者其结合以及色彩与形状、图案的结合所作出的富有美感并适于工业应用的新设计。由此可见，外观设计专利保护的核心在于“富有美感”，即所谓的装饰性设计。故在专利侵权诉讼中，应当对设计特征的装饰性和功能性进行区分，才能更好地把握住外观设计的保护范围。通常来说，一件外观设计中可能会存在三种不同类型的设计特征：为实现特定功能仅具有唯一设计方式的纯功能性设计特征、装饰性设计特征以及功能性与装饰性兼具的设计特征。

（二）功能性占比对整体视觉效果的影响

根据《最高人民法院关于审理侵犯专利权纠纷案件应用法律若干问题的解释》第 11 条第 1 款的规定，人民法院认定外观设计是否相同或者近似时，应当根据授权外观设计、被诉侵权设计的设计特征，以外观设计的整体视觉效果进行综合判断；对于主要由技术功能决定的设计特征以及对整体视觉效果不产生影响的产品的材料、内部结构等特征，应当不予考虑。故不同类型的设计特征对于外观

① 参见最高人民法院行政判决书，(2010)行提字第 5 号。

设计产品整体视觉效果的影响是存在差异的。纯功能性设计特征对于整体视觉效果通常不具有显著影响;装饰性设计特征对于外观设计的整体视觉效果一般具有影响。功能性与装饰性兼具的设计特征对整体视觉效果的影响则需要考虑其装饰性的强弱。装饰性越强,对整体视觉效果的影响可能相对越大一些;反之则相对越小。[①] 纯功能性设计特征只在较少的特殊情况下才存在,一般外观设计中的大多数特征为功能性与装饰性兼具的设计特征。正如本案中导向条上若干个依次排列的凸部设计、凸部内部中空且表面设有圆孔的设计特征,这是为实现与针杆架中的凸起形状严密配合使用,具有显著的功能性意味。同时,凸部的具体形状、凸部表面的通孔形状等特征也仍具有其他的设计方式,并非纯功能性特征。但经综合考虑,该特征是一个功能性与装饰性兼具的设计特征,而且功能性在其中占比较大,故二审判决中对这一特征也进行了如下认定:"而该领域的一般消费者,即绣花机零配件的采购者或装配技术人员,在选购产品时将更加关注产品与绣花机横梁的适配性,故上述相同点的功能性远强于装饰性,对整体视觉效果的影响较小。"

三、设计要点的认定

(一)何为设计要点

外观设计与现有设计相区别的设计特征,在《专利审查指南》中被称为设计要点,在司法解释中被称为区别设计特征。但二者在用于厘清外观设计保护范围的内核上具有相通性,故在本文中不进行刻意区分,而统称为设计要点。

依据《专利审查指南》的规定,设计要点是指与现有设计相区别的产品的形状、图案及其结合,或者色彩与形状、图案的结合,或者部位。但在专利申报之时,申请人或受限于申请之日对现有设计的了解程度,抑或主观上试图获取一个较大的专利保护范围,在撰写外观设计简要说明时往往含糊其词,仅笼统地说明设计要点在于形状、在于形状与图案的结合等。以此为标准实质上无法确定什么才是实际的设计要点,故在专利授权后的无效及侵权诉讼程序中,设计要点实际需要双方在审理过程中归纳并进行相应的举证,以便国家知识产权局或法院对设计要点进行认定。

---

① 参见最高人民法院行政判决书,(2012)行提字第14号。

（二）专利无效程序中设计要点认定对于侵权诉讼的影响

上述的“与现有设计相区别”，应当限缩性地解释为与最接近现有设计的区别点，而非解释为与全部现有设计均相区别的区别点。[①] 故在对设计要点进行认定的过程中，应当首先确定最接近的现有设计，以该现有设计为参照坐标，归纳外观设计专利的区别设计作为设计要点。尤其在侵权诉讼阶段，如将设计要点理解为“与全部现有设计均相区别的区别点”，则有可能将设计要点不恰当地归纳在一个相对较为细微的设计特征上，导致对外观设计保护范围解读的偏差。

对于一份外观设计专利，往往可能同时存在专利无效和侵权诉讼两个程序。在这两个程序中，对外观设计的设计要点均会作出相应的认定。明确设计要点属于事实问题而非法律问题，故基于相同的最接近现有设计的前提下，应当作出相同设计要点的认定，这样也能较好地保证行政程序与诉讼程序中标准的统一性。在本案中，专利无效和侵权诉讼两个程序中都将“整体均呈长条形，主要由基座和凸部组成，凸部均规律排列，相邻凸部之间均有槽，左右两端的凸部均为半个的设计”认为并非属于涉案专利的设计要点，而将“槽中开设的通孔”认为是设计要点。但往往专利无效和侵权诉讼两个程序在时间上有着前后顺序的差异，随着检索的深入，最接近现有设计存在发生改变的可能性。在此情况下，专利无效和侵权诉讼两个程序中对设计要点进行差异性认定未尝不可，由于检索存在非穷尽的可能性，无论是专利文件中记载的设计要点还是专利评价报告、专利无效程序或侵权诉讼程序中确定的设计要点，都应允许他人提供反证予以推翻。[②]

---

① 参见福建省高级人民法院民事判决书，(2021) 闽民终 563 号；上海市高级人民法院民事判决书，(2018) 沪民终 156 号。

② 参见浙江省高级人民法院民事判决书，(2016) 浙民终 931 号。

6

司法实务中外观设计相同或近似的重点认定要素

——以 XS 公司专利纠纷案为视角

郜　炜　魏舒毫*

【内容提要】涉案专利的设计要点在于产品的整体形状，其中椅座部分系产品销售及正常使用时最容易被直接观察到的部位，也是椅类产品外观的主要组成部分，对产品整体视觉效果产生显著影响。涉案专利的椅面设计兼具功能性和装饰性，不属于主要由技术功能所决定的设计特征。综合考量被诉侵权设计与授权外观设计的相同设计与区别设计特征对整体视觉效果的影响，以椅类产品的一般消费者的普通注意力进行整体观察，两者在椅座部分的区别设计特征使两者在整体视觉效果上存在实质性差异，不容易产生误认，两者既不相同也不近似。

【关键词】外观设计专利　相同近似　整体视觉效果　一般消费者　误认

【案情简介】

涉案专利名称为“椅子(JO×-××)”、专利号为ZL201530××××××.4，专利权人为原告台州市HU公司(以下简称HU公司)，专利申请日和授权公告日

---

* 郜炜：XS公司在本案一审、二审、再审阶段的代理及主办律师，浙江六和(宁波)律师事务所律师、高级合伙人，芝加哥肯特法学院国际知识产权法学硕士、华东政法大学法律硕士，入选中国司法部全国千名涉外律师人才库、浙江省涉外律师人才库、浙江省海外知识产权纠纷应对指导专家，现任浙江省法学会知识产权法学研究会常务理事、宁波市律协一带一路与涉外专业委员会副主任、宁波市法学会知识产权法学研究会理事，宁波仲裁委员会仲裁员。魏舒毫：浙江六和(宁波)律师事务所律师。

分别为2015年6月29日和2015年11月18日。该专利的简要说明记载,产品的设计要点在于本产品的整体形状,最能标明本外观设计的设计要点的图片或照片为使用状态参考图。涉案专利权在案件审理时持续有效。该外观设计专利评价报告的初步结论为,全部外观设计未发现存在不符合授予专利权条件的缺陷。审理中,原告明确专利证书所附的使用状态参考图不作为权利保护范围。

涉案专利产品为椅子,专利证书所附外观设计图片有主视图、俯视图、后视图、立体图、左视图、使用状态参考图。其中使用状态参考图显示,椅座形状被包布完全覆盖。其余视图显示,椅子分为椅座、横档、靠背、椅腿四部分:(1)椅座为正方形,四条边框呈圆管状并向上突起。前面两个边框的连接点可见到两条前椅腿的部分顶部。椅座面积分布呈正方形方阵规则排列的相同圆孔,在方阵和边框中间留有小部分平整的椅面。(2)椅面下方左右两侧和前面各有三个圆管形的横档,各横档处在同一水平面。左右横档的前端及前面横档的两头直接与椅腿相连,左右横档的后端向外侧弯曲以一定弧度分别与两侧椅腿相连。(3)椅子靠背采用半圆弧形(弧形中间宽两头细)并向下以一定的弧度延伸,两侧分别与两个后椅腿相连。(4)椅子的四个椅腿为上粗下细的圆锥体。前两个椅腿与地面几乎垂直,后字形的拐杖形状。原告专利产品售价为每把不到500元。

被告为宁波市XS有限公司(以下简称XS公司)、上海HZ有限公司(以下简称HZ公司),其中被告XS公司成立于2003年,经营范围为模具、家居等的制造、加工;被告HZ公司成立于2015年,经营范围为销售家具、办公用品等。被告XS公司系“SX”商标的权利人,两商标分别被核定在第20类的椅子及第28类的玩具等商品上使用。

2019年7月,原告工作人员通过微信向被告HZ公司销售人员以220元的价格(其中椅子125元、坐垫费35元、运费60元)购买了椅子一把。被告HZ公司向原告出具了发票。同年7月29日,原告委托代理人对签收的包裹内的商品进行拍照后封存。封存商品系椅子一把,寄件人显示为陈××,邮寄地址为浙江省宁波市海曙区洞欣路228号宁波市XS实业有限公司。包装箱上标有“SX”商标,标明产品型号为XS-050、包装箱上有二维码,扫描二维码即可进入被告XS公司经营的“XS旗舰店”。

椅子椅面有包布,去除包布后与涉案专利进行对比,二者除在以下方面存在区别外,其余设计特征基本相同:(1)公证取证产品椅座表面光滑平整,椅座边缘做弧度处理。涉案专利的椅座表面主体部分采用镂空设计,并在边缘的四个边框采用突出的圆管装饰。(2)公证取证产品椅面下方的前后左右都各有一个横档,各横档先自行连成一个正方形,四方形的前面两头与两条前椅腿之间通过向内弯曲的连结点相连。正方形的后面两头向外延展弯曲成一段弧线与后面两个椅腿相连。涉案专利椅面下方的后侧没有横档,各横档前面两个连接点直接与椅腿相连,该弯曲的弧线长度短于公证取证椅子相同位置的弧线长度。(3)从两款椅子的侧面观察,涉案专利椅腿与靠背形成的"7"字形的弯曲度大于公证取证椅子的弯曲度。

除此之外,XS 公司在 2017 年上海国际家居展中发送的宣传册中有型号为 XS－218A 的椅子产品展示,该型号下有两款产品,一款为椅面带包布的白色椅子,另一款为没有包布椅面光滑的黑色椅子。因拍摄角度原因,白色椅子和黑色椅子椅面下方的横档连接点分别只能看到右后方和左后方的连结点,连结点的连接方式与原告公证取证椅子的连接方式相同。白色椅子和黑色椅子的其余设计特征分别与原告公证取证的带包布和去除包布的椅子的设计特征相同。

基于上述基本事实,原告主张被告侵犯了其外观设计专利权,要求被告停止制造、许诺销售和销售侵权产品、销毁模具并赔偿损失 20 万元人民币。

本案经上海知识产权法院一审判决驳回原告全部诉讼请求;二审上海市高级人民法院维持原判;而后原告申请再审,最高人民法院最终裁定驳回再审申请。①

【裁判理由】

上海知识产权法院认为,以一般消费者的一般注意力衡量是否引起误认为标准,进行整体观察、综合判断。本案原告主张的被控侵权产品包括公证取证产品和宣传册展示的产品。经分析,上述产品均为同一款产品,仅存在有无包布的区分。经对被控侵权产品与涉案专利的外观设计进行对比(见表 1),两者靠背、椅腿和横档的设计近似,但椅座设计不同:涉案专利的椅座表面以正方形方阵形式排布了圆孔镂空,并在椅座四周边框采用突出椅面的圆管状包围,圆管状包围与镂空图案之间存在明显间隙;被控侵权产品椅座表面光滑平整。涉案专利的设计

---

① 参见上海知识产权法院民事判决书,(2019)沪 73 民初 699 号;上海市高级人民法院民事判决书,(2020)沪民终 380 号;最高人民法院民事裁定书,(2020)最高法民申 6605 号。

要点在于产品的整体形状,其中椅座部分系产品销售及正常使用时最容易被直接观察到的部位,也是椅类产品外观的主要组成部分,对产品整体视觉效果产生显著影响。涉案专利的椅面设计兼具功能性和装饰性,不属于主要由技术功能所决定的设计特征。综合考量被诉侵权设计与授权外观设计的相同设计与区别设计特征对整体视觉效果的影响,以椅类产品的一般消费者的普通注意力进行整体观察,两者在椅座部分的区别设计特征使两者在整体视觉效果上存在实质性差异,不容易产生误认,二者既不相同也不近似。故被控侵权产品外观设计未落入涉案专利权的全部保护范围。

表1 涉案专利与被诉侵权产品对比表

	涉案专利	被控侵权产品
主视图	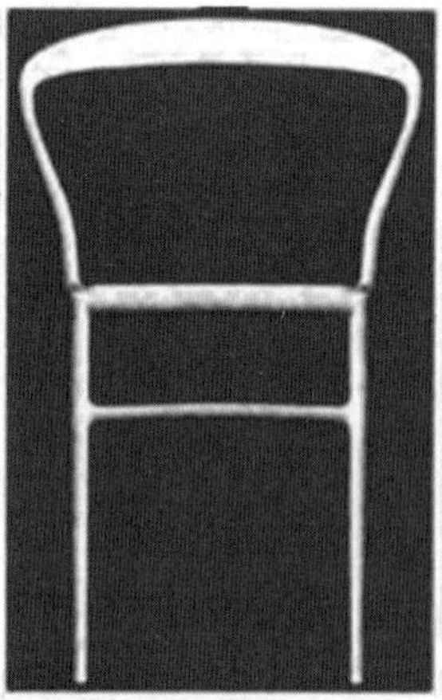	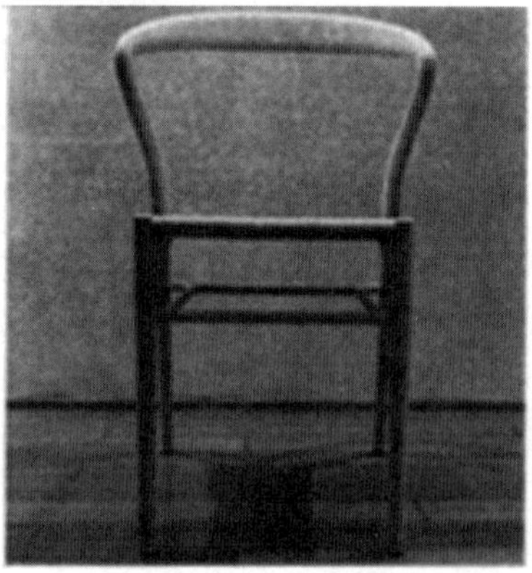
后视图	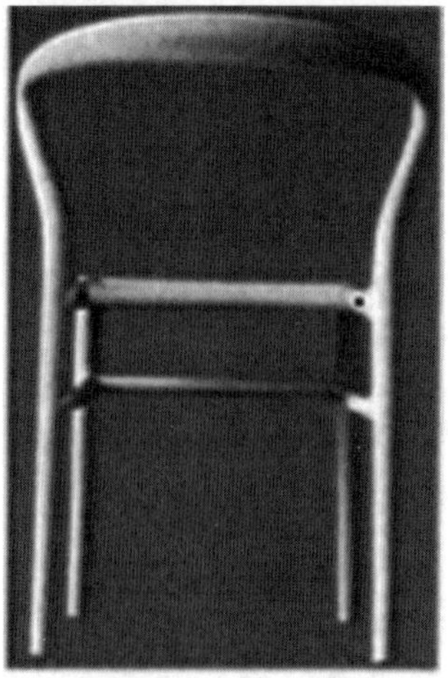	

续表

	涉案专利	被控侵权产品
左视图	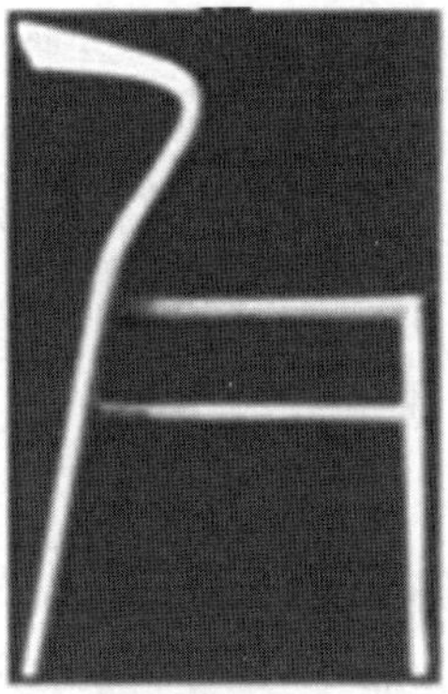	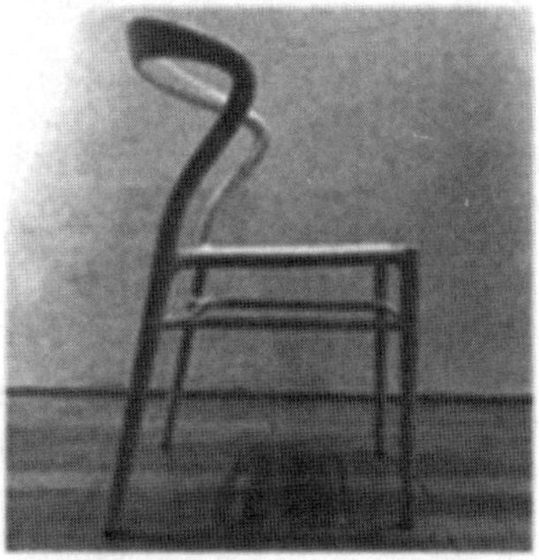
俯视图		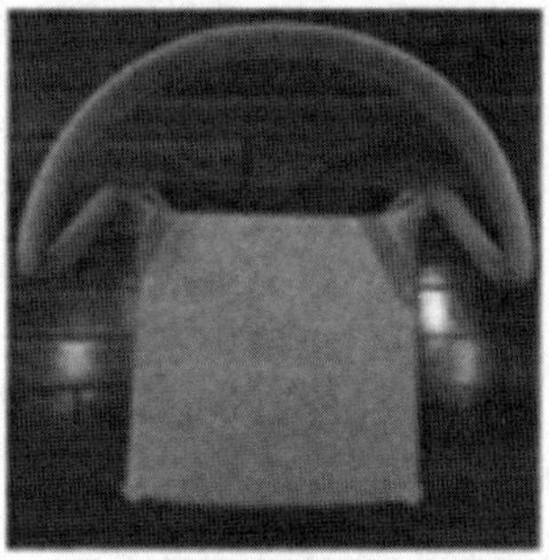
立位图		

【法理评析】

不同于发明、实用新型专利对于落入保护范围时采用的全面覆盖原则，对于外观设计是否构成相同或相近似实质更偏向于对设计自身的主观视觉效果，以及是否会引发混淆的判断，并无对外观设计专利公开全部特征细节一一比对的要求。因此，一、二审及再审法院在判断外观设计是否相同或近似时，着重强调的是对产品整体视觉效果产生重大影响的椅面设计。

本案一、二审与再审法院对是否构成外观设计相同的观点一致，但在许多侵害外观设计专利权纠纷案中，被诉侵权产品与涉案专利产品是否构成近似外观设计往往是争议焦点，决定了被诉侵权设计是否落入涉案专利权的保护范围——而不同法院对争议焦点认定的不一致也会直接导致案件判决的改变。

如在 FGE（上海）贸易有限公司、宁波 FM 智能科技有限公司等侵害外观设计专利权纠纷案（以下简称洗面仪案）中，一审法院与二审法院的认定出现了分歧。该案中，被诉侵权产品与涉案外观设计专利产品均为洗面仪，属于同类功能产品。一审法院认为，被诉侵权产品与涉案专利具有以下区别点：（1）整体凸起区域不同；（2）顶部区域的形状不同；（3）其他具体设计（如底部充电口的设计）不同。虽然被诉侵权产品与涉案专利在圆饼状造型上存在部分相似，但在整体凸起区域、刷毛覆盖面积、刷毛分布方式、产品背面造型、产品按钮分布与形状、底部外观以及充电口的位置上区别点较大，对于面部清洁产品的一般消费者而言，这些区别点属于在使用时可以观察到的位置，对整体视觉效果会产生显著的影响。因此，根据从整体到局部的综合判断原则，该院认为被诉侵权设计与涉案专利之间既不相同也不构成近似。[①] 而二审法院认为，两者的区别点主要在于：（1）整体凸起情况不同；（2）刷毛区域不同；（3）前侧下部充电口设计不同。被诉侵权设计与涉案专利整体均为中间厚边缘薄的圆饼状，底端为半圆或椭圆形平面，前侧的顶部均有紧密排列的刷毛区，前侧刷毛区分为上下两层，上层面积较小，上下层刷毛分别具有不同的颗粒大小和密度，前侧下层刷毛排布较密。结合涉案专利的设计要点，被诉侵权设计正常使用时容易被直接观察到的部分，与涉案专利整体形状、比例较较为近似，尤其是整体圆饼状的设计与刷毛部分疏密不一的排列，使二者

① 参见浙江省宁波市中级人民法院民事判决书，(2020)浙 02 民初 379 号。

呈现较为相似的整体视觉效果。在此情况下,上述第一点区别点较为细微,第二点区别点则主要位于使用时不易被观察到的产品背面,第三点区别点亦属细微差别,均不足以对两者整体视觉效果产生实质性影响。根据整体观察、综合判断的原则,二审法院认为,被诉侵权设计与涉案专利在整体视觉效果上无实质性差异,构成近似外观设计。① 通过上述法院的裁判要旨可以看出,在对比产品时,法院对产品主要区别点的描述与认定基本一致,但基于主要区别点而判断是否对产品的整体视觉效果产生显著影响时的观点截然不同。

综上所述,法院判断被诉侵权设计是否侵害涉案专利的核心逻辑与递进关系可初步汇总归纳如下。

1. 梳理二者的主要区别点。在通常情况下,二者为同功能的同类产品。基于功能的一致性,二者可以就外观设计直接作一一比对。法院对主要区别点的描述性罗列使二者的相似性和差异性得到更为直观的呈现。

2. 上述主要区别点是否为"细微差别""使用时最容易被直接观察到的部分""对整体视觉效果产生重要影响"。因为产品的类别不同,其已经形成的常规既定形象、可区别特征的设计空间与弹性,乃至产品呈现出的可视体积大小都会对主要区别点是否产生重要影响的效果权重有着个案判断的差异性。需要注意的是,即使是相对于现有设计存在较大差异的区别设计特征,如果这个设计特征在产品使用状态时不容易被看到,那么它对产品整体视觉效果的影响也较小。

3. 二者是否构成相同或近似设计。如本案椅子产品,其中关于椅面设计等区别点,并非主要由技术功能决定的设计特征,并实际对产品整体视觉效果产生了明确影响,显然应当作为设计比对时的重要考虑点。以外观设计专利产品的一般消费者的知识水平和认知能力、从整体视觉效果进行综合判断,二者间存在诸多明显不同。根据相关现有设计,以及申请人对其专利设计要点和上文表述也可知,上述不同点在对比设计中的尤其重要性,各点亦明显是产品一般消费者通常会注意到的不同设计之处。

4. 被诉侵权设计是否落入涉案专利保护范围内。以本案为例,客观而言,椅子的俯视部分及设计创新部分,尤其是椅坐上的镂空设计对外观设计的整体视觉效果更具有影响,它们也是产品正常使用时最容易被直接观察到的部位。将产品

① 参见浙江省高级人民法院民事判决书,(2022)浙民终 117 号。

正常使用时容易被直接观察到的部位与申请人专利进行比对后可以明确，相关区别点对产品整体视觉效果产生显著影响，使被诉产品与申请人专利设计之间具有明显视觉差异，两者外观不相同，被诉侵权设计未落入申请人外观设计专利的保护范围。

在实践或日常生活中，就外观设计是否相同或近似的判断常会受自由意识和主观感受等影响而因人而异。因此，司法实践中将其要求为“一般消费者的知识水平和认知能力”，以“高度盖然性”和通识感受来代替个体差异。通俗地理解，比起专业分析亦或是技术性判断，相关公众的“第一眼”尤为重要。在探究如何更好把握一般消费者的通常感受使其具有一定代表性时，除作为专业人士着重法律上和技术上的对比分析之外，同样需要脱敏或剥离专业知识、职业能力等特殊经历带来的“相对敏锐”，换位以一般消费者的视角进行相关判断。

我国知识产权保护水平和具体制度的构建、施行都在兼顾知识产权国际保护要求的前提下，与我国经济、科技、文化发展的要求相适应，立足于本土文化，做现代化改造，并服务于社会主义市场经济。知识产权作为一种无形财产权，它的实现需要较为成熟的市场环境作为基础，并且其价值往往与市场成熟度呈正相关。从知识产权保护与市场经济发展之间的关系来看，可以将其认为是建立在市场观念上的产物。那么对于知识产权的保护不可也无法脱离社会现实、群体认识，无法忽视制度理性与价值追求之平衡，但也绝不能仅局限或受制于一板一眼的比照或法条本身。随着实践的不断推进，知识产权相关司法解释充当着更新与填补司法现实和法条之间的差异。这也是相关司法解释在外观设计法律问题上强调和进一步阐明“一般消费者”“整体判断”的重要意义。

第二章

疑难商标侵权案例评析

7

涉外定牌加工商标侵权问题的认定

——以“亚环案”“东风案”“本田案”“时代威科案”为例

吕甲木*

【内容提要】定牌加工作为一种贸易形式,其法律性质为加工承揽。商标权的保护应该遵循诚实信用原则、利益平衡原则、地域性原则和混淆性原则。混淆性原则是商标法的基本原则,对于在相同商品或服务上使用相同商标的行为,以立法推定的形式且不可反驳的推定为构成混淆;对于类似商品或服务以及近似商标的判断则采主观混淆理论,对是否造成现实的混淆或可能的混淆予以个案判断。商标侵权的归责原则为严格过错推定责任而非无过错责任。对我国涉外定牌加工的现状与我国鼓励以自主品牌参与国际竞争的知识产权国家战略进行利益平衡,司法政策可以结合诚实信用原则,合理界定涉外定牌加工中商标权保护的界限,认定以下情形不构成侵权:将在境内在先使用未注册商标的;境内注册商标权人知道或者应当知道在其注册前境外已经有合法商标权人的;在类似商品或相同商品上使用与非驰名商标近似的商标的(可认定未发生混淆);境内的注册商标连续三年不使用的。对境内的注册商标未投入实际使用或准备使用但没有达到连续三年使用的,可不予赔偿损失。

---

* 吕甲木:二级高级律师,浙江海泰律师事务所高级合伙人,兼任浙江省律师协会知识产权专业委员会主任、浙江省法学会知识产权法学研究会副秘书长、宁波市法学会知识产权法学研究会副会长兼秘书长、中华全国律师协会知识产权专业委员会委员,被聘为最高人民法院知识产权案例指导研究(北京)基地专家咨询委员会专家、最高人民检察院民事行政检察咨询网专家、浙江省商业秘密领域智库专家、宁波仲裁委仲裁员。

【关键词】定牌加工　商标侵权　地域性　诚信原则　混淆性　商标使用

【案情简介】

一、亚环案

（一）案情

本案入选2015年中国法院50件典型知识产权案例。

许某荣获得第3071808号"PRETUL及椭圆图形"商标注册证，该商标核定使用的商品为第6类，包括：家具用金属附件；五金锁具；挂锁；金属锁（非电）等。2010年3月27日，原国家商标局核准第3071808号注册商标转让，受让人为莱斯公司。

2010年8月10日，亚环公司与墨西哥储伯荷拉密斯塔斯公司（TRUPER-HERRAMIENTASS. A. DEC. V.，以下简称储伯公司）签订编号为HYY100810A－3的售货确认书一份，约定亚环公司供给储伯公司挂锁684打，总金额为3069.79美元。此外，双方还签订过编号为HYY101028A的售货确认书一份，约定亚环公司供给储伯公司挂锁10233打，总金额为61339.03美元。2010年12月31日、2011年1月6日，宁波海关分别查获亚环公司自该海关出口至墨西哥的228箱共计684打和3411箱共计10233打被控侵权挂锁（申报金额分别为3069.79美元和61339.03美元）。经莱斯公司申请并提交了担保金，宁波海关于2011年1月13日扣留了该两批货物。应莱斯公司申请，宁波市中级人民法院于2011年2月10日从宁波海关调取了该两批货物中的被控侵权挂锁各12把（其代码和型号分别为23522、CAHI－30和23519、CAHI－50）。从调取的挂锁来看，该两批挂锁的锁体、钥匙及所附的产品说明书上均带有"PRETUL"商标，而挂锁包装盒上则均标有"PRETUL及椭圆图形"商标。该产品包装盒及产品说明书还用西班牙文特别标明："进口商：储伯公司"和"中国制造"以及储伯公司的地址、电话、传真等内容，相关的包装盒及产品说明书上并未标注亚环公司的名称、地址、电话等信息。

储伯公司系设立于墨西哥的一家公司。该公司在墨西哥等多个国家和地区的第6、8类等类别上注册了"PRETUL"或"PRETUL及椭圆图形"商标，其中注册号为770611、注册类别为第6类的"PRETUL"商标于2002年11月27日在墨西哥注册。2011年3月24日，储伯公司出具一份商标授权申明，称该公司系墨西哥注册商标"PRETUL"的合法所有人，该公司特此申明亚环公司生产的标有

"PRETUL"商标的所有型号的挂锁(代码和型号为:23518,CAHI-40;23519,CAHI-50;23520,CAHI-40B;23512,CAHI-50B;23522,CAHI-30;23523,CAHI-30B)均是根据该公司的授权而生产的,并全部出口至墨西哥。亚环公司承认并同意:(1)上述产品不得在中国镜内销售;(2)所有相关商标及知识产权属于储伯公司;(3)不得直接或间接向全世界范围内任何商标注册机构或版权登记机构申请注册或登记;(4)储伯公司有权随时撤销上述授权。

2011年1月30日,莱斯公司以亚环公司未经许可,擅自生产、销售带有"PRETUL"商标挂锁的行为侵害其注册商标专用权为由,向宁波市中级人民法院提起诉讼。

(二)裁判理由

一审法院认为,我国《商标法实施条例》(2002年)第3条规定:"商标法和本条例所称商标的使用,包括将商标用于商品、商品包装或者容器以及商品交易文书上,或者将商标用于广告宣传、展览以及其他商业活动中。"亚环公司在其加工的挂锁锁体、钥匙及所附的产品说明书上标注"PRETUL"商标,在挂锁包装盒上标注"PRETUL及椭圆图形"商标,系显属商标法意义上的商标"使用"行为。

地域性是知识产权的基本特征之一,其基本含义是依据不同国家的法律产生的知识产权是相互独立的,没有域外效力。在商标权领域,则体现为商标权人依据各国法律规定,分别取得独立的商标权,同一商标在各国取得商标权的效力仅在各国法律所及的范围内得到承认,即商标权没有域外效力。储伯公司虽在墨西哥就第6类商品上取得了第770611号"PRETUL"商标权,但因该商标未在我国注册,其在墨西哥取得的该商标权不受我国法律保护。而莱斯公司现依法在我国受让取得了第3071808号"PRETUL及椭圆图形"注册商标,该注册商标专用权现仍在有效期内,应受我国法律保护。因莱斯公司的第3071808号"PRETUL及椭圆图形"注册商标系文字加图形组合商标,根据《最高人民法院关于审理商标民事纠纷案件适用法律若干问题的解释》(2002年)第9条、第10条的规定,亚环公司在其加工的挂锁的锁体、钥匙及所附的产品说明书上标注的"PRETUL"商标,因该商标与莱斯公司的注册商标不相同,并且定牌产品均出口至墨西哥,不在中国境内销售,中国境内的消费者也没有发生混淆的可能,故应认定该"PRETUL"商标与莱斯公司的该注册商标不构成近似,其行为不构成侵权。亚环公司在其加工的挂锁包装盒上标注的"PRETUL及椭圆图形"商标,与莱斯公司的该注册商标构成相同，亚环公司未经莱斯公司许可，在同类商品上使用与莱斯公司享有的第3071808号注册商标相同的“PRETUL及椭圆图形”商标，构成对莱斯公司享有的第3071808号注册商标专用权的侵犯，应承担停止侵权及赔偿损失的民事责任。①

莱斯公司和亚环公司均不服并向浙江省高级人民法院提起上诉。浙江省高级人民法院二审认为，莱斯公司依法在我国受让取得了第3071808号“PRETUL及椭圆图形”注册商标，该注册商标专用权现仍在有效期内，应受我国法律保护。而案外人储伯公司虽在墨西哥等国注册了“PRETUL”或“PRETUL及椭圆图形”商标，但因上述商标未在我国注册，其在墨西哥取得的商标权不受我国法律保护。原审法院认为亚环公司未经莱斯公司许可，在同类商品上使用与莱斯公司享有的第3071808号注册商标相同的“PRETUL及椭圆图形”商标，构成对莱斯公司享有的第3071808号注册商标专用权的侵犯，完全符合我国《商标法》(2013年修正)第57条第1项的规定。至于亚环公司在挂锁产品、钥匙及所附的产品说明书上使用“PRETUL”商标的行为，二审法院认为，首先，《商标法》第57条第1项规定了商标侵权的法律要件，只要符合上述法律要件，即构成商标侵权。综观我国法律、法规及司法解释，未见有类似本案亚环公司行为的例外规定。其次，关于亚环公司提出的被诉侵权产品完全出口墨西哥，未在中国市场实际销售，不会引起中国境内消费者的混淆和误认，没有侵害莱斯公司商标权的主张。二审法院认为，《最高人民法院关于审理商标民事纠纷案件适用法律若干问题的解释》第9条第2款并未对“相关公众”作地域限制，《知识产权海关保护条例》(2010年修订)第3条第1款明确规定“国家禁止侵犯知识产权的货物进出口”。因此，亚环公司的前述抗辩缺乏法律依据，亚环公司在挂锁产品、钥匙及所附的产品说明书上使用的“PRETUL”商标与莱斯公司的涉案注册商标相比较，作为两者主要部分的“PRETUL”文字的字形、读音完全相同，易使相关公众对商品的来源产生误认或者认为其来源与莱斯公司“PRETUL及椭圆图形”注册商标的商品有特定的联系。亚环公司的上述商标使用行为也侵犯了莱斯公司享有的第3071808号注册商标专用权，亚环公司应当承担停止侵权，赔偿损失的民事责任。②

亚环公司不服，向最高人民法院申请再审。2014年1月2日，最高人民法院

① 参见浙江省宁波市中级人民法院民事判决书，(2011)浙甬知初字第56号。

② 参见浙江省高级人民法院民事判决书，(2012)浙知终字第285号。

作出(2013)民申字第1644号民事裁定书,裁定由该院提审,再审期间,中止原判决的执行。2015年11月26日,最高人民法院作出再审判决,认为本案中,根据原审法院查明的事实,储伯公司系墨西哥“PRETUL”或“PRETUL及椭圆图形”注册商标权利人(第6类、第8类)。亚环公司受储伯公司委托,按照其要求生产挂锁,在挂锁上使用“PRETUL”相关标识并全部出口至墨西哥,该批挂锁并不在中国市场上销售,也就是该标识不会在我国领域内发挥商标的识别功能,不具有使我国的相关公众将贴附该标志的商品,与莱斯公司生产的商品的来源产生混淆和误认的可能性。商标作为区分商品或者服务来源的标识,其基本功能在于商标的识别性,亚环公司依据储伯公司的授权,上述使用相关“PRETUL”标志的行为,在中国境内仅属物理贴附行为,为储伯公司在其享有商标专用权的墨西哥国使用其商标提供了必要的技术性条件,在中国境内并不具有识别商品来源的功能。因此,亚环公司在委托加工产品上贴附的标志,既不具有区分所加工商品来源的意义,也不能实现识别该商品来源的功能,故其所贴附的标志不具有商标的属性,在产品上贴附标志的行为亦不能被认定为商标意义上的使用行为。商标法保护商标的基本功能,是保护其识别性。判断在相同商品上使用相同的商标,或者判断在相同商品上使用近似的商标,或者判断在类似商品上使用相同或者近似的商标是否容易导致混淆,要以商标发挥或者可能发挥识别功能为前提。也就是说,是否破坏商标的识别功能,是判断是否构成侵害商标权的基础。在商标并不能发挥识别作用,并非商标法意义上的商标使用的情况下,判断在相同商品上使用相同的商标,或者判断在相同商品上使用近似的商标,或者判断在类似商品上使用相同或者近似的商标是否容易导致混淆,都不具实际意义。本案中,一、二审法院以是否相同或者近似作为判断是否构成侵犯商标权的要件,忽略了本案诉争行为是否构成商标法意义上的商标使用的前提,适用法律错误,因此,最高人民法院予以纠正。①

二、东风案

(一)案情

本案入选2015年中国法院50件典型知识产权案例。

上柴公司(现名为上海新动力汽车科技股份有限公司)系我国注册商标“东

① 参见最高人民法院民事判决书,(2014)民提字第38号。

风"文字和图形组合商标的商标权人。其中,第100579号商标由上海柴油机厂于1981年注册,核定使用商品为第1类(国际分类第7类)柴油机,经过续展注册有效期至2023年2月28日(现经续展至2033年2月28日)。该商标最早由上海柴油机厂于1962年8月1日在我国注册为第1类柴油机(内、外销商品),商标注册证号为第41765号。第624089号商标核定使用的商品为第7类柴油机、内燃机配件,该商标由上海柴油机厂注册,注册有效期限自1992年12月30日至2002年12月29日,经过续展注册有效期限至2022年12月29日(现经续展至2032年12月29日)。

2013年10月1日,常佳公司与印度尼西亚企业PT ADI PERKASA BUANA(以下简称印尼PT ADI公司)签订一份委托书,内容为:PT ADI PERKASA BUANA以"DONG FENG(东风)"商标及标志(证书号码:IDM000089328)持有人的身份委托常佳公司依据商标证书号码IDM000089328,以"DONG FENG(东风)"商标及标志生产柴油机及柴油机组件,出口至进出口商,但仅可以在印度尼西亚销售。该委托有效期至2017年1月19日。印尼PT ADI公司系在印度尼西亚注册成立的公司,并系印度尼西亚注册编号为IDM000089328商标证书登记的"DONG FENG(东风)"商标所有人。该商标注册登记类别为07类货品/服务,包括各种电动发电机、交流发电机、柴油发动机和柴油发电机等。该注册商标在印度尼西亚受保护期为10年,从2007年1月19日算起。上述委托书签订时,该商标在有效期内。2013年10月8日,常佳公司向常州海关申报出口柴油机配件(包括机体总成、油箱、水箱),运抵国印度尼西亚,该批货物申报出口共计228000千克,总价为659700美元。上柴公司以常佳公司申报出口的该批柴油机配件涉嫌侵犯上柴公司的注册商标权为由向常州海关提出扣留申请,常州海关根据上柴公司的申请于同年10月23日将常佳公司申报出口的上述柴油机配件予以扣留。上柴公司以常佳公司侵害商标权为由向江苏省常州市中级人民法院提起诉讼。

(二)裁判理由

一审法院认为,上柴公司系我国柴油机商品上"东风"注册商标的商标权人,基于商标权的地域性,上柴公司在我国对涉案商标享有商标专用权。常佳公司主张其根据印度尼西亚商标权人的委托,依照委托人提供的印度尼西亚商标证书生产制造涉案柴油机配件且全部出口印度尼西亚,构成定牌加工,予以采信。在定牌加工过程中,全部用于境外销售、在我国境内不进入市场流通领域的附加商标行为,在我国境内不具有识别商品来源的功能,因而不构成商标法意义上的商标使用行为,故常佳公司的行为未落入上柴公司涉案商标权的保护范围,不构成侵权。①

上柴公司不服,向江苏省高级人民法院提起上诉。江苏省高级人民法院二审认为,涉外定牌加工业务涉及全球化背景下的国际贸易分工与合作,对于其是否构成商标侵权的分析与判断,不仅要以我国《商标法》为依据,同时要充分考虑推动国际贸易发展的现实需求,因而对此类纠纷的解决,特别是法律适用及司法政策的确定,应当充分平衡国内商标权人、国内加工企业与境外商标权人或商标使用权人的利益。一般而言,如果国内加工企业不以销售为目的,接受境外委托人的委托,贴牌加工生产的产品全部出口而不在国内销售,以认定国内加工企业定牌加工行为不构成商标侵权为宜。但是,在作出上述不侵权认定时,仍要以国内加工企业对境外委托贴牌的商标本身已尽到合理的审查或注意义务为前提。首先,国内加工企业对境外委托人在境外是否享有注册商标专用权或者取得合法授权许可应当进行必要的审查,其未尽到审查或合理注意义务的,应当认定国内加工企业存在过错,其定牌加工行为构成商标侵权,应承担相应的民事责任。其次,对于境外委托人委托贴牌的商标本身不具有正当性的,应当对国内加工企业施加更高的注意义务。2013 年修正的《商标法》第 7 条第 1 款规定“申请注册和使用商标,应当遵循诚实信用原则”,第 13 条还就驰名商标保护作了专门规定,上述规定与《保护工业产权巴黎公约》及《与贸易有关的知识产权协定》规定的精神完全一致。基于此,如果境外企业或个人违反诚实信用原则,涉嫌在境外恶意抢注在我国具有一定影响的商标特别是驰名商标,并委托国内加工企业贴牌加工生产,应当认定境外委托人的行为不具有正当性,实质性损害了我国商标权人的合法利益,对此,国内加工企业作为同业经营者应当尽到更高的注意义务和合理的避让义务。如果国内加工企业明知或应知国内商标具有一定影响或为驰名商标,而境外委托人涉嫌恶意抢注却仍然接受委托,应认定国内加工企业存在过错,应承担相应的民事责任。同理,对于国内商标权人违反诚实信用原则,涉嫌恶意抢注境外商标,并且有证据表明国内加工企业已经对境外委托尽到必要审查或合理注意义务,所有贴牌加工产品均出口的,基于诚实信用原则,国内商标权人亦不能阻却国内加工企业从事涉外定牌加工业务。综上所述,基于对国际公约、我国相关法

① 参见江苏省常州市中级人民法院民事判决书,(2014)常知民初字第 1 号。

律法规以及我国现阶段经济社会发展现实需求的考量,根据不同情形个案认定涉外定牌加工行为是否构成商标侵权,更加符合我国经济社会发展的实际,这既可以保护正当的涉外定牌加工国际贸易行为,又能够有效防止境内外恶意抢注他人具有一定影响商标特别是驰名商标的不诚信行为的发生。虽然常佳公司接受印尼 PT ADI 公司的订单生产加工的产品全部出口至印度尼西亚,可以认定其行为属于涉外定牌加工行为,但二审法院认为,常佳公司系明知上柴公司的涉案"东风"商标为驰名商标,仍然接受境外委托,在被控侵权产品柴油机及柴油机组件上使用与上柴公司"东风"商标相同的商标,未尽到合理注意与避让义务,实质性损害了上柴公司的利益,侵犯了上柴公司的注册商标专用权。理由如下:第一,上柴公司的涉案"东风"商标历史悠久,经过其长期使用,已经被认定为驰名商标。第二,印尼 PT ADI 公司注册"东风"商标不具有正当性。上柴公司与印尼 PT ADI 公司就"东风"商标的权属在印度尼西亚法院进行过长期诉讼。尽管经过多次诉讼,上柴公司的诉请最终被驳回,但二审法院基于以上因素的考虑,仍然有理由相信印尼 PT ADI 公司的注册行为不具有正当性,其返回中国委托贴牌生产,并且贴附与上柴公司"东风"商标相同的商标,明显给上柴公司造成实质性损害。第三,常佳公司作为接受印尼 PT ADI 公司委托贴牌生产的国内加工商,应当知晓上柴公司涉案商标系驰名商标,也应当知晓上柴公司与印尼 PT ADI 公司就"东风"商标在印度尼西亚长期存在纠纷,并且其曾经承诺过不再侵权,但其仍受托印尼 PT ADI 公司贴牌生产,未尽到合理注意与避让义务,故上柴公司关于常佳公司构成商标侵权,要求其承担民事责任的主张,二审法院予以支持。①

常佳公司不服,向最高人民法院申请再审。最高人民法院于 2016 年 6 月 30 日作出(2016)最高法民申 448 号民事裁定,中止二审判决执行,提审本案。再审认为,商标使用是指将商标用于商品、商品包装或者容器以及商品交易文书上,或者将商标用于广告宣传、展览以及其他商业活动中,用于识别商品来源的行为。可见,商标的本质属性是其识别性或指示性,基本功能是用于区分商品或者服务的来源。一般来讲,不用于识别或区分来源的商标使用行为,不会对商品或服务的来源产生误导或引发混淆,以致影响商标发挥指示商品或服务来源的功能,不构成商标法意义上的侵权行为。根据原审法院查明的事实,常佳公司与印尼 PT

① 参见江苏省高级人民法院民事判决书,(2015)苏知民终字第 00036 号。

ADI 公司签订委托书接受该公司委托,依据印尼 PT ADI 公司合法拥有的商标权生产柴油机及柴油机组件,并将产品完全出口至印度尼西亚销售。在常佳公司加工生产或出口过程中,相关标识指向的均是作为委托人的印尼 PT ADI 公司,并未影响上柴公司涉案注册商标在国内市场上的正常识别区分功能,不会导致相关公众的混淆误认。考虑到定牌加工是一种常见的、合法的国际贸易形式,除非有相反证据显示常佳公司接受委托未尽合理注意义务,其受托加工行为对上柴公司的商标权造成了实质性的损害,一般情况下不应认定其上述行为侵害了上柴公司的商标权。在经济发展全球化程度不断加深,国际贸易分工与经贸合作日益紧密的复杂形势下,人民法院审理商标侵权纠纷案件应当结合国际经贸形势发展的客观现实,对特定时期特定市场的交易形式进行具体分析,准确判断相关行为对于商标权人合法权益的实际影响,才能更为准确适用法律。既要严格依法保护商标权人合法权益,又要防止不适当扩大保护而对正常贸易和竞争秩序造成妨碍。就本案而言,常佳公司作为定牌加工合同中的受托人,在接受印尼 PT ADI 公司的委托加工业务时,已经审查了相关权利证书资料,充分关注了委托方的商标权利状态。在印度尼西亚相关司法机构判决相关商标归属上柴公司期间,还就该时期的定牌加工行为与上柴公司沟通并签订协议,支付了适当数额的补偿费用。由此可见,常佳公司接受委托从事定牌加工业务,对于相关商标权利状况已经适当履行了审慎适当的注意义务。二审法院认定常佳公司未经注意合理避让义务,与事实不符。常佳公司从事本案所涉贴牌加工业务之时,上柴公司与印尼 PT ADI 公司之间的商标争议已经印度尼西亚最高法院生效判决处理,印尼 PT ADI 公司作为商标权人的资格已经司法程序确认。上柴公司自行使用相同商标生产相关或同类相关产品,实际已经无法合法出口至印度尼西亚销售。况且,根据再审查明及上柴公司提交的证据,自 2004 年至 2007 年,上柴公司亦受印度尼西亚被许可方的委托出口“东风及图”商标的相关产品。在此情况下,常佳公司根据印尼 PT ADI 公司授权委托从事涉案定牌加工业务,对于上柴公司在印度尼西亚境内基于涉案商标争取竞争机会和市场利益,并不造成实质影响。虽然商标具有识别商品或服务来源的基本功能,但归根结底,相关公众需求的并非商品标识本身,而是其指示或承载的商品及其良好品质。即便综合国际贸易现实需要进行综合衡量,也没有足够理由认定常佳公司从事涉案定牌加工行为已对上柴公司造成实质损害,并进而有必要作为商标法意义上的侵权行为予以认定。综上所述,二审判决认定常佳公司侵犯上柴公司注册商标权的事实依据不足，适用法律偏颇，依法应予纠正。①

三、本田案

（一）案情

本案系2019年中国法院十大知识产权案件。

原告本田株式会社于1988年5月30日经中国原国家商标局核准注册，取得第314940号注册商标权，核定使用类别为第12类，核定使用商品包括飞机、船舶、车辆和其他运输工具等。于1998年8月14日经中国原国家商标局核准注册，取得第1198975号注册商标权，核定使用商品类别为第12类，核定使用商品包括车辆、陆用机动运载器、空用机动运载器、水用机动运载器、汽车、摩托车等。于1988年12月17日经中国原国家商标局核准注册，取得第503699号注册商标，核定使用商品类别为第12类，核定使用商品包括摩托车、拖拉机以及上述商品零部件等。被告恒胜集团公司系1998年9月29日登记注册的有限责任公司，被告恒胜鑫泰公司系2001年6月19日登记注册的有限责任公司，两被告的法定代表人均为万某，系总公司和子公司关系。2016年8月22日，瑞丽海关告知原告由被告恒胜鑫泰公司委托瑞丽凌云货运代理有限公司向瑞丽海关申报出口的标有“HONDAKIT”标识的摩托车整车散件220辆，申报总价118360美元，目的地缅甸，瑞丽海关经原告申请于2016年7月12日扣留上述货物，经查该批货物系由缅甸美华公司授权委托恒胜集团公司加工生产。对于该批出口的摩托车是否构成侵权，海关难以认定。2016年9月13日，原告向云南省德宏傣族景颇族自治州中级人民法院提起诉讼。

（二）裁判理由

一审法院认为，两被告在其生产和销售的涉案摩托车头罩、发动机盖、左右两边的风挡、铭牌上使用“HONDAKIT”文字及图形，并且突出增大“HONDA”的文字部分，缩小“KIT”的文字部分。两被告辩称其行为系受缅甸美华公司授权的定牌加工行为，但其提交的通过认证的证据不能形成完整的证据链条，无法确认其行为系受缅甸美华公司授权的定牌加工行为。并且从其提交的经认证的证据来看，美华公司的授权商标图样中的“HONDAKIT”文字及图形商标并未突出“HONDA”的文字部分，缩小“KIT”的文字部分，而是同一大小字体的文字及图

① 参见最高人民法院民事判决书，(2016)最高法民再339号。

形,被告所贴附的图样也与缅甸美华公司的授权不符。两被告在原告取得系列注册商标权的相同和类似的商品类别为第12类的摩托车上使用"HONDAKIT"文字及图形商标并突出"HONDA"的文字部分,缩小"KIT"的文字部分,其明显在突出和强调涉案商品中"HONDA"文字及图形的使用和视觉效果,构成在相同或者类似的商品上使用与其注册商标相同或者近似的商标,其行为已经构成侵犯原告注册商标专用权。①

两被告不服并向云南省高级人民法院提起上诉。二审认为,上诉人办理出口的220套摩托车散件系全部出口至缅甸,不进入中国市场参与"商业活动",中国境内的相关公众不可能接触到该产品,因而上诉人的这种使用行为不可能在中国境内起到识别商品来源的作用,因此这并非商标法意义上的商标使用行为。关于涉外定牌加工是否构成侵害商标权,应根据个案分析。首先,根据商标法的规定,商标法保护商标的根本目的,就在于确保商标识别功能的实现;判断商标侵权与否的关键,就在于审查商标使用行为是否容易导致相关公众对商品或服务的来源产生混淆。只有容易引起相关公众对商品或服务来源产生混淆的使用行为,才可能发生近似商标使用行为侵害他人商标权的情况,离开这些条件和情形谈论商标侵权没有基础。其次,在本案中,220套摩托车散件均全部出口至缅甸,不进入中国市场销售,中国境内的相关公众不可能接触到该产品,因此不存在让中国境内的相关公众产生混淆的问题,没有损害被上诉人的实际利益,即不具备构成商标侵权的基础要件。最后,商标权具有地域性(法域性)特征,在此语境下,我国商标法只能保护在我国依法注册的商标权,保护范围不能延伸到我国领域之外。本案涉及的220套贴牌加工的产品,其流通市场不在中国而在缅甸,上诉人将HONDAKIT中的HONDA部分的文字突出使用,是否容易导致缅甸国内的相关公众对商品来源产生混淆,这个问题不在我国商标法可以评判的范围之内。②

本田株式会社不服,向最高人民法院申请再审。最高人民法院于2018年9月14日作出(2018)最高法民申3143号民事裁定,提审本案。2019年9月23日作出再审判决。再审认为,商标使用行为是一种客观行为,通常包括许多环节,如物理贴附、市场流通等,是否构成商标法意义上的"商标的使用"应当依据商标法

① 参见云南省德宏傣族景颇族自治州中级人民法院民事判决书,(2016)云31民初52号。

② 参见云南省高级人民法院民事判决书,(2017)云民终800号。

作出整体一致解释，不应该割裂一个行为而只看某个环节，要防止以单一环节遮蔽行为过程，要克服以单一侧面代替行为整体。商标使用意味着使某一个商标用于某一个商品，其可能符合商品提供者与商标权利人的共同意愿，也可能不符合商品提供者与商标权利人的共同意愿；某一个商标用于某一个商品以至于二者合为一体成为消费者识别商品及其来源的观察对象，既可能让消费者正确识别商品的来源，也可能让消费者错误识别商品的来源，甚至会出现一些消费者正确识别商品的来源，而另一些消费者错误识别商品的来源这样错综复杂的情形。这些现象纷繁复杂，无不统摄于商标使用，这些利益反复博弈，无不统辖于商标法律。因此，在生产制造或加工的产品上以标注方式或其他方式使用了商标，只要具备了区别商品来源的可能性，就应当认定该使用状态属于商标法意义上的“商标的使用”。《最高人民法院关于审理商标民事纠纷案件适用法律若干问题的解释》（2002 年）第 8 条规定：“商标法所称相关公众，是指与商标所标识的某类商品或者服务有关的消费者和与前述商品或者服务的营销有密切关系的其他经营者。”本案中相关公众除被诉侵权商品的消费者外，还应该包括与被诉侵权商品的营销密切相关的经营者。本案中被诉侵权商品运输等环节的经营者即存在接触的可能性。而且，随着电子商务和互联网的发展，即使被诉侵权商品出口至国外，亦存在回流国内市场的可能。同时，随着中国经济的不断发展，中国消费者出国旅游和消费的人数众多，对于“贴牌商品”也存在接触和混淆的可能性。二审法院认定，恒胜鑫泰公司、恒胜集团公司办理出口的 220 套摩托车散件系全部出口至缅甸，不进入中国市场参与“商业活动”，中国境内的相关公众不可能接触到该产品，因而恒胜鑫泰公司、恒胜集团公司的这种使用行为不可能在中国境内起到识别商品来源的作用，因此这并非商标法意义上的商标使用行为。二审认定事实及适用法律均有错误，再审法院予以纠正。商标的基本功能是区分商品或服务来源的识别功能，侵犯商标权本质上就是对商标识别功能的破坏，使一般消费者对商品来源产生混淆、误认。从法律规定来看，商标侵权行为的归责原则应当属于无过错责任原则，并且不以造成实际损害为侵权构成要件。《商标法》规定的“容易导致混淆的”一语，指的是如果相关公众接触到被诉侵权商品，有发生混淆的可能性，并不要求相关公众一定实际接触到被诉侵权商品，也并不要求混淆的事实确定发生。本案中，恒胜鑫泰公司、恒胜集团公司在其生产、销售的被诉侵权的摩托车上使用“HONDAKIT”文字及图形，并且突出增大“HONDA”的文字部分，缩小“KIT”的文字部分，同时将H字母和类似羽翼形状部分标以红色，与本田株式会社请求保护的三个商标构成在相同或者类似商品上的近似商标。如前所述，被诉侵权行为构成商标的使用，亦具有造成相关公众混淆和误认的可能性，容易让相关公众混淆。我国经济由高速增长阶段转向高质量发展阶段，面临着经济发展全球化程度不断加深，国际贸易分工与经贸合作日益复杂，各国贸易政策冲突多变的形势，人民法院审理涉及涉外定牌加工的商标侵权纠纷案件，应当充分考量国内和国际经济发展大局，对特定时期、特定市场、特定交易形式的商标侵权纠纷进行具体分析，准确适用法律，正确反映“司法主导、严格保护、分类施策、比例协调”的知识产权司法政策导向，强化知识产权创造、保护、运用，积极营造良好的知识产权法治环境、市场环境、文化环境，大幅提升我国知识产权创造、运用、保护和管理能力。自改革开放以来，涉外定牌加工贸易方式是我国对外贸易的重要方式，随着我国经济发展方式的转变，人们对于在涉外定牌加工中产生的商标侵权问题的认识和纠纷解决，也在不断变化和深化。归根结底，通过司法解决纠纷，在法律适用上，要维护法律制度的统一性，不能把某种贸易方式（如本案争议的涉外定牌加工方式）简单地固化为不侵犯商标权的除外情形，否则就违背了商标法上商标侵权判断的基本规则，这是必须加以澄清和强调的问题。恒胜鑫泰公司、恒胜集团公司主张，恒胜集团公司获得了缅甸美华公司的商标使用授权，因此不构成侵权。对此，应予指出，商标权作为知识产权，具有地域性，对于没有在中国注册的商标，即使其在外国获得注册，在中国也不享有注册商标专用权，与之相应地，中国境内的民事主体所获得的所谓“商标使用授权”，也不属于我国商标法保护的商标合法权利，不能作为不侵犯商标权的抗辩事由。因此，二审法院认为“恒胜集团公司生产涉案产品经过缅甸商标权利人合法授权”，适用法律错误，对此，最高人民法院予以纠正。综上，恒胜鑫泰公司、恒胜集团公司的被诉侵权行为构成侵害本田株式会社请求保护的涉案三个商标的注册商标专用权，依法应当承担停止侵权、赔偿损失的民事责任。[①]

四、时代威科案

本案入选2021年度浙江法院十大知识产权案件。

深圳市时代威科焊接科技有限公司（以下简称时代威科公司）系第10121635

① 参见最高人民法院民事判决书，(2019)最高法民再138号。

号“STAHLWERK”商标的注册人，该商标于2012年获准注册，核定使用商品为第9类的电焊设备、电弧焊接设备等。德国stahlwerk公司成立于1998年，经营电焊机等商品，该公司负责人巴拉班于2009年在德国申请注册了电焊机商品上的“STAHLWERK”商标并授权德国stahlwerk公司使用，另在欧盟知识产权局获得电焊头盔、电焊保护罩等设备上的“ ”外观设计专利。时代威科公司法定代表人陈某平独资的义乌市百联国际进出口有限公司（以下简称百联公司）曾与德国stahlwerk公司有过贸易代理业务合作，为后者的“STAHLWERK”牌电焊机设计外观、加工产品。德国stahlwerk公司于2017年向浙江劳士顿科技股份有限公司（以下简称劳士顿公司）出具品牌授权书，授权其在产品及产品外箱上使用“STAHLWERK”商标和“ ”设计。所有产品最终均用于向德国出口并在德国境内销售。2019年，劳士顿公司申报出口至德国的4381台电焊机被海关查扣，该批电焊机及外包装上均标注了“STAHLWERK®”和“ ”标志。时代威科公司认为该批电焊机侵害其第10121635号注册商标专用权，遂诉至宁波市北仑区人民法院，请求判令劳士顿公司停止侵害、销毁该批货物，并赔偿经济损失和合理开支共计350万元。

【裁判理由】

一审法院认为：劳士顿公司对境外委托贴牌的商标已尽到合理的审查注意义务。时代威科公司清楚知晓德国stahlwerk公司“STAHLWERK”商标的存在，却在同一种商品上申请注册相同商标，违反诚实信用原则。时代威科公司第10121635号商标显著性弱、知名度低，劳士顿公司在被诉侵权商品上使用“STAHLWERK®”标识不易导致相关公众混淆误认，不构成商标法意义上的近似。遂于2020年8月20日判决驳回时代威科公司的诉讼请求。时代威科公司不服，向宁波市中级人民法院提起上诉。宁波市中级人民法院于2021年2月24日判决驳回上诉，维持原判。

时代威科公司不服二审判决，向浙江省高级人民法院申请再审。浙江省高级人民法院经审查认为：首先，德国stahlwerk公司负责人巴拉班于2009年在德国申请注册了“STAHLWERK”商标，并出具授权书确认德国stahlwerk公司于2017年授权劳士顿公司在电焊机产品及产品外箱上使用“STAHLWERK”商标。被诉侵权商品系由劳士顿公司接受德国 stahlwerk 公司委托定牌生产，并且规范使用“STAHLWERK”商标，被诉侵权商品亦最终向德国出口并在德国境内销售，该行为系合法授权范围内的涉外定牌加工行为。其次，申请注册和使用商标，应当遵循诚实信用原则。任何有违商标法的立法本意和宗旨，不正当行使商标权的行为不应得到法律的支持。百联公司在 2010 年左右即与德国 stahlwerk 公司有业务往来，根据其与时代威科公司的关联关系可以推定，时代威科公司在明知德国 stahlwerk 公司以及德国“STAHLWERK”商标存在的情况下，却于 2011 年在国内申请注册同类商品上的相同商标，继而还以该商标为权利基础，对德国 stahlwerk 公司授权的劳士顿公司在中国境内定牌加工被诉侵权商品的行为提起侵权之诉，这种行使商标权的方式具有不正当性，有违诚实信用原则。遂于 2022 年 1 月 4 日裁定驳回时代威科公司的再审申请。①

【法理评析】

定牌加工，又称贴牌加工、贴牌生产、代工生产，是指加工承揽人根据约定，为定作人加工生产使用特定商标的产品并将该产品交付给定作人，根据约定向定作人收取加工费的贸易方式。狭义上的定牌加工是指原始设备制造商（OEM）加工方式，广义上的定牌加工还包括近来兴起的原始设计制造商（ODM）、原始品牌生产商（OBM）、反向 OEM、反向定牌加工等贸易方式。② 当今的中国已经跃居世界第二经济强国，在成为世界最大加工厂的时候，也将成为世界大市场，跨国企业纷纷进军中国。自改革开放以来，我国的广东、福建、浙江等地的民营企业凭借来料加工、来样加工、来件装配和补偿贸易的“三来一补”贸易方式为国外企业定牌加

---

① 参见浙江省宁波市北仑区人民法院民事判决书，（2019）浙 0206 民初 7747 号；浙江省高级人民法院民事裁定书，（2021）浙民申 4890 号。

② OEM 是英文 Original Equipment Manufacture 的缩写，直译是“原始设备制造者”，也称“原产地委托加工”，在我国习惯上被称为“贴牌”，是指企业通过接受合同委托的方式，按照委托人的要求为其生产产品并直接标注委托人的商标，所生产的产品全部由委托人包销的生产方式。ODM 是英语 Original Design Manufacturer 的缩写，直译是“原始设计制造商”。ODM 是指某制造商设计出某产品后，在某些情况下可能会被另外一些企业看中，要求配上后者的品牌名称来进行生产，或者稍微修改一下设计来生产。承接设计制造业务的制造商被称为 ODM 厂商，其生产出来的产品就是 ODM 产品。OBM 是 Original Brand Manufacturer 的缩写，直译是“原始品牌生产商”，指的是生产商自行创立产品品牌，生产、销售拥有自主品牌的产品，标上定作人的商标，但也可以标注加工人的商标。反向 OEM，是指境内生产厂家收购境外采购商，贴境外采购商的商标进行加工生产。反向定牌加工，是指境内企业在境外注册企业或注册商标，再委托境内企业加工生产，贴境外商标。

工取得了经济的长足发展,为我国的出口作出了巨大的贡献。按照不同的标准,定牌加工可以分为以下几种类型:(1)按照委托人和加工人的国别,分为国内企业之间的定牌加工和涉外企业之间的定牌加工。(2)按照委托人对加工人的授权范围,分为单纯加工型定牌加工和加工、销售复合型定牌加工。(3)按照委托人(商标权利人)与加工人之间的环节层次,分为直接定牌加工和间接定牌加工,如甲公司直接委托乙公司加工某种产品,为直接定牌加工关系;如甲公司委托乙公司,乙公司再委托丙公司代为加工产品,为间接定牌加工关系。此外,还可以按照委托加工产品使用的商标是注册商标还是未注册商标,是在国外注册的商标还是在中国注册的商标的标准进行分类。① 定牌加工作为我国一种重要的贸易形式,由此产生了很多商标侵权纠纷。我国《商标法》第 57 条第 1 项、第 2 项规定,未经商标注册人的许可,在同一种商品上使用与注册商标相同的商标,或者在相同或类似的商品上使用与注册商标近似的商标,容易导致混淆的,均属于侵犯注册商标专用权的行为。理论界和实务界对于涉外定牌加工是否构成商标侵权争论了十多年,发表了大量的论文,但一直没有共识,期盼最高人民法院出台司法解释或者修改商标法。2010 年之前,大部分法院认为涉外定牌加工构成商标侵权。但此后,学术界对该问题争议很大,又有多个判决认定不构成侵权。时任最高人民法院知识产权庭庭长的孔祥俊表示:最高人民法院的司法决策从来都是高度审慎的,非常重视决策当时是否已对特定问题达成共识。在尚未达成共识的情况下,最高人民法院迄今尚未对该问题作出明确的表态,但已经表示关注,在《最高人民法院关于当前经济形势下知识产权审判服务大局若干问题的意见》中指出,"认真研究加工贸易中的知识产权保护问题,抓紧总结涉及加工贸易的知识产权案件的审判经验,解决其中存在的突出问题,完善司法保护政策,促进加工贸易的转型升级。妥善处理当前外贸'贴牌加工'中多发的商标侵权纠纷,对于构成商标侵权的情形,应当结合加工人是否尽到必要的审查注意义务,合理确定侵权责任的承担"。因此,对此类行为的定性和处理,仍需要进一步研究探索。② 时任最高人民法院知识产权庭宋晓明庭长认为:"要加强我国经济发展阶段性所形成的特殊知识产权问题的研究和解决。例如,定牌加工问题,该问题具有阶段性。随

① 参见闫卫国:《定牌加工中的商标侵权》,载《中华商标》2002 年第 7 期。

② 参见孔祥俊:《商标的标识性与商标权保护的关系——兼及最高法院有关司法政策和判例的实证分析》,载《人民司法》2009 年第 15 期。

着我国从全球经济贸易价值链的低端向高端跃迁，这一现象和问题将最终得到缓解。在这个过程中，司法要考虑我国经济发展的阶段性、定牌加工的法律属性、社会共识等因素，稳妥地加以解决，不能超越现实和急躁冒进。”①以下就已经争论了十几年的涉外定牌加工中的商标侵权问题，以传统民法的诚实信用原则、利益平衡原则和商标法的地域性原则、混淆性原则结合市场的全球化予以论述。

一、定牌加工的法律性质

在涉外定牌加工中，对于初期的“三来一补”，加工产品的材料和商标标识均由境外定作人提供。而在我国建立起市场经济后，国内的采购资源逐渐丰富起来，加工产品的原材料一般也由境内的加工人自行采购，定作人仅提供商标标识的样稿，由承揽人在境内委托印刷商标标识，但承揽人均按照定作人指示的规格和要求进行加工生产。最近几年兴起的 ODM 贸易方式中，产品的技术和设计均由境内承揽人拥有，甚至申请了专利，而境外定作人看中了这一产品后，仅要求境内承揽人贴上其商标用于出口，并且这一贸易方式逐渐成为货物出口的主流，实质上就是具有加工性质的贴牌买卖合同，是一种复合型的合同形式。但由于商标是区别商品来源的标识，使标注了该商标的商品予以特定化，体现了接收商品一方的特殊要求，符合承揽合同的特征。

（一）定牌加工的法律特征

定牌加工作为承揽合同下的贸易形式，首先，必须符合承揽合同的法律特征，按照定作人的要求加工生产产品，并将产品交付给定作人；其次，产品上标注的商标必须由定作人拥有所有权或者使用权，包括再许可使用权利；再次，加工生产的产品必须交付定作人或者定作人指示的收货人；最后，定牌加工产品的标注应符合国际公约、国际贸易惯例以及销售地法律的规定。

（二）定牌加工与商标许可的关系

1. 主体间的相互关系不同。在商标使用许可关系中，被许可人和许可人之间是商标权利借用关系，许可人出借给被许可人部分商标使用权。在贴牌生产中定作人和加工人是一种委托和被委托加工产品的关系。

2. 商标权的处分方式不同。在商标使用许可关系中，商标权人许可被许可人使用的是权利人的部分商标使用权，被许可人可以在自己制造或销售的商品上使

① 宋晓明：《新形势下我国的知识产权司法政策》，载《人民法院报》2015 年 4 月 23 日，第 5 版。

用该商标,对商品及其附着的商标权可一并处分。而在贴牌生产关系中,加工人既可以接受定作人提供的原料加工产品,也可以根据其要求自行购置产品原料生产产品。当自行购置原料时,该原料的物权属于加工人,但原料上贴附的商标权不属于加工人,加工人无权处分该商标权。无论是加工还是定作,在产品所有权转移给定作人之前,物权所有人与商标权所有人是相分离的,加工人无权处分商品上的商标权。

3. 商标使用许可关系不同。商标作为一项知识产权,有时间和地域的限制,商标使用许可合同必须约定被许可人行使商标权的时间和地域范围,被许可人对许可使用商标的产品,自主销售,自负盈亏,独立承担产品质量责任。贴牌加工人按约完成产品的加工或生产,就是履行了合同义务,贴牌生产合同不涉及商标许可,未经定作人同意,加工人擅自销售贴牌产品的,构成违约与商标侵权。[①]

(三)定牌加工与平行进口的区别

平行进口与定牌加工是我国商标法领域的两大主要研究课题,已经有大量的研究性文章发表,但立法机关和最高人民法院均未表态。平行进口是指某一特定商品的商标已为进口国法律保护,并且该商标权人自己或者授权他人在进口国制造、销售其商标商品的情况下,进口商未经该商标权利人的授权,擅自从境外进口经合法授权生产的标注有同一商标商品的行为。平行进口,又称"灰色市场"或"灰色市场商品"(gray market goods),因为是货真价实的"正品"(genuine goods),不同于一般的仿冒产品或黑市产品的进口的"水货"。而涉外定牌加工是指境内加工人按照境外定作人的要求在其加工的产品上标注定作人商标的行为。二者之间的主要区别在于以下几点。

1. 形成的原因不同。平行进口产生的主要原因是不同国家或地区科技发展水平和劳动力成本、生产原料成本的差别,使同样商品生产成本不同,致使相同商标的商品在不同国家或地区出现较大的价格差异。定牌加工出现的原因则是委托人产品有市场、有销售渠道,而生产能力有限,为了增加产量销量,或为了降低新上生产线的风险,或为了赢得市场时间,通过合同订购方式委托其他同类产品厂家生产,而加工人可以以其成熟的技术和工艺,按标准规格、标准工艺为委托人

① 参见浙江省高级人民法院课题组:《贴牌生产中商标侵权问题研究》,载《法律适用》2008 年第 4 期。

加工产品。

2. 表现形式不同。商标平行进口一般表现为以下几种形式:(1)A国商标权人将其在B国的商标权转让给B国的制造商或销售商,第三者从B国或从其他渠道将有关的商标产品进口到A国。(2)A国的商标权人授权B国代理商在B国独家制造销售,第三者从A国或从其他渠道将有关商标的产品进口到B国。(3)商标权人分别在A、B两国获得了同一商标注册,取得商标权,并且制造销售产品。第三者从其中一国将该商标产品输入另一国。而定牌加工表现形式则因委托人和加工人的所在国别、合作程度和委托环节不同而不同。

3. 相互关系不同。在商标平行进口中,商标权利人和平行进口商的关系是一种竞争或冲突关系,而在定牌加工中,委托人和加工人的关系表现为协作或链条关系。①

上述平行进口表现形式中的第三种形式,商标权人分别在A、B两国获得了同一商标注册,取得商标权,并且制造销售产品,第三者从其中一国将该商标产品输入另一国的形式。这中间的商标权人可以是同一主体,还可以是有关联的不同主体,还可以是毫无关联的不同主体。如果不同主体分别在出口国和进口国注册了同一商标,这与涉外定牌加工中境内外商标权冲突的情形相似,只是产品的流转方向不同,平行进口是将标注境外商标的产品输入境内,涉外定牌加工是将标注境外商标的产品从境内输出境外。

二、亚环案之前涉外定牌加工商标侵权争议

(一)认为涉外定牌加工构成商标侵权的代表性判例和观点

1. 原告美国耐克国际有限公司诉被告西班牙赛得体育(CIDESPORT)公司、浙江省嘉兴市银兴制衣厂、浙江省畜产进出口公司商标权侵权纠纷案

深圳市中级人民法院认为,西班牙赛得体育(CIDESPORT)公司在西班牙对“NIKE”商标拥有合法的专有使用权,但是商标权作为知识产权,具有地域的特性,在中国法院拥有司法权的范围内,原告取得“NIKE”商标的专有使用权,被告在未经原告许可的情况下,不得以任何方式侵害原告的注册商标专用权。三被告在本案的侵权行为中主观上有意思联络,行为上有明确分工,构成共同侵权。遂判决三被告停止侵权,赛得体育(CIDESPORT)公司赔偿原告经济损失20万元,

① 参见闫卫国:《定牌加工中的商标侵权》,载《中华商标》2002年第7期。

另两被告分别赔偿原告10万元和6万元，并由赛得体育(CIDESPORT)公司承担连带赔偿责任。[①] 该案的判决可谓一石激起千层浪，引起了社会的强烈关注。[②]

2. 佛山市泓信贸易有限公司不服广州海关行政处罚案

2004年12月20日，佛山市泓信贸易有限公司(以下简称泓信公司)报关时，广州海关发现该批货物标注的"HENKEL"商标，与深圳市恩同实业有限公司已经在同类产品注册备案、受海关保护的注册商标相似，广州海关认定泓信公司的货品侵权，并于2005年3月30日对该批货物作没收并处罚款2万元人民币的行政处罚。泓信公司不服广州海关的处罚，向广州市中级人民法院提起了行政诉讼。一审广州市中级人民法院判决驳回泓信公司的诉讼请求。泓信公司不服，向广东省高级人民法院上诉。2006年4月27日，广东省高级人民法院作出二审判决，维持一审判决。[③]

3. 宁波保税区瑞宝国际贸易有限公司诉慈溪市永胜轴承有限公司侵犯商标专用权纠纷案

宁波市中级人民法院认为商标地域性是商标权的基本特征之一，宁波保税区瑞宝国际贸易有限公司(以下简称瑞宝公司)的"RBI"商标于1996年10月21日在我国核准注册以后，其注册商标专用权即在我国境内受到法律保护。慈溪市永胜轴承有限公司(以下简称永胜公司)作为境内企业，在接受美国公司定牌加工业务时，虽已审查了美国公司在美国的商标注册情况，但因永胜公司的制造行为地和交货地均在我国境内，故仍应遵守我国商标法的相关规定，对瑞宝公司商标尽到合理的注意义务。现永胜公司未经瑞宝公司许可，在其加工的轴承产品和小包装上使用与瑞宝公司注册商标相同的"RBI"商标，构成对瑞宝公司注册商标专用权的侵害，依法应承担相应的民事责任。遂判决永胜公司立即停止对瑞宝公司注册商标专用权的侵害；赔偿瑞宝公司损失10万元。永胜公司不服，向浙江省高级人民法院提起上诉。浙江省高级人民法院认为，认定是否构成商标侵权，并非以造成混淆或误认为构成要件，而是以是否在相同或类似商品上使用了与注册商标相同或近似的商标为构成要件；是否造成混淆或误认，仅是判断商标是否近似

① 参见广东省深圳市中级人民法院民事判决书，(2001)深中法知产初字第55号。

② 参见林广海、郑颖：《涉外定牌加工中的商标权问题》，载《人民司法》2007年第23期。

③ 参见郑俊杰：《涉外定牌加工的商标问题研究——从"泓信公司诉广州海关"的个案角度分析》，载《中南财经政法大学研究生学报》2009年第1期。

的要件，而非判断是否构成商标侵权的直接要件。二审判决驳回上诉，维持原判。[①]

4. 认为涉外定牌加工构成商标侵权的代表性观点

王殊教授对于涉外定牌加工是否构成商标侵权未明确表态，但他认为将产生混淆和误认作为认定商标侵权行为的要件，应该是商标法的本意；商标专用权的范围非常广泛，不仅包括销售环节还包括生产环节；现阶段通过签订双方或多边协定的方式来解决这一问题。[②] 最高人民法院知识产权庭前庭长蒋志培认为：从法律的地域性效力分析，定牌加工的经营行为涉嫌侵犯我国注册商标权。只要是委托定作的牌子，与我国注册商标权利人的注册商标相同或者近似，又属于我国法制管辖的地域，就会涉嫌违反我国商标法律的效力，就会受到商标执法司法机关的管制。有人以为加工的地点在靠近口岸的特殊地区，就可以不受相关法律约束，但根据法律效力的原则，没有立法的特殊规定，凡法律效力所及的领域内，都为注册商标权效力和商标法律效力实施的地域，没有“国中之国”“法外之法”。“定牌加工的合法地位”特殊立法理由不足，司法不能法外开恩。[③] 广东省高级人民法院知识产权庭时任庭长林广海认为，未经国内商标权人许可，在同一种或类似商品上使用相同或近似商标的定牌加工，构成对国内注册商标的侵权。对这种侵权行为的追究，与其说是知识产权理论逻辑上的必然，不如说是保护知识产权现实上的需要。一是遵循知识产权基本原理的需要。知识产权的无形性决定了其与有形财产相比，具有不同的存在、支配和处分形态，知识产权的地域性决定了在我国注册的商标权受我国法律的保护。作为定作人的外国企业虽然在其本国注册某一商标而成为商标权人，但如果其并未在我国进行商标注册，则该外国企业并不当然地在我国享有商标权。相应地，国内受托进行定牌加工的企业对于商标的使用亦难谓正当。二是捍卫国家尊严和司法尊严的需要。三是维护知识产权法制统一的需要。定牌加工纠纷中，若要求只有在产生实际损害（所谓在国内市场销售）时，国内商标权人才能请求保护，其结果是，一方面否定了国内商标权

① 参见浙江省宁波市中级人民法院民事判决书，（2005）甬民二初字第232号；浙江省高级人民法院民事判决书，（2005）浙民三终字第284号。

② 参见王殊：《佛山鸿信贸易有限公司不服海关行政处罚复议诉讼案件引发的思考——国际定牌加工知识产权边境保护问题》，载《中国法律》2007年第4期。

③ 参见蒋志培：《定牌加工的法律风险》，载《中华商标》2008年第12期。

人对即发侵权请求救济的权利,实质上意味着在执行法律的环节将涉外定牌加工中的商标纠纷排除在立法上已经涵盖的即发侵权救济制度之外,撕裂原本统一的国内商标纠纷和涉外商标纠纷的法律救济体系;另一方面在侵权行为归责原则上,片面强调涉外定牌加工的产品不在国内市场销售就不构成侵权,这与不以实际损害发生为要件(法律明文规定的除外)的知识产权侵权归责原则不统一。四是倡导现代知识产权意识的需要。五是合理控制知识产权保护成本的需要。以不会引起相关公众的混淆或误认来支撑不侵权的理由不能成立。① 深圳市中级人民法院祝建军法官认为,商标的地域性规则决定只能保护在中国注册的商标;涉外贴牌加工并出口的行为构成商标法意义上的商标使用,市场经济中的交易行为是一个链条,包括生产、销售环节。为了生产、销售,要准备原材料,考虑劳动力因素、供求关系、生产成本等方面。在国际贸易交往频繁的现代社会,生产、销售环节可能要在全世界范围内考虑。② 原国家工商行政管理总局商标局吕志华副局长认为在涉外定牌加工中,加工企业应审核所加工商品的商标是否有合法授权。定牌加工属于使用商标的环节,商标法既没有考虑使用人是否有主观故意,也未在后果上强调使用他人商标是否造成实际损害。市场监管部门在对定牌加工企业擅自使用商标的行为进行定性时,不考虑其是否明知和是否造成损害,只要发现擅自使用,就认定为商标侵权。商标行政执法是中国特色,需要考虑及时制止侵权行为。如果没有导致损害后果,可能是行政执法介入的结果。海关总署政法司前处长李群英指出,对于涉外定牌加工行为是否构成商标侵权,海关部门在执法中采用与市场监管部门相同的判断标准。对于国内学术界、法院和行政执法机关存在的不同意见,他建议利用修订《商标法》的机会,重新界定"使用"的含义,可以考虑增加损害标准,防止商标权人滥用权利;建议最高人民法院尽快研究出台有关定牌加工案件的审理的司法解释,以统一司法审判;针对定牌加工中出现的新问题和相关法律之间的冲突,应加强法院、市场监管、海关之间的沟通,协调认定商标侵权的标准。③ 重庆市高级人民法院孙海龙法官和西安市中级人

① 参见林广海、郑颖:《涉外定牌加工中的商标权问题》,载《人民司法》2007 年第 23 期。

② 参见祝建军:《涉外定牌加工中的商标侵权》,载《人民司法》2008 年第 2 期。

③ 参见李群英观点,载徐光明、朱理:《金融危机下的我国知识产权司法保护政策——知识产权审判如何应对金融危机对实体经济的冲击暨服务外包法律论坛综述》,载《人民法院报》2009 年 1 月 22 日,第 5 版。

民法院姚建军法官认为:混淆原则仅是理论上判断商标侵权的基本原则,认定商标侵权并不以造成混淆为绝对要件;在司法实践中认定加工人承担侵权责任是符合我国现有的法律条款规定的;是否发生实际损失不应作为是否判断侵犯商标专用权的构成要件。[①]

(二)认为涉外定牌加工不构成商标侵权的代表性判例和观点

1. 上海申达音响电子有限公司与玖丽得电子(上海)有限公司侵犯商标专用权纠纷案

上海市第一中级人民法院认为本案中关联企业内部由于投资关系的变化,造成了企业间在不同国家法域内各自独立享有原关联企业内部的商标专用权。涉外定牌加工行为中,商品由于全部出口,仅涉及美国市场及相关消费者,在中国市场内由于没有销售,相关消费者不会对该产品发生混淆和误认的可能。因此,被告玖丽得电子(上海)有限公司的行为不构成商标侵权,判决驳回原告诉讼请求。原告不服判决,上诉至上海市高级人民法院。上海市高级人民法院认为,商标的基本功能是区分商品或服务来源的识别功能,侵犯商标权的本质就是对商标识别功能的破坏,使一般消费者对商品来源产生混淆、误认。在本案中,被上诉人玖丽得电子(上海)有限公司接受案外人美国朱利达公司的委托定牌加工涉案产品,涉案产品全部出口至美国,未在中国境内销售,中国的相关公众在国内不可能接触到涉案产品,不会造成国内相关公众的混淆和误认。另外,在定牌加工关系中,境内加工人在产品上标注商标的行为形式上虽由加工人所实施,但实质上商标真正的使用者仍为境外委托人。本案涉案产品所贴商标只在中国境外具有商品来源的识别意义,并不在国内市场发挥识别商品来源的功能。[②]

2. 台山利富服装有限公司与鳄鱼恤有限公司侵害商标专用权纠纷案

鳄鱼恤有限公司(以下简称鳄鱼恤公司)是我国第246898号“CROCODILE”商标注册人。2010年8月18日,台山利富服装有限公司(以下简称利富公司)通过拱北海关申报出口男装衬衫1996件(目的地:日本)。一审认为被诉侵权商标与鳄鱼恤公司第246898号“CROCODILE”注册商标构成近似,属于侵害注册商标专用权的行为,赔偿30万元。二审认为,在司法实践中不宜将涉外定牌加工行

---

① 参见孙海龙、姚建军:《贴牌加工中的商标问题研究》,载《知识产权》2010年第5期。

② 参见上海市第一中级人民法院民事判决书,(2008)沪一中民五(知)初字第317号;上海市高级人民法院民事判决书,(2009)沪高民三(知)终字第65号。

为一概认定为侵权或不侵权，而应区别案件的具体情况予以处理。就本案而言，首先，鳄鱼恤公司主张保护的“CROCODILE”注册商标，与被诉侵权商标“Crocodile”英文加鳄鱼图形组成的组合商标并不相同。利富公司在接受委托加工时，审查了委托人 Yamato 公司在日本的商标注册证书，利富公司在履行必要注意义务后，按照订单进行加工，并无侵害鳄鱼恤公司注册商标的故意。其次，受委托定牌加工出口的产品全部销往日本。涉案产品并未在中国国内市场实际销售，涉案产品的被诉侵权商标并未在中国国内市场发挥识别商品来源的功能，中国国内相关公众不存在对该商品的来源发生混淆和误认的客观基础，鳄鱼恤公司的中国市场份额也不会因此被不正当挤占，其注册商标的商标识别功能并未受到损害。综上，被诉侵权商标与鳄鱼恤公司注册商标不足以造成相关公众的混淆、误认，不构成侵害注册商标专用权意义上的商标近似。①

3. 认为涉外定牌加工不构成商标侵权的代表性观点

2004 年 2 月 18 日，北京市高级人民法院曾在其制定的《关于审理商标民事纠纷案件若干问题的解答》（京高法发〔2004〕48 号）第 12 问中明确规定：“造成相关公众的混淆、误认是构成侵犯注册商标专用权的前提。定牌加工是基于有权使用商标的人的明确委托，并且受委托定牌加工的商品不在中国境内销售，不可能造成相关公众的混淆、误认，不应当认定构成侵权。”鉴于商标法律和法规的立法情况，最高人民法院一直认为北京市的有关问答不具有法律效力，人民法院审判商标侵权案件应当依照商标法律和法规以及最高人民法院司法解释的规定办理。② 因此，北京市高级人民法院在 2006 年 3 月 7 日重新公布的《关于审理商标民事纠纷案件若干问题的解答》将上述定牌加工不构成侵权的规定予以删除，并声明京高法发〔2004〕48 号解答废止。北京市高级人民法院知识产权庭前庭长陈锦川认为，商标侵权判断应该考虑商标的本质和功能：商标是区别商品来源的标志，依附于商品；商标只有使用在商品上并投入市场，才能发挥其功能、体现其价值；商标权的核心在于避免混淆。应该从这个意义上来理解《商标法》（2001 年修正）第 52 条第 1 款以及《商标法实施条例》的相关规定。《与贸易有关的知识产权协议》第 16 条第 1 款也明确要求，商标侵权应该以造成混淆或者有造成混淆的

① 参见广东省高级人民法院民事判决书，（2011）粤高法民三终字第 467 号。

② 参见蒋志培：《定牌加工的法律风险》，载《中华商标》2008 年第 12 期。

可能为条件。涉外定牌加工如果基于有权使用商标的人的明确委托,加工的商品不在中国境内销售,不可能造成相关公众的混淆、误认,不应当认定构成侵权。[①]青岛市中级人民法院知识产权庭前法官林鸿姣认为:商标侵权行为的实质在于混淆商品或服务的来源,误导消费者,破坏市场经济秩序,使商标权人的利益受到损害。因此,在对商标侵权行为进行认定时,应从商标的功能和商标制度的设立目的出发,以是否造成相关公众的误认为实质要件进行综合考虑。涉外定牌加工,根本不可能导致相关公众混淆和误认商品的来源,产生误导。涉外定牌加工不存在侵权损害后果。定牌加工行为不是一种产品销售行为,而只是一种加工承揽行为。因此,从本质上来说,此时的商标使用者应为委托生产者而非定牌生产者。[②]西南政法大学张玉敏教授认为,导致消费者对商品/服务的来源可能产生混淆、误认,是侵犯注册商标专用权的实质要件。国际贸易中的定牌加工贴附境外委托人商标的产品全部交付给委托人,不在境内销售,因此不可能在境内市场上造成混淆,不存在欺骗消费者的问题,也不会对境内商标权人的利益造成任何损害,也就是说,不具备构成侵犯商标权行为的实质要件。因此,此种定牌加工不应被认定为侵犯境内商标权的行为。进一步说,这些产品在境外销售,也不损害境内商标权人在国际贸易中的利益。商标法上的商标使用,应当是与商品流通相联系的使用,在"定牌加工"中,加工人按照委托人的要求将商标贴附于加工之产品上,就其性质而言,属于加工行为的一部分,而且加工人并不销售加工产品,而是将产品全部交付委托人,因此,其行为不构成商标法上的商标使用。涉外定牌加工中有关知识产权侵权纠纷的处理,可以参照适用《联合国国际货物销售合同公约》第42条的规定,适用销售地法律。[③] 张今教授认为,知识产权的地域性其实并不是绝对的、一成不变的。随着社会、经济的发展和国际间交流与合作的进一步加深,知识产权的地域性逐渐出现一些突破或是例外情况。避免让知识产权地域性成为国际贸易的障碍,避免片面主张知识产权地域性而故步自封。在认定商标侵权行为时,要以存在"误认、混淆"为前提,即国际上通常所说的商标侵权理论之混淆原则。在认定是否存在混淆或混淆的可能时,至少应将以下几个因素纳入考察

---

① 参见徐光明、朱理:《金融危机下的我国知识产权司法保护政策——知识产权审判如何应对金融危机对实体经济的冲击暨服务外包法律论坛综述》,载《人民法院报》2009年1月22日,第5版。

② 参见林鸿姣:《国际定牌加工与商标权的地域性》,载《中华商标》2005年第6期。

③ 参见张玉敏:《涉外"定牌加工"商标侵权纠纷的法律适用》,载《知识产权》2008年第4期。

范围:(1)产品的目标消费者,或所谓的“相关公众”;(2)是否有实际混淆的情况;(3)被告选择商标的意图;(4)产品的销售渠道或目标市场。因此,在混淆原则的标准下,如果涉外贴牌生产的实际情况按照上述参考因素不存在混淆或混淆的可能,就不应认定构成商标侵权。涉外贴牌生产中的特定情形下,贴牌生产行为虽发生在我国,表面上完全符合我国《商标法》及相关法规中的“商标使用”的规定,但是这种“商标使用”和《商标法》上规定的侵权行为是不同的。涉外贴牌生产中的贴牌产品是为运往贴牌商标的注册国进行销售的,而该贴牌产品在该国是可以合法性销售的,基于该结果行为的合法性,作为其原因行为的贴牌生产行为也应视为正当合法的。[①] 中国社会科学院法学所管育鹰教授认为,商标法上的“使用”概念,应当是商业活动中的正常使用。商业活动必定包括营销的环节,即商家向消费者提供商品的过程,无任何贩卖意图、无流通与交换的单纯制造行为并不是一个完整的商业活动。因此,制造产品并将商标贴附于产品之上但并没有向市场提供商品的行为,不应当被认定为商标法所称的“商标的使用”;常见的依照委托合同进行的贴牌加工活动也是如此。尤其在我国,许多涉外定牌加工企业只负责按照合同生产制造,连出口环节都未参与,这种情形之下认为其生产行为是商业活动,从而侵犯了国内商标权人的权利是不公平的。从商标的主要作用来看,其基本功能是识别,即区分商品和服务的来源;换言之,商标侵权的实质是混淆了商品和服务的来源。因此,是否造成商品或服务来源混淆、误导公众是认定是否构成商标侵权的必备条件。事实上,从主要国家的立法和司法实践来看,混淆原则在侵权判定过程中起到基本的指导作用。世界贸易组织(WTO)发布的《与贸易有关的知识产权协定》也暗含了商标侵权判断的“造成混淆的可能”之标准。判定是否造成混淆、误认,首先必然要划定市场地域及相关公众的范围,这一点在我国相关的司法解释中是比较明确的。显然,基于对商标权地域性的正确理解,是否侵犯国内商标权人的权利,首要的是看是否在中国市场上引起相关公众的混淆。定牌加工企业只要做到切实审查核实了委托人的商标权证明文件,并且在合同中明确自己仅仅进行制造行为,所加工的产品将全部回销回委托人享有权利的地域,则已经履行了审查义务。[②] 北京市高级人民法院知识产权庭前任副庭长,

① 参见张今、陆锡然:《涉外贴牌生产的商标问题》,载《中华商标》2008 年第 5 期。

② 参见管育鹰:《定牌加工与商标权的保护》,载《中国经贸导刊》2008 年第 21 期。

现北京务实知识产权发展中心主任程永顺认为，商标的识别功能，其作用在于使消费者能够准确地识别该经营者提供的商品或者服务，不致对其商品或服务与其他生产经营者的商品或服务发生混淆和误认。混淆原则是判断商标侵权的基本原则，也是整个商标法的基石之一。在商标侵权判断中，当事人举证证明即使《商标法》(2001 年修正)第 52 条第 1 项规定的要件满足，但仍不足以构成消费者混淆的，仍应认定侵权行为不成立。给中国商标权以地域性保护，也能扩大到在国外市场上可能造成混淆的产品。定牌加工人其实仅相当于委托人设的一个生产加工车间，按照国际惯例，虽然产品是在中国制造的，这视同为中国的工人在外国生产，和中国市场毫无关系，委托人是外国商标的合法权利人，产品出口国外，并不在中国市场销售和使用，作为定牌加工实质上是一种国际间的劳务输出。定牌加工符合时代发展潮流，也符合我国国情。随着经济全球化的进程不断加快以及我国加入世界贸易组织，大力开展定牌加工业务，有利于促进各种生产资源和劳动力资源的合理分配和优势互补，有利于促进社会的合理分工，成为国内企业生存与发展过程中具有生命力的生产方式。我国民法规定了民事侵权的赔偿原则，就是赔偿实际损失原则。在定牌加工引发的商标侵权纠纷中，看不到原告有任何的经济损失，在这种情况下，法院仍然要酌情确定被告赔偿原告经济损失是没有法律依据的。① 上海市第一中级人民法院沈强法官认为，从立法技术解释，商标法整体上系统包含了混淆、误认是构成商标侵权的实质要件，商标近似以及类似商品和服务的判断都涉及运用容易混淆和误认作为判断标准，而相同商标及相同商品或者服务造成的混淆、误认的可能是不言而喻的。涉外定牌加工产品全部交付国外委托人，并不进入我国国内市场，不存在使我国国内相关公众对商品来源产生混淆、误认的可能，不构成侵权。相反，该商品的相关公众为国外委托人所属国的消费者和经营者，以他们的注意力只可能认为该商标是该国商标，商品的来源是涉外定牌加工的委托人。在涉外定牌加工生产中的劳动产品是为了交换的目的而生产的，具有价值和使用价值的商品的二因素，因此这些劳动产品属于商品的范畴。对于商标标识没有进入流通领域来解释商标未投入实际使用而不构成商标法意义上的使用的理解是不周延的。国内注册商标权人通过国内侵权诉讼直接干预了国外委托人在国内的委托生产及在其外国本国销售等其他经

① 参见程永顺：《定牌加工中的商标侵权问题》，载《中华商标》2008 年第 12 期。

营行为,实际上是国内注册商标权效力范围的扩展,并不符合商标地域性的原则。① 北京市第一中级人民法院认为,"贴牌"不是商标法意义上的商标使用行为,"贴牌后的产品"也没有进入商业流通环节而不致使相关公众产生混淆、误认。对于产品全部用于出口的外贸型贴牌加工行为不宜认定为侵权。② 时任最高人民法院知识产权庭庭长孔祥俊以最高人民法院知识产权庭庭长的名义发文认为:"定牌加工中商标侵权的定性,可能是综合考虑我国国情、发展实际、法律和法理等各种因素的结果,但考量的结果最终要落实到法条之上,以法条为依据。倘若认为全部用于出口国(境)外'贴牌'(附加委托人商标)对于我国注册商标专用权并未造成损害,就要落实于商标法(2013)第四十八条规定的'用于识别商品来源的行为'等法条的适用,可以据此认定不属于此类商标商品来源的行为。"③

(三)认为涉外定牌加工是否构成商标侵权应区别对待的代表性判例和观点

认为对涉外定牌加工是否构成商标侵权应该区别对待,并且在其司法辖区内也作出了相关判决。但在如何区别对待上,做法并不一致,有从商标混淆角度考量,也有从有无尽到审查注意义务角度考量。

1. 浙江省法院系统的区别对待判例和观点

浙江省是贴牌生产大省,浙江省高级人民法院组成课题组曾在其2008年的研究报告中指出,在混淆的判断中应当以相关公众的标准进行判断,混淆主要侵害了商标的本质属性——识别功能,所以混淆理论应成为判定商标侵权的必要标准。涉外贴牌生产只要在相同商品或服务上使用相同标记的,就应直接推定混淆成立,从而认定定作人和加工人构成侵权;在涉外贴牌行为中,如贴牌产品与国内商标权人核准使用的商品或服务不相同,或者贴牌产品与国内商标权人的注册商标不相同,因涉外贴牌产品均出口,不在国内销售,国内的消费者不会发生混淆的可能,应认定为不属于类似商品、类似服务、或商品与服务类似或不构成商标近似,从而不构成商标侵权。④

---

① 参见沈强:《涉外定牌加工中的商标侵权问题——对我国〈商标法〉第五十二条第(一)项的理解与适用》,载《国际商务研究》2009年第5期。

② 参见许波:《侵犯商标权行为相关法律问题研讨会概述》,载《中国专利与商标》2011年第1期。

③ 孔祥俊:《新修订商标法适用的几个问题》(上),载《人民法院报》2014年6月18日,第7版。

④ 参见浙江省高级人民法院课题组:《贴牌生产中商标侵权问题研究》,载《法律适用》2008年第4期。

2. 福建省法院系统的区别对待判例和观点

(1) 香港雨果博斯有限公司与武夷山市喜乐制衣有限公司商标侵权纠纷案

一审福州市中级人民法院认为本案中“NEW BOSS COLLECTION”商标与“BOSS”商标不构成近似，并且系出口国外，国外公众更易区分，不会混淆，不构成对原告“BOSS”商标专用权的侵犯，驳回原告的诉讼请求。原告不服一审判决，上诉至福建省高级人民法院。福建省高级人民法院认为商标可分为注册商标和未注册商标，各国均无法限制未注册商标在本国的在先使用权。被上诉人委托定牌加工标有“NEW BOSS COLLECTION”商标的西服全部出口到意大利，从未在中国境内销售，因此，中国的相关公众在国内不可能也没有机会接触到标有讼争“NEW BOSS COLLECTION”商标的西服，就更不可能造成国内相关公众的混淆和误认，而造成相关公众的混淆、误认是认定构成侵犯注册商标专用权的前提。就侵权的一般构成理论而言，损害事实是侵权行为成立的必要条件之一。本案中由于该西服从未在国内进行销售，该定牌加工行为不会对上诉人及“BOSS”商标权利人在国内的产品市场带来任何实质性的损害，同理也不会对上诉人在国内享有的商标权利造成损害，从这一角度来讲，被上诉人的行为也不构成对上诉人商标的侵权。事实上，被上诉人受意大利公司委托定牌加工，其仅为该公司定牌加工西服而不享有对定牌加工西服的商标使用权和销售权；其与委托人意大利公司的关系实质为合同法中所指的加工承揽的合同关系，因此，被上诉人在其承揽的定牌加工西服上定贴“NEW BOSS COLLECTION”商标的行为不应认定为商标法意义上的商标实际使用行为；而讼争商标的实际使用人应为定作人意大利公司，据此，无论使用讼争商标的行为是否构成侵权，其法律责任均应由定作人意大利公司承担。二审判决驳回上诉，维持原判。①

(2) 鲁道夫·达斯勒体育用品波马股份有限公司与福建福日科技有限公司侵犯注册商标专用权纠纷案

福州市中级人民法院认为涉案注册商标“PUMA”和被诉侵权商标“PIMA”的字形、读音近似，两只美洲狮跃起的图形近似，以普通消费者的注意程度尚不足以区分二者的差别，易使相关公众对商品的来源产生误认或认为其来源与原告注

---

① 参见福建省福州市中级人民法院民事判决书，(2007)榕民初字第033号；福建省高级人民法院民事判决书，(2007)闽民终字第459号。

册商标的商品有特定的联系，从而导致消费者的混淆，两者之间构成近似商标，构成商标侵权。在综合考虑被告的主观故意、被告侵权行为的性质、侵权的持续时间、后果、原告商标的声誉、原告因侵权所支出的合理费用等情节的基础上确定赔偿额为200000元人民币。被告不服，上诉至福建省高级人民法院。福建省高级人民法院认为，上诉人代理出口的运动鞋上标注“PIMA”及图的标识，经与注册商标相比较，二者不仅标识的图形相同，并且字母也构成相近似，以相关公众的一般注意力为标准，容易导致二者的混淆或误认，因此，应当认定两者构成相近似的商标。上诉人代理出口的运动鞋被厦门海关扣留而未实现出口，故虽然实施了侵权行为，但侵权经济损害后果尚未发生，即对商标权人的声誉、市场份额或者销售收入等利益并未造成实际损害。被上诉人也未能举证证明上诉人代理的商品在国内的市场曾有销售，故被上诉人请求判令赔偿经济损失的请求缺乏事实和法律依据，二审法院不予支持。但注册商标权人为了制止侵权行为所支付的合理费用，应予赔偿，判决将一审法院的赔偿数额20万元变更为39500元。①

福建省高级人民法院民三庭认为，对于涉外定牌加工，应从严掌握侵权的认定，在涉外定牌加工中对“类似商品”与“近似商标”可作从严解释，即商品、商标上有一定的差别，就不予认定构成侵权。这样既符合法律规定，也符合国情，还符合法官自由裁量权；对涉外定牌加工认定构成商标侵权的情形，因商品未在国内流通，权利人未造成实际损失，即侵权方对商标权人的市场份额、销售收入或者声誉等，并未造成实际损害，侵权经济损害后果尚未发生，故我们认为仅需判决侵权人赔偿制止侵权所支付的合理费用，不需要判决赔偿经济损失。同时承揽加工人所获加工费也不多，不应承担过重的赔偿责任。受托人及出口代理商有合理抗辩理由的不构成侵权。②

3. 上海法院区别对待的案例

匹克公司系核定使用商品为25类“鞋，服装”上于1994年注册的“PEAK及图”商标和2009年注册的“PEAK”商标的权利人。2009年4月，原国家商标局认定“PEAK及图”商标在运动鞋上为驰名商标。2014年11月3日，上海海关认为

---

① 参见福建省福州市中级人民法院民事判决书，(2007)榕民初字第405号；福建省高级人民法院民事判决书，(2008)闽民终字第223号。

② 参见福建省高级人民法院民三庭：《涉外定牌加工中商标侵权的认定》，载《人民法院报》2009年1月22日，第5版。

对振宇公司申报出口的标有"PEAKSEASON"标识的针织棉式 T 恤 8424 件不能认定是否侵犯匹克公司的"PEAK"商标专用权。匹克公司于 2014 年 11 月 21 日向上海市浦东新区人民法院提起诉讼。"PEAKSEASON"商标由美国专利与商标局核准于 2010 年 11 月 2 日,注册人为伊萨克莫里斯有限公司。一审法院认为,振宇公司出口服装的行为系受伊萨克莫里斯公司的委托生产,并在服装上贴附"PEAKSEASON"商标,并且所生产的服装全部销往美国。因此,虽然该服装上标贴了"PEAKSEASON"标志,但被海关查扣的服装并未投入中国国内市场流通,国内市场的相关公众没有机会接触到该批服装,故该标志在国内市场无法发挥标识商品来源的功能。涉案服装标贴"PEAKSEASON"标志在国内市场上不会起到标识商品来源的作用,不是商标法意义上的商标使用。匹克公司不服,向上海知识产权法院提起上诉。二审法院认为,随着互联网经济的迅猛发展,网上贸易市场日益呈现全球化趋势,国内消费者通过"亚马逊"官方网站可以搜索在美国市场的商品并进行网购,"亚马逊"上传的照片可以放大从而较为清晰地看到商品标识,由此可见,即便出口商品不在境内销售,也难以避免通过各类电子商务网站使国内消费者得以接触到已出口至境外的商品及其标识,必然涉及是否会造成相关公众混淆和误认问题,在此种情况下,商品上的标识会起到识别商品来源作用。此外,被上诉人伊萨克莫里斯公司确认其"在美国是'亚马逊'的客户,可能将从中国等地加工的服装卖给'亚马逊',由'亚马逊'进行分销"。因此,在本案中不能以非商标法意义上的商标使用为由判决两被上诉人不构成侵权。最后,二审法院关注到,上诉人的证据证明"PEAK"品牌在全世界范围内的知晓度自 2005 年起逐步提升,被上诉人伊萨克莫里斯公司在 2014 年委托被上诉人振宇公司加工服装时,不可能不知道中国有"PEAK"品牌的存在以及该品牌在运动服装上的知名度,其仍然将"PEAKSEASON"商标改变排列方式并突出"PEAK"所形成的标识授权被上诉人振宇公司贴附于出口服装上,故难以排除被上诉人伊萨克莫里斯公司的主观故意。基于"PEAK"商标的知名度,被上诉人振宇公司作为受托方,亦应对委托方在境外的商标及受托使用形态施以更为谨慎的注意和审查义务,现其未尽到该义务,使得被控侵权服装上贴附了与上诉人商标构成近似的标识,另因存在通过"亚马逊"网站可购买到已出口至境外之商品的可能性,会引起国内相关公众混淆与误认,故被上诉人伊萨克莫里斯公司在相同商品上使用近似商标的行为构成对上诉人匹克公司涉案商标专用权的侵害,应承担停止侵权等民事责任,被上诉人振宇公司应就其帮助侵权行为,与被上诉人伊萨克莫里斯公司承担连带责任。①

三、判断商标侵权的基本原则

知识产权是一种私权利,是民事权利,规范知识产权的知识产权法是民法的一部分。知识产权法应该遵循民法的基本价值、基本原则和基本理论。民法的基本价值在于分配正义和矫正正义。分配正义体现于民法中就表现为对各种民事权利的设定,如物权、债权、身份权等,而矫正正义则体现于对权利的保护上,使受侵害的权利得到救济。② 为了实现民法的这一价值,在从事民事活动中应该遵循诚实信用的原则,在解决民事纠纷中应该遵循利益平衡的原则。因此,诚实信用原则和利益平衡原则作为民法的基本原则,也是知识产权法中商标法的基本原则。而地域性是知识产权的最显著的特征之一,地域性原则是知识产权法的基本原则,因此,地域性原则也是商标法的基本原则。商标的基本功能在于识别商品或服务的来源,使消费者能够将标注其商标的商品或服务与其他商品或服务的来源区别开来,避免造成混淆和误认,因此混淆性原则是商标法的特有原则。

(一)诚实信用原则

诚实信用原则,又称诚信原则,是指民事主体在从事民事活动时,应当本着诚实守信的理念,以善意的方式行使权利、履行义务。该原则要求民事主体在民事活动中诚实不欺、恪守信用,并在获取利益的同时充分尊重他人和社会的利益。诚实信用原则最初源自债法,后随着国家强化对私法的干预,逐步上升为私法领域甚至已经不分公法和私法、实体法和程序法而于各法律领域成为人们信奉和遵循的高层次理念。尤其是在私法领域中,诚实信用原则占据着很重要的位置,权利的行使和义务的履行,必须基于诚实信用原则。民法学者将该原则视为现代民法最高原则,谓之“帝王条款”。诚实信用原则作为民法的“帝王原则”,既是民事主体的守法原则,从道德和法律的双重角度指引民事主体在从事民事活动时应该诚实不欺,恪守信用。同时,诚实信用原则也是裁判规则,在处理民事纠纷时,诚实信用原则可以用于解释和补充法律和合同的规定,起到民法解释、类推适用和漏洞补充的作用。徐国栋教授认为:“诚信可分解为客观诚信和主观诚信。客观

---

① 参见上海知识产权法院民事判决书,(2016)沪73民终37号。

② 参见孙建江、吕甲木:《中国民法典的结构》,载《民商法网刊》2008年第6期。

诚信是一种课加给主体的行为义务,该义务具有明显的道德内容;主观诚信是主体对其行为符合法律或者具有合道德内容的个人确信。二者可以统一于一般诚信。一般诚信是被吸收到法中的人类生活关系要素,但法并非在不赋予其术语的精确性的情况下吸收它,而是把它转化为一个法律概念。换言之,诚信并非立法者的创造,它有先定的内容。立法者不过把这一内在于人类行为的原则扩张于全部人类行为的最广泛的领域。"①一般认为,诚实信用原则起源于罗马法的"诚信诉讼"和"诚信契约",均反映了道德和伦理的要求,体现了衡平和正义的精神。考察了罗马法的具体内容后,我们可以看到,在罗马法中有两种诚信:一种是诉讼法领域的诚信;另一种是适用于物权法领域的诚信。② 在民事诉讼中,诚实信用原则适用于以下几种形态:排除不正当形成的诉讼状态;诉讼上的禁反言;诉讼权利上的失效;诉讼权利滥用的禁止。③

(二)利益平衡原则

利益平衡也称为利益均衡,是在一定的利益格局和体系下出现的利益体系相对和平共处、相对均势的状态。④ 利益平衡既是法律的目的,也是司法的裁判规则,是司法的目的和功能。现代立法的实质是一个利益识别、利益选择、利益整合及利益表达的交涉过程,在这一过程中立法者旨在追求利益平衡。⑤ 法学方法论者惹尼指出:法律的正式渊源并不能够覆盖司法活动的全部领域,总是有某种领域要依靠法官的自由裁量权来决定,自由裁量权的行使应当是认识所涉及的利益、评价这些利益各自的分量、在正义的天平上对他们进行衡量,以便根据某种利益标准去确保期间最为重要的利益的优先地位,最终达到最为可欲的平衡。⑥ 美国历史上最有影响的法官和法学理论家之一的卡多佐认为:司法过程既包括创造的因素,也包括发现的因素,在某些同样可以找到言之成理的或相当有说服力的理由来支持这种结论或者另一种结论的案件中,开始起作用的是对判决的平衡,

① 徐国栋:《诚实信用原则二题》,载《法学研究》2002 年第 4 期。

② 参见徐国栋:《客观诚信与主观诚信的对立统一问题——以罗马法为中心》,载《中国社会科学》2001 年第 6 期。

③ 参见刘荣军:《诚实信用原则在民事诉讼中的适用》,载《法学研究》1998 年第 4 期。

④ 参见冯晓青:《论利益平衡原理及其在知识产权法中的适用》,载《江海学刊》2007 年第 1 期。

⑤ 参见张斌:《论现代立法中的利益平衡机制》,载《清华大学学报(哲学社会科学版)》2005 年第 2 期。

⑥ 转引自[美]E. 博登海默:《法理学:法律哲学与法律方法》,邓正来译,中国政法大学出版社 1999 年版,第 145 页。

是对类比、逻辑、效用和公道等考虑因素的检验和分类整理。[①] 德国联邦宪法法院在"梅菲斯托"案中，针对艺术自由就可能与(同受宪法保障的)人格范围发生冲突的情况，法官们一致赞同，于此必须以当下案件事实的具体情境为根据从事法益衡量。[②] 日本自20世纪60年代开始，在民法解释的方法论中兴起了一种"利益衡量论"，日本的加藤一郎基于对传统的法学及概念法学的思考方法进行批判的目的，于1966年发表了《法解释学的伦理与利益衡量》一文，主张法律解释应当更自由、更具弹性，解释时应当考虑实际的利益，强调实质判断。星野英一于1968年发表了《民法解释伦序说》一文，提出与加藤一郎类似的主张，认为法的解释、适用终究取决于价值判断，称为利益考量。[③] 法官在审判案件时，应该运用利益衡量的方法论手段：如某一问题有两种以上不同的解释或法律法规有不同规定且可能导致案件不同处理结果，又难以依逻辑规则进行解释和选择时，应进行利益衡量，选择适用最能达致利益平衡的解释或法律条文；如依逻辑规则进行解释或选择法律条文裁判于当事人之间的利益、当事人利益与社会公共的利益、个体利益与国家利益等利益体系发生冲突的案件，将导致利益严重失衡之虞时，则进行利益衡量和价值判断，寻找双方利益的平衡点，以该利益平衡点作为标准作出裁判，以达到实质正义。[④]

(三)地域性原则

地域性原则是知识产权法的基本原则，这一点毋庸置疑。知识产权的地域性是指每个国家都依据本国的法律保护在本国依法享有的知识产权，他人在他国享有的知识产权不能成为其在本国享有的知识产权的依据，从而使知识产权保护呈现地域性。地域性包括适用法律的地域性、权利基础的地域性和侵权行为的地域性。而侵权行为的地域性又可以体现为侵权行为构成要件的地域性，例如商标使用的地域性和损害结果的地域性。

1. 准据法的地域性

张玉敏教授认为涉外定牌加工的法律适用可以参照《联合国国际货物销售

---

① 参见[美]本杰明·卡多佐：《司法过程的性质》，苏力译，商务印书馆1998年版，第104页。

② 参见[德]卡尔·拉伦茨：《法学方法论》，陈爱娥译，商务印书馆2003年版，第284页。

③ 参见梁慧星：《民法解释学》，中国政法大学出版社1995年版，第314页。

④ 吕甲木：《知识产权法中的利益平衡机制——以知识产权法定赔偿制度为视角》，载中华全国律师协会知识产权专业委员会：《2009中华全国律师协会知识产权专业委员会年会暨中国律师知识产权高层论坛论文集》(下)，第245页，中国知网中国重要会议论文全文数据库。

合同公约》的规定,适用销售目的地法律的观点与合同法和国际私法的基本原则相悖。合同相对性原则是合同法的基本原则,合同法规范的是合同当事人之间的权利义务,《联合国国际货物销售合同公约》作为国际货物买卖的合同条约,也遵循了合同的相对性原则,只规范国际货物买卖合同中合同当事人的权利义务。涉外定牌加工中,如果境外的定作人与境内的加工人发生承揽合同纠纷,可以参照适用《联合国国际货物销售合同公约》的规定的观点还符合法律适用原理,但认为与涉外定牌加工承揽合同无关的境内商标权人与涉外定牌加工承揽合同中的境内加工承揽人、境外定作人之间的商标侵权纠纷可以参照适用《联合国国际货物销售合同公约》的规定的观点严重偏离了合同的相对性原则。另外,在国际私法中,选择合同纠纷和侵权纠纷的准据法的连接点是不一致的。2011 年 4 月 1 日起施行的《涉外民事关系法律适用法》第 41 条规定:“当事人可以协议选择合同适用的法律。当事人没有选择的,适用履行义务最能体现该合同特征的一方当事人经常居所地法律或者其他与该合同有最密切联系的法律。”《涉外民事关系法律适用法》第 50 条规定:“知识产权的侵权责任,适用被请求保护地法律,当事人也可以在侵权行为发生后协议选择适用法院地法律。”因此,涉外合同纠纷的法律适用以协议选择优先,如无选择,按照最密切联系原则确定准据法,而知识产权的侵权以被请求保护地或法院所在地的法律为准据法。认为涉外定牌加工的商标侵权纠纷参照适用《联合国国际货物销售合同公约》的规定适用销售目的地法律的观点,与知识产权侵权适用被请求保护地或法院所在地法律的规定相矛盾。在涉外定牌加工商标侵权中,部分主张不构成侵权的人士以定牌加工人其实仅相当于委托人设的一个生产加工车间,按照国际惯例,虽然产品是在中国制造,这视同为中国的工人在外国生产的观点来否定地域性。对这一观点无法认同,在没有国际条约和国内法律明文规定的情况下,怎么可以说中国工人在中国领土内的工厂生产视同为中国工人在外国生产,这就产生了这一工厂是适用中国法律还是外国法律的问题,中国的劳动法、刑法、治安管理处罚法、税法、工商管理法规还能否适用,中国的法院能否行使司法管辖权等涉及司法主权的问题。基于法律适用的地域性,权利人在我国提起的侵害商标权纠纷只能适用我国商标法来判断被诉侵权行为是否构成商标侵权,而该行为在目的国等其他国家是否合法不是我国司法机关需要考量的因素。

2. 权利基础的地域性

《保护工业产权巴黎公约》虽然规定成员国国民在成员国内享有国民待遇，也就是在保护工业产权方面，每一个缔约国必须将其法律现在给予或者将来可能给予本国国民（包括自然人和法人）的保护给予其他缔约国国民。即便如此，这一原则只是使外国人与本国人获得同样的法律地位，使外国人在国内有被赋予商标权的可能性，而并不必然使其在他国获得的商标权在本国也受保护。同时，《保护工业产权巴黎公约》也规定了独立性原则，第 6 条明确规定申请和注册商标的条件，由每个成员国的本国法律决定，各自独立。世界贸易组织发布的《与贸易有关的知识产权协定》在规定成员间的国民待遇和最惠国待遇后，也承认知识产权的授予和保护由成员的国内法决定，具有独立性，但要满足该协议规定的最低保护限度的要求。具体到商标权，则体现为商标权人依据各国法律规定，分别取得独立的商标权，同一商标在各国取得的商标权的效力仅在各国法律所及的范围内得到承认，并不必然导致其受其他国家法律的保护。知识产权权利的取得、丧失、变更、保护均以被请求保护地国的法律为依据。因此，我国法院只保护在我国注册的商标权，被诉侵权人在境外是否有合法的商标权不是我国法院需要审查的内容。而且境外的商标是否合法有效，是由境外的有关机构根据他们的法律进行审查。在涉外定牌加工中，完全没有必要考量被诉侵权人是否得到境外合法商标权人的授权这一因素。

3. 侵权行为的地域性

基于法律适用和权利基础的地域性，我国法院判定是否构成商标侵权行为系根据我国的法律规定的商标侵权行为的构成要件予以认定，是否属于商标法意义上的商标使用行为，是否造成混淆和是否有损害结果，均应根据我国的法律予以认定。当今世界，唯一能排除地域性限制的是依照国际公约和双方条约规定的国际交通工具过境以及驻外使领馆。部分学者就荷兰法院审理的西班牙赛得体育（CIDESPORT）公司与耐克公司案中荷兰法院以“过境使用”为由解除查封，认为涉外贴牌生产中的商标使用“可以理解为被控侵权商标只是在国内过境”，应属于地域性原则的一种例外。[1] 而涉外定牌加工与过境使用显然不能等同，涉外定牌加工是中国国内的承揽人接受境外定作人的委托，在中国国内生产贴有按照定作人要求的商标，并全部通过海运、空运等运输方式出口，被控侵权商品的生产地在中国境内。而过境使用仅系国际交通工具中转、运输的一个环节。国际交通工具上使用的标记、技术、装载的货物并不在中转地离开承运人的控制。因此，荷兰法院作出的在荷兰运输中转的货物属于过境使用，与在中国生产、加工的涉外定牌加工行为完全不同，没有可比性。

(四)混淆性原则

商标作为一种使用在商品或服务上的标识，是用来区别商品或服务的来源，其基本功能在于避免消费者将标注该商标的商品或服务的来源与其他商品或服务的来源产生混淆和误认。因此，避免混淆和误认是商标法的基本原则，也是商标权人所享有的禁止权大于专用权的范围的原因所在。所以，保护商标权的目的就是保护商标的识别功能，制止混淆行为。

1. 域外法制的商标混淆性理论

(1)美国的商标混淆性理论

2005 年 10 月修订的《美国法典》第 15 编(《兰哈姆法》)第 1114 条第 1 款规定：①为商业上之使用(use in commerce)，任何人未经许可将复制、伪造、抄袭或仿冒他人注册商标的标识用于对商品或服务进行销售、推销或广告宣传的行为，只要可能导致混淆(is likely to cause confusion)、误认(mistake)或欺蒙(deceive)的，就构成商标侵权。②意图为商业上之使用而将注册商标之复制、伪造、影印、伪造品使用于有关商品或服务之标签、牌示、印刷物、装箱、包纸容器或广告上，足致发生混淆、误认或欺蒙者。美国的这一立法例被学者称为商标的直接侵权和间

[1] 参见林鸿姣：《国际定牌加工之商标冲突问题分析》，载蒋志培主编：《专利商标新型疑难案件审判实务》，法律出版社 2007 年版，第 92 页；张今、陆锡然：《涉外贴牌生产的商标问题》，载《中华商标》2008 年第 5 期。发生在荷兰的案件情况是：西班牙赛得体育(CIDE SPORT)公司在我国其他地方贴牌生产的一批“NIKE”商标产品在顺利通过我国海关之后拟经由荷兰运往目的地西班牙。当该批贴牌产品到达中转站荷兰的时候，遭到耐克公司的阻拦，在耐克公司的申请下，货物被荷兰海关暂时扣留并封存。事后西班牙赛得体育(CIDE SPORT)公司向当地荷兰法院提起上诉，要求解封并放行该批货物，最终得到法院的支持。该法院在审理中认为，该批货物系过境产品，产品的目的地是西班牙，赛得体育(CIDE SPORT)公司在西班牙拥有合法的“NIKE”商标使用权，同时没有证据显示赛得体育(CIDE SPORT)公司具有在荷兰市场上开展和上述被封存产品相关的任何重大经济活动的意图存在，从而使该案的情况与传统的“在贸易关系上使用商标”之规定无法吻合。

接侵权。[①]

(2)欧盟的商标混淆性理论

欧共体理事会分别于1989年和1993年通过《有关协调各成员国商标立法的一号指令》和《欧共体商标条例》。均将“在相同商品上使用相同商标”直接规定为“直接侵权”,只是将“可能导致公众混淆”作为其他使用商标行为构成“直接侵权”的要件。这些行为包括在同类商品上使用近似商标、在类似商品上使用相同商标和在类似商品上使用近似商标。[②]《欧共体商标条例》第9条规定,“商标所有人有权禁止任何第三人未经其同意在商业中:(a)在与其注册的商品或服务相同的商品或服务上,使用与其商标相同的标记;(b)由于一标记与其商标相同或相似且商标和标记所覆盖的商品或服务相同或相似,如果在公众意识中存在包括同在先商标产生联想的可能在内的混淆的可能时,使用该标记”。欧盟的这种立法例,对其成员国的商标立法产生了很大的影响。法、德等欧盟成员国的商标法规定与《欧共体商标条例》大致相同。与美国《兰哈姆法》的立法例相比,欧盟的这种立法模式将“在相同商品上使用相同商标”推定为会导致混淆,从而在程序上免除了商标权人证明有发生混淆可能性的举证责任。

(3)日本商标法的混淆性理论

《日本商标法》第37条明确规定了以下侵权行为的类型。

①在注册商标指定的商品或服务上使用与注册商标相似的商标,或在与指定商品或服务相似的商品或服务上使用注册商标或与其相似的商标;

②以转让、交付或出口为目的持有注册商标指定的商品,或指定商品或服务类似的商品,并在商品或其包装上贴有注册商标或与之类似的商标;

③拥有或进口贴有注册商标或与之相似的商标的商品,该商品在提供注册商标指定的服务或与指定服务或商品类似的服务过程中由接受这些服务的人使用,目的是通过使用这些商品提供服务;

④转让、交付、或以转让或交付为目的拥有或进口贴有注册商标或类似商标的商品,该商品在提供注册商标指定的服务或与指定服务或商品类似的服务过程

① 参见王迁:《商标间接侵权研究》,载吴汉东主编:《知识产权年刊》,北京大学出版社2007年版,第303页以下。

② 参见王迁:《商标间接侵权研究》,载吴汉东主编:《知识产权年刊》,北京大学出版社2007年版,第303页以下。

中由接受这些服务的人使用，目的是通过使用这些商品提供服务；

⑤拥有标有注册商标或类似商标的商品，以便在注册商标指定的商品或服务或与之类似的商品或服务上使用该注册商标或类似的商标；

⑥转让、交付或以转让或交付为目的持有标有注册商标或类似商标的商品，以使该注册商标或类似商标在其指定的商品或服务或类似的商品或服务上被使用；

⑦制造或进口标有注册商标或类似商标的商品，以便在注册商标指定的商品或服务或类似的商品或服务上使用或导致使用该注册商标或类似商标；

⑧作为一项业务，制造、转让、交付或进口专门用于制造标有注册商标或类似商标的产品。①

日本的商标法对商标侵权行为采取了列举的方式，并未规定主观要件，也未规定混淆性原则，立足于客观行为的描述，与我国商标法的立法例一致。

（4）印度的商标混淆性理论

印度1999年新制定的《商标法》第29条（2）规定，"如有人既非商标所有人，也非授权使用人，其在贸易中使用商标符合下列情形，可能在公众中产生混淆或可能使该商标与注册商标建立某种联系的，构成侵犯注册商标的行为：（a）在与注册商标核定使用的商品或服务相类似的商品或服务中，使用与注册商标相同的商标；或（b）在与注册商标核定使用的商品或服务相同或相类似的商品或服务中，使用与注册商标相近似的商标；或（c）在与注册商标核定使用的商品或服务相同的商品和服务中，使用与注册商标相同的商标"。该法第29条（3）规定，在上述（c）项的情况下，法院应当假定（该种情形）会在公众中产生混淆，以平衡当事人的举证责任。②

（5）中国台湾地区的商标混淆性理论

1997年5月7日修正的台湾地区所谓"商标法"第61条、第62条规定，于同一商品或同类商品，使用相同或近似于他人注册商标之图样者；于有关同一商品或同类商品之广告、标帖、说明书、价目表或其他文书，附加相同或近似于他人注册商标图样而陈列或散布者为侵犯商标专用权的行为，商标专用权人对于侵害其

① 参见中国保护知识产权网，http://ipr.mofcom.gov.cn/hwwq_2/zn/Asia/Jpn/TM.html，2024年2月12日访问。

② 参见http://nanshaip.com/NewsList/showinfo-216.html，2024年2月12日访问。

商标专用权者,得请求损害赔偿,并得请求排除其侵害;有侵害之虞者,得请求防止之。第37条规定,相同或近似于他人著名之商标或标章,有致公众混淆误认之虞者不得注册。但申请人系由商标或标章之所有人或授权人之同意申请注册者,不在此限。

2. 国际法中的商标混淆性规定

世界贸易组织《与贸易有关的知识产权协定》第16条第1款规定:"注册商标所有人应享有专有权,防止任何第三方未经许可而在贸易活动中使用与注册商标相同或近似的标记去标示相同或类似的商品或服务,以造成混淆的可能。如果确将相同标记用于相同商品或服务,即应推定已有混淆之虞。上述权利不得损害任何已有的在先权,也不得影响成员依使用而确认权利效力的可能。"1966年11月在日内瓦会议上通过的《发展中国家商标、商号和不正当竞争行为示范法》第18条第1款第1项规定:"商标的注册给予其注册所有人以阻止第三者下列行为的权利,在商标被注册的有关商品服务上使用该商标或其类似标记使公众误解的或将该商标或标记用于其他商品或服务上而容易使公众误解的行为。"

3. 混淆性原则的分类

知识产权界有学者按照不同的标准,将混淆性原则分为现实的混淆和可能的混淆,直接混淆和间接混淆。但是,是否混淆其实是一种意思表示的问题,根据民法有关意思表示的基本理论,从理论上应该可以将混淆分为主观混淆和客观混淆。

(1)现实的混淆和可能的混淆

按照混淆性理论,混淆可分为现实的混淆和可能的混淆。现实的混淆即相关公众对市场上两个不同的商标产生了混淆的事实;可能的混淆则指根据各种事实显示某一行为存在导致发生现实混淆的可能。可能的混淆是以现实的混淆作为参照标准的,是现实的混淆前一阶段的状态,如不及时加以制止,可能的混淆就会转变为现实的混淆。因此,制止可能造成混淆的行为是出于有效保护商标权的角度考虑。①

(2)直接混淆和间接混淆

直接混淆或者狭义的混淆,是指消费者无从分辨或混同两个事实上产自不同

① 参见张今、陆锡然:《涉外贴牌生产的商标问题》,载《中华商标》2008年第5期;浙江省高级人民法院课题组:《贴牌生产中商标侵权问题研究》,载《法律适用》2008年第4期。

企业的商品；间接混淆，又称为广义混淆，是指公众并非对商品的来源或企业的同一性产生混淆，而是误以为原被告之间存在某种联系。这种联系可以是业务上的，也可以是组织上或经济上的。①

（3）主观混淆和客观混淆

混淆是消费者对于商品或服务的来源无从分辨或混同，以致对商品或服务的提供者产生误认，产生了错误的意思表示。因此，混淆是一种意思表示的形态，与我国民法中的"重大误解"的性质一致。消费者由于对商品的来源产生混淆，本意欲购买甲商品，而由于乙商品上标贴的商标与甲商品上标贴的商标存在混淆，以致实际购买了乙商品，事后消费者有权以重大误解为由要求法院或仲裁机构撤销或变更购买乙商品的买卖合同。客观混淆是一种抽象的标准，假定一个理性的消费者在购买商品或服务时，肯定会无法分清商品或服务的来源乃至混同，对商品或服务的来源产生误认的状态。主观混淆是一种具体的标准，是以某一具体的消费者在购买某一具体的商品或服务时，根据当时的客观条件，对商品或服务的来源产生现实的混淆或混淆可能的具体事实。在"知假买假"的情况下，如根据客观混淆的标准，就构成混淆；如根据主观混淆的标准，则不构成混淆。

4. 我国商标法及不正当竞争法中明文规定的混淆性原则

我国早在2001年修正的《商标法》第13条对驰名商标的保护上明文规定了混淆性原则。此后，又在2002年公布的《商标法实施条例》（2014年进行了修订）第50条第1项规定"在同一种或者类似商品上，将与他人注册商标相同或者近似的标志作为商品名称或者商品装潢使用，误导公众的"属于《商标法》（2001年修正）第52条第5项所称侵犯注册商标专用权的行为。《最高人民法院关于审理商标民事纠纷案件适用法律若干问题的解释》（2020年修正）第1条和第2条规定了企业字号、域名与注册商标的误认，驰名商标的容易混淆，第9条和第11条规定了有关近似商标和类似商品或服务的混淆性标准，采纳了可能的混淆性理论，包含了直接混淆和间接混淆。1993年制定的《反不正当竞争法》第5条对知名商品特有的名称、包装、装潢、企业名称、姓名的混淆采纳了现实的混淆和主观混淆性标准，2017年修订和2019年修正的《反不正当竞争法》第6条对混淆性不

① 参见彭学龙：《商标混淆类型分析与我国商标侵权制度的完善》，载《法学》2010年7月（下），第110页。

正当竞争行为则采可能混淆理论。而《最高人民法院关于审理注册商标企业名称与在先权利冲突的民事纠纷案件若干问题的规定》(2020 年修正)第 2 条对企业名称之间的混淆采纳了可能的混淆性理论。《最高人民法院关于审理涉及驰名商标保护的民事纠纷案件应用法律若干问题的解释》(2020 年修正)第 9 条规定了商标法第 13 条对驰名商标容易导致混淆采纳了可能混淆性理论,包含了直接混淆和间接混淆。现行《商标法》(2019 年修正)第 57 条第 2 项规定:未经商标注册人的许可,在同一种商品上使用与其注册商标近似的商标,或者在类似商品上使用与其注册商标相同或者近似的商标,容易导致混淆的,属于侵犯商标权的行为。

5. 相同商品使用相同商标的混淆性判断

我国现有的法律和司法解释的规定均没有对《商标法》(2001 年修正)第 52 条第 1 项和现行《商标法》(2019 年修正)第 57 条第 1 项在相同商品上使用相同商标构成商标侵权的规定是否采纳了混淆性原则进行解释,以致对于混淆性原则是否为我国商标法的基本原则产生了争议。

(1)在相同商品上使用相同商标是否采纳混淆性原则的争议

浙江省高级人民法院认为在理论上,混淆原则确实是判断商标侵权的基本原则。但在目前的商标法律框架下,法律、法规、司法解释明确规定,混淆原则作为认定构成商标侵权要件的,只限于对驰名商标的保护、商标名称或者装潢与商标冲突、企业字号与商标的冲突、域名与商标的冲突、类似商标或服务的认定、商标相似性的判定等方面。① 时任广东省高级人民法院知识产权庭庭长林广海认为,根据《最高人民法院关于审理商标民事纠纷案件适用法律若干问题的解释》(2002 年)第 9 条的规定,是否容易使相关公众对商品的来源产生误认或认为其来源与原告注册商标的商品存在特定联系,是判断商标是否近似的要件,而非是否构成侵权的直接条件。因此,在对第一类定牌加工行为进行侵权判断时,不涉及认定是否有相关公众、是否造成混淆或误认。换言之,有没有相关公众的混淆或误认不影响侵权的成立。② 重庆市高级人民法院孙海龙法官和西安市中级法院姚建军法官认为,混淆原则仅是理论上判断商标侵权的基本原则,认定商标侵

① 参见浙江省高级人民法院课题组:《贴牌生产中商标侵权问题研究》,载《法律适用》2008 年第 4 期。

② 参见林广海、郑颖:《涉外定牌加工中的商标权问题》,载《人民司法》2007 年第 23 期。

权并不以造成混淆为绝对要件。[①] 中国政法大学的张今教授认为，商标侵权的相关规定中也直接或间接地体现了混淆原则的标准，如《商标法》（2002 年修正）第 13 条，《商标法实施条例》（2002 年公布）第 50 条、第 53 条和《最高人民法院关于审理商标民事纠纷案件适用法律若干问题的解释》（2002 年发布）第 1 条、第 9 条、第 10 条、第 11 条、第 12 条等。上述各项规定都是基于对混淆原则的考虑而从不同方面来保障商标的识别功能，由此可见，混淆原则在我国商标侵权理论中是得到体现的。[②] 上海市第一中级人民法院的沈强法官认为：从立法技术解释，商标法整体上系统包含了混淆、误认是构成商标侵权的实质要件，商标近似以及类似商品和服务的判断都涉及运用容易混淆和误认作为判断标准，而相同商标及相同商品或者服务造成的混淆、误认的可能不言而喻地可以理解立法者在《商标法》（2001 年修正）第 52 条中这样表述，可以理解为当时条件下如果该行为符合该项的规定，必然造成相关公众混淆、误认商品或者服务来源的可能，因此无须再赘述。[③] 西南政法大学的张玉敏教授认为，“虽然我国商标法第 52 条没有明确指出以可能使消费者产生混淆、误认为构成侵权的实质要件，但是，最高人民法院为了适应审判工作的需要，已经在相关司法解释中明确将‘容易使相关公众产生误认’作为认定侵犯商标权行为的必要条件。从以上分析可以得出这样的认识：致消费者对商品/服务的来源可能产生混淆、误认，是侵犯注册商标专用权的实质要件”[④]。程永顺认为：“混淆原则是判断商标侵权的基本原则，也是整个商标法的基石之一，《商标法》第 52 条第（一）项规定了商标禁止权范围，其中，尽管没有明确混淆的要求，但是在一般情况下，满足商标侵权要件则应推定混淆的事实或者可能存在。否则，对商标权的保护就失去了意义。在商标侵权判断中，若当事人举证证明即使该条规定之要件满足，但仍不足以构成消费者混淆的，则仍应认定侵权行为不成立。”[⑤]

（2）相同商品使用了相同商标的混淆性原则

我国《商标法》是否将混淆性原则作为其基本原则，要以 2001 年对《商标法》

---

① 参见孙海龙、姚建军：《贴牌加工中的商标问题研究》，载《知识产权》2010 年第 5 期。

② 参见张今、陆锡然：《涉外贴牌生产的商标问题》，载《中华商标》2008 年第 5 期。

③ 参见沈强：《涉外定牌加工中的商标侵权问题——对我国〈商标法〉第五十二条第（一）项的理解与适用》，载《国际商务研究》2009 年第 5 期。

④ 张玉敏：《涉外“定牌加工”商标侵权纠纷的法律适用》，载《知识产权》2008 年第 4 期。

⑤ 参见程永顺：《定牌加工中的商标侵权问题》，载《中华商标》2008 年第 12 期。

的修改背景来考虑。2001 年 12 月 10 日中国正式成为世界贸易组织的成员。为了满足世界贸易组织的最低要求,我国在这之前对大量的法律进行了修改,包括 2001 年 10 月 27 日第九届全国人民代表大会常务委员会第二十四次会议通过的《商标法》修改决定。世界贸易组织发布的《与贸易有关的知识产权协定》第 16 条第 1 款规定:"注册商标所有人应享有专有权,防止任何第三方未经许可而在贸易活动中使用与注册商标相同或近似的标记去标示相同或类似的商品或服务,以造成混淆的可能。如果确将相同标记用于相同商品或服务,即应推定已有混淆之虞。上述权利不得损害任何已有的在先权,也不得影响成员依使用而确认权利效力的可能。"我国 2001 年修改后的《商标法》是以符合世界贸易组织的规定而修改的,是符合《与贸易有关的知识产权协定》的最低要求的。因此,修改后的《商标法》也以《与贸易有关的知识产权协定》第 16 条第 1 款规定的混淆性原则作为我国商标法的基本原则,在相同商品或服务上使用相同商标,就依法推定已经造成混淆可能,无须执法机关和司法机关再进行认定。这是一种立法推定的方式。英国学者克劳斯(Cross)把推定分为四类:①结论性推定,指没有任何证据能反驳其推定事实。这实际上是实体法的规则,由于在设定这一实体规则时运用了推定,在称谓上援用推定。②说服性推定,指运用足够的证据来说服,凭盖然性衡量后,据以认定事实的存在与否。③证据性推定,即根据某种证据是否遭驳回,而在案件当事人之间分配法律证明负担的有关规则。④临时性推定,即从某种战略角度来考虑采取反驳证据,以促使法院认为某种推定事实是否真实。[①] 第一种"结论性推定"就是实体法规则,如果这种规则不是为了确定举证责任的分配,而是类似刑事责任年龄这样的规定,那么它当然是不能反驳的;第二、三、四种分类都可以看作程序意义上的推定。立法上的推定也可以称为实体法上的推定,因为它表现为实体法上的规则。这种规则有别于司法推定即程序法上的推定,这在于它有着更牢固而令人信服的经验基础,反驳起来比较困难,这使人们比较放心地让立法者将其上升为实体规则而反复运用。程序上的推定不具有这种反复运用的权利,它只能是一事一议,就事论事,法律上没有根据,只凭司法人员的自由判断或心证,反驳起来也相对容易。[②] 我国商标法的立法中就是运用了结论性推定

① 参见沈达明编著:《英美证据法》,中信出版社 1996 年版,第 68 页以下。

② 参见邓子滨:《刑事立法上的推定》,载中国法学网 2003 年 6 月 2 日,http://www.iolaw.org.cn/global/en/new.aspx?id=1157。

这一实体法规则,在相同商品或服务上使用相同商标的即推定为构成混淆,不需要相反证据来反驳,将之上升为实体法的具体规定。因不能推翻,故法律条文中不再出现“推定”一词。这种不考虑具体情形,即推定相关公众必然会对商品或服务的来源产生混淆或误认的理论,即为客观混淆理论。《最高人民法院关于当前经济形势下知识产权审判服务大局若干问题的意见》(法发〔2009〕23号)第6条规定,“未经商标注册人许可,在同一种商品上使用与其注册商标相同的商标的,除构成正当合理使用的情形外,认定侵权行为时不需要考虑混淆因素”。

四、涉外定牌加工商标侵权行为的归责原则

我国已故的知识产权法学的开拓者郑成思教授认为从国际上知识产权法的研究成果、知识产权的特殊性等出发,知识产权侵权认定的归责原则为无过错责任原则,在赔偿损失上采用过错责任原则。[①] 世界贸易组织《与贸易有关的知识产权协定》第45条第1款规定:“对已知或有充分理由应知自己从事之活动系侵权的侵权人,司法当局应有权责令其向权利人支付足以弥补因侵犯知识产权而给权利持有人造成之损失的损害赔偿费。”第45条第2款规定:“司法当局还应有权责令侵权人向权利持有人支付其他开支,其中可包括适当的律师费。在适当场合即使侵权人不知和/或无充分理由应知自己从事之活动系侵权,成员仍可以授权司法当局责令其返还所得利润或令其支付法定赔偿额,或二者并处。”国内的大量学者和法官受郑教授观点以及《与贸易有关的知识产权协定》第45条第2款规定的影响,也认为知识产权侵权认定的归责原则为无过错责任,赔偿损失为过错责任。但是,知识产权侵权认定的无过错责任与基本法律的基本理论相悖。何况世界贸易组织《与贸易有关的知识产权协定》也是以过错责任作为主要的归责原则的,第45条第1款规定即为明例。该协定第45条第2款的规定属于例外情形,只适用于适当场合,而且是授权性规定,不是强制性规定。其实,世界贸易组织《与贸易有关的知识产权协定》作为发达国家与发展中国家之间,不同法系国家之间经过谈判达成的妥协性的结果,作为法律文本的逻辑性和体系性并不强,不可能符合每一个成员的法律传统和法律理论。因此,世界贸易组织的成员在保证国内法遵守协定的同时,应该按照自身的法律传统和法律理论进行消化,与国际接轨的同时也要与国内接轨,以保证一国法制的统一性。

① 参见郑成思:《知识产权论》(第3版),法律出版社2003年版,第272页。

（一）过错责任与无过错责任的制度目的

过错责任是主观归责原则，是以行为人的主观过错作为价值判断标准，判断行为人对其造成的损害应否承担侵权责任的归责原则。过错责任归责原则是从古代法中的结果责任归责原则中发展起来的。在结果责任归责时代，只要行为人造成损害结果，不问过错，就要承担责任，实质上是一种绝对责任。因此，在罗马法时代，对结果责任进行反思的基础上产生了过错责任，遵循“无过错即无责任”的原则，由行为人对自己的过错承担责任，所以又称为自己责任。过错责任的基本内容就是要求对加害行为进行客观评判。根据行为人所应遵守的注意义务和他在实施行为时的实际注意程度，查明他是否应当避免和能够避免损害的发生，以及他是否尽到足够的谨慎和努力以避免损害的发生，在此基础上辨明该行为是“应受谴责的”还是“可以原宥的”，由此而确定其责任的有无，从而使行为的责任界限得到明确划分。过错责任原则具有行为制导功能，通过民事责任的制裁告知人们“知其可否”而“趋利避害”，从而把社会生活导向正常的轨道；此外，还有积极预防的功能，道德评价的功能和间接平衡的功能。[①] 认定过错的标准可以分为主观标准和客观标准。主观标准主张通过判断行为人的心理状态来确定其有无过错，其核心在于，行为人能否预见其行为的后果。然而，采用主观标准认定过错，需要对每个行为人的预见能力作出判断，由于每个人的认识能力受其智力程度、受教育程度、专业知识、身体状况、客观环境等多方面因素的影响，准确判断行为人的预见能力，在实践中很难操作，因此，现在这一标准受到了一些学者的批评。客观标准通过某种客观的标准来衡量行为人的行为以及实施行为时的心理状态，以行为人是否尽到注意义务作为过失的判断标准。采纳客观标准认定过错，既简便易行，又较为明确，同时，还能够为行为人确定明确的行为准则。[②] 过失的客观化其实已成为国内外司法实践中认定过失的准则。过错推定是工业革命以后，为了对当时工业事故的受害人扩大救济，进行举证责任倒置，由法律以可反驳的推定确定行为人具有过错，由行为人通过证明自己没有过错而免责。因此，过错推定本质上仍然是过错责任的一部分，是过错责任在适用中的一种特殊情形。无过错责任是为了弥补过错责任的不足而兴起的制度，以损害结果来确定

---

① 参见王卫国：《过错责任原则：第三次勃兴》，中国法制出版社2000年版，第158－161页。

② 参见王利明、杨立新编著：《侵权行为法》，法律出版社1996年版，第73页。

责任的承担,而不问行为人的主观过错,因果关系成为承担责任的决定要件。无过错责任原则的立法思想,是对不幸的损害的合理分配,并以保险制度和损失分担制度为基础来实现损害分配的社会化,因而无过错责任不具有制裁不法行为并预防不法行为发生的作用,已失去了法律责任固有的含义;而推定过错责任的立法思想仍在于对加害行为的非难,仍以过错作为确立责任的最终要件,民事责任的承担仍由行为人承担,而不是通过保险制度等由社会分担损失,因而推定过错责任保持了民事责任的教育和预防的作用。[①] 总之,过失责任系建立在侵害他人权利的不法性之上,具有违法性,而对于无过错责任,法律一方面允许个人或企业从事具危险性的事务;另一方面则使其承担因危险具体实现所产生的不幸损害的赔偿责任,在于实现分配正义。[②]

(二)严格过错推定原则

商标侵权行为显然是一种违法行为,在商业活动中使用商业标识没有尽到避免相关公众混淆和误认的义务,在主观上具有责难性,应受法律的制裁,并且还要在有商标侵权之虞时就应该及时制止,以预防发生现实的损害。因此,对商标侵权行为的赔偿不是对从事合法行为中造成的不幸的损害的赔偿。商标侵权行为的赔偿责任是由侵权行为人自己承担,而不能通过保险制度等途径对损失进行社会化的分担。因此,商标侵权行为无论是从法律规定还是从法学理论上而言,均非无过错责任。因为商标是由有关行政机关授予的,并且予以公告,具有公示效力,作为从事商业活动在商品上使用商标者,应该负有“善良管理人”的高度注意义务,避免自己使用的商业标识造成相关公众的混淆和误认。如果使用的商业标识具有混淆可能性,就直接推定具有过错情形。至于行为人实际上从事的审查行为只是对判断是否故意侵权有意义,对是否构成过错不具有影响。根据侵权行为法理论的一般原理,行为人的过错由权利人承担举证责任。实行过错推定的,进行举证责任倒置,允许行为人证明其没有过错而免责。对于行为人而言,由于立法并未要求其委托专业机构进行审查,其要证明履行了审查义务非常容易,而对权利人而言,却难以反驳。因此,对于过错的认定,则采用客观标准,只要行为人未经商标权人许可,客观上从事了混淆性的商标使用行为,就可以推定其没有尽

① 参见《〈中华人民共和国侵权责任法〉条文理解与适用》,人民法院出版社 2010 年版,第 35 页。

② 参见王泽鉴:《侵权行为》,北京大学出版社 2009 年版,第 546 页。

到一个合格的商业活动者应尽的注意义务,而且这一推定是不可反驳的实体法上的立法推定,有别于一般侵权行为中的举证责任倒置的过错推定原则,是一种严格化的过错推定原则,属于"严格责任"范畴。而一般侵权行为中的举证责任倒置属于可反驳的程序法上的司法推定。

五、涉外定牌加工商标侵权行为的构成要件

在侵权行为法理论中,实行过错责任归责原则的,一般认为其构成要件为主观过错、违法行为、损害结果、因果关系四要件说;实行无过错责任归责原则的,一般认为其构成要件为损害行为、损害结果、因果关系三要件说。《侵权责任法》(已于2021年1月1日废止,相关内容见《民法典侵权责任编》)实施以后,行为的违法性被过错所吸收,故实行过错责任归责原则的一般侵权行为的构成要件为过错行为、损害结果、因果关系。虽然知识产权法的侵权责任规定相对于侵权责任法而言,属于特别法,特别法可以要求在构成要件和损害赔偿上体现其特殊性,但是特别法不能与侵权责任法的基本原则和基本理论相违背,特别是归责原则的理论。商标侵权的归责原则是严格过错推定责任,而非无过错责任。在过失认定以是否尽到注意义务这一客观标准为主的情况下,行为人使用的商标如果具有混淆可能性,则直接推定其没有尽到使用商业标识应避免造成混淆、误认的注意义务,具有过错。因此,商标侵权行为的构成要件为混淆性的商标使用行为和损害结果。

(一)混淆性的商标使用行为

2013年和2019年《商标法》第48条规定商标的使用,是指将商标用于商品、商品包装或者容器以及商品交易文书上,或者将商标用于广告宣传、展览以及其他商业活动中,用于识别商品来源的行为。《商标法》对2002年的《商标法实施条例》第3条规定的商标使用作出了修改,增加了"用于识别商品来源的行为"规定。因此,只有商品上的标识用于识别商品来源,起到商标功能的标识使用行为才属于商标法意义上的商标使用行为。涉外定牌加工行为是否构成商标侵权的最大争议在于加工人标贴的标识是否属于商标法意义上的商标使用行为。其实,商标法意义上的商标使用行为在商标的授权确权环节与商标侵权环节的判定应有所区别。商标侵权环节的商标使用行为,或商标侵权法意义上的商标使用行为,其实质是混淆性的商标使用行为。

1. 商标法意义上的商标使用行为

最高人民法院在亚环案中就认为被诉标识属于物理贴附,不是商标法意义上的商标使用行为。[①] 也有观点认为商标法上的“使用”概念，应当是商业活动中的正常使用。商业活动必定包括营销的环节，即商家向消费者提供商品的过程，无任何贩卖意图、无流通与交换的单纯制造行为并不是一个完整的商业活动。因此，制造产品并将商标贴附于产品之上而没有向市场提供商品的行为，不应当被认定为商标法所称的“商标的使用”。[②] 商标法上的商标使用，应当是与商品流通相联系的使用，在定牌加工中，加工人按照委托人的要求将商标贴附于加工的产品上，就其性质而言，属于加工行为的一部分，而且加工人并不销售加工产品，而是将产品全部交付委托人，因此，其行为不构成商标法上的商标使用。[③] 北京市第一中级人民法院认为：“贴牌”不是商标法意义上的商标使用行为，“贴牌后的产品”也未进入商业流通环节，因此不致使相关公众产生混淆、误认。对于产品全部用于出口的外贸型贴牌加工行为不宜认定为侵权。[④] 如果认为定牌加工的产品不属于商品，在生产环节使用商标不是商标使用行为，那么生产环节的商标管理势必处于监管真空的状态，与目前商标执法的现实环境以及世界贸易组织《与贸易有关的知识产权协定》对成员的最低保护要求不符合，更加不能达到预防、制止、打击商标违法行为的目的。此外，如果专门用于出口的商品上标注的商标不属于商标使用行为，那么一些外向型企业在出口商品上注册商标就没有任何意义，其他人就可以以该商标连续三年没有在国内的流通环节使用而申请撤销。这显然不符合我国鼓励自有品牌走向国际市场的国家知识产权战略。当然最高人民法院曾经在“无印良品”商标异议复审行政诉讼再审案中认为：商标只有在商品的流通环节中才能发挥其功能。二审法院认为，良品计画公司委托中国境内厂家生产加工第24类商品供出口，并且宣传、报道等均是在中国境外，不属于《商标法》（2001年修正）第31条规定的“已经使用并有一定影响的商标”。[⑤] 但近来北京知识产权法院在判决中明确商标权人在专门用于出口的产品中标贴商标属于商标使用行为，不能以连续三年未使用而撤销。北京知识产权法院在“DOLPHIN”商标案中认为，商标权人使用复审商标的商品仅用于出口，形式上未满足

① 参见最高人民法院民事判决书，（2014）民提字第38号。

② 参见管育鹰：《定牌加工与商标权的保护》，载《中国经贸导刊》2008年第21期。

③ 参见张玉敏：《涉外“定牌加工”商标侵权纠纷的法律适用》，载《知识产权》2008年第4期。

④ 参见许波：《侵犯商标权行为相关法律问题研讨会概述》，载《中国专利与商标》2011年第1期。

⑤ 参见最高人民法院行政判决书，（2012）行提字第2号。

在中国的商品流通领域使用涉案商标的要件，但是，该仅用于出口的商品的制造行为系发生于中国，并且此种制造行为发生于域内，并向域外地域销售的行为为我国目前主要的对外贸易形式之一。在上述行为已构成真实、积极使用的前提下，仅因为上述使用行为在形式上未满足进入域内的商品流通领域而否认其构成连续三年停止使用撤销制度中的使用，将使上述商品无法完成出口行为，而实质上影响上述对外贸易的完成，不仅有违我国拓展对外贸易的政策要求，也与商标法确定的促进社会主义市场经济发展的立法目的相违背，故上述行为虽仅用于出口而未实际进入中国的流通领域，但从商标法的立法目的及我国对外贸易政策的实际需求出发，上述行为亦应当被视为公开的使用。[①] 当然商标授权确权中的商标使用行为是指商标权人自己或授权他人在核准的商品上积极、真实、公开地使用其注册商标，起到识别该商品的来源的功能。商品不是一个法律用语，没有一部法律对商品下过定义。何为商品，应该按照政治经济学对商品下的定义来理解，商品是用于交换的具有使用价值和交换价值的产品。商品的这一定义不仅是在我国官方，而且在民间也是具有共识的。自己生产自己使用不用于交换流通的产品属于劳动产品，不是商品。定牌加工作为市场经济中的一种贸易形式，加工的产品当然具有使用价值和交换价值，加工行为是一种商业行为，是为了商品流通而进行的制造行为，该产品的最终目的在于投入商业流通以供不特定的消费者使用。在该商品上标注的商标也能起到识别商品来源的作用，在该商品的生产、检验、运输、仓储、报关、装船等环节表明该商品与商标持有人具有关联性，而且该商标使用行为与该商标在目的地的使用行为是连贯的。此外，在涉外定牌加工合同中，境外的定作人也是明确要求境内的加工人在加工的产品上使用其指定的商标。因此，为了保护我国的自有品牌在国际上的竞争力，有必要认定在加工的产品中标注商标属于具有商业目的的起到标识功能的商标使用行为。

2. 商标侵权法意义上的商标使用行为

基于前文所述，混淆性原则是判定商标侵权的基本原则。该原则在商标侵权构成要件的体现就是要求被诉侵权人实施的商标使用行为是具有混淆性的使用行为。在近似商标或类似商品的判断上要考虑混淆因素，这在《商标法》（2019 年修正）第 57 条第 2 项已经明确。而在相同商品上使用相同商标，同样也需要贯彻

---

① 参见北京知识产权法院行政判决书，（2015）京知行初字第 5532 号。

混淆性原则,只是立法直接推定为构成混淆,不需要具体判断。最高人民法院在《最高人民法院知识产权案件年度报告(2009)》中认为,商标侵权意义上的商标使用应以起到标识来源和生产者的作用为必要条件。最高人民法院在辉瑞公司诉联环公司案中认为,对于不能起到标识来源和生产者作用的使用,不能认定为商标意义上的使用,他人此种方式的使用不构成使用相同或者近似商标,不属于侵犯注册商标专用权的行为。[①] 所以,商标侵权法意义上的商标使用行为应为混淆性的商标侵权行为,能够起到标识商品来源的功能,具有造成相关公众混淆、误认的可能性。对于混淆的判断,就涉及相关公众和商标使用的地域范围的问题。

3. 混淆性商标使用的地域范围

至于商标法意义上的商标使用的地域范围是否限定在中国境内,《商标法》和《商标法实施条例》没有明文规定。传统观点认为基于地域性原则,商标使用的地域范围应该是我国法域范围内。最高人民法院在"伟哥"商标案中认为:辉瑞制药公司也明确声明"万艾可"为其正式商品名,并承认其在中国境内未使用过"伟哥"商标,故媒体在宣传中将"Viagra"称为"伟哥",亦不能确定为反映了两申请再审人当时将"伟哥"作为商标的真实意思。[②] 时任最高人民法院知识产权庭庭长孔祥俊认为,商标权的地域性和商标权利用尽的地域性,体现的是国家主权概念,《商标法》(2013 年修正)第 13 条第 2 款和第 32 条均蕴含了在中国境内使用的含义,该规定显然采取了地域性原则。[③] 在传统的地域性原则下,商品、服务、人员、信息是受政治、地理边界所隔离的。但随着世界经济的一体化,贸易的全球化,这种政治、地理边界的区隔在削弱。注册商标的使用范围并不限于注册国境内已经非常普遍。很多使用中国注册商标的商品并不在中国境内销售,而是专门出口国外销售,而且这也符合国家鼓励企业以自有品牌走向国际市场的国家知识产权战略。另外,随着互联网和电子商务的发展,市场和信息之间的"围墙"已经倒下。全球消费者能够看到我国淘宝、京东网站上售卖的商品并下单购买,同样地,我国的消费者也能够在国外的亚马逊网站下单购买产品。所以,混淆性商标使用的地域范围不能机械地界定为我国法域内,而应以相关公众是否具有接

---

① 参见最高人民法院民事裁定书,(2009)民申字第 268 号。

② 参见最高人民法院民事裁定书,(2009)民申字第 313 号。

③ 参见孔祥俊:《新修订商标法适用的几个问题》(上),载《人民法院报》2014 年 6 月 18 日,第 7 版。

触可能性为准。如果被诉侵权商品没有在国内销售,而在境外的亚马逊网站销售,我国的消费者能够通过互联网看到该商品,则属于混淆性的商标使用行为。此外,针对作为商标使用是否属于混淆性使用的判断主体的相关公众的地域范围问题,基于地域性原则,一般认为相关公众的地域范围与商标使用的地域范围一样,也应该是中国境内。但也有观点认为,商标法和司法解释并未对相关公众作地域限制,例如浙江省高级人民法院在亚环案认为,《最高人民法院关于审理商标民事纠纷案件适用法律若干问题的解释》(2002 年)第 9 条第 2 款并未对“相关公众”作地域限制。[①] 在于某刚诉容大公司案中,法院认为,于某刚的注册商标早已及于国外市场,为相关公众所知悉。即使被诉侵权产品系进入该境外市场,但于某刚注册商标核准使用的商品也销往同一境外市场,故足以使相关公众产生混淆误认。关于相关公众的地域范围,其实有关司法解释是明确的。《最高人民法院关于审理涉及驰名商标保护的民事纠纷案件应用法律若干问题的解释》第 1 条规定:“本解释所称驰名商标,是指在中国境内为相关公众广为知晓的商标。”既然驰名商标认定中的相关公众为中国境内的相关公众,基于举重以明轻的法律解释原则,在一般的商标侵权判定中的相关公众也是指中国境内的相关公众。故混淆性商标使用的地域范围以中国境内的相关公众是否具有接触可能性为准。

(二)损害结果

在传统的侵权行为法领域,现实的损害结果是侵权行为的构成要件,所谓“无损害即无责任”。但是由于知识产权的无形性,可复制性,受害人证明实际的损害结果非常困难。因此,为了加强对知识产权的保护,发达国家将制止侵权行为的环节从造成实际损害结果提前到实施行为有造成损害的可能时,将预防侵权行为作为知识产权保护的一个环节。由此可见,出现了知识产权领域的“即发侵权”理论。由于发达国家的坚持,世界贸易组织《与贸易有关的知识产权协定》规定了即发侵权,要求成员的国内法符合这一要求。我国在加入世界贸易组织前夕,全面修改了专利法、著作权法、商标法,规定了预防、制止即发侵权的行为。《商标法》(2001 年修正)第 57 条第 1 款规定:“商标注册人或者利害关系人有证据证明他人正在实施或者即将实施侵犯其注册商标专用权的行为,如不及时制

① 参见浙江省高级人民法院民事判决书,(2012)浙知终字第 285 号;浙江省高级人民法院民事判决书,(2016)浙民再 121 号。

止，将会使其合法权益受到难以弥补的损害的，可以在起诉前向人民法院申请采取责令停止有关行为和财产保全的措施。”当然，也有学者坚持“我国民法通则规定了民事侵权的赔偿原则，就是赔偿实际损失原则。在定牌加工引发的商标侵权纠纷中，看不到原告有任何的经济损失，在这种情况下，法院仍然要酌情确定被告赔偿原告经济损失是没有法律依据的”[①]。涉外定牌加工的产品只是在国内过一下境，不会有损害事实发生，也不会出现将要发生的情形，不适用即发侵权。[②] 张玉敏教授认为，涉外定牌加工的产品不在境内销售，不会对境内商标权人造成任何损害，进一步说，这些产品在境外销售，也不损害境内商标权人在国际贸易中的利益。[③] 立法既然已经明确了即发侵权理论，那么在知识产权侵权责任的构成要件上已经不再局限于存在现实的损害，而是扩展到可能的损害。对于在中国境内的涉外定牌加工行为，由于被诉侵权商品只要没有通过报关且装载在国际交通运输工具上，境内的托运人就随时可以撤回出口，就可以认定有在境内销售的可能，并且境内商标权人的目标市场并非境内，而是整个世界市场，整个世界市场对该商品的需求量基本上是在一个确定的范围内，被诉侵权商品在境外的销售，就有可能降低商标权人的国际市场份额。何况目前涉外定牌加工的现状中，境内商标权人与境内加工人属于同一个行业，在国内市场和国际市场上均存在竞争关系，很多情况下是争夺同一目标市场甚至同一外商，存在实质性的损害。因此，就全球市场而言，有些情形下的确不存在实际损失，但是潜在损失不可谓没有，商业机会的丧失也是客观存在的事实。

六、涉外定牌加工中的利益平衡

我国自改革开放以来，在外向型经济模式下，定牌加工产业得到了长足的发展，尤其是在广东、福建、浙江等沿海地区，有大量企业将涉外的贴牌生产贸易当作主要业务。经过数十年的发展，中国已然成为全球定牌加工制造的“大车间”，每年拥有上亿美元的定牌加工业务。[④] 我国许多著名企业曾靠 OEM 身份起家，随即创立自己的品牌，从而脱颖而出，康佳、方正皆属此列。TCL 亦曾利用 OEM

---

① 程永顺：《定牌加工中的商标侵权问题》，载《中华商标》2008 年第 12 期。

② 参见林鸿姣：《国际定牌加工之商标冲突问题分析》，载蒋志培主编：《专利商标新型疑难案件审判实务》，法律出版社 2007 年版，第 92 页。

③ 参见张玉敏：《涉外“定牌加工”商标侵权纠纷的法律适用》，载《知识产权》2008 年第 4 期。

④ 参见陈静：《OEM 商标侵权给海关知识产权保护带来新挑战》，载《上海海关高等专科学校学报》2007 年第 2 期。

方式,借助香港长城电子设在惠州的生产基地成功地闯进了彩电市场。[①] 台湾鸿海集团是专做定牌加工的企业,是全球电脑、通讯、消费性电子代工领域规模最大、成长最快的国际集团,其前董事长郭台铭曾系台湾首富,被誉为"代工之王"。21 世纪以来,定牌加工在我国的中西部地区也开始蓬勃发展起来。定牌加工是低端的贸易形式,给外国品牌"作嫁衣",产品的大部分利润被国外的品牌拥有商赚取。这种经营方式易使加工企业走向另一个极端,在某些条件与情况下,不仅不能使加工企业获得持续的发展动力,反而因严重的依赖性而在形势变化时失去独立生存的能力,此外,也因为小富即安而丧失创新的动力。因为定牌加工经营方式使加工企业不能直接面对消费者,从而无法正确预测消费者需求的现状和变化趋势。外包商控制着品牌和分配渠道,代工商缺乏分销控制权。尤其对于那些没有分销网络的代工企业,代工订单和市场控制在外包商手里,而且代工优势很容易转移到成本更低廉的国家和地区去。这使拥有品牌者企业在其经营业绩好的时候可能对品牌打工者企业"卸磨杀驴",而在经营业绩坏的时候,又可能迅速转移或放弃定牌加工经营方式的阵地,即在遇到生产成本上升或利润下滑时将生产转移到其他国家或别的企业,这时,原先的定牌加工经营方式的打工者将面临灭顶之灾。[②] 这种情况已经在 2007 年年底的国际金融危机中得到了印证,大批定牌加工企业因没有订单或被国外客商拖欠巨额款项而倒闭。目前,中国大部分中小企业商品的出口主要是靠加工贸易和贴牌出口,很难也较少拥有自己的品牌。缺少大批强大的品牌是对我们真正的挑战所在。因此,《国家知识产权战略纲要》第 22 条提出:"支持企业实施商标战略,在经济活动中使用自主商标。引导企业丰富商标内涵,增加商标附加值,提高商标知名度,形成驰名商标。鼓励企业进行国际商标注册,维护商标权益,参与国际竞争。"《最高人民法院关于当前经济形势下知识产权审判服务大局若干问题的意见》(法发〔2009〕23 号)第 6 条规定:"完善商标司法政策,加强商标权保护,促进自主品牌的培育。"我国虽然早已成为世界的"制造工厂",但就我国目前的生产力水平而言还是发展中国家。现阶段的主要任务是发展经济,以改革开放为手段加快融入世界经济中。近年来,随着我国改革开放和全球经济一体化进程的不断加快,国际分工愈加细致和

---

① 参见王超、赵其一、陈佳卢:《论商标平行进口问题对我国国际贸易的影响》,载《商业研究》2003 年第 6 期。

② 参见陈渊:《OEM 经营方式的利与弊》,载《中华商标》2002 年第 9 期。

普遍。定牌加工虽然不是我国企业发展的长久之计,我国企业应当大力发展自主创新能力和创建自己的品牌,但是科技的发展、技术的创新、产业链的提升不是一蹴而就的。现阶段的生产力决定了国际定牌加工是我国经济与国际经济协作的重要方式,国际贸易已成为我国经济增长的一大亮点,它在增加国家的贸易机会和外汇收入、解决国内就业压力方面发挥着重要作用,而且由于企业应用了国外先进企业的技术,提高了自身的技术基础,节约了时间、人力、物力,可以利用自身的有利条件,提高技术水平,从而缩短与发达企业之间的差距。[①] 因此,对境内商标权人的正当权益进行保护的同时,也要保护涉外定牌加工企业的合理需求。我国台湾地区就认为国际定牌加工是将加工成品销往委托商拥有商标专用权的国家,并不对内销售,也没有流入我国台湾地区市场的可能。为了有利于本地区企业接单,"回销行为"不应该被视为相关商标规定中的使用行为。[②]

七、涉外定牌加工商标侵权的阻却事由

正如上述,我国《商标法》(2019 年修正)第 57 条的商标侵权行为,在理论上并没有任何问题,遵循了商标侵权的混淆性原则。《商标法》(2019 年修正)第 48 条对商标的使用的界定也是非常明确具体的。因此,无论从商标法原理还是现行实体法的规定而言,涉外定牌加工中的商标侵权行为与国内的商标侵权行为并无从法律上进行区别对待的必要。在国内的商标侵权行为实行严格过错推定责任的情况下,行为人是否尽到合理审查义务,对其行为是否构成商标侵权并无影响。同理,在涉外定牌加工中,加工人的审查义务也不应是其行为是否构成商标侵权的要件。但对涉外定牌加工中的商标侵权的认定,不仅是法律问题,而且是公共政策问题,这也是知识产权的功能所在。知识产权不仅要保护权利人的利益,而且国家还要根据经济发展的需要,把它作为一种政策手段,平衡权利人与社会公众的利益,确定权利的界限,决定保护的力度。而在国际交往中,知识产权更多地作为了经济外交的手段,根据本国的国家利益,决定是否将知识产权作为贸易壁垒,以加强贸易保护还是促进贸易自由。因此,在涉外定牌加工商标侵权纠纷中,对造成国内商标权人实质性损害的混淆性商标使用行为,可根据诚实信用原则、

① 参见匡检洪:《国际定牌加工中的商标侵权问题研究——从耐克商标案谈起》,西南政法大学 2009 年硕士学位论文,第 19 页。

② 参见张玉敏:《国际贸易"定牌加工"性质分析》,载《重庆工学院学报(社会科学版)》2008 年第 1 期。

利益平衡原则、地域性原则、混淆性原则进行判断，公平合理地划分境内商标权人注册商标的保护范围，既要保护商标权人的利益，鼓励其走向国际市场，尤其是对于知名度很高的商标应该予以强力保护，商标的知名程度与商标的保护力度是成正比的。同时，也要保护定牌加工人的正当权益，合理确定涉外定牌加工中阻却商标侵权和赔偿责任的正当事由。

（一）商标侵权的阻却事由

1. 在先使用未注册商标

《商标法》（2019 年修正）第 59 条第 3 款规定：“商标注册人申请商标注册前，他人已经在同一种商品或者类似商品上先于商标注册人使用与注册商标相同或者近似并有一定影响的商标的，注册商标专用权人无权禁止该使用人在原使用范围内继续使用该商标，但可以要求其附加适当区别标识。”这是我国商标法保护未注册商标的规定，未注册商标因为使用而具有现实的商标识别作用，具有区分商品或服务的来源的功能，对于这种避免消费者混淆、误认的识别权应该予以保护。在司法实践中，可以对有一定影响进行解释，一定影响并不局限于我国境内。在涉外定牌加工中，境外定作人指定的商标在境外已经使用或者已经注册，委托境内承揽人加工产品并使用该商标，就可以推定该商标属于已经使用并有一定影响的商标。因此，在境内在先使用未注册商标的涉外定牌加工不构成侵权。

2. 非善意注册商标

商标的注册和使用要符合诚实信用的原则，由于现在全球一体化的发展，世界已经变成“地球村”，很多中国人也开始抢注国外的商标。抢注境外商标，再来打击标注该境外商标权人或其授权的人委托的涉外定牌加工行为，不符合诚实信用原则。这种抢注有三类：第一类是恶意的抢注，例如，境外商标权利人与境内的注册商标权人曾有过合作关系或者有意向合作关系或者有其他利害关系的。这种情况下，境内注册商标权人是明知该商标在境外已有合法的商标权但未在中国注册而予以抢注。第二类是机会抢注，如境内的注册商标人因为参展等原因有机会接触该商标在境外已有合法的商标权但未在中国注册而予以抢注。第三类是推定的抢注，境内注册商标权人在其申请注册该商标之前，曾将同类商品销售到境外商标的注册国。因为在这种情况下，其出口到该国的商品有可能侵害境外注册商标。在此情况下，推定境内注册商标权人应当知道在其注册前，境外已经有合法的商标权人。因此，在涉外定牌加工中，境内注册商标权人知道或者应当知道在其注册前境外已经有合法商标的，不构成侵权。

3. 不具有混淆可能性

我国商标法和司法解释对类似商品和近似商标的判断采主观混淆理论，以具体个案的情况是否有混淆可能进行认定。我国境内的一般性注册商标，知名度不高，显著性不强，国内消费者的关注度也不高。因此，对于一般性的注册商标，如果涉外定牌加工的商品类别与注册商标核准的类别类似，或者商标近似，以不构成混淆为由，认定不构成侵犯商标权，除非境内的相关公众通过互联网等媒介能够接触到境外电商网站销售的标贴该商标的定牌加工出口的商品。但是，对于驰名商标应该予以大力保护，这是我国的国家商标战略。这些商标是我国以自主品牌参与国际竞争的基础，司法政策的导向应该是鼓励他们走向国际市场。因此，涉外定牌加工中使用的商标如果与我国驰名商标使用的商品相同或类似，商标相同或近似，对是否构成混淆从宽认定。通过依法判定商标侵权这一司法政策来为我国自主品牌换取国际市场。让境外商标权人与境内商标权人进行谈判、合作，让我国商标商品进入该国市场。

4. 连续三年不使用

商标的功能在于识别，只有通过使用才能使商标发挥识别的作用。《商标法》(2019 年修正)第 49 条第 2 款规定，任何单位或者个人可以向商标局申请撤销该注册商标。因此，连续三年不使用的注册商标已经失去了保护的正当性，该商标的效力已经处于不稳定的状态。权利的行使应符合公平、诚实信用的原则。如果原告以连续三年不使用的注册商标要求保护，已经失去正当性，被告以此抗辩不侵权的应该予以支持。这与 2008 年《专利法》修改前司法实践中以采用现有技术不构成专利侵权的抗辩原理一样。在涉外定牌加工的商标侵权诉讼中，虽然未经行政程序无效注册商标，但如果原告认可或有充分的证据证明原告注册商标已经连续三年未使用，法院可以在不否定注册商标有效性的前提下，根据民法基本的公平原则对《商标法》(2019 年修正)第 49 条第 2 款和第 64 条第 1 款进行扩大解释，对其享有的禁止权不予保护，判决被告行为不侵权。司法实践中的在民事诉讼程序中不直接否定原告权利的有效性，但又依照民法的公平、诚实信用原则和知识产权法中有关权利须具备相应要件的规定判定被告行为不侵权的作法，既避免了司法干预行政的嫌疑，又体现了司法判决的公平正义价值。

（二）赔偿责任的阻却事由

《商标法》（2019 年修正）第 64 条第 1 款规定："注册商标专用权人请求赔偿，被控侵权人以注册商标专用权人未使用注册商标提出抗辩的，人民法院可以要求注册商标专用权人提供此前三年内实际使用该注册商标的证据。注册商标专用权人不能证明此前三年内实际使用过该注册商标，也不能证明因侵权行为受到其他损失的，被控侵权人不承担赔偿责任。"注册商标的生命在于使用，而不是将商标证书作为荣誉证书予以供奉，更不是将注册商标作为诉讼牟利的工具。有些注册商标没有投入实际使用，而且没有进行实际使用的准备，虽然没有达到连续三年不使用的条件，因此其权利是稳定的，可以通过不间断使用而获得权利的有效，但由于其没有在侵权行为发生之前实际使用或准备使用，因此不可能给其造成现实的损害，所以在判定构成侵权的同时，应该对其赔偿请求不予支持。司法以判决的形式确定政策导向，指引市场主体的行为，要求注册商标应该投入使用，而不是用于诉讼牟利。此外，如果没有证据证明给商标权人造成实际损害或实质性损害，则只赔偿合理费用。

八、结语

知识产权既是法律问题，又是政策问题。如果知识产权法律条文没有出现明显的违背法律基本原则，或执行该法律将出现严重利益失衡的情形，应该保持法律的稳定性，不要一味要求修法。对于涉外定牌加工中出现的商标侵权问题，完全可以在遵循商标法的诚实信用原则、利益平衡原则、地域性原则和混淆性原则等法律原则的基础上，通过司法解释和典型判例予以司法政策的指导，根据涉外定牌加工产业的现状，和国家产业政策以及知识产权战略的需求进行适度调整，根据具体案件的事实情况予以判断侵权与否，完全没有必要对涉外定牌加工中的商标问题予以特殊立法，以"一刀切"的形式认定侵权或不侵权。"一刀切"的立法规定虽然便于实务部门执法，但产生的利益失衡问题将更加严重，并且法律的调整转向也非常困难。

8

驰名商标司法认定的适用条件

——以"方太"商标侵权案为例

毛爱东*

【内容提要】驰名商标特殊保护制度意在具体案件中,保护商标权利人通过长期使用和宣传,凝结在为相关公众所熟知的商标上的巨大商誉,故人民法院需对当事人提出的商标驰名的事实依据作出必要性审查,即驰名商标认定应坚持"按需认定"原则,主要包括:当事人是否以侵害商标权为由提出驰名商标认定申请;涉案商标核定使用的商品或服务与被诉侵权商品或服务是否构成相同或类似;是否可以通过其他途径获得充分救济。

【关键词】驰名商标　按需认定　商标侵权　不正当竞争

【案情简介】

根据宁波市中级人民法院(2019)浙02民初971号民事判决书记载:原告宁波方太厨具有限(以下简称方太公司)创建于1995年5月22日,原名为"宁波飞翔厨房设备有限公司",1998年1月更名为"宁波方太厨具有限公司"。方太公司

---

* 毛爱东:浙江英普律师事务所高级合伙人,吉林工业大学工学学士,浙江大学法学硕士,中国计量大学法学院(知识产权学院)兼职教授;浙江省律协知识产权委员会副主任、中华全国律协知产委委员;浙江省及杭州市海外知识产权纠纷应对指导专家;杭州市政协第十、十一、十二届政协委员。获聘担任浙江省外经贸法律服务律师团副团长,获聘浙江省涉案企业合规第三方监督评估机制专业人员(第一批);入选浙江省知识产权高层次人才专家库首批入库专家,杭州市法治人才库,浙江省商业秘密领域行业专家库。2022年当选浙江省专利代理人协会副会长。

成立至今先后获得多项国家、省市级行政部门、行业协会、权威机构评选的各种荣誉,包括但不限于2000年被授予“全国商品和服务质量诚信示范企业”;2005年被评为“中国橱柜行业设计金奖”“中国制造行业内最具成长力的自主品牌企业”;2006年灶柜一体机被列入“国家火炬计划项目”,被评为“中国品牌建设十大功勋企业”“全国优秀民营科技企业”;2007年被评为“中国厨卫行业百强企业”;2009年荣膺“全国品牌建设有限示范基地”“2009年度浙江省最具成长力企业”;2010年获得“中国轻工业五金行业十强企业”“中国质量协会质量技术奖”;2011年获得“第十一届全国质量奖”“浙江省政府质量奖”;2014年被评为“中国吸油烟机行业最具影响力企业”。自2004年至2014年持续被评为“浙江省知名商号”。经过20余年的发展,方太公司的“方太”企业商号具备很高的知名度。

方太公司涉案商标获得过诸多荣誉。2001年,注册在吸油烟机上的“方太”商标被原浙江省工商行政管理局认定为“浙江省著名商标”;2005年6月,“方太”商标被原国家工商行政管理总局认定为“驰名商标”;2007年注册在第11类吸油烟机上的“FOTILE方太”商标被浙江省原工商行政管理局认定为“浙江省著名商标”;2013年、2016年注册在11类/厨房炉灶、吸油烟机、热水器上的第5298880号“FOTILE方太”商标被延续确认为“浙江省著名商标”;2005年及2007年“方太”牌吸油烟机和“方太”牌家用燃气灶具被原国家监督检验检疫总局认定为“中国名牌商品”;2011年、2014年、2015年获得浙江省商务厅颁发的“浙江出口名牌”;2015年“FOTILE方太”灶具被认定为“浙江名牌商品”;2018年“方太”灶具、电蒸箱、电烤箱、分别被认定为“浙江名牌商品”。

方太

图1 第970814号注册商标

方太

图2 第1918833号注册商标

FOTILE方太

图3 第5298880号注册商标

图4 第1555572号注册商标

原告取得如下注册商标专用权:1997年3月28日注册取得第970814号注册商标(见图1),核定服务项目为第11类厨房炉灶等,有效期至2027年3月27日。2002年12月7日注册取得第1918833号注册商标(见图2),核定服务项目为11类冰箱等,有效期至2022年12月6日(现已续展至2032年12月6日)。2009年5月7日注册取得第5298880号注册商标(见图3),核定服务项目为11类热水器等,有效期至2029年5月6日。

被告永康市康顺工贸有限公司(以下简称就康顺公司)取得注册商标专用权:2015年7月7日从案外人永康市方岩康顺刀具厂受让取得第1555572号注册商标(见图4),该商标于2001年4月14日核准注册,核定服务项目为8类切菜刀等。

2019年6月6日,原告在被告慈溪市周巷彩芬日用百货店购买涉案菜刀3把,刀具外包装上标注被告所有的第1555572号注册商标(见图4),并在外包装显著位置标示"方太切片刀""方太湾刀""买刀不用猜一致选方太"等字样,菜刀上亦标有较为显著的"方太"字样,并且外包装背面具有被告名称及网址等信息。

2019年6月13日,方太公司委托代理人韩飞向浙江省宁波市天一公证处申请保全证据公证。对天猫网站"方太家居旗舰店"内展示的商品情况以及店铺情况进行截图保全,并点击该网店中"不锈钢刀架厨房用品家用刀座刀具收纳架多功能架子插菜刀置物架放￥68.00"链接,显示累计评价15289条,选择数量2件进行公证购买。收货过程亦进行了公证保全。同年7月4日,方太公司委托代理人韩飞向浙江省宁波市天一公证处申请保全证据公证,进入天猫网站"方太家居旗舰店",并点击该网店中"方太刀具套装厨房全套家用菜刀菜板切菜刀德国不锈钢刀架厨具组合￥118.00"链接,显示累计评价7134条,选择数量2件进行公证购买。收货过程亦进行了公证保全。公证书显示,"方太家居旗舰店"网店的显著位置标注"方太"及"®"标识、"方太家居旗舰店"等字样,商品展示图片显著位置也多处标注"方太"及"®"标识,所展示的商品包括"方太无界不锈钢套刀不锈钢菜刀""方太刀具套装"等。公证处为此出具(2019)浙甬天证民字第4587、4588、4630、5519、5520号公证书。

基于上述事实,原告指控被告侵犯了其注册商标专用权,并且被告使用"方太"企业字号的行为同时构成不正当竞争。因"方太"标识具有较高知名度,被诉侵权商品为刀具,涉案商标核定使用在油烟机、燃气灶等商品上,两者不属于类似商品，并且康顺公司在第8类上拥有第1555572号注册商标，故有必要在认定涉案商标系驰名商标的基础上，进行跨类保护。原告请求法院判令被告立即停止在生产的刀具等商品以及其他商业活动中使用“方太”注册商标专用权，停止不正当竞争行为，并赔偿原告经济损失及合理维权费用500万元。

针对原告的指控，被告抗辩被诉侵权标识不属于对涉案商标的复制、摹仿或者翻译，而是对康顺公司享有注册商标专用权的第1555572号商标的合理使用。被诉侵权商品系刀具，与涉案商标核定注册的油烟机、燃气灶类商品价格差异较大，各自拥有不同的销售领域，不会引起相关消费者混淆。康顺公司前身为永康市方岩康顺刀具厂，将品牌名称定为“方太”有独特的内涵，并且经过长期使用亦具有较高的知名度，故康顺公司并无攀附方太公司商誉的主观恶意，在被诉侵权商品与涉案商标核定使用的商品不相类似的情况下，其规范使用自有商标的行为没有侵害涉案商标权；康顺公司规范使用自有商标中的文字，并且按照天猫网站的规则使用品牌及店铺名称，并未有攀附方太公司字号商誉的主观恶意，亦不构成不正当竞争。

【裁判理由】

一、一审浙江省宁波市中级人民法院裁判理由

（一）针对原告在诉状中提出驰名商标认定问题

原告诉请要求被告不得在第8类刀具等商品上单独使用与方太公司涉案注册商标相同或近似的标识，并不得将“方太”作为其刀具商品的名称、天猫店铺名称进行使用，故提出驰名商标认定的请求。一审法院认为，驰名商标认定是案件事实，需要个案认定和按需认定，而本案被告系第1555572号注册商标的合法持有人。本案驰名商标的认定将禁止或限制被告对该注册商标的使用，故对此诉求，原告可通过商标行政程序解决，不在本案审理范围。对原告起诉的其他被诉侵犯商标权和不正当竞争行为，并不以涉案商标驰名为事实依据。因此，依照《最高人民法院关于审理涉及驰名商标保护的民事纠纷案件应用法律若干问题的解释》第3条第1款第1项的规定，一审法院对案涉商标是否驰名不予审查。

（二）针对被诉侵权行为是否侵犯原告享有的商标权以及是否构成不正当竞争的问题

一审法院认为，本案原告享有涉案三枚注册商标专用权并受法律保护。据已查明事实,“方太”既是原告的企业字号又是原告前述商标的显著部分,原告对其“方太”品牌投入了长期、广泛且高质量的宣传,在吸油烟机、厨房炉灶等领域享有较高的知名度和品牌效应,为相关公众所知悉。根据法律规定,经营者在生产经营活动中,应当遵循自愿、平等、公平、诚信的原则,遵守法律和商业道德,不得假借他人商誉谋取不正当利益。本案被告作为图4商标的合法权利人,应在法律规定的范围内合理使用注册商标,但其未经方太公司许可,在所制造、许诺销售、销售的刀具等商品及商品外包装上突出使用或单独使用“方太”字样,并作为商品名称进行使用,还在其开设的天猫网店上使用“方太家居旗舰店”名称,在网络链接中单独使用“方太”文字等行为,客观上攀附了方太公司的“方太”品牌形成的商誉,引人误认为与方太公司商品或者与方太公司存在特定联系,损害了方太公司及消费者的合法权益,应认定构成不正当竞争。

至于赔偿金额,由于方太公司提供的证据无法证明其所遭受的实际损失和康顺公司因侵权获得的违法所得,一审法院根据康顺公司实施不正当竞争行为的具体表现、持续时间、主观过错、因不正当竞争行为所获得的不当利益以及康顺公司主动更正网店不规范标识等情节,并综合考虑方太品牌的知名度、影响力、方太公司所支付的合理开支等因素,酌情确定赔偿数额为400000元。[①]

二、二审浙江省高级人民法院裁判理由

二审认为争议焦点在于:(1)本案有无必要对涉案三枚商标是否驰名作出认定;(2)如果有必要进行认定,则涉案商标在被诉侵权行为发生时是否处于驰名状态;(3)方太公司主张的商标侵权行为是否成立;(4)方太公司主张的不正当竞争行为是否成立;(5)如果侵权成立,康顺公司、彩芬百货店的民事责任应如何承担。

就第一个争议焦点问题,法院认为驰名商标特殊保护制度的宗旨系保护商标权利人通过长期使用和宣传凝结在商标上的巨大商誉,故人民法院需对当事人提出的商标驰名作出必要性审查,对本案是否需要认定驰名商标,分析如下所述。

第一,从相关公众对两种商品的一般认识综合判断,第11类上的油烟机、燃气灶等属于厨房电器,而第8类上的刀剪属于厨房用具,两者功能、用途、生产部门、销售渠道等方面均存在一定差异,不属于相同或类似商品。

---

① 参见浙江省宁波市中级人民法院民事判决书,(2019)浙02民初971号。

第二，本案需要对原告商标在被诉侵权行为发生时是否驰名作出相应审查，从而划清两个注册商标之间的权利界限，更好地规范商标注册人的使用行为。同时，如原告商标能达到驰名商标的保护程度，鉴于原告的权利已足以得到救济，二审法院对其被告是否侵害原告其余两个商标权则不再评述。

就第二个争议焦点问题，根据原告提交的相关证明涉案商标知名度的证据，法院认为，结合驰名商标的认定因素，在案证据可以证明注册商标（见图1）经过方太公司的长期使用和宣传，已成为我国相关公众广为知晓的，已达到驰名程度的，在本案中第11类商品上的驰名商标。

就第三个争议焦点问题，对被诉侵权行为是否构成商标侵权，康顺公司生产、销售的产品上单独或突出使用"方太"文字的行为侵害了方太公司注册商标专用权，应承担相应法律责任。

就第四个争议焦点问题，被告虽然生产厨房刀具，但与原告据以知名的油烟机、燃气灶等商品具有较大的关联性，并且"方太"虽非臆造词，但经过原告的长期使用和宣传，具有较高的显著性和知名度。被告理应知晓原告在先的有一定影响的企业名称并加以合理避让。而被告虽然拥有其自身带有"方太"文字的商标，但未规范使用，主观上有攀附故意，客观上也容易使消费者误认为其与原告具有一定关联关系，已构成不正当竞争。

就第五个争议焦点问题，法院认为，在现有证据及事实的基础上，以下情况在确定赔偿数额时应予以着重考虑：(1)涉案商标在侵权行为发生时已处于驰名状态。(2)康顺公司明知涉案商标及字号的知名度，仍大规模使用，具有一定的主观恶意。(3)康顺公司开设的"方太家居旗舰店"，其销售总额达到1400万余元，线下亦有实体店，获利较大。(4)康顺公司在刀具类别上具有注册商标，其侵权行为系由于未规范使用其商标所引起的。(5)方太公司为本案支付了相应合理开支。因此，综合上述因素，法院确定康顺公司的赔偿数额为100万元（包括合理开支）。①

【法理评析】

一、"按需认定"原则的理解

2009年，《最高人民法院关于审理涉及驰名商标保护的民事纠纷案件应用法

① 参见浙江省高级人民法院民事判决书，(2020)浙民终1181号。

律若干问题的解释》第一次明确了“按需认定”原则。[①] 经过多年的规范和实践，“按需认定”原则在司法实践中发挥了重要作用。但是近些年，虽然驰名商标标签化、将驰名商标直接用于宣传的现象大大减少，但随着“按需认定”原则在实务当中不断发展，为了维护商标稳定的状态，目前法院更偏向于拒绝认定驰名商标，导致已达到驰名状态商标的保护无法保证。因此，为了更有力地保护具有较高知名度的商标，需要正确且全面的理解“按需认定”原则。

（一）以当事人之需为前提

对于“按需认定”的原则，从当事人的角度来看，启动驰名商标的认定应当根据当事人的请求。这是与之前行政机关对于驰名商标进行“批量认定、主动保护”最根本的区别。但不可忽视的是，真正启动驰名商标认定的审查权仍在于法院，当事人本身提出认定需要以及提出驰名商标认定是启动驰名商标认定程序的必要非充分条件，也即驰名商标的启动必须有当事人的提出，而当事人提出并不能必然导致法院进行驰名商标认定的审查。

（二）以无其他救济方式覆盖为需

法院对于驰名商标认定的目的系处理案件需要，如果通过其他方式的救济能够使商标权利人的利益得到保护、损失得到救济，则无须对驰名商标进行判断。这不仅包括行政方式的救济，也包括构成类似商品或服务落入普通商标侵权的保护范围，即在目前《商标法》中规定的商标侵权条款，[②]对于权利商标与被诉侵权标识构成相同或类似，并且在相同或类似服务或商品类别上进行使用从而构成商标侵权。但对于本案中被诉侵权标识和权利商标使用的商品确实不属于同一类别，若不进行认定，不仅权利商标面临被淡化的风险，商标权利人的利益也将受到

---

① 《最高人民法院关于审理涉及驰名商标保护的民事纠纷案件应用法律若干问题的解释》（2009年）第2条规定：“在下列民事纠纷案件中，当事人以商标驰名作为事实根据，人民法院根据案件具体情况，认为确有必要的，对所涉商标是否驰名作出认定：（一）以违反商标法第十三条的规定为由，提起的侵犯商标权诉讼；（二）以企业名称与其驰名商标相同或者近似为由，提起的侵犯商标权或者不正当竞争诉讼；（三）符合本解释第六条规定的抗辩或者反诉的诉讼。”

② 《商标法》（2019年修正）第57条规定：“有下列行为之一的，均属侵犯注册商标专用权：（一）未经商标注册人的许可，在同一种商品上使用与其注册商标相同的商标的；（二）未经商标注册人的许可，在同一种商品上使用与其注册商标近似的商标，或者在类似商品上使用与其注册商标相同或者近似的商标，容易导致混淆的；（三）销售侵犯注册商标专用权的商品的；（四）伪造、擅自制造他人注册商标标识或者销售伪造、擅自制造的注册商标标识的；（五）未经商标注册人同意，更换其注册商标并将该更换商标的商品又投入市场的；（六）故意为侵犯他人商标专用权行为提供便利条件，帮助他人实施侵犯商标专用权行为的；（七）给他人的注册商标专用权造成其他损害的。”

损害,法院应当对商标是否驰名进行认定。在方太案件中,方太公司的“方太”权利商标在第11类上,而被诉侵权标识在第8类上。虽然刀具与油烟机等均属于厨房用具,二者在服务对象、类别、方式均较为类似,容易造成相关公众的混淆,但二者不属于同一类别,不应当被认定为类似商品,因此法院应当对权利标识进行驰名商标认定,从而保护投入巨额成本而具有较高知名度的“方太”商标。

二、实务中“按需认定”难以实施的原因

驰名商标按照“按需认定”的原则进行保护,解决了许多因驰名商标的荣誉而引起的虚假诉讼情形,随着市场经济及服务经济的不断发展,在经营者的不断努力下,许多商标在全国范围内具有相当高的知名度。然而法院认定驰名商标的保护案例却屈指可数,其原因如下所述。

(一)认定类似商标标准模糊且较为主观

正如前文所述,驰名商标“按需认定”之需是已无其他救济方式覆盖。而当权利商标与被诉侵权标识所涉及的商品或服务类别相同或类似,即可落入《商标法》对于普通商标保护的范畴,则无须进行驰名商标的认定。正因如此,类似商品认定的主观性大大增强,有时甚至脱离了商品本身类似的本意。[①] 在司法实践中,大量不认定驰名商标案件的理由均为:因商品或服务构成类似,因而无须认定。虽然不至于出现将本来类别跨度较大的商品认定为类似商品的情形,从个案实质正义的角度也没有太大问题,但其代价是动摇了类似商品的认定标准,使该标准在具体适用中趋于随意化、主观化。

(二)行政程序与司法程序相互拉扯

司法实践中对于不认定驰名商标的另一种较多的理由为,认为权利人可以通过其他方式进行救济,如在被告也拥有自己注册商标的情况下,往往认为涉及两个商标之间的冲突应由行政程序解决。本案一审法院的观点就认为如果认定方太公司涉案商标为驰名商标,将会影响或限制康顺公司自有商标的使用。但事实上,康顺公司并没有按照核定使用的类别进行使用,也没有进行规范使用,而是对自有注册商标进行了拆分,单独或突出使用了“方太”文字,此种情形当然不属于行政程序进行解决的问题。对其他救济途径的不当认定使驰名商标认定制度保护驰名商标的初衷受到了动摇,司法保护主导作用的发挥受到了一定影响。

---

① 参见廖继博:《论驰名商标按需认定原则的保留与限制》,载《网络法律评论》2016年第2期。

三、驰名商标“按需认定”的原则在实务中的正确适用

(一)以“需要”为认定前提

驰名商标与一般商标之间的区别在于其具有较大的影响力与较高的知名度，商标法规定的驰名商标是法律对经营者经过长期的培育和创造性劳动所形成的“商誉”的一种尊重。因此，与“不告不理”的原则相通，必要性审查要以当事人申请为启动要素，这也就是“按需认定”的第一层含义。如本案中，方太公司向法院提出的诉讼请求中明确要求认定其涉案注册商标为驰名商标，一、二审法院对此均作了必要性的审查，虽然结果不同，但均进行了审查。

第二层含义是指要出于处理案件需要或保护需要，才能进行认定。对驰名商标“按需认定”原则的适用，可以先假设如果权利商标能被认定为驰名商标，被诉侵权标识的使用是否构成对驰名商标的侵害，以及是否出现因被诉侵权标识的使用而使驰名商标出现淡化性的损害。如果认为两商标使用商品相去甚远，不会误导公众，被诉标识未构成对权利商标的复制、摹仿或者翻译，不会贬损或者淡化权利商标，以及不会出现因被诉侵权标识的使用而使驰名商标出现淡化性的损害，则无须认定。案件中，二审法院分析了必要性审查的三个方面，即当事人是否请求，商品类别是否相同或类似，是否还有其他救济途径予以充分救济。具体理由已在判决书中详细展开，此处不再赘述。总体来说，对驰名商标进行认定，其目的在于进行更好的保护，无保护之目的则无认定之需要。①

第三层含义是指在权利人提出认定多个商标为驰名商标的请求时，结合案件事实，如认定其中一个就可以达到保护之目的，就无须对所有商标均进行认定。本案中，方太公司要求认定其三枚注册商标均为驰名商标，但方太公司“方太”文字商标注册时间较早，康顺公司使用的亦是“方太”文字，在认定“方太”商标为驰名商标就足以保护方太公司权益的情况下，无须对另外两枚商标作出驰名与否的认定。

(二)“需要”是认定的必要且充分条件

驰名商标作为一种特殊保护，为达到商标权人利益与公共利益之间的平衡，有必要对认定驰名商标的启动进行限制，明确驰名商标保护与《商标法》一般保护这两种救济方式间的分工。因此，应对商品的类似性作严格判断，不使该判断

① 参见汪泽：《论驰名商标保护要件的适用顺序》，载《知识产权》2015 年第 6 期。

结果取决于个案因素而摇摆不定。本案中，权利商标核定注册在第 11 类油烟机、燃气灶上，被诉侵权标识使用在第 8 类上。一审法院对驰名商标不予审查，认为两者构成类似的结论实质上过于强调知名度因素在商品类似性判断中的比重，扩大了类似性的认定范围。二审法院则以客观性为标准，认定两者不构成类似商品，将两者在销售对象、范围、渠道等要素作为判断是否构成对权利商标造成损害的判断标准，避免为了不认定商标驰名而任意性扩大商品类似范围对裁判标准统一造成的影响。

此外，还需要对通过其他途径获得救济进行正确理解。本案中，一审法院认为行政程序可解决两个商标之间冲突的错误理解是其认为无须对驰名进行审查的主要原因。虽然一审法院在不认定驰名商标的情况下对方太公司进行了一定的救济，这仅仅属于商标侵权范围内的一般救济，相对于康顺公司侵权行为对方太公司驰名商标造成的贬损或淡化的损害是没有得到救济的。因此，只有在权利人可以通过其他途径获得充分救济的情况下，才可以不进行驰名商标认定必要性的审查，否则应当进行驰名商标认定，以维持正常商标市场的秩序。

驰名商标“按需认定”的原则应当站在商标保护本身层面，对真正达到驰名程度的商标，不惧吝啬地进行保护。在现阶段，驰名商标标签化现象已经得到解决，在市场经营中已不允许将“驰名商标”在广告宣传中使用。因此，驰名商标的“按需认定”应当坚持保护的原则，使驰名商标保护制度真正保护驰名商标权利人。

9

商标侵权中的共同侵权责任之考量因素

——以“外婆家餐饮店”侵害商标权及不正当竞争纠纷案为例

黄润生　曾国艳*

【内容提要】行为人以商标侵权为目的设立公司、经营门店并进行以混淆为目的的不正当竞争行为，需结合各侵权人对外经营、宣传的表现具有高度一致性，各侵权人之间联系紧密且相关行为有组织、有策划、有分工等情形，认定各侵权人具有共同侵权的意思联络及分工合作，并参与实施被诉侵权行为，进而认定构成共同侵权。

【关键词】商标侵权　有一定影响的企业名称　共同侵权

---

* 黄润生：上海兰迪（温州）律师事务所主任、浙江省律师协会监事、浙江省法学会知识产权法学研究会常务理事、浙江省律师协会知识产权专业委员会副主任、温州市律师协会副会长。黄律师专注于知识产权领域，曾为诸多国际知名品牌提供过知识产权专项法律服务，譬如诺基亚（NOKIA）、阿迪达斯（ADIDAS）、耐克（NIKE）、施耐德（SCHNEIDER）、雨果博斯（HUGOBOSS）、潘多拉（PANDORA）、帝斯曼（DSM）、新纪元（NEW ERA）、联想（LENOVO）、添柏岚（TIMBERLAND）、汤米·希尔费格（TOMMY HILFIGER）、HDMI、多乐可（DORCO）、UGG、加拿大鹅（CANADA GOOSE）、亚萨合莱（ASSA ABLOY）等。其代理的多起案件被评为最高人民法院、省高级人民法院、市中级人民法院年度十大知识产权案例，擅长处理重大疑难商标侵权及不正当竞争纠纷。曾获评浙江省律师行业优秀党员、浙江省首届优秀专业律师（知识产权类）、浙江省151人才（第二层次）、温州十佳律师，其撰写的知识产权专业论文连续三年荣获浙江省律师论坛一等奖。曾国艳：上海兰迪（温州）律师事务所合伙人，温州市律师协会知识产权专业委员会委员。

【案情简介】

外婆家公司成立于2002年9月30日，是以餐饮管理为主营业务的企业，在杭州市设立了6家分公司，在全国各地投资了33家全资子公司，旗下运营有“外婆家”知名中餐品牌，并持有“外婆家”系列商标。2007年，外婆家公司从案外人处受让第1691981号“外婆家”商标，核定使用服务类别为第42类，包括饭店、餐馆等，商标专用权期限为2011年12月28日至2031年12月27日。持有的第8994864号“外婆家”商标，核定使用服务类别为第43类，包括饭店、自助餐馆、快餐馆等，商标专用权期限为2012年4月7日至2032年4月6日。2013年6月24日，外婆家公司对“外婆家 GRANDMA’S HOME”进行了著作权登记，该标识于2002年9月30日创作完成并发表，作品登记号为：国作登字－2013－F－0009593L。外婆家公司及品牌获得众多荣誉，第1691981号“外婆家”商标也有较多司法保护记录。

被告河南合众记公司成立于2015年，该公司曾在餐厅服务上申请“咱外婆家的菜”等商标，因与“外婆家”商标近似，被商标局决定不予注册。但该公司仍与林某钦、周某涛、陈某升、湛江兴合荣众公司等多个关联主体先后在广东、河南等多地开设数十家“咱外婆家的菜”餐厅，餐厅中使用“咱外婆家的菜”“GRANDMA'S DISH”“外婆家的菜”“WE GRANDMA'S DISH”“咱外婆家的菜”等标识，并使用类似“外婆喊你吃饭啦”的广告标语或语音播报，导致消费者混淆。

基于上述事实，外婆家公司主张被告周某涛、林某钦、陈某升、河南合众记公司、湛江兴合荣众公司、开发区咱外婆餐厅、霞山区咱外婆餐饮店侵害其第1691981号、第8994864号注册商标专用权，以及构成侵害其有一定影响的“外婆家”“外婆”企业字号的不正当竞争行为，请求法院判令被告共同赔偿外婆家公司经济损失500万元，并在《中国市场监管报》及被告公众号上刊登声明，以消除影响。被告辩称被诉标识与外婆家公司涉案两注册商标不构成相近似，未突出使用，也不容易导致消费者混淆，并且周某涛已经取得相关商标核准注册，被诉标识的使用正当合法，不构成侵权，并且各被告之间没有共同侵权的意思联络，被诉行为相互独立，不构成共同侵权，不承担共同侵权赔偿责任。

【裁判理由】

关于被告是否构成商标侵权，一审法院认为被控侵权标识“咱外婆家的菜”“”“”“”与外婆家公司两注册商标“”“”均包含“外婆家”中文字，结合原告商标的知名度，被控四标识与原告两商标构成近似。河南合众记公司在其微信公众号上使用前述标识进行宣传构成商标侵权，湛江兴合荣众公司、周某涛、林某钦、陈某升、北海市兴合荣众公司在其经营开设的餐厅中使用前述标识同样构成商标侵权。

此外，因河南合众记公司将前述主体开设的店铺作为其加盟店铺进行对外宣传，并使用林某钦的联系方式作为加盟热线，结合被告之间互为交叉的股东关系，一审法院认为河南合众记公司、周某涛、林某钦、陈某升、湛江兴合荣众公司构成共同侵权。但对由周某涛、林某钦、陈某升开设的仍处于存续状态的个体工商户餐厅，因外婆家公司不将前述个体工商户列为本案被告，一审法院认为不能绕过前述个体工商户，直接追究经营者侵权赔偿责任，认为周某涛、林某钦、陈某升并非前述个体工商户的适格被告。

关于被告是否构成不正当竞争行为，一审法院认为外婆家公司的“外婆家”企业名称具有一定的影响，应当予以保护。周某涛设立的“信阳市浉河区外婆家的菜南虹广场店”、林某钦设立的“洛阳市西工业咱外婆菜餐厅”、霞山区咱外婆餐饮店、开发区咱外婆餐厅构成擅自使用外婆家公司有一定影响的企业名称的不正当竞争行为。虽然周某涛在第 43 类饭店、餐馆上申请注册第 48667594 号“咱外婆”商标，并于 2021 年 6 月 7 日注册成功，但外婆家公司具有一定影响的企业名称“外婆家”的合法权益形成时间在前，应当保护在先权益。

关于赔偿金额上，一审法院认为外婆家公司未能举证其实际损失或被告因侵权所获利益，应当依法使用法定赔偿，并结合本案事实认为被告河南合众记公司侵权行为的规模较大，获利较高，酌情确定河南合众记公司应当就其商标侵权行为赔偿外婆家公司经济损失及合理维权费用共计 200 万元，周某涛、林某钦分别针对各自开设前述店铺的商标侵权行为对10万元承担连带侵权赔偿责任;股东陈某升、河南合众记公司对北海市兴合荣众公司开设的两家店铺承担20万元连带侵权赔偿责任;湛江兴合荣众承担10万元连带侵权赔偿责任。酌情确定周某涛、林某钦和霞山区咱外婆餐饮店、开发区咱外婆餐厅应当就其不正当竞争行为共同赔偿外婆家公司经济损失10万元。①

二审法院认为本案的争议焦点为:(1)上诉人使用被诉标识是否构成商标侵权;(2)被诉行为是否构成不正当竞争;(3)各上诉人是否构成共同侵权;(4)一审判赔金额是否合理。

关于是否构成商标侵权,二审法院认为估且不论涉案商标的效力及于全国而非某一地区,商标权人本就有权对全国范围的侵权行为予以制止,涉案商标使用时间长、规模大、获奖多、美誉度高,相关公众在餐饮服务上见到"外婆家"容易联想到外婆家公司,不属于通用名称。并且周某涛或其他被诉侵权人对其第48667594号、第59195655号"咱外婆"的使用并非对注册商标的规范使用,因此,对各上诉人认为不构成商标侵权的主张不予支持。

关于是否构成不正当竞争,二审法院认为反不正当竞争法制止的并非所有字号使用行为,而是恶意攀附有一定影响企业字号、引发相关公众混淆误认的不当行为。外婆家公司在餐饮行业获得较高知名度与美誉度,获得相关消费者广泛认同,各被告作为同业竞争者,不可能不知晓原告字号。并且市场监管部门对企业字号仅做形式审查,故被告企业名称获得并不意味着其字号具有合法性。因此,结合本案事实,各上诉人攀附原告知名字号恶意明显,构成不正当竞争行为。

关于各上诉人是否构成共同侵权,第一,各上诉人的对外经营宣传表现具有高度一致性;第二,各上诉人联系紧密,相关行为有组织、有策划、有分工。此外,河南合众记公司明确认可其知晓周某涛、陈某升、林某钦在其各自开设的门店中使用被诉标识情况,足以说明各上诉人具有共同侵权的意思联络并积极分工合作,参与实施了被诉侵权行为,故各上诉人构成共同侵权。

关于赔偿金额是否合理,二审法院认为本案各方当事人所提交的证据,均不能证明商标权人因被侵权所受损失或被诉侵权人因侵权所获利益,本案综合考虑:(1)外婆家公司相关标识知名度较高;(2)被诉侵权人侵权恶意明显;(3)本案

---

① 参见广东省深圳市中级人民法院民事判决书,(2021)粤03民初1616号。

侵权行为具有设计性、组织性，侵权持续时间长，情节严重；(4)从被诉行为侵权规模大、获利高；(5)故意攀附“外婆家”知名字号，在经营中使用被诉字号，容易导致公众混淆。因此，应就侵权行为承担民事责任，认为就商标侵权行为，一审法院判赔金额200万元，周某涛、林某钦、陈某升、湛江合兴荣众公司依其侵权参与程度在一定范围内承担连带赔偿责任符合法律规定；就不正当竞争行为，判赔金额10万元并无不当，但赔偿责任主体应当以原告诉讼请求为依据，即由周某涛、林某钦共同赔偿。[①]

【法理评析】

一、侵权人之间明显以侵权为目的共同实施了侵权行为的，不得以行为主体的独立责任作为抗辩理由，而是应当共同承担责任

本案中多名被告实施了侵权行为，被告的主体类型、行为类型都十分复杂，各被告之间也存在交叉经营行为，主要实施者通过设立公司、开拓加盟经营模式进行商标侵权与不正当竞争行为，不仅体现在被告之间对外经营宣传表现的高度一致性，还进行有组织的分工合作，具有明显的共同侵权合意。本案中，被告辩称，被诉公司或个体工商户均为独立个体，其行为与股东或旗下公司无关，是否使用、如何使用被诉标识均系各主体独立作出的商业判断和宣传手段，各上诉人之间不具有侵权的意思联络和共同的侵权行为。外婆家公司通过举证证明各个自然人被告之间开设店铺的关联性、宣传内容、联系人、被诉标识等存在一致性，进一步证实了被告是共同侵权。显然，根据本案事实，各被告侵权行为呈现的组织性、策划性必然以存在“意思联络”的分工为前提，本案中，河南合众记公司成立后即开始注册商标、宣传品牌和发展加盟商，周某涛、林某钦作为河南合众记公司的股东，积极参与了相关品牌宣传和使用，陈某升虽非河南合众记公司股东，但亦与河南合众记公司存在紧密合作关系，共同投资其他主体并使用了被诉标识。此外，各被告之间的大众点评代金券通用、共同使用“咱外婆家的菜”系列商标、加盟门店的名单、对外公开的加盟热线以及具体加盟店铺的标识使用等具有一致性，足以说明本案各被告具有共同侵权的意思联络并积极分工合作，参与实施了被诉侵权行为，最后法院也依法认定各被告之间构成共同侵权。

---

① 参见广东省高级人民法院民事判决书，(2022)粤民终3517号。

二、侵权行为的主要实施者通过加盟形式实施侵权行为，加盟门店的规模应纳入侵权情节与责任承担的考量范围

本案侵权行为的主要实施者河南合众记公司成立后即开始注册商标、宣传品牌和发展加盟商，其辩称其微信公众号中所列的30家连锁门店中，仅18家由本案被诉侵权人经营，其中已有多家注销；而其余12家门店均为案外人所经营，与本案被诉侵权人无关。外婆家公司认为，河南合众公司及其股东周某涛、林某钦是本案侵权行为和不正当竞争行为的主要实施者，通过组织成立下属机构、加盟机构不断扩大侵权规模、攫取原告方正当竞争之利益，主观恶意程度十分严重，应当就侵权行为承担主要责任。本案综合考虑了原告的知名度、被告主观恶意、被告开设连锁店、加盟店的情况，最终确定主要实施者河南合众记公司承担200万元侵权赔偿责任。法院在确定具体的连带赔偿责任时，就其他共同侵权者的责任进行了适当区分，根据各被告的实际参与程度以及法律规定的承担主体进行确认。

本案法院对侵权行为进行具体拆解分析，明晰各侵权行为的实施主体和责任承担主体，明确本案所有侵权行为的核心主体，再此基础上一一确定赔偿责任。在原告受侵害的合法权利实现合理赔偿的前提下，兼顾各被告的实际侵权程度，真正地实现了案件的公平正义。

三、被告存在明显的主观恶意，以取得注册商标作为不正当竞争的抗辩事由不具有合理性

本案被告认为市场上众多主体企业名称中包含“外婆”文字，该字号显著性低，并且外婆家公司的“外婆家”字号知名度局限于江浙地区，不构成“有一定影响”，故上诉人的字号使用行为不构成不正当竞争。显然，被告以他人的侵权行为作为抗辩理由显然是站不住脚的。首先，本案被告本身存在明显的主观恶意，作为同业竞争者，不可能不知悉外婆家公司相关字号具有较高知名度，但在近似商标注册遭到驳回的情况下，其仍在相关饭店上使用与“外婆家”相同或相似的字号，容易导致相关公众构成混淆、误认；其次，被告通过举证说明市场上其他同类竞争主体使用“外婆”作为标识，只能反映当前部分市场主体使用的企业字号含有“外婆”文字的状况，但不能因此证明“外婆家”在餐饮行业不具有显著性和知名度，更不能以市场可能存在其他人侵权的状况来证明各被告侵权的合理性，本案中被告攀附“外婆家”恶意明显，以追求混淆为目的并实际产生了混淆后果，已然构成不正当竞争。

10

注册商标之间的侵权纠纷认定

——以“海螺万家案”为例

黄润生　曾国艳*

【内容提要】在商标侵权诉讼中，判断是否构成商标侵权应当以《商标法》第57条作为裁判依据，被诉侵权人获得商标注册并不是商标侵权的绝对抗辩事由，不影响法院依法进行商标侵权认定。此外，被诉侵权行为中既有对商标侵权的损害，又造成了不正当竞争的后果，分别认定构成商标侵权与不正当竞争不属于重复评价，但在确定赔偿数额时仅作为综合考量因素之一，不对同一侵权行为进行重复判赔。

【关键词】商标侵权　不正当竞争　商标冲突

* 黄润生：上海兰迪（温州）律师事务所主任、浙江省律师协会监事、浙江省法学会知识产权法学研究会常务理事、浙江省律师协会知识产权专业委员会副主任、温州市律师协会副会长。黄律师专注于知识产权领域，曾为诸多国际知名品牌提供过知识产权专项法律服务，譬如诺基亚（NOKIA）、阿迪达斯（ADIDAS）、耐克（NIKE）、施耐德（SCHNEIDER）、雨果博斯（HUGO BOSS）、潘多拉（PANDORA）、帝斯曼（DSM）、新纪元（NEW ERA）、联想（LENOVO）、添柏岚（TIMBERLAND）、汤米·希尔费格（TOMMY HILFIGER）、HDMI、多乐可（DORCO）、UGG、加拿大鹅（CANADA GOOSE）、亚萨合莱（ASSA ABLOY）等。其代理的多起案件被评为最高人民法院、省高级人民法院、市中级人民法院年度十大知识产权案例，擅长处理重大疑难商标侵权及不正当竞争纠纷。曾获评浙江省律师行业优秀党员、浙江省首届优秀专业律师（知识产权类）、浙江省151人才（第二层次）、温州十佳律师，其撰写的知识产权专业论文连续三年荣获浙江省律师论坛一等奖。曾国艳：上海兰迪（温州）律师事务所律师，温州市律协知识产权委员会委员。

【案情简介】

海螺万家公司是成立于2004年3月4日的有限责任公司,经营范围包括食品生产、经营,原企业名称为浙江金华海螺调味品有限公司,2015年1月21日核准变更为现企业名称。原告第8407139号“海螺万家”注册商标的核定使用商品为第30类的醋、酱油等,有效期自2011年7月14日续展至2031年7月13日。原告经营的“海螺万家”调味品多次获得浙江省、市级荣誉,具有较高知名度。

三被告新纪元公司是成立于2003年5月20日的有限责任公司;海陆汇公司是成立于2016年3月31日的有限责任公司,在第33类的黄酒、烧酒、米酒等商品上申请注册了“海螺 HAILUO”商标(申请号:43398494);荆山公司是成立于2001年10月18日的有限责任公司,荆山公司与海螺万家曾经均有温州海螺集团持股。

2020年10月1日,海螺万家公司将注册的第30类商标(注册号:16341736)许可荆山公司在400mL放心米醋产品包装上使用;许可期限2020年10月1日至2021年9月30日。

2021年12月21日,荆山公司又接受了海陆汇公司的委托,生产“海螺”牌花椒米醋。

基于上述事实,海螺万家公司向一审法院起诉,请求判令三被告:(1)立即停止侵害海螺万家公司第8407139号“海螺万家”商标专用权行为,并销毁所有侵权产品;(2)立即停止不正当竞争行为,包括但不限于停止虚假宣传、停止在商品包装或者网络宣传中使用“海螺”字样及其他足以引人误认为是海螺万家公司商品或者与海螺万家公司存在特定联系的混淆行为;(3)共同赔偿海螺万家公司经济损失500万元以及为制止侵权行为所支出的合理费用15万元;(4)就其侵权行为在《浙江日报》上刊登声明,消除影响;(5)承担本案诉讼费用。

被告辩称:(1)被诉侵权标识与注册商标不构成近似,注册商标的显著部分是“万家”“海螺”已变成通用名称;(2)荆山公司曾在2006—2009年就将企业名称登记为“浙江海螺酒业有限公司”,享有在先权利,其在被诉侵权商品包装上标注其原企业名称,是正当的行为;(3)原告与温州海螺集团曾经约定变更字号,应认为温州海螺集团收回海螺万家公司对“海螺”字号的使用权,而且海螺万家公司在协议中承诺不在温州地区销售海螺相关品牌的酱油,现在该公司提起诉讼,违反约定和诚信原则;(4)被诉侵权商品生产日期是2022年1月至3月,被诉侵权行为持续时间短。

【裁判理由】

一、一审法院的裁判理由

一审法院认为,本案的争议焦点在于:(1)三被告是否侵害海螺万家公司的涉案注册商标专用权;(2)三被告是否构成对海螺万家公司的不正当竞争;(3)本案的民事责任承担。

(一)三被告是否侵害海螺万家公司的涉案注册商标专用权

本案中,被诉侵权商品标注"海螺""正宗海螺""海螺 HAILUO""海螺酿造""海螺放心""海螺超鲜酱油""海螺放心酱油"以及荆山公司的微博、微信公众号标注"海螺酒业",均属于将商标用于识别商品来源的行为,构成商标使用行为,与原告注册商标所在类别是同一种商品。涉案注册商标包括"海螺万家"中文文字,该文字组合不具有固定的或者与酱油、醋类产品直接关联的含义,作为商标具有一定的固有显著性。进一步而言,涉案注册商标中的"万家"文字具有产品销售范围广、受相关公众喜爱的内涵,其识别作用弱于"海螺"文字,因此涉案注册商标中起到较强识别作用的是"海螺"文字。经比对,被诉侵权的"海螺"及相关含"海螺"字样标识整体或者主要部分与涉案注册商标的"海螺"文字相同,同时一审法院考虑海螺万家公司的生产经营情况、产品销售规模及区域、企业及产品曾获荣誉、涉案注册商标曾获荣誉等,认定涉案注册商标具有较高知名度,以相关公众的一般注意力为标准,上述被诉侵权标识与涉案注册商标构成近似,容易导致混淆,在被诉侵权商品上使用上述标识并销售被诉侵权商品属于《商标法》第57条第2项、第3项规定的侵害注册商标专用权行为。荆山公司在微信公众号上使用"海螺酒业"标识并发布酱油、食醋产品相关文章,该"海螺酒业"标识与涉案注册商标构成近似,容易导致混淆,该使用行为属于《商标法》第57条第2项规定的侵害注册商标专用权的行为。荆山公司注册的微博并未发布涉及酱油、醋类产品的内容,该公司在微博上使用"海螺酒业"标识不构成商标侵权。

对于三被告的不侵权的抗辩理由,一审法院认为:(1)被告辩称"海螺"是调味品的通用名称以及"海螺"已被淡化使用、不具有显著性,但未提供充分证据支持其主张，并且该主张与海陆汇公司申请注册使用于调味品上的“海螺 HAILUO”商标的行为相悖，对此，一审法院不予支持。(2)三被告辩称“海螺”标识在温州地区的出现和驰名远远早于涉案注册商标，涉案注册商标攀附在先“海螺”标识，但是在案证据不足以证明海螺万家公司违反诚信原则，恶意取得、行使涉案注册商标专用权并主张他人侵权，对此，一审法院院不予支持。(3)三被告辩称荆山公司在先注册“海螺”字号并有权继续使用，对此，一方面，荆山公司已于 2019 年将“海螺”字号变更为“荆山”字号，三上诉人也未举证证明荆山公司在酱油、醋类产品上在先实际使用“海螺”标识并使之与荆山公司在主体或者产品来源方面形成固定联系，或者荆山公司在变更为现企业名称之后从案外人处获得继续使用“海螺”标识的合法授权；另一方面，荆山公司在与海螺万家公司签订授权委托后，其明知海螺万家公司的字号、涉案注册商标情况，仍然使用近似的“海螺”标识，其行为难言善意，因此三被告以荆山公司在先注册“海螺”字号进而不侵权的抗辩理由不能成立，一审法院不予支持。(4)三被告辩称海螺万家公司曾与温州海螺集团存在变更字号以及不在温州地区销售海螺酱油的约定，对此，即使海螺万家公司确有违反上述约定的情况，也不影响本案的侵权判定，合同相对方自可向该公司追究责任。综上，三被告关于被诉侵权商品未侵害涉案注册商标专用权的抗辩理由均不能成立。

(二)三被告是否构成对海螺万家公司的不正当竞争

1. 关于三被告是否构成仿冒

根据《最高人民法院关于适用〈中华人民共和国反不正当竞争法〉若干问题的解释》第 10 条的规定，本案中，被诉侵权商品包装上使用含有“海螺”标识字样，以及荆山公司在微博、微信公众号使用“海螺酒业”“浙江海螺酒业有限公司”，其目的和效果是识别商品来源，上述行为属于《反不正当竞争法》第 6 条规定的使用行为。根据《反不正当竞争法》第 6 条第 2 项及《最高人民法院关于适用〈中华人民共和国反不正当竞争法〉若干问题的解释》第 4 条的规定，海螺万家公司的字号具有区别商品来源的显著特征，同时一审法院综合考虑海螺万家公司的字号与涉案注册商标相同、海螺万家公司的生产经营情况、产品销售规模及区域、企业及产品曾获荣誉、涉案注册商标曾获荣誉等，认定海螺万家公司的字号具有一定的市场知名度，进而认定海螺万家公司的字号在酱油、醋类产品上具有一定影响。经比对,被诉侵权商品使用的“海螺”“正宗海螺”“海螺 HAILUO”“海螺酿造”“海螺放心”“海螺超鲜酱油”“海螺放心酱油”标识以及荆山公司微信公众号使用的“海螺酒业”“浙江海螺酒业有限公司”标识整体或者主要部分均包含“海螺万家”字号中起到主要识别作用的“海螺”文字,同时一审法院考虑“海螺万家”字号在酱油、醋类产品上具有一定影响,认定上述被诉侵权标识与“海螺万家”字号近似,容易导致混淆,属于《反不正当竞争法》第 6 条第 2 项规定的混淆行为。荆山公司在现企业名称“浙江荆山酒业有限公司”下方以括号内文字形式标注“原浙江海螺酒业有限公司”,是对其原企业名称的客观描述和合理使用,该行为不会造成相关公众混淆误认,不构成对海螺万家公司的不正当竞争。荆山公司的微博内容未涉及酱油、醋类产品,该公司在微博上使用“海螺酒业”“浙江海螺酒业有限公司”不构成对海螺万家公司的不正当竞争。

2. 关于三被告是否构成虚假宣传

根据《反不正当竞争法》第 8 条第 1 款的规定,被诉侵权商品包装上标注“正宗海螺”,消费者容易因此产生只有被诉侵权商品是正品,其他含有“海螺”文字的调味品都是“山寨”产品或者假冒伪劣产品的错误理解,上述宣传行为必然对其他经营者的同类产品产生排斥效果,不正当地减损了其他经营者的竞争利益,三被告也因此不正当地获取了竞争优势。一审法院也特别注意到,海螺万家公司与三被告的生产经营地域存在重叠,海螺万家公司在本案提交的公证书显示,多家店铺同时销售被诉侵权商品和海螺万家公司的同类产品,故被诉侵权商品上的虚假宣传内容对海螺万家公司造成的损失是直接且实际的。因此,三被告构成对海螺万家公司的虚假宣传不正当竞争。

(三)本案的民事责任承担

新纪元公司曾代理销售海螺万家公司的酱油、醋类产品,荆山公司曾作为海螺万家公司醋类产品的加工商,二公司显然知晓海螺万家公司的企业名称、字号及涉商注册商标情况,在此情况下,三被告分工合作,实施了销售、委托生产、生产被诉侵权商品的行为,共同侵害涉案注册商标专用权及构成对海螺万家公司的不正当竞争,应当根据《民法典》第 120 条、第 179 条、第 1168 条的规定承担连带责任。一审法院对于海螺万家公司要求三被告停止实施侵害涉案注册商标专用权行为、销毁库存侵权产品、停止实施混淆及虚假宣传的不正当竞争行为、就其侵权行为在《浙江日报》上刊登声明、消除影响的诉讼请求予以支持。

关于本案赔偿数额，根据《商标法》第63条第3款、《反不正当竞争法》第17条第4款的规定，本案中，在案证据难以确定海螺万家公司因商标侵权及不正当竞争行为受到的实际损失、三被告因商标侵权及不正当竞争行为所获得的利益、注册商标许可使用费，一审法院综合考虑以下因素之后确定三被告连带赔偿海螺万家公司经济损失及为制止侵权行为所支付的合理开支共计100万元：(1)海螺万家公司的企业名称、字号及涉案注册商标具有较高知名度；(2)根据海螺万家公司2021年向新纪元公司发货的情况、海螺万家公司公证书显示温州地区多家店铺有售侵权产品、媒体关于新纪元公司的报道等，新纪元公司至少在温州地区具有较大的销售网络和较强的销售能力；(3)三被告分工合作，共同实施侵权行为；(4)新纪元公司曾是海螺万家公司的温州、台州地区总代理商，荆山公司曾为海螺万家公司加工醋类产品，二公司与海螺万家公司合作过程中必然接触到海螺万家公司的企业名称、字号及涉案注册商标，但仍然使用与上述标识近似的标识，攀附海螺万家公司企业名称、字号、涉案注册商标所载商誉的恶意较为明显；(5)根据荆山公司2021年12月21日向海螺万家公司出具的《回复函》，荆山公司最晚在该日已经接受海陆汇公司委托，生产"海螺"牌花椒米醋，故被诉侵权行为至本案一审开庭时至少已持续8个月；(6)海螺万家公司提交的公证书显示，温州地区多家店铺同时有售海螺万家公司产品和侵权产品，故侵权产品标注的"正宗海螺"虚假宣传内容对海螺万家公司造成的损害结果较为明显和严重；(7)关于合理开支，一审法院考虑海螺万家公司支付的公证费、保全申请费、律师费以及本案的当事人举证情况、案件难易程度等，酌情确定本案的合理开支为10万元。①

二、二审法院的裁判理由

二审法院认为，本案的争议焦点为：(1)被诉行为是否侵害了海螺万家公司的涉案商标权；(2)被诉行为是否构成不正当竞争；(3)一审法院确定的三上诉人应承担的民事责任是否正确。

(一)关于争议焦点一

首先，关于海螺万家公司涉案商标权利基础正当性问题。涉案第8407139号商标于2011年7月14日注册，权利状态稳定。三上诉人称早在涉案"海螺万家"

---

① 参见浙江省温州市中级人民法院民事判决书，(2022)浙03民初982号。

商标注册前,温州海螺集团经安徽海螺集团许可使用的第 899113 号“海螺 HL 及图”商标在温州地区已经家喻户晓,涉案商标系攀附第 899113 号商标的影响力,但未提交证据加以证明。其后,经海陆汇公司申请,第 899113 号“海螺 HL 及图”商标因连续三年未使用,被国家知识产权局予以撤销,故无证据证明该商标实际使用情况及影响力。退一步说,无论海螺万家公司涉案商标是否攀附第 899113 号商标的影响力,三上诉人对该商标均不享有在先权利,无权据此提出抗辩。三上诉人的此节上诉理由不能成立,海螺万家公司的涉案商标权应依法得到保护。

其次,三上诉人在其制造、销售的商品包装上标注“海螺”相关标识字样及荆山公司的微信公众号标注“海螺酒业”字样,均起到指示商品来源的作用,属于商标性使用,与涉案商标核定使用的商品类别相同。涉案商标“海螺万家”文字组合用在酱油、醋等商品上具有一定的固有显著性,“海螺”在该商标中起到相对较强的识别作用。而本案前述被诉侵权标识均完整包含涉案商标显著识别部分“海螺”文字,结合一审已查明的海螺万家公司的生产经营情况、产品销售规模及区域、企业及产品曾获荣誉、涉案注册商标曾获荣誉等事实,一审认定涉案注册商标具有较高知名度,以相关公众的一般注意力为标准,前述被诉侵权标识与涉案注册商标构成近似,容易导致混淆,并无不当。三上诉人主张温州市场上“海螺”文字已逐渐淡化到接近调味品通用名称的程度,但其提交的证据不足以证明“海螺”已成为调味品的代名词,不再具有指示商品来源的作用。在一定历史时期包含有“海螺”字样的商业标识在市场上共存,受到核定使用类别、商标文字样式组成、商标注册行政审查程序等多种因素的影响,并不能由此得出“海螺”文字属于酱油、醋商品类别的通用名称或涉案商标的显著识别部分并非“海螺”字样的结论,亦不影响法院对被诉侵权标识与涉案商标近似性进行独立判断。

最后,关于三上诉人的正当使用抗辩是否成立。三上诉人主张第 42717508 号“海螺 HAILUO”商标(目前处于无效宣告审查中)已经国家知识产权局审查决定准予注册,被诉侵权商品的生产、销售均在该商标商标有效期内。二审法院认为,第 42717508 号“海螺 HAILUO”商标(目前处于无效宣告审查中)核定使用的商品为第 30 类糖、食品用香料、调味品、茶、酵母、家用嫩肉剂等,但被诉侵权标识系被使用在酱油、醋类商品上,并且被诉侵权标识还包括“海螺”“正宗海螺”“海螺酿造”“海螺放心”“海螺超鲜酱油”“海螺放心酱油”以及荆山公司的微信公众号标注“海螺酒业”等。故无论从实际使用商品类别还是使用形态上看,三上诉人使用被诉侵权标识均不属于对三上诉人注册商标的规范使用,其正当使用抗辩事由不能成立。

(二)关于争议焦点二

根据一审已查明的事实,“海螺万家”作为海螺万家公司的字号已具有可以识别经营主体的显著标识意义,可以认定为有一定影响的企业字号。被诉侵权标识包含“海螺万家”字号中起主要识别作用的“海螺”文字,容易造成相关公众混淆误认,属于反不正当竞争法规制的擅自使用他人有一定影响的企业字号的行为,侵害了海螺万家公司的字号权。在海螺万家公司明确主张被诉侵权标识既侵害其注册商标权又侵害其企业字号权的情况下,因被诉行为损害了不同的法益,同时符合商标法和反不正当竞争法的规制条件,一审法院对三上诉人在被诉侵权商品上使用被诉标识的行为亦构成不正当竞争,予以判定并无不当。对于荆山公司在其微信公众号使用“荆山海螺酒业有限公司”字样的行为,二审法院认为,虽然海螺万家公司公证取证时,该公众号显示2016年后未再发布文章,但是历史发布文章仍然存在于网络中,并且该公众号属于可正常运营状态,并未被注销。荆山公司以“浙江海螺酒业有限公司”的主体身份注册并运营“海螺酒业”微信公众号,发布了酱油、醋商品相关文章,在其变更企业名称后对相关标识未予更改,容易导致相关公众混淆误认,一审法院认定该被诉行为侵害了海螺万家公司的企业名称权,构成不正当竞争亦无不当。

关于三上诉人主张荆山公司曾为温州海螺集团的子公司,亦是“海螺”牌商品的生产基地,在被诉侵权商品上标注“正宗海螺”有正当性的上诉理由。二审法院认为,被诉侵权商品并非来自温州海螺集团,与荆山公司曾为温州海螺集团的生产基地无关。此外,该表述与客观事实不符,易使相关公众误认为只有被诉侵权商品是正品,其他含有“海螺”文字的调味品都是“山寨”产品或者假冒伪劣产品的错误理解,从而影响消费者消费决策,同时不正当地提升了三上诉人的市场竞争优势,不当损害了其他经营者的竞争利益,属于引人误解的虚假宣传行为。在案证据显示,双方当事人的生产经营地域存在重叠,多家店铺同时销售被诉侵权商品和海螺万家公司的同类商品,一审法院认定三上诉人的虚假宣传行为会对海螺万家公司造成损失并无不当。海螺万家公司是否也在自己的商品上使用

“正宗海螺”等表述，不影响法院对本案被诉行为的性质判定，对其该项上诉理由不予支持。

（三）关于争议焦点三

三上诉人的被诉行为构成对海螺万家公司涉案商标权的侵害及不正当竞争，应当承担相应的民事责任。关于赔偿数额，三上诉人主张一审法院对被诉行为重复判赔。经查，一审法院虽认定使用被诉侵权标识的行为同时侵害了不同的法益，但在确定赔偿数额时仅作为综合考量因素之一，并未针对同一侵权行为进行重复判赔。由于本案中海螺万家公司未提交充分的证据证明其实际损失或三上诉人的侵权获利，亦无商标许可使用费可供参照，故应适用法定赔偿方式，综合以下事实：(1)涉案权利商标和“海螺万家”字号经过海螺万家公司多年的广泛宣传和使用，具有较高知名度；(2)新纪元公司、荆山公司曾与海螺万家公司存在合作关系，应知涉案商标及字号的知名度，却仍在被诉侵权商品包装及微信公众号宣传中使用被诉侵权标识，主观过错较为明显；(3)荆山公司至迟在 2021 年 12 月 21 日已经接受海陆汇公司委托生产被诉侵权商品，被诉侵权行为具有持续性；(4)三上诉人分工协作共同实施了生产、销售被诉酱油、醋类商品的行为，并且具有较大的销售网络和较强的销售能力；(5)海螺万家公司为本案维权支付了合理开支。综上，一审法院根据本案具体情况酌情确定由三上诉人连带赔偿海螺万家公司经济损失及为制止侵权行为所支付的合理开支共计 100 万元，在合理的自由裁量范围内，并无不当。综上，三上诉人的上诉请求不能成立，应予驳回。①

【法理评析】

一、商标获得注册并不是侵权行为的抗辩事由

本案被告主张其 标识已在第 30 类糖、食品用香料、调味品、茶、酵母、家用嫩肉剂等取得核准商标注册，但实际使用在酱油、醋类调味品上，并且被诉侵权标识还包括“海螺”“正宗海螺”“海螺酿造”“海螺放心”“海螺超鲜酱油”“海螺放心酱油”以及荆山公司的微信公众号标注“海螺酒业”等，本身已经超出了商标注册范围使用，属于对注册商标的不规范使用。此外，被告曾经作为原告

① 参见浙江省高级人民法院民事判决书，(2023)浙民终 519 号。

的加工生产商、经销代理商，依然在同类别上注册近似商标，在同类产品上使用原告带有显著性的部分标识“海螺”，明显具有攀附原告知名度的故意，并造成了市场混淆的后果。因此，取得商标注册并不是商标侵权行为认定的抗辩事由，是否构成商标侵权仍需遵循商标相同、近似比对以及在使用类别上的判断，是否导致或可能导致混淆后果。

二、对在先权利的使用应当遵循诚实信用和善意使用原则

本案被告之一荆山公司原由温州海螺集团持股，登记了“浙江荆山海螺酒业有限公司”，也曾是“海螺”牌商品的生产基地，被告以此作为在先权利和正当使用之抗辩。但温州海螺集团已结束了对荆山公司的持股，荆山公司也就企业名称做了变更。在此背景下，荆山公司已作为独立于温州海螺集团的另一主体进行自主经营，其再使用“海螺”作为企业字号的一部分进行宣传，本身不具有授权和正当使用的合理性，而其作为原告的授权合作方，在明知原告享有注册商标的情况下，仍在相同及近似产品的宣传中使用“海螺”标识，并使用原企业名称，造成其与原告存在某种关联之混淆后果，存在恶意“搭便车”之嫌疑，不正当攫取了本由原告享有的正当市场竞争利益，已不属于对在先企业名称的指示性使用。最终认定构成不正当竞争，本案中二审法院亦申明，企业与企业名称应该是一一对应的关系，既然荆山公司已经修改了企业名称，并且不存在使用“海螺”标识、字号的正当性，在经营使用中应当主动合理避让。

三、在先权利之抗辩应由在先权利享有人主张

本案因原被告与案外人之间存在较为复杂的历史商业合作关系，不仅需要审查原告的权利基础，还要考虑到原、被告之间原来的经营模式，以及以此带来的对被告后续行为的影响。即便如此，商标侵权的认定仍然需要回归到商标功能的发挥以及商标侵权认定的本质上进行判断。本案被告认为，原告之前已有温州海螺集团注册的第 899113 号“海螺 HL 及图”商标且该品牌在温州享有很高知名度，然而被告忽视了原告作为原温州海螺集团的关联公司对“海螺”标识在调味品持续使用的基本事实以及后续达成协议使用“海螺万家”标识的正当性，这种商标的持续使用和取得正是本案原告发挥商标识别功能的重要体现。市场上曾存在“海螺”“海螺万家”两种品牌，是原告与案外人温州海螺集团之间的合作结果，这种品牌的共存不等于允许他人未经许可的使用，亦不是一方为了故意混淆的侵权结果。被告既无权以他人注册商标来否定原告权利来源的正当性，更无权以这种商标共存的状态来为自己的侵权和不正当竞争行为正名。

被告未经许可就在被诉商品上使用“海螺”字样，造成被告与原告经营的“海螺万家”产品产生混淆。作为原告代理人，在梳理这一历史渊源的基础上，通过释明商标权的基本功能、原告取得商标之合法性与正当性、原告与原持股人的合作模式等，最大限度地维护了原告的权利，及时制止侵权行为与不正当行为。

四、司法审查在商标侵权纠纷争议解决中发挥主导作用

长期以来关于商标纠纷的司法审查，是否应当需要根据商标注册的行政审查来引导裁判结果是存在争议的，但实际上，知识产权的司法保护不仅是在民事保护中发挥主导作用，更要在行政保护和刑事保护领域中发挥应有的主导作用。行政审查结果并不影响法院根据混淆原则进行商标近似的比对判断。被告提出了他人在先注册商标、被告已取得的注册商标、在先使用作为抗辩事由。但法院认为，关于他人在先注册商标属于应当由他人决定是否行使权利，不影响本案件的审查；此外，在本案的商标侵权纠纷，法院应坚持发挥司法审查在知识产权保护中的主导作用，不因他人商标注册情况而影响法院的独立审查。本案被告即使在行政程序上取得了商标注册，亦不影响法院依据原告权利基础、被告涉诉行为对商标侵权的认定，在商标侵权纠纷争议解决过程中，法院始终保持司法审查独立性和主导性。行政审查结果并不作为侵权纠纷中司法审查的决定因素，商标侵权纠纷的最终判断仍应回归《商标法》第 57 条的立法逻辑，这也是司法实务中进行商标维权策略应对、侵权审查思路的正确导向。

11

商标先用权抗辩中的“原使用范围”

——以“采芝斋案”为例

周建中*

【内容提要】对于老字号权利冲突引发的侵害商标权纠纷,应当在充分考虑和尊重相关历史事实的前提下,秉持“保护在先权利、禁止市场混淆、尊重既有市场格局、有利于老字号品牌发展”的原则。杭州采芝斋在糕点类商品上使用“采芝斋”商标的时间早于苏州采芝斋第1671415号商标的申请注册日,故对苏州采芝斋的商标侵权指控成立商标先用权抗辩。杭州采芝斋将其在先使用的“采芝斋”商标扩大使用于蛋黄酥、绿豆糕等新品糕点以及新增门店上的行为,基于杭州采芝斋在杭州区域内所享有的知名度,不会引起相关公众的混淆,仍属于在“原使用范围内”使用。对于杭州采芝斋授权许可杭州采芝斋制造公司使用“采芝斋”商标的行为,就商标使用主体而言,因商标许可使用方式可能带来短时间内经营范围的迅速扩张,并且被许可使用人的数量难以控制,容易对商标注册人的利益产生较大影响,故对在先使用人许可他人使用的行为,原则上应当予以限制。

【关键词】商标　先用权抗辩　原使用范围

---

* 周建中:律师、专利代理师,国浩律师(杭州)事务所合伙人。现任浙江省律师协会知识产权专业委员会副主任、杭州市律师协会知识产权专业委员会主任、浙江省知识产权专家库成员、浙江大学光华法学院实务导师、浙江省法学会知识产权研究会常务理事、杭州仲裁委仲裁员、浙江省市场监督管理局商标品牌专家顾问团成员等职务。周律师办理的案件入选过最高人民法院、浙江省公安机关、杭州市中级人民法院、杭州市人民检察院、AsialawProfiles《亚洲法律概况》等评选的知识产权典型案例。为本案被告方代理人。

【案情简介】

根据杭州铁路运输法院(2018)浙8601民初88号民事判决书记载:原告苏州采芝斋品牌始于1870年。据相关文史资料记载,清同治年间,金荫芝在苏州观前街设小糖摊,售卖粽子糖和炒货。清光绪年间,金荫芝为店铺取名为“采芝斋”,自产自销糖果、炒货和蜜饯。1948年5月,金荫芝之孙金宜安取得“采芝圖”商标注册,被核准专用于种子类的各种香水瓜子。此后,苏州采芝斋店一直由金荫芝的后代经营,直至1956年1月完成公私合营改造。1985年4月2日,苏州采芝斋苏式糖果厂(以下简称苏式糖果厂)在苏州采芝斋店的基础上成立,生产经营范围为苏式糖果、蜜饯、炒货等。1988年4月4日,苏式糖果厂经营范围增加糕点等生产项目。1999年2月27日,苏贸行管[99]34号《关于苏州采芝斋苏式糖果厂改制为苏州采芝斋食品有限公司的批复》同意苏式糖果厂改制为苏州采芝斋,原企业剥离出的“采芝图”注册商标由苏州采芝斋有偿使用。2000年1月17日,苏州采芝斋设立登记申请予以核准,经营范围:生产销售糖果、糕点、肉制品等。

2000年10月16日,苏州采芝斋注册申请注册第1671415号“ ”商标,该商标于2001年11月21日被核准注册,核定使用的商品为第30类:乐口福;茶;食用葡萄糖;糕点;麦片;冰淇淋;调味酱油;醋;调味品;糟油。苏州采芝斋及其字号、产品、“采芝斋及图”注册商标被商务部认定为中华老字号,2007年被评为中华老字号会员单位,并获得江苏省著名商标、苏州市知名字号等。

被告一杭州采芝斋品牌始于1928年。据相关文史资料记载,1928年,苏州人氏金智轩在杭州开设店铺,并启用采芝斋服务商号,经营茶食、糕点、糖果、蜜饯、炒货等。1950年9月,杭州采芝斋店更名为杭州市采芝斋食品股份有限公司,后一度停业。1951年1月杭州采芝斋食品股份有限公司转让于他人后恢复营业,后经数度更名,至1981年11月改名为杭州采芝斋食品商店。1996年2月9日,杭州采芝斋食品商店经改制,新的企业名称为杭州采芝斋,经营范围包括销售:预包装食品(含冷冻、冷藏食品),散装食品(不含冷藏冷冻食品);零售:卷烟、雪茄烟等;服务:糕点类食品制售;自制饮品制售。1993年10月,杭州采芝斋食品商店被原贸易部认证为中华老字号单位。2014年1月,杭州采芝斋“采芝斋”企业商号被认定为浙江省知名商号。

20世纪60年代，杭州采芝斋食品商店生产的月饼、绿豆糕、方糕等糕点食品已被当时的报刊所宣传报道。另据相关报刊资料及文献记载，20世纪八九十年代，杭州采芝斋食品商店生产的榨菜月饼、太史饼、袜底酥等糕点食品深受消费者喜爱。1999年9月28日，杭州采芝斋取得了第1318705号“采芝齋”注册商标，核定使用的商品为第30类“豆制品；蜂蜜；年糕；粽子；元宵；八宝饭；豆沙；方便面；玉米花；藕粉”。

被告二杭州采芝斋制造公司成立于2004年，2017年3月以前，杭州采芝斋为其股东，目前系自然人投资的有限责任公司，经营范围为生产，加工：方便食品、糕点、糖果制品；分装：蜜饯、炒货食品及坚果制品、茶叶等。

被告一杭州采芝斋曾将其享有的“采芝斋”字号、注册商标以及在先使用但未注册的“采芝斋”商标以一般许可的方式许可给被告二杭州采芝斋制造公司使用，许可期限为杭州采芝斋制造公司设立之日起至双方许可关系解除之日止。

20世纪30年代初，苏州糖果厂以金智轩盗用其注册的牌号为由起诉杭州采芝斋店，后经家族出面予以调停，杭州采芝斋店的商号仍旧沿用。

2011年8月，因杭州采芝斋制造公司在其生产并由杭州采芝斋经销的糕点类商品包装上突出使用“采芝斋”文字，苏州采芝斋曾将杭州采芝斋和杭州采芝斋制造公司诉至杭州市中级人民法院。后经法院调解，各方签订《和解协议》。

2017年，苏州采芝斋再次起诉，主张杭州采芝斋、杭州采芝斋制造公司在其生产销售的月饼等糕点类食品上大量突出使用“采芝斋”文字，杭州采芝斋制造公司在其淘宝网“采芝斋杭州专卖店”中大量销售侵权产品，两被告的行为侵犯了苏州采芝斋第1671415号商标的注册商标专用权。

本文作者在本案中共同代理两被告杭州采芝斋与杭州采芝斋制造公司。两被告共同答辩：杭州采芝斋及其前身杭州采芝斋食品店等使用“采芝斋”字样，历史久远，早年即具有显著的知名度，不存在任何攀附苏州采芝斋的主观恶意。杭州采芝斋先于苏州采芝斋涉案商标注册申请日前，已在糕点类食品上持续使用“采芝斋”商标，并且早年即已具备了较高的知名度和影响力。杭州采芝斋使用“采芝斋”标识时均附加了“始于1928”“源自1928”“杭州”“采芝斋制造”“采真出珍馐·芝兰入口碑”“浙江省知名商号”等其他标识。杭州采芝斋对于其在先“采芝斋”商标的使用范围亦无实质性扩大，苏州采芝斋无权禁止杭州采芝斋在原有范围内继续使用。

一审法院判决:杭州采芝斋的糕点类经营活动及在糕点类商品上的扩大经营活动成立商标先用权抗辩,不构成对苏州采芝斋第1671415号注册商标专用权的侵犯;杭州采芝斋对杭州采芝斋制造公司的商标许可使用行为超出了在先商标的原使用范围,构成对苏州采芝斋第1671415号注册商标专用权的侵犯。[1] 二审法院维持了一审法院的判决。[2]

【裁判理由】

一审法院认为,本案系老字号权利冲突引发的侵害商标权纠纷。对于此类案件的处理,应当在充分考虑和尊重相关历史事实的前提下,遵照"公平、诚实信用"的法律精神,秉持"保护在先权利、禁止市场混淆、尊重既有市场格局、有利于老字号品牌发展"的原则,公平合理地解决争议。本案中,苏州采芝斋与杭州采芝斋包容共存的历史十分久远,"采芝斋"作为知名老字号品牌,苏杭两地采芝斋均作出了自己的贡献。同时,双方长期以不同表现形式使用"采芝斋"品牌,已经各自形成了自己的消费群体及市场认知。此种经长期共存、共同发展而形成的市场划分及稳定的市场秩序理应得到尊重和维护。

一、杭州采芝斋在糕点类经营活动中突出使用"采芝斋"标识的行为成立商标先用权抗辩

一审法院认为,杭州采芝斋在其经营糕点类商品的店铺门头、外包装礼盒上以及其销售的糕点类商品包装上,成立商标先用权抗辩,不构成对苏州采芝斋第1671415号注册商标专用权的侵犯。杭州采芝斋在糕点类商品上使用"采芝斋"商标及其在食品类商品上取得第1318705号注册商标的时间,均早于苏州采芝斋第1671415号商标的申请注册日。此外,杭州采芝斋及其生产经营的"采芝斋"糕点商品,早年即已具有很高的知名度与美誉度。因此,杭州采芝斋在苏州采芝斋申请注册第1671415号商标后,仍有权在原使用范围内继续使用"采芝斋"商标。

二审法院进一步认为,根据杭州采芝斋提供的证据,杭州采芝斋采用"前店

① 参见杭州铁路运输法院民事判决书,(2018)浙8601民初88号。

② 参见浙江省杭州市中级人民法院民事判决书,(2019)浙01民终5000号。

后厂”的经营模式，并不意味着其系在相关食物加工或餐饮服务类别上使用“采芝斋”标识，杭州采芝斋向消费者提供的始终是糕点商品，故仍属于在糕点商品上的商标使用行为。因此，杭州采芝斋仍有权在原使用范围内继续使用“采芝斋”商标，但应附加“杭州采芝斋”的区别性标识。

二、杭州采芝斋在糕点类扩大经营活动中突出使用“采芝斋”标识的行为成立商标先用权抗辩

苏州采芝斋提出，杭州采芝斋在涉案第1671415号商标注册后将其在先使用的“采芝斋”商标扩大使用于蛋黄酥、绿豆糕等新品糕点以及新增门店上，依我国专利法的相关规定，属于扩大了原使用范围。一审法院认为，商标法意义上的在先商标原使用范围不能简单套用专利法的相关规定，以在先商标原使用的商标标识、商品类目、使用区域、使用方式、使用主体以及在先使用人的原经营规模等为要素，笼统地予以划分。商标的功能在于识别商品与服务的来源，在先使用人是否扩大了在先商标的原使用范围，应以其后续扩大使用在先商标的行为是否实际增加了公众混淆商品或服务来源的可能性为标准，结合案件实际情况作出具体判断。本案中，杭州采芝斋长期持续地在糕点类商品上突出使用“采芝斋”商标，其经营的糕点类产品已具有较高知名度。由于蛋黄酥、绿豆糕等并未脱离糕点类商品范围，相关公众不会因其推出新品糕点，而增加对商品的来源产生混淆的可能，并且案涉蛋黄酥、绿豆糕等糕点类商品并非杭州采芝斋所生产；本案所涉门店均开设于杭州市区内，基于杭州采芝斋在该区域内所享有的知名度，相关公众不会因系新开设的门店，而增加其误认经营者与苏州采芝斋存在特定联系的可能，并且苏州采芝斋并未提供涉案门店开设时间晚于第1671415号商标申请注册日的证据。因此，在未与苏州采芝斋相混淆、不改变苏杭采芝斋间既有市场格局的前提下，杭州采芝斋扩大老字号产品、有助于老字号品牌发展的经营活动应予鼓励，而不应为法律所禁止。

二审法院进一步认为，《商标法》(2013年修正)第59条第3款的出发点在于商标注册人和商标在先使用人之间的利益平衡。商标在先使用人如能在一定范围内建立起消费者认同，即消费者将商标与商标在先使用人提供的商品或者服务联系在一起，在一定范围内商标共存的现实并不会对商标注册人的利益，或者相关消费者不受混淆的利益产生损害。因此，商标法上的原使用范围不能等同于专利先用权制度中的原有范围即原有的生产规模，其所考量的是商标认知度的地理范围，在其原有知名度所辐射的地域范围内，只要未实际增加相关消费者对商品或服务来源的混淆可能性，对使用该商标的商品或服务的具体品类、门店数量等经营规模并不加以限制。

三、杭州采芝斋授权许可杭州采芝斋制造公司使用“采芝斋”商标的行为超过了商标先用权抗辩中的“原使用范围”

一审法院认为，杭州采芝斋制造公司在糕点类商品上使用“采芝斋”商标，曾获得过杭州采芝斋的授权许可，杭州采芝斋制造公司在其生产的糕点类商品包装上以及网店广告宣传中突出使用“采芝斋”标识的行为，超出了该商标的原使用范围，侵害了苏州采芝斋的商标权。本案中，杭州采芝斋许可杭州采芝斋制造公司使用“采芝斋”商标的时间晚于苏州采芝斋注册第 1671415 号商标时间。杭州采芝斋许可杭州采芝斋制造公司在糕点类商品上使用“采芝斋”商标，此种在先商标使用主体的扩大，明显增加了商品来源混淆的可能性，已超出了其在先商标原有使用范围。

二审法院认为，对于杭州采芝斋授权许可杭州采芝斋制造公司使用“采芝斋”商标的行为，就商标使用主体而言，因商标许可使用方式可能带来短时间内经营范围的迅速扩张，并且被许可使用人的数量难以控制，容易对商标注册人的利益产生较大影响，故对在先使用人许可他人使用的行为，原则上应当予以限制。此外，杭州采芝斋制造公司生产的糕点类商品并非均由杭州采芝斋进行销售，其自行设立了淘宝网“采芝斋杭州专卖店”进行糕点类商品的销售，使用范围也已经突破了原有的杭州地域范围，该使用行为容易导致相关公众对商品来源的混淆，应予以禁止。

【法理评析】

本案涉及的核心法律条文是《商标法》(2013 年修正)第 59 条第 3 款规定：“商标注册人申请商标注册前，他人已经在同一种商品或者类似商品上先于商标注册人使用与注册商标相同或者近似并有一定影响的商标的，注册商标专用权人无权禁止该使用人在原使用范围内继续使用该商标，但可以要求其附加适当区别标识。”该条文赋予了商标在先使用人针对注册商标专用权人的“先用权抗辩”，亦即商标先用权人有权在“原使用范围”内继续使用他人注册商标。

在世界范围内，使用取得和注册取得是两种基本的商标权取得方式。商标注册取得制度具有公示公信、权利明晰的优势，因此我国仍然贯彻的是纯粹的注册取得商标权制度，即注册是取得商标专用权的唯一方式。尽管如此，商标使用者在所使用的商标上也投入了成本，并于一定地域范围内已在相关公众当中形成了市场信用，因此存在需保护的合理利益，商标在先使用抗辩制度即在商标注册与商标使用之间达成的一种平衡。然而，商标在先使用抗辩权和注册商标专用权仍然是两种不同性质的权利。注册商标专用权符合知识产权的垄断性和排他性特征，即专用权人得以据此禁止他人使用涉案商标，而商标先用权则只是一种据以被动主张自身不成立侵权的抗辩权，一般不具有许可他人使用的主动权能。①

本案中，商标在先用权人杭州采芝斋至早于1962年就已在糕点类商品上使用“采芝斋”商标，并且为当时的报刊所报道，其经营的糕点类产品已具有较高知名度，构成“有一定影响的在先使用商标”。因此，杭州采芝斋在苏州采芝斋申请注册第1671415号商标后，仍有权在糕点类商品的原使用范围内继续使用“采芝斋”商标。但是，对于杭州采芝斋增加新品糕点和新增门店的行为，以及对杭州采芝斋制造公司许可使用的行为，是否仍在“原使用范围”之内，则形成了原被告之间的争议焦点和法院说理释明的重点对象。以下将结合本案，从“原使用的时间范围”“原使用的商品范围”“原使用的地域范围”“原使用的主体范围”四个方面，对《商标法》(2013年修正)第59条第3款中“原使用范围”的限定进行分析。可以发现，对于商标先用权抗辩中“原使用范围”的界定，回归商标“区分商品/服务来源”的本质功能及相应的商标侵权判定规则，②“混淆可能性”标准仍然是综合界定“原使用范围”的核心标准。

一、原使用的时间范围

从《商标法》(2013年修正)第59条第3款来看，商标在先使用中“原使用的时间范围”必须同时满足两个“先于”条件，即不仅要先于涉案注册商标的申请日，还要先于原告对注册商标的开始使用之日。最高人民法院亦在多个案例中对此表示认同，如在“玉浮梁”案中，最高人民法院认为：“首先，使用时间上，被诉侵

---

① 参见李扬：《商标在先使用抗辩研究》，载《知识产权》2016年第10期。

② 国家知识产权局《商标侵权判断标准》第19条规定：“在商标侵权判断中，在同一种商品或者同一种服务上使用近似商标，或者在类似商品或者类似服务上使用相同、近似商标的情形下，还应当对是否容易导致混淆进行判断。”

权标识的使用时间应当早于注册商标申请日及注册商标申请人的使用。”[①]在“理想空间”案中，最高人民法院认为：“在先使用人对相关标志的使用，应当早于该商标注册人申请商标注册的时间，同时亦必须早于该商标注册人使用该商标标志的时间。”[②]

本案中，现有证据表明，1988 年 4 月 4 日，苏州采芝斋的前身苏式糖果厂在经营范围中增加糕点等生产项目，而根据杭州采芝斋提供的证据，1962 年 8 月 30 日《浙江日报》对于杭州采芝斋的前身生产中秋月饼即有相关的宣传报道，早于苏州采芝斋在糕点商品上使用“采芝斋”标识的时间，因此杭州采芝斋满足原使用时间范围的两个“先于”条件。而杭州采芝斋对杭州采芝斋制造公司的许可使用时间由于晚于苏州采芝斋的糕点的注册申请和使用时间，则被认定为超出“原使用范围”。

二、原使用的商品范围

商标必须使用在一定的商品/服务类别上，才能起到区分商品/服务来源的作用，任何文字、图案或符号不与特定的商品或服务相联系，就不是商标。[③] 商品/服务的类似性亦是“混淆可能性”判定的基本因素。本案中，原告苏州采芝斋认为，“原使用范围”不能突破原商品或服务的具体品类，此处具体品类不仅是尼斯分类表中的 45 大类及大类下的小类，而是应对应小类下的具体商品或服务品类。因此，两被告未能证明其销售的蛋黄酥、绿豆糕等糕点品类中存在在先使用的情形，其对“采芝斋”商标的使用行为已突破了“原使用范围”。法院则认为，由于蛋黄酥、绿豆糕等并未脱离糕点类商品范围，相关公众不会因杭州采芝斋推出新品糕点而增加对商品来源产生混淆的可能，因此杭州采芝斋在糕点商品类别下新增具体糕点品类的行为并未超过“原使用范围”。

然而，在另一起案件中，“原使用的商品范围”则出现了较大争议。在泗阳县龙嫂调味品有限公司、江苏龙嫂绿色食品有限公司（以下简称江苏龙嫂公司）侵害商标权纠纷案中，二审法院认为，江苏龙嫂公司在调味酱等商品上在先使用“龍嫂”商标，在此基础上，其增加调味酱品种及销售渠道，推出包含“龍嫂”标识

---

① 参见最高人民法院民事裁定书，(2019)最高法民申 3064 号。

② 参见最高人民法院民事判决书，(2018)最高法民再 43 号。

③ 参见刘春田：《商标与商标权辨析》，载《知识产权》1998 年第 1 期。

的新包装仍属于在原有范围内使用。① 但再审法院最高人民法院则认为，“根据二审判决查明的事实，江苏龙嫂公司虽提供了《食品标签准印备案单》，记载其在2003年申请了700万张的‘牛肉酱’‘香菇鸡丁酱’‘河虾酱’标签，在所附的食品标签中突出显示了‘龍嫂’标识；其还提交了相关生产记录，用于证明其实际生产了各类调味酱产品。但是，根据在案证据所能证明的江苏龙嫂公司实施的被诉侵权行为，在商品类型、销售渠道、地域范围等方面均明显超出了原使用范围，不符合商标法第五十九条第三款规定，构成侵害涉案商标专用权”，②并指令二审法院对本案进行再审。

实际上，新增具体商品品类是否超过“原使用的商品范围”，亦需以“混淆可能性”标准结合具体案情综合判定。由于老字号企业通常具备悠久历史，已在当地公众当中形成了品牌效应和稳定认知，造成的混淆可能性相对较小，法院会给予老字号企业一定的新增商品品类、发展老字号的空间。

此外，对于原使用商品的生产规模的限制，商标法与专利法对此存在差异。由于商标本质是承载商誉的标识符号，法院通常仍会以商标知名度即商誉的辐射范围来对“原使用的商品范围”进行认定，而非参照专利法以“生产规模”来限定专利先用权的原使用范围。

三、原使用的地域范围

对“原使用的地域范围”的理解，有生产地域、销售地域、门店地域等几种可能的实体判断情形，但具体而言，仍应以在先使用商标知名度亦即商标承载商誉辐射的地域范围为准，因为知名度的地域范围实际与相关地区公众对在先使用商标的认知范围一致。如最高人民法院在“理想空间”案中认为：“在先使用人必须在其使用该未注册商标的原有范围内使用该商标，而原有范围的判断，应以在先使用人使用其未注册商标所形成的商誉所及的范围为主要判断依据。”③本案中，杭州采芝斋新增了门店，但一审法院认为，本案所涉门店均开设于杭州市区内，基于杭州采芝斋在该区域内所享有的知名度，相关公众不会因系新开设的门店，而增加其误认经营者与苏州采芝斋存在特定联系的可能。因此，判定杭州采芝斋在杭州地区新增门店的行为并未突破“原使用的地域范围”。

---

① 参见江苏省高级人民法院民事判决书，(2018)苏民终930号。

② 参见最高人民法院民事裁定书，(2020)最高法民申4134号。

③ 参见最高人民法院民事判决书，(2018)最高法民再43号。

同时,若先用权人在涉案商标申请前仅在实体地域范围内使用涉案商标,则其后在互联网上使用注册商标的行为往往会被认定为超过了“原使用的地域范围”。因为无论是在公司官网上使用涉案商标,还是在网络电商平台上开设的店铺中使用涉案商标,由于网络面对的基本是全国乃至全世界范围内的不特定主体,会增加不特定范围的公众对涉案商标的混淆可能性。本案中,被许可使用的主体杭州采芝斋制造公司自行设立淘宝网“采芝斋杭州专卖店”进行糕点类商品的销售行为,也被法院认定为使用范围突破了原有的杭州地域范围。其余可参考的案例如在“理想空间”案中,最高人民法院对“关于原有范围的理解问题”指出:“商标法强调的是使用范围而非使用规模,因此,在确定原有范围时,应当主要考量商标使用的地域范围和使用方式。一般而言,在先仅通过实体店铺销售商品或者提供服务的,在商标注册人申请商标注册或使用该商标后,又在原实体店铺影响范围之外的地域新设店铺或者拓展到互联网环境中销售商品、提供服务,则应当认定为超出了原有范围。”①在“玉浮梁”案中,最高人民法院认为:“西安饮食公司、大业公司提交的相关使用证据不涉及网络销售,在涉案商标申请日后西安饮食公司、大业公司在网上销售玉浮梁稠酒,亦属于扩大了原有销售范围。”②

四、原使用的主体范围

可以援引商标在先使用抗辩的主体是否包含商标在先权人的商标被许可使用方及产业上下游合作方?本案中,一审法院认为,杭州采芝斋许可杭州采芝斋制造公司使用“采芝斋”商标的时间晚于苏州采芝斋注册第1671415号商标时间,杭州采芝斋许可杭州采芝斋制造公司在糕点类商品上使用“采芝斋”商标,此种商标的许可使用是对在先商标使用主体的扩大,明显增加了商品来源混淆的可能性;二审法院认为,就商标使用主体而言,因商标许可使用方式可能带来短时间内经营范围的迅速扩张,并且被许可使用人的数量难以控制,因此原则上应当予以限制。由此可见,在涉案商标注册申请前的许可使用一般会被认定为超过“原使用的主体范围”。

那么,对于注册商标权人提出商标注册申请前,商标在先使用人对生产商、代理商、批发商、零售商等产业链中间的第三人的许可使用,是否仍在原使用范围之

① 参见最高人民法院民事判决书,(2018)最高法民再43号。

② 参见最高人民法院民事裁定书,(2019)最高法民申3064号。

内？有学者指出，从相关公众的角度来看，被许可人使用的商标发挥的仍然是识别商标在先使用人的商品或者服务来源的作用，在先使用的商标并非指代代理商、批发商等中间端，而是指代商品来源的生产商或销售商等在先使用人，因此只要作为生产销售源头的商标在先使用人在先使用抗辩成立，第三人也应当免除侵害商标权的责任。此外，如不许可商标先使用人的被许可人援引商标在先使用抗辩，相当于逼迫善意的商标在先使用人在商标使用开始时或者使用过程中，就必须预见到将来会有人在类似性范围内将竞争性商标申请注册，这样一来，在先使用商标的许可使用市场就会被完全扼杀，这显然给商标在先使用人施加了过重的预见义务，而且违背市场规律。此外，最先从事商品生产销售的商标在先使用人，一时也难以及时地开拓或者变更代理商、批发商等中间层次交易者。实践中，应允许商标在先使用人的被许可人援引商标在先使用抗辩。①

因而，如果生产商、代理商、批发商等中间人在涉案商标注册申请前，已获得商标先用权人的许可，并与商标先用权人的经营行为形成了一个不可分的整体，则允许商标在先使用人的被许可人共同援引商标在先使用抗辩就存在一定的法理依据；而若许可使用行为发生在涉案商标注册申请之后，为防止使用主体的不当扩大造成新增主体使用范围的不可控，原则上对此应予以限制。

商标的基本功能是区别性，也就是所谓的“认知”功能。② 对于老字号企业的先用权抗辩，一般亦需从先用权的法定构成要件角度进行逐一分析，对先用权中“原使用范围”的限定，亦需以“混淆可能性”这一根本标准进行判定。但是，秉持“保护在先权利、禁止市场混淆、尊重既有市场格局、有利于老字号品牌发展”的原则，法院可能更倾向于尊重和维护老字号企业之间长期共存、共同发展而形成的市场秩序。

① 参见李扬：《商标在先使用抗辩研究》，载《知识产权》2016 年第 10 期。

② 参见刘春田：《商标与商标权辨析》，载《知识产权》1998 年第 1 期。

12

重新包装转售中商标使用行为的侵权认定

——以“不二家”商标侵权案为例

黄悦波*

【内容提要】将正品重新包装并贴附与权利人商标相同或相近似的标识后再行出售行为的定性问题，是本案判决侵权与否的关键。商标既具有识别商品来源的基本功能，也具有质量保障、信誉承载等衍生功能，对商标的侵害足以达到损害其功能的程度的，即使未造成市场混淆的后果，也可能构成商标侵权行为。根据《商标法》第 57 条所规定的“其他损害”，以保障商标质量保障、信誉承载等衍生功能裁判点，判决构成商标侵权。

【关键词】重新包装　质量保障　信誉承载　指示使用　权利穷竭

【案情简介】

本案入选 2015 年度浙江法院十大知识产权保护案件。

日本株式会社不二家(以下简称日本不二家)是“不二家”“FUJIYA”

---

* 黄悦波：浙江京衡律师事务所合伙人，知识产权专业委员会主任。商标律师，执业十三年，擅长为大中型企业、驰名商标企业提供商标品牌专项顾问服务，在商标疑难确权授权、侵权纠纷领域具有丰富代理经验。现为司法部涉外律师千人库成员，省律协知产委委员。所著论文《浅谈商标延续注册相关法律问题》获 2018 年浙江律师论坛二等奖；《商标合理使用的界限——以描述性商标使用为视角》获 2020 年浙江律师论坛三等奖。

“POKO”“Peko”“”“”等商标的权利人。该公司普通许可不二家(杭州)食品有限公司(以下简称不二家公司)使用上述注册商标，并授权其以自己的名义进行维权。不二家公司认为钱某某未经许可将其公司生产的糖果擅自分装到带有涉案商标的三种规格包装盒(见图1)，该包装盒非原告制作，并在实体店以及浙江淘宝网络有限公司(以下简称淘宝公司)开设的网店销售的行为，侵害其商标权，遂诉至法院，请求判令：钱某某赔偿经济损失150000元及合理开支15000元；淘宝公司对上述赔偿责任承担连带赔偿责任。

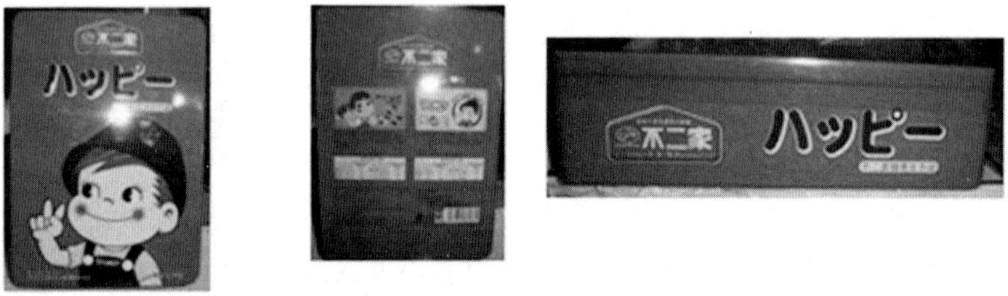

图1　部分侵权包装盒图片

杭州市余杭区人民法院经审理认为：商标既具有识别商品来源的基本功能，也具有质量保障、信誉承载等衍生功能。商标的功能是商标赖以存在的基础，对于商标的侵害足以达到损害其功能的程度的，无论是否具有市场混淆的后果，均可以直接认定构成商标侵权行为。本案中，虽然钱某某分装、销售的三种规格的涉案商品中的糖果本身系源于不二家公司，并且其使用的三种规格的外包装上也附着了与涉案商标相同或相近似的标识，从相关公众的角度来看，并未产生商品来源混淆的直接后果，但是商品的外包装除发挥保护与盛载商品的基本功能外，还发挥着美化商品、宣传商品、提升商品价值等重要功能，而钱某某未经不二家公司许可擅自将不二家公司的商品分装到不同包装盒，并且该些包装盒与不二家公司对包装盒的要求有明显差异，因此，钱某某的分装行为会降低涉案商标所指向的商品信誉，从而损害涉案商标的信誉承载功能，属于《商标法》(2013年修正)第57条第7项规定的“给他人的注册商标专用权造成其他损害的”行为，构成商标侵权。钱某某通过淘宝网发布的涉案商品信息并不存在明显违法或侵权的情形，不二家公司也未就涉案商品链接向淘宝公司发起投诉，故淘宝公司不存在明知或应知侵权行为而不及时采取措施的情形,不构成帮助侵权。遂于 2015 年 11 月 10 日判决:钱某某赔偿不二家公司经济损失(含合理费用)30000 元。[①]

【裁判理由】

商标既具有识别商品来源的基本功能,也具有质量保障、信誉承载等衍生功能。商标的功能是商标赖以存在的基础,对于商标的侵权足以达到损害其功能的程度的,不论是否具有市场混淆的后果,均可以直接认定构成商标侵权行为。本案中,虽然钱某某分装、销售的三种规格的涉案商品中的糖果本身系源于不二家公司,并且其使用的三种规格的外包装上也附着了与涉案商标相同或相近似的标识,从相关公众的角度来看,并未产生商品来源混淆的直接后果,但是商品的外包装除发挥保护与盛载商品的基本功能外,还发挥着美化商品、宣传商品、提升商品价值等重要功能。而钱某某未经不二家公司许可擅自将不二家公司的商品分装到不同包装盒,并且该些包装盒与不二家公司对包装盒的要求有明显差异。因此,钱某某的分装行为不仅不能达到美化商品、提升商品价值的作用,反而会降低相关公众对涉案商标所指向的商品信誉,从而损害涉案商标的信誉承载功能,属于《商标法》(2013 年修正)第 57 条第 7 项规定的“给他人的注册商标专用权造成其他损害的”行为,构成商标侵权。

【律师办案过程】

第一阶段,委托授权:2012 年,不二家公司接到区域经理汇报,淘宝网上有很多带“不二家”“FUJIYA”“POKO”“Peko”“”“”等商标的铁罐包装商品销售,内容物为正品糖,并且价格远低于正品,冲击了正品市场销售。2013 年,不二家公司向日本不二家汇报情况并取得维权的授权。

特别提示,如果国内公司系国外权利人的普通许可人,必须得到权利人的明确授权,才能以自己的名义对仿冒商品进行侵权打假,授权范围不仅包括诉讼,也包括调查取证、委托公证、向行政机关投诉等全部的权利,写得越具体越好。该专项授权事由应当包括商标侵权及不正当竞争,因为很多商标侵权,著作权侵权的

① 参见浙江省杭州市余杭区人民法院民事判决书,(2015)杭余知初字第 416 号。2015 浙江法院十大知识产权典型案例。

事由,往往涉及不正当竞争事由,如果漏写“不正当竞争”,后期又不得不使用这个案由投诉或诉讼,客户一般不能接受重新走一轮公证认证委托手续。

除了以上委托授权,还需要委托鉴定人,对后期查扣货物进行假货鉴定。鉴定人可以是律师代理人,也可以是被授权打假公司的工作人员。

第二阶段,取证:2013 年下半年,根据涉嫌侵权的淘宝店的线索摸排到线下侵权店铺,并进行了调查取证。为了能在线下查扣到侵权商品并了解侵权商品的货源,特别安排调查人员在侵权店铺门口等候送货车辆。掌握到第一手的侵权店铺信息和仓储信息后,到原告不二家公司所在地的行政执法部门或侵权店铺所在地的行政执法部门投诉,要防止线索外泄造成侵权证据灭失的风险。2013 年 12 月 13 日,不二家公司向行政机关执法部门举报,当地行政执法部门协助查扣了两家店铺和四个仓库,全程录像执法过程。同时,不二家公司向淘宝网申请调取了侵权人淘宝店铺的侵权销售数据,经核算与侵权商品相关的销售共计 30.8 万元。

特别提示,首先,向行政执法部门的举报申请书需要在结尾处加“需要书面通知处罚结果”,行政主管部门才会将处罚结果正式书面通知举报人,举报人如果对结果不服,也可以利害关系人的身份申请行政复议。其次,掌握第一手侵权证据过程非常艰辛,因此一定要防止侵权线索外泄导致侵权证据灭失。掌握的侵权证据线索保密工作除了限定公司个别人员知晓,也要限制行政执法人员知道的范围。

第三阶段,配合行政执法部门处罚:在行政投诉后,需要配合行政执法部门提供假货鉴定报告,假货鉴定报告需要说明认定假货的理由,如包装及规格不同、包装细节上的不同点等真假货的异同点。本案因假包装的内容物系正品,侵权与否争议点较多,在 2013 年年底举报投诉查扣后,行政执法部门层层申报上会讨论,一直到 2015 年 4 月才取得行政执法部门的吴工商经处字 2015 第(553)号行政处罚书。处罚书认定根据湖市稽 2014(141)号批复“这种未经许可的组装、加工、包装和对商标的利用行为构成商标法第五十七条之规定,属于假冒商标意义上的‘使用’,应当认定构成商标侵权”。但该处罚书认为,但当事人上述行为,因当事人无主观故意,并且内装糖果为“不二家”正品散糖,对商标持有人实际利益损害比较小,违法金额存在刷单行为无法计算,仅责令当事人改正,并处罚了 1 万元。

特别提示,行政执法部门的处罚过程,时间不可控制且无任何通知,对于争议比较大的案件,还是应当及时提交法院诉讼。

第四阶段，侵权诉讼索赔：在接受案件委托时，就应当对全案可能用到的案由及法律规定进行评估，预先有所准备。本案商标侵权诉讼中，最特别的一点是，案涉侵权商品内包装物系正品糖果。从律师代理案件角度分析，首先判断本案是否存在实际损害及违法行为。在本案取证过程中，侵权商品不但短斤缺两，而且包装盒材质有害，还有消费者投诉情况的存在，对权利人商誉确有实质性的损害。本案被告也存在违法行为，即侵权商品的包装上印着未经授权的多个相同商标及不二家公司的厂名厂址，这种使用标识的行为容易让消费者对商品及包装的来源发生误认，并非指示性使用。本案关于“指示性使用”及重新包装后铁皮糖果是否适用“权利穷竭原则”？笔者将在法理评析中详细阐述。

本案还有另一个争议点，即侵权赔偿数额的认定。行政执法部门认为权利人实际损害较小，线上线下共计30多万元的销售额仅处罚了1万元，对一审诉讼索赔是非常不利的。因此，在行政执法部门作出行政处罚书后，不二家公司对处罚数额进行了行政复议。同时向杭州市余杭区人民法院递交了诉讼。

重要提示，首先，法院审理思路和行政执法机关处罚理由可能完全不同，律师诉讼请求基础与最终法院裁判思路也不同。本案原告律师诉讼的请求法律依据和法院最终裁判法条依据及思路完全不同。其次，线上销售金额对索赔的影响，当时法院并无定论。在行政处罚过程中，被投诉人往往以刷单为由抗辩线上的销售金额存疑。线下查扣货物量不大的情况下，市场监督管理局又以严格的证据认定规则，不予认可线上的销售额，以线下查扣所得侵权物为标准，处罚的数额较低。法院在认定赔偿额往往参考市场监督管理局的行政处罚书，因此本案赔偿金额非常少。

【法理评析】

本评析主要围绕重新包装转售中商标使用行为的侵权认定争议问题，笔者讨论的重新包装行为指转售人对所购权利人商品的重新包装或装潢的行为，也包括被告自制或自备包装的行为。本评析既讨论损害权利人商誉的使用行为，也讨论包装质量更优，不存在损害权利人商誉的使用行为。评析部分内容包括法律适用和争议焦点问题二部分。本案发生于2013年《商标法》修正之前，判决于2015年作出。法律适用实体部分应当适用2001年修正的《商标法》第52条侵犯注册商标专用权的条款，程序部分应当适用2013年修正的《商标法》内容。但在评析过程中,引用法官及学者观点,用到了2013年修正的《商标法》第57条侵犯注册商标专用权条款。

一、使用自行准备的非正品包装进行分装转售的商品是否属于新商品

本案的原告律师提出重新包装后的商品即铁盒糖果与正品散装糖果针对的市场和消费群体均有差异,价格和利润也有很大差距,散装糖果和铁盒包装糖果明显的外观改变,属于独立的新商品。被告的生产、销售行为造成相关消费者混淆误认,依据2001年修正的《商标法》第52条第1款"未经商标注册人的许可,在同一种商品或者类似商品上使用与其注册商标相同或者近似的商标的",或根据2001年修正的《商标法》第52条第3款"伪造擅自制造他人注册商标标识或者销售伪造、擅自制造的注册商标标识的"的规定认定商标侵权行为。原国家工商行政管理总局、原国家商标局曾在2002年关于加工带有商标标识的包装物是否属于商标印制行为进行过批复:"北京新拓塑料包装制品公司在其生产的塑料瓶上套上他人印制的商标标识,经热缩紧固,制成带有商标标识的饮料瓶行为,属于'制作带有商标的包装物'的商标印制行为。"但以上两个代理意见均未被法院采纳。

本案的裁判理由认为,"钱某某分装、销售的三种规格的涉案商品中的糖果本身系来源于不二家公司,且其使用的三种规格的外包装上也附着了与涉案商标相同或相近似的标识,从相关公众的角度来看,并未产生商品来源混淆的直接后果",即法官并不认为本案存在混淆误认的情况。"包装商品不同于使用商品进行再加工,商品被包装后性质并不会发生改变,仍是原商品,将添加包装的商品认定为'新的商品'似乎走得太远。"[①]钱某某未经不二家公司许可擅自将不二家公司的商品分装到不同包装盒,并且该些包装盒与不二家公司对包装盒的要求有明显差异,因此,钱某某的分装行为不仅不能达到美化商品、提升商品价值的作用,反而会降低相关公众对涉案商标所指向的商品信誉,从而损害涉案商标的信誉承载功能,属于《商标法》(2013年修正)第57条第7项规定的"给他人的注册商标专用权造成其他损害的"行为。本案法官认为不二家案不是简单的分装转售的行为,而是自行制备包装,而消费者又无法分辨出包装制备者的一种混淆行为,

① 成文娟、张青书:《破坏商标品质保证功能构成商标侵权——"不二家案"判前判后的思考》,载《电子知识产权》2016年第6期。

“设若放任涉案行为,任由他人自由使用自行制备的、质量不受控制的、印有商标权人商标而不表明分装事实以及分装者信息的包装进行分装销售,权利人丧失对包装品质的控制,无法保证包装水准与商品品质及商标美誉度相符,而有权选择包装的该‘他人’却无任何保证商品品质及商标美誉度的动力,可以想象会导致一种怎样的混乱局面”①。

案件判决后引起了司法界和学术界的关注。“因为本案被告的行为并不是简单的分装销售,而是使用自行准备的非正品包装进行分装转售,这种行为将包装盒与糖果形成了新的商品整体,与原商品(散装16斤的糖果)相比已有较大的形态改变,因此已经不属于原不二家商品,既然已不是‘原商品’,自然不能再适用权利穷竭原则,而是未经授权、不正当的商标使用。”②该学者认为铁盒包装新商品独立于原散装糖,不适用权利穷竭,但支持和肯定了本案适用质量保障功能判决商标侵权。也有学者主张本案可以适用2013年修正的《商标法》第57条第4项“销售伪造、擅自制造的注册商标标识的”,但适用2013年修正的《商标法》第57条第7项“给他人的注册商标专用权造成其他损害的”,也符合商标法的立法目的,即“商标法的立法目的还有‘保证商品和服务质量,维护商标信誉’,因此,如果他人的行为损害了商标所保证的商品质量、商誉的功能,则有可能构成侵权”③。

二、本案法律适用的争议问题

本案法律适用有三种意见:第一种意见认为适用“伪造擅自制造他人注册商标标识或者销售伪造、擅自制造的注册商标标识的”商标侵权行为;第二种意见认为适用“给他人的注册商标专用权造成其他损害的”的商标侵权行为;第三种意见认为适用“未经注册商标所有人的许可,在同一种商品或者类似商品上使用与其注册商标相同或者近似的商标的”。三种法律适用不同,其背后保护的法益稍有不同。在造成了商誉贬损情况下,不同之处在于:第一种保护商标标识的印制权和控制权;第二种保护包装的垄断印制权;第三种保护商品的来源稳定。从

---

① 成文娟、张青书:《破坏商标品质保证功能构成商标侵权——“不二家案”判前判后的思考》,载《电子知识产权》2016年第6期。

② 唐雯琳、郑海味:《标识商品来源的重新包装行为探讨——以“不二家”案为例》,载浙江法院网,http://www.zjcourt.cn/art/2016/11/30/art_89_10855.html。

③ 李永明、朱安迪:《关于“不二家”一案的解读》,载浙江法院网,http://www.zjsfgkw.cn/art/2016/5/25/art_89_10854.html。

司法宜保守的立场分析,能适用侵犯注册商标专用权行为的列举中条款,就不适用兜底条款。因此,笔者倾向于适用第一种"伪造擅自制造他人注册商标标识或者销售伪造、擅自制造的注册商标标识的"的商标侵权行为。

关于本案被告的抗辩理由,笔者将从以下三个方面进行评析。

(一)能否适用商标权权利穷竭原则的问题

权利穷竭,又称权利用尽原则,即"载有商标的商品一经售出,商标专用权人便无权控制后续商品所有人对该商品的进一步销售","只要商品及商标的状况不发生变化,消费者也不会因为商品的再次销售受到来源欺诈"①。权利穷竭的本质是对商标权利人权利保护的限制,鼓励市场流通。但适用权利穷竭原则需要排除"改变商品性质、质量或欺骗"的行为。《欧盟商标条例》第 13 条也规定,商品质量、品质发生变化或者损坏的,不适用于商标穷竭。笔者理解权利穷竭有两种情况不适用,商品形态变化后为新的独立商品不适用,或者造成权利人商誉毁损不适用。在老凤祥股份有限公司与苏果超市(淮安)有限公司"中华牌"铅笔分装转售案中,法院认为,商品一经售出,"老凤祥不应再以对商品上的商标享有专用权为由阻碍商品的进一步流通,否则,就直接损害了商品在市场自由流转这一市场经济赖以存在的基本原则,构成对商标权的滥用"。② 同是正品商品分装转售案,"中华牌"铅笔分装转售案与"不二家"糖果自备包装转售案裁判结论完全相反。

近年来,关于"权利穷竭"的司法实践的争议也较多。2020 年,在玫琳凯公司诉马某某商标侵权及不正当竞争案中,浙江省高级人民法院认为"二维码及生产批号部分信息被刮除,但该商品来源于玫琳凯公司属于客观事实,涉案商标区分商品来源的功能并未受影响,不会导致相关公众对商品的来源产生混淆误认。因此,马某某的被诉侵权行为可以适用商标权权利用尽原则,不构成对涉案商标权的侵害"③。同样在 2020 年,在欧宝电气诉广东施富电气商标侵权及不正当竞争案中,广州知识产权法院认为欧宝电气的平行进口问题上虽然未适用权利用尽原则的说理,但也明确表示平行进口不具有可责性,"在我国商标法及司法解释并未明确采纳'权利用尽'原则,该原则亦未成为该领域通行学术观点的情况下,不

---

① 刘维、陶钧、范静波:《商标法:原理与案例》,中国法制出版社 2020 年版,第 282 页。

② 参见江苏省淮安市中级人民法院民事判决书,(2014)淮中知民初字第 0007 号。

③ 参见浙江省高级人民法院民事判决书,(2020)浙民终 479 号。

宜直接引用该原则作为论据论证裁判理由……广东施富电气实业有限公司寻求低价商品降低经营成本、追求商业利润的行为不具有反不正当竞争法上的可责性，行为过程未违反诚实信用原则和公认商业道德，不构成不正当竞争”①。一般来说，平行进口属于权利穷竭原则下的合法行为。以上判决案例可知，不对消费者权益造成损害的转售行为，法律并不苛责。相反地，垄断销售的商业模式，反而有害于市场充分竞争，消费者无法获得价格利益。本案中，被告铁盒包装糖果质量低劣，对原告商誉有毁损是不争的事实，因此权利穷竭原则不适用。铁盒包装糖果是否认定为独立商品，仍系争议事实。

（二）关于指示性使用的适用问题

关于指示性使用，这一规则系美国联邦第九巡回上诉法院于 1992 年在 New Kid On the Block v. News America Publishing，Tnc. 案中最先确立，是指被告指示性合理使用的成立，必须建立在以下要件基础之上：（1）如果不使用原告的商标，原告的商品或服务就无法区分出来；（2）被告仅在合理的范围内使用商标以表示原告的商品或服务；（3）被告的行为不会暗示赞助或背书关系。② 关于商标使用权利的限制，早在 1742 年，哈德威克法官在 Blanchard v. Hill 案中认为，“如果准予原告的诉求，将在实质上确立原告对其商标的专用使用权，从而对社会有害”③。商标专用权的保护可能对社会公共利益有害，因此商标专用权需要进行必要的限制。因此，确认商标指示性使用是正当使用商标的行为，是对商标专用权的一种限制。商标指示性使用行为目前在司法实践中被采纳为不侵权抗辩的理由的情形较少。《北京市高级人民法院关于审理商标民事纠纷案件若干问题的解答》（2006 年）第 26 问归纳了“正当使用商标标识行为”的要件：“（1）使用出于善意；（2）不是作为自己商品的商标使用；（3）使用只是为了说明或者描述自己的商品。”在第 27 问第 3 项还列举了“在销售商品时，为说明来源、指示用途等在必要范围内使用他人注册商标标识的”行为属于正当使用商标标识的行为。但未明确何为“必要”，笔者的理解，即不使用他人商标标识就无法表达清楚的时候，才算“必要”，并且该“必要”行为存在善意。本案的被告使用商标标识自备包

① 参见广州知识产权法院民事判决书，（2019）粤 73 民终 6944 号。

② 参见刘维、陶钧、范静波：《商标法：原理与案例》，中国法制出版社 2020 年版，第 264 页。

③ 黄海峰：《知识产权的话语与现实：版权、专利与商标史论》，华中科技大学出版社 2011 年版，第 226 页。

装的行为非陈述或描述信息，而是直接使用权利人正在使用的商标、原告的公司字号及公司地址，仿制了原告的包装，相关公众无法分辨包装的来源，超出了必要的合理范围，并且不具有善意，因此该指示性合理使用的抗辩当然不成立。

（三）重新包装行为的本质

为了认清“重新包装行为”的本质，我们换个角度来看，即假设外包装的质量比权利人商品的外包装质量还优质，未造成权利人商标商誉毁损，那么重新包装的行为是否允许？即在本案中，假设钱某某的铁盒包装材质优，铁盒的包装糖果也不存在短缺的情况，未实质上造成商品质量的低劣，“重新包装”行为是否合法？

观点一，散装糖经铁盒包装后，形态发生了变化，新包装的商品满足客户对精美包装商品的需求，是新的独立商品。被告钱某某未经许可擅自印制铁盒包装的行为，造成铁盒包装和铁盒包装糖商品的来源混淆误认。无论被告印制的铁盒装糖质量如何，根据2001年修正的《商标法》第52条的规定，均构成商标侵权。

观点二，按照本案法官的裁判思路，商品的包装具有质量保障、信誉承载等衍生功能，因为钱某某的分装行为不仅不能达到美化商品、提升商品价值的作用，反而会降低相关公众对涉案商标所指向的商品信誉，从而损害涉案商标的信誉承载功能，属于2013年修正的《商标法》第57条第7项规定的“给他人的注册商标专用权造成其他损害的”行为，所以构成商标侵权。

观点三，被告擅自制作糖果铁盒包装，在包装上擅自使用权利人的商标标识，按照国家市场监督管理局的批复，可以认定为擅自印制制作、伪造商标标识的行为，构成2001年修正的《商标法》第52条第3款“伪造、擅自制造他人注册商标标识或者销售伪造、擅自制造的注册商标标识的”规定的商标侵权行为。

因此根据以上三种观点，无论商誉是否贬损，均限制了其他市场竞争主体的重新包装行为，除非该市场主体有其他不侵权的抗辩理由。

事实上在婚庆市场和礼品市场，重新包装的行为很平常。重新包装行为从最早的简单的“打包带走”已经发展到对美观的包装的需求。深入探讨对“包装美观”的追求，笔者认为有两种：一种价值源于有创意的美感设计；另一种价值来自正品包装优质感的美誉度，即商标商誉。根据笔者假设，本案的被告如无“权利穷竭”，或“指示性合理使用”，或其他自圆其说的理由，其确是攀附了原告商标的商誉。消费者购买侵权商品后，会误认为系权利人的礼盒商品，混淆误认毫无疑问。根据对时尚类快消品市场的观察可知,很多名品奢侈品均用商标元素装饰装潢各种商品,以期引领时尚,同时达到难以仿制的目的。本案的判决对商标专用权的保护的内涵和深度均有深入思考,确立了商标权利人使用商标进行包装装潢的垄断使用的权利,笔者认为符合目前商标专用权保护的方向和趋势,是有进步意义的。

13

保护与限制:注册商标超范围使用行为的侵权认定

——以“古越龙山”商标侵权案为例

汪文峰　徐沈斌*

【内容提要】注册商标应在其核定使用的商品上规范使用,不得超出核定商品范围在尚未取得注册商标专用权的其他种类商品上使用。如果商标权人超出核定商品范围使用,与其他商标构成商标近似的,成立商标侵权,应当承担法律责任。产品销售者在销售涉案产品时应具有较高的注意义务,未尽到合理注意义务的,也应当承担连带赔偿责任。

【关键词】注册商标　核定商品范围　合理注意义务

【案情简介】

原告中国绍兴黄酒集团有限公司系第 302434 号“古越龙山”注册商标专用权人,核定使用商品为第 33 类:酒,有效期为 2007 年 10 月 30 日至 2017 年 10 月

* 汪文峰:二级高级律师,浙江中行律师事务所合伙人,现任浙江省法学会知识产权法学研究会常务理事、绍兴市律师协会知识产权专业委员会主任、绍兴仲裁委员会仲裁员、浙江省市场监督管理局商标品牌专家顾问团成员;承办案件入选年度中国法院 50 件典型知识产权案例。徐沈斌:获绍兴市优秀青年律师称号,撰写的论文曾在华东律师论坛获二等奖一次,在浙江律师论坛获一等奖一次,三等奖二次,连续五年在绍兴市律师实务理论研讨会上获二等奖以上奖项。担任绍兴市法学会知识产权法学研究会理事、绍兴市律师协会知识产权专业委员会委员等职务。

29日,后续展注册有效期至2027年10月29日。中国绍兴黄酒集团公司经申请核准注册取得第1435855号“古越龍山”注册商标,核定使用商品为第33类:酒(饮料),有效期为2000年8月21日至2010年8月20日,后经核准变更注册人名义为中国绍兴黄酒集团有限公司,并续展注册有效期至2030年8月20日。中国绍兴黄酒集团公司经申请核准注册取得第1435856号“古越龍山”注册商标,核定使用商品为第33类:酒(饮料),有效期为2000年8月21日至2010年8月20日,后经核准变更注册人名义为中国绍兴黄酒集团有限公司,并续展注册有效期至2030年8月20日。中国绍兴黄酒集团公司经申请核准注册取得第1435874号“古越龍山”注册商标,核定使用商品为第33类:酒(饮料),有效期为2000年8月21日至2010年8月20日,后经核准变更注册人名义为中国绍兴黄酒集团有限公司,并续展注册有效期至2030年8月20日。

1999年1月5日,国家工商行政管理局商标局发布商标监(1999)13号《关于认定“古越龙山”商标为驰名商标的通知》,明确原告注册并使用在黄酒商品上的“古越龙山”商标被认定为驰名商标。原告注册商标“古越龙山”被中华人民共和国商务部认定为“中华老字号”。

2021年7月,原告在绍兴市尚选商贸有限公司开设的“世界华联镜湖中新广场店”发现一款由绍兴醉好酒业有限公司委托、浙江德清莫干山酒业有限公司生产的“古趋尤山”牌黄酒产品。

基于以上事实,原告指控被告绍兴市尚选商贸有限公司、绍兴醉好酒业有限公司、黄某柳、浙江德清莫干山酒业有限公司侵犯了其上述“古越龙山”注册商标专用权,请求法院判令被告立即停止实施侵犯原告第302434号、第1435855号、第1435856号、第1435874号注册商标专用权的行为,并赔偿原告经济损失及合理维权费用50万元。

针对原告的侵权指控,被告绍兴醉好酒业有限公司辩称,(1)“古趋尤山”商标是有效注册商标,其专用权受法律保护。案涉“古趋尤山”商标是由浙江津禾酒业有限公司申请并于2020年8月21日取得国家商标局核准的注册商标,该商标指定用于第33类“果酒(含酒精);茴芹酒(利口酒);鸡尾酒;蒸煮提取物(利口酒和烈酒);葡萄酒;白兰地;含水果酒精饮料;伏特加酒;预先混合的酒精饮料(以啤酒为主的除外);白酒”商品,商标注册号第42490056号(国家知识产权局于2022年11月27日公告宣告该注册商标无效)。(2)绍兴醉好酒业有限公司经

“古趋尤山”商标持有人的授权，取得该商标使用权，在销售的黄酒商品上使用“古趋尤山”商标，系合法使用行为。2021年1月1日，经“古趋尤山”商标持有人浙江津禾酒业有限公司的书面授权，绍兴醉好酒业有限公司取得了对“古趋尤山”商标的使用权，据此于2021年3月初委托浙江德清莫干山酒业有限公司生产了一批“古趋尤山”黄酒，通过绍兴市尚选商贸有限公司进行销售。上述行为有合法授权，不应构成商标侵权。(3)绍兴醉好酒业有限公司销售的“古趋尤山”产品与原告产品在商标及包装装潢上区别明显，不会造成消费者的混淆。将绍兴醉好酒业有限公司使用的商标与原告的注册商标相比较可见其区别：①绍兴醉好酒业有限公司的产品商标由文字“古趋尤山”与“图形”构成，文字“古趋尤山”被包裹于“上方为蜿蜒的云朵、下方为绿色山水图案”的“椭圆形外圈”内，文字“古趋尤山”在商标整体中的视觉并不突出。②原告的产品商标由文字“古越龙山”与“图形”构成，“图形”以单色的“古城门与山脉背景”构成，文字“古越龙山”围绕于“图形”的上方，文字的视觉明显而突出。通过上述比对，可以清楚地看出双方无论是在商标还是包装装潢特点上均存在明显的区别，不会造成消费者的混淆，由此请求驳回原告的诉讼请求。

被告绍兴市尚选商贸有限公司辩称，其是一家消费品零售企业，主要以经营的超市零售消费产品为业。2021年3月底，绍兴醉好酒业有限公司来其处联系代销一批“古趋尤山”黄酒的业务。绍兴醉好酒业有限公司向其出示了由浙江津禾酒业有限公司授权该公司使用“古趋尤山”商标的授权书及相关的第42490056号商标注册证复印件，经查证绍兴醉好酒业有限公司提供的“古趋尤山”黄酒产品符合相关要求，故允许其产品进场销售，其在查悉“古趋尤山”为有效注册商标的情况下销售该品牌的产品，已尽到审查义务，客观上并无过错，故不应承担侵权责任，请求驳回原告的诉讼请求。

经查，案外人浙江津禾酒业有限公司是第42490056号“古趋尤山”注册商标权利人，该注册商标核定使用商品类别为第33类：果酒(含酒精)；茴芹酒(利口酒)；鸡尾酒；蒸煮提取物(利口酒和烈酒)；葡萄酒；白兰地；含水果酒精饮料；伏特加酒；预先混合的酒精饮料(以啤酒为主的除外)；白酒，有效期为2020年8月21日至2030年8月20日。浙江津禾酒业有限公司向绍兴醉好酒业有限公司出具《授权委托书》一份，载明“浙江津禾酒业有限公司特授权绍兴醉好酒业有限公司生产、销售‘古趋尤山’牌系列白酒、黄酒、其他酒(配置酒)事宜”。

【裁判理由】

绍兴市中级人民法院经审理认为,原告中国绍兴黄酒集团有限公司系第302434号、第1435855号、第1435856号、第1435874号注册商标的权利人,上述商标在保护期内,其商标专用权应受法律保护。根据《商标法》第57条之规定,未经商标注册人的许可,在同一种商品上使用与其注册商标相同的商标的;未经商标注册人的许可,在同一种商品上使用与其注册商标近似的商标,或者在类似商品上使用与其注册商标相同或近似的商标,容易导致混淆的,销售侵犯注册商标专用权的商品的,属于侵犯注册商标专用权的行为。本案中,原告第302434号、第1435855号、第1435856号、第1435874号注册商标核定使用的商品范围为第33类中的黄酒,与被控侵权商品黄酒属于相同商品。原告第302434号注册商标是由汉字"古越龙山"和图案组成的图文商标,第1435855号、第1435856号、第1435874号注册商标为汉字"古越龍山"构成的文字商标。原告公证购买的被控侵权商品上使用的标识"古趋尤山"与原告第302434号注册商标的文字部分及原告第1435855号、第1435856号、第1435874号注册商标的首字、末字相同,且均为黑色字体,二者在文字构成、排列方式、呼叫和整体视觉效果方面近似,虽在字体上有差别,但在隔离观察的情况下,相关公众难以分辨,足以使相关公众造成混淆,误认为被控侵权商品系由原告生产或与原告存在特定联系,构成商标近似。(见表1)因此,被告未经原告许可在相同商品上使用近似商标,容易导致相关公众混淆误认,侵犯原告对第302434号、第1435855号、第1435856号、第1435874号注册商标享有的专用权。

表1 注册商标与被诉侵权商标对比

商标名称	商 标	申请/注册号	申请日期
古越龙山		302434	1987年3月26日

续表

商标名称	商 标	申请/注册号	申请日期
古越龍山	古越龍山	1435855	1999 年 3 月 8 日
古趋尤山	古趋尤山	42490056	2019 年 11 月 21 日

关于各被告提出的抗辩意见，被告绍兴醉好酒业有限公司、浙江德清莫干山酒业有限公司认为案涉第42490056 号“古趋尤山”为注册商标，被告系合法使用，不存在商标侵权行为，对此，法院认为，根据《最高人民法院关于审理注册商标、企业名称与在先权利冲突的民事纠纷案件若干问题的规定》第 1 条第 2 款之规定，原告以他人超出核定商品的范围或者以改变显著特征、拆分、组合等方式使用的注册商标，与其注册商标相同或者近似为由提起诉讼的，人民法院应当受理。本案中，被告绍兴醉好酒业有限公司、浙江德清莫干山酒业有限公司提供的第42490056 号“古趋尤山”注册商标证载明的注册商标核定使用商品类别为第 33 类：果酒（含酒精）；茴芹酒（利口酒）；鸡尾酒；蒸煮提取物（利口酒和烈酒）；葡萄酒；白兰地；含水果酒精饮料；伏特加酒；预先混合的酒精饮料（以啤酒为主的除外）；白酒，不包括黄酒，超出了核定商标的范围，侵犯了原告的注册商标专用权，三被告该辩称意见不能成立。被告绍兴醉好酒业有限公司、浙江德清莫干山酒业有限公司辩称已尽到审查义务，被告绍兴市尚选商贸有限公司辩称具有合法来源，法院认为，原告“古越龙山”系列商标在黄酒行业内具有较高的知名度，被告绍兴醉好酒业有限公司长期从事酒类商品经销，且其委托被告浙江德清莫干山酒

业有限公司进行案涉侵权商品的生产，被告浙江德清莫干山酒业有限公司作为原告的同业经营者，且生产产品均为黄酒，其理应知道原告“古越龙山”系列商标的存在，同时根据本案证据，上述两被告提交的第42490056号“古趋尤山”注册商标证中核定使用类别不包括黄酒，绍兴市尚选商贸有限公司作为涉案侵权产品的销售者，其在销售涉案产品时应具有较高的注意义务，三被告显然未尽到审查义务，主观上也存在傍附权利商标，误导相关公众，达到促成相关交易机会的恶意，因此，上述三被告该辩称意见，本院不予采信。原告要求被告绍兴市尚选商贸有限公司、绍兴醉好酒业有限公司、浙江德清莫干山酒业有限公司停止实施侵犯原告享有的注册商标专用权的行为，于法有据，本院予以支持。

综上，绍兴市中级人民法院判决被告绍兴市尚选商贸有限公司、绍兴醉好酒业有限公司、浙江德清莫干山酒业有限公司立即停止实施侵犯原告中国绍兴黄酒集团有限公司第302434号、第1435855号、第1435856号、第1435874号注册商标专用权的行为，并赔偿原告中国绍兴黄酒集团有限公司经济损失（包含为维权支出的合理费用）160000元，被告绍兴市尚选商贸有限公司对其中的25000元承担连带清偿责任。一审宣判后，各被告认可法院的判决结果，并在期限内履行了判决书确定的各项义务。

【法理评析】

不少企业在对外贸易活动中存在使用商标较为随意、不够规范等问题，商标侵权行为屡有发生，本案是不规范使用注册商标的典型案例。在我国的注册商标体系中，一般以《类似商品和服务区分表》（以下简称《区分表》）作为确定商品或服务类别的依据，商标申请人在选定的大类以及选定的群组上申请中意的标识，在商标局核准后取得注册商标。基于不同注册商标的核准使用范围不同，《商标法》对于注册商标的使用方式提出了“注册商标的专用权，以核准注册的商标和核定使用的商品为限”的要求，即注册商标应当在核准注册的范围内进行使用。超出注册商标核定使用的商品或者服务而使用该商标的，存在商标侵权的风险，销售商在采购环节未尽到合理注意义务的，也将承担侵权责任。在涉及超范围使用商标构成侵权的案件中，被诉行为是否超出了商标核定使用的范围、注册商标之间是否构成商标近似、是否尽到合理注意义务，是案件审理的重点与难点，也是各方当事人争议的焦点。

一、超出商标核定使用的范围的认定与判断

《区分表》是商标局审查商标注册申请时划分商品或服务类别的依据。根据世界知识产权组织的要求，尼斯联盟各成员国于2023年1月1日正式使用《商标注册用商品和服务国际分类》(尼斯分类)第12版文本。《区分表》中商标核准注册的类别，是商标注册的基础，直接决定了商标的使用范围。因此，判断商标使用是否超出核定使用的范围，也应当以《区分表》为标准，以商标注册证上载明的商品/服务范围为判断依据。将商标实际使用的商品/服务的类别与核准注册的商品/服务范围进行比对，若商品的类别在核准注册的范围之内，则认为商标合法使用，反之，则认定为超出商标核定使用的范围。

以本案中的"古趋尤山"商标为例，"古趋尤山"商标核准使用的商品范围为果酒(含酒精)；茴芹酒(利口酒)；鸡尾酒；蒸煮提取物(利口酒和烈酒)；葡萄酒；白兰地；含水果酒精饮料；伏特加酒；预先混合的酒精饮料(以啤酒为主的除外)；白酒。再来看原告指控的贴附"古趋尤山"商标标识的商品的类别，原则上来说，商品/服务的类别，以相关公众对商品/服务类别的一般认知为标准进行判断，在本案中各方当事人对商品的类别无争议，均认可该商品为黄酒商品。根据《区分表》的规定，黄酒商品属于第33类，C330004黄酒，黄酒与果酒、鸡尾酒等属于不同的群组。由此可见，"古趋尤山"商标核准的商品范围并不包括C330004黄酒。经过上述比对后，可以确认在黄酒商品上使用"古趋尤山"商标属于超出商标核定使用范围的情形。

在司法实践中，商标实际使用的商品/服务的类别具体如何认定，并不简单，存在一定的争议与难度。比如某公司在第35类上申请注册"神州连合"商标，核准注册的服务范围为：广告代理；货物展出；广告宣传；计算机网络上的在线广告；广告设计；广告空间出租；通过网站提供商业信息；提供商业和商务联系信息；替他人推销；将信息编入计算机数据库。取得注册商标后，其设立"神州连合租车"平台，为全国租车经营户发布车辆出租信息的共享(聚合)平台，汽车出租经营者可以在平台上免费发布车辆出租的信息，为有租车需求的人找车提供信息。那么该公司在"神州连合租车"平台上使用"神州连合"商标的行为，是属于第35类下的替他人推销？还是属于第39类下的汽车租赁？在这个问题上，不能"一刀切"的得出结论，只能根据该公司商标使用的实际情况，具体问题具体分析。假设该公司在平台经营过程中仅提供汽车租赁信息平台服务，应当认定其商标使用的服

务类别为第 35 类,但若其在经营过程中提供汽车租赁服务或以相关公众对该服务的一般认知加以考查,其会误认该公司为汽车租赁服务的提供者的,那么应当认定其商标使用的服务类别为第 39 类。因此,在认定是否超出核定范围使用商标时,须以《区分表》为基础,结合相关公众对商品/服务类别的一般认知为标准进行判断。

二、超出商标核定使用范围与商标侵权的界限

商标使用超出核定商品/服务的范围是否必然构成侵权？显然,这个结论是不成立的,商标使用超出核定商品/服务的范围并不一定会发生商标侵权。超出商标核定使用范围,实则是在核定使用范围外的商品/服务上使用该商标,不会发生注册商标的效力,此时的注册商标的标识应当视为未注册商标。国家知识产权局曾发布《商标一般违法判断标准》(2021 年),该标准第 23 条规定,“商标注册人或者使用人有下列行为之一的,均属《商标法》(2019 年)第五十二条规定的冒充注册商标:……(四)超出注册商标核定使用的商品或者服务而使用该商标且标明‘注册商标’或者标注注册标记的”。由此可见,超出商标核定使用范围使用商标,属于未注册商标使用范畴,若标明“注册商标”或者标注注册标记的,将构成行政违法。

超出商标核定使用范围何时会转化成商标侵权呢?《商标法》(2019 年)第 56 条规定:“注册商标的专用权,以核准注册的商标和核定使用的商品为限。”该法律规定包括以下两层含义:一是在特定的范围,即在核定使用的商品类别上使用核准注册的商标;二是在该特定范围内商标注册人对其注册商标的使用是一种专有使用,即不得任意改变商标或者扩大商标使用范围。《商标法》(2019 年)第 57 条规定:“有下列行为之一的,均属侵犯注册商标专用权……(二)未经商标注册人的许可,在同一种商品上使用与其注册商标近似的商标,或者在类似商品上使用与其注册商标相同或者近似的商标,容易导致混淆的。”也就是说,在相同或类似商品上,该商标与第三人的注册商标构成商标近似的,即会成立商标侵权,超出核定使用范围的注册商标也难以阻却侵权行为的成立。

根据《最高人民法院关于审理商标民事纠纷案件适用法律若干问题的解释》(2020 年)第 9 条和第 10 条的规定,在商标侵权纠纷案件中,认定被诉侵权标识与主张权利的注册商标是否近似,应当视所涉商标或其构成要素的显著程度、市场知名度等具体情况,在考虑和对比文字的字形、读音和含义,图形的构图和颜色，或者各构成要素的组合结构等基础上，对其整体或者主要部分是否具有市场混淆的可能性进行综合分析判断。

以前述案例为例，“古趋尤山”商标实际使用的商品类别为黄酒，“古越龙山”“古越龍山”等商标核准注册范围包含黄酒，超出商标核准范围使用的“古趋尤山”商标已落入“古越龙山”等商标的核准范围内。就商标近似的判断而言，总体来说各商标标识的主要识别部分均为文字，被诉侵权标识由“古”“趋”“尤”“山”四个文字组成，其中“古”“山”与原告商标中的“古”“山”完全一致，“趋”与“越”“尤”与“龙”，在字形、结构、外观方面高度相似。其中，原告第302434号是文字图形组合商标，与被控侵权标识在颜色、图形形状、结构、文字方面极其相似。原告的第1435855号商标是文字商标，虽然该等商标中的“龍”字为繁体字，但在我国的汉语言环境下，“龍”与“龙”是相通的，被告使用的标识亦与该等商标构成近似。综上所述，案涉侵权标识与原告的系列商标从整体视觉效果上看没有明显区别。而在判断商标近似时应当以对相关商品具有一般性的知识、经验的相关公众在选购商品时所施加的普通注意程度为标准，鉴于“古越龙山”商标的驰名中外的知名度，消费者在看到包装相近、文字标识相似的“古趋尤山”时，极易将二者混同识别，足以造成相关公众的混淆、误认，将该文字标识与驰名商标建立相当程度的联系，误认其来源相同或有关联，致使原告的利益受到损害。由此认定，“古趋尤山”标识符合《商标法》第57条规定的“在同一种商品上使用与其注册商标近似的商标，或者在类似商品上使用与其注册商标相同或者近似的商标，容易导致混淆”的情形，成立商标侵权。

三、销售商合理注意义务的判断标准

《商标法》(2019年)第60条规定，“销售不知道是侵犯注册商标专用权的商品，能证明该商品是自己合法取得并说明提供者的，由工商行政管理部门责令停止销售”。该条款是销售商合法来源抗辩的法律依据，其目的在于合理平衡善意销售商与商标权利人的合法权益。该制度是销售商的一把保护伞，以促进商品流通，维护交易安全。同时，侵权但不赔偿的结果，可以督促销售者尽到合理注意义务，提供证据帮助商标权利人追溯侵权源头，以维护正常的市场经营秩序，保护商标权利人的合法权益。但若销售商的主观是恶意的或不能提供商品的合法来源的，则同样构成商标侵权并承担侵权责任。在司法实践中，除最常见的无法提供合法来源外，如果存在以下情形的，一般将被认定为未尽到合理注意义务。

(一)销售商无法证明不具有主观过错的

最高人民法院在(2017)最高法民申5160号案件中认定,"但仅提供真实供货方并不能直接证成合法来源抗辩,小木批发站还需要证明其不知道涉案白酒是侵犯注册商标专用权的商品。……本案现有证据不能证明小木批发站在经销涉案白酒时实际不知道且不应当知道其是侵犯注册商标专用权的商品"。由此认定,销售者的合法来源抗辩不成立。[①]

(二)权利人的商标知名度极高的

江苏省高级人民法院在(2020)苏知终17号案件中认定,"合法来源抗辩成立不仅要求能够证明被诉侵权商品是合法取得并说明提供者,还需符合主观上不知道销售的是侵权商品这一要件。本案中,因'樱花'系列注册商标在厨卫家电商品上具有极高知名度,对于专业销售电器商品的陈辉电器行和兰琳电器行而言,理应知晓。但其对实际使用的标识与被授权使用的'樱花帝王'注册商标存在差异而与'樱花'系列注册商标构成近似,未能尽到合理的注意及审查义务,主观上存在过错,故一审判决认定其主张的合法来源抗辩不能成立,亦无不当"[②]。

(三)销售商同时销售权利人产品与侵权产品的

广东省高级人民法院在(2020)粤民终469号案件中认定,"即便华一涂料店有证据证明其销售的被诉侵权产品来源于涂轩公司,由于华一涂料店同时还销售有德高公司的正牌产品,这说明华一涂料店作为涂料产品的专门销售商,对于德高品牌有较高的熟知度,其在明知或应知所销售的被诉产品为侵权产品的情况下,仍然进行销售,故华一涂料店在主观上不属于善意、不知情,其行为亦不符合合法来源抗辩的主观要件"[③]。

基于以上的裁判思路,我们可以看出销售商的合理注意义务并不是简单地等同于合法来源,还需要主观上的善意与客观上的审查。在前述"古趋尤山"侵权案中,作为销售商的超市,在审查商标注册证的情况下,仍然销售"古趋尤山"牌黄酒商品,难谓尽到合理注意义务。其最终被法院认定侵权成立,并承担相应商标侵权的法律责任,这个判决结果符合客观实际。

① 参见最高人民法院民事裁定书,(2017)最高法民申5160号。

② 参见江苏省高级人民法院民事判决书,(2020)苏知终17号。

③ 参见广东省高级人民法院民事判决书,(2020)粤民终469号。

第三章

疑难著作权侵权案例评析

14

短视频模板的著作权保护研究

——以"剪映案"为视角

姚小娟*

【内容提要】随着互联网技术的快速发展和短视频的爆发性增长，涉及互联网领域的著作权保护也呈现出新的形态，本案即为首例短视频模板著作权纠纷案件。短视频模板依托平台制作，具有录影时间短、主题明确、社交互动性强、制作过程简化等特点。然而作为互联网新事物的短视频模板是否属于著作权法意义上具有独创性的作品，又究竟属于哪一类作品等问题均尚未明确，因此为本案的审判带来了全新挑战。本案裁判指出，基于平衡好创作与传播、著作权人和社会公众之间利益关系的考虑，在判断短视频模板是否具有独创性时，不宜采取过高的判断标准：一方面，短视频模板必须由作者独立创作完成，不能复制或剽窃他人作品；另一方面，短视频模板必须是作者创造性的智力成果，是作者思想或情感内容的表达，可以体现作者的个性。

【关键词】短视频模板　著作权　独创性

---

* 姚小娟：浙江天册律师事务所律师，任杭州市律师协会反垄断与反不正当竞争专业委员会主任，浙江省知识产权局商业秘密入库专家，浙江财经大学法学实务导师等职务。承办案例先后入选中国法院50件知识产权典型案例、浙江省高级人民法院十大知识产权案例、杭州市中级人民法院十大知识产权案例等。作为浙江省律师协会知识产权专业委员会的编委会成员编辑《浙江律师办理商业秘密案件指引》并于2022年12月正式发布，以及作为编辑组成员编辑国内首部电子商务法律研究报告《2011—2012年度中国电子商务法律报告》等。

【案情简介】

原告一脸萌公司是剪映 App(包括 IOS 系统和 Android 系统)的经营者,成立于 2014 年 1 月 21 日,注册资本 1000 万元,经营范围包括手机软件、电子产品、计算机软硬件的技术开发与销售,网络技术开发、技术服务等。

原告二微播公司是抖音 App(包括 IOS 系统和 Android 系统)的运营者,成立于 2016 年 3 月 11 日,经营范围包括技术开发、技术服务,应用软件服务,设计、制作、发布广告,利用信息网络经营音乐娱乐产品,互联网信息服务,广播电视节目制作等。

剪映 App 是一款视频编辑软件,为用户提供多种素材、音乐、特效等,协助用户自行对短视频进行编辑。《剪映用户协议》约定:“剪映”作为抖音官方出品的短视频剪辑工具,经微播公司(抖音 App 运营方)授权确认,由脸萌公司在中国境内全权负责相关运营、商业推广和宣传等事项。其中适用范围:(1)本协议是您与脸萌公司之间就您下载、安装、使用“剪映”软件,并获得“剪映”软件提供的相关服务所订立的协议。(2)“剪映”指由公司合法拥有并运营的、标注名称为“剪映”的客户端应用程序,公司向用户提供新颖、轻松的视频录制、剪辑、编码与发布到相关网站的技术服务。《创作者版权承诺须知》约定:如有任何第三方行为侵犯了您已上传本平台作品的相关权利,您同意授权本平台可代表您对该等第三方采取包括但不限于警告、投诉、发起行政执法、诉讼、谈判和解等措施。

2020 年 9 月 27 日,脸萌公司向二被告杭州看影科技有限公司、杭州小影创新科技股份有限公司发送侵权投诉函,要求二被告删除 Tempo App 中被控侵权短视频,确保不再重新提供侵权内容。2020 年 10 月 28 日,脸萌公司向二被告发送第二封侵权投诉函,声明自同年 9 月 27 日发函后侵权内容仍存在,再次要求删除 Tempo App 中的被控侵权短视频。

两原告诉称,2020 年 2 月 27 日,制作人“阿宝”在剪映平台上发布了“女生节为爱充电”视频模板。作品一经发布就受到了用户的广泛喜爱,截至起诉时该模板使用量已达 354 万次,点赞量达 27 万次。用户可通过替换模板中的可更换素材形成自己的视频。经“阿宝”合法授权,二原告依法对该视频模板享有著作权和维权的权利。二被告未经原告许可,在其共同运营的 Tempo App 上传播并提供下载及分享服务,吸引了大量的网络用户在 Tempo App 上使用该视频模板制作短视频,同时去除了该视频模版上的“剪映”LOGO 及用户剪映号水印,侵害了二原告对“女生节为爱充电”视频模板作品享有的信息网络传播权、复制权、改编权及汇编权等权利。原告请求法院判令二被告:(1)立即停止侵权行为,即立即停止提供被控侵权短视频模板的在线播放及供用户使用、下载服务,立即删除Tempo App中抄袭原告的涉案短视频模板;(2)在本案判决生效之日起3日内,在Tempo App的首页显著位置、《中国知识产权报》头版显著位置连续15日刊登声明,消除影响;(3)共同赔偿原告经济损失及为制止侵权的合理支出共计人民币50万元;(4)承担本案诉讼费。

看影公司是Tempo App(Android系统)的开发者和运营者,成立于2015年4月17日,注册资本6000万元,经营范围包括技术服务、技术开发,网络技术服务,广告设计、代理,广告制作,广告发布等。法定代表人为韩某。

小影公司是Tempo App(IOS系统)的运营者,成立于2012年6月25日,注册资本3000万元,经营范围包括计算机软硬件、互联网信息技术、电子商务技术的技术开发、技术服务,国内广告设计、计算机信息系统集成、第二类增值电信业务中的信息服务业务等。法定代表人为韩某。

二被告陈述Tempo App(Android系统)由看影公司运营,Tempo App(IOS系统)由小影公司运营。审理中,经核实,打开网址Tempo. ink,显示网站名称杭州看影网站,网站著作权人为看影公司,其提供Tempo App的下载服务。

二被告辩称:本案原告不具备起诉的主体资格。涉案视频使用的是公开元素,且时长短,不具备作品的独创性要求,不构成著作权法上的作品。涉案视频中人物不同,而人物是类电作品的核心要素,故被控侵权的视频与原告的涉案视频不构成实质性近似。即使构成侵权,对视频进行下载、修改的行为由用户实施,被告仅提供被控侵权视频在某App上供用户浏览的服务。二原告主张的赔偿损失的金额过高,赔礼道歉声明的诉讼请求无依据。

经法庭对比,涉案短视频模板和被控侵权短视频除可自由替换的两张人物图片外,其他不可编辑部分的内容基本相同。具体表现为:(1)视频界面要素和内容相同,比如时间(5:20,3月7日星期六,庚子年二月十四),“Player or Watcher”表现形式、位置和颜色,苹果手机滑动界面、充电过程界面和位置均相同。(2)爱心爆炸界面和效果相同。比如爱心爆炸的颜色,随着爱心爆炸所飞舞的红色爱心均相同。

【裁判理由】

一、关于"女生节为爱充电"短视频模板是否构成类电作品

二原告主张涉案短视频模板构成类电作品。根据《著作权法实施条例》(2013 年)第 2 条的规定,《著作权法》所称作品,是指文学、艺术和科学领域内具有独创性并能以某种有形形式复制的智力成果;第 4 条规定,电影作品和以类似摄制电影的方法创作的作品,是指摄制在一定介质上,由一系列有伴音或者无伴音的画面组成,并且借助适当装置放映或者以其他方式传播的作品。涉案短视频模板的展现具备连续动态效果的表现形式,显然符合类电作品的形式要件。二被告辩称该短视频模板不具有类电作品所要求的独创性,不能构成类电作品。

本案的关键在于对涉案短视频模板独创性方面的判定,因短视频依托平台制作,具有创作门槛低、录影时间短、主题明确、社交互动性强、便于传播等特点,是一种新型的视频形式,上述特点一般会使短视频制作过程简化。基于著作权人和社会公众之间利益平衡的考虑,在判断其是否具有独创性时,应采取不宜过宽的判断标准。一方面,短视频模板必须由作者独立创作完成,不能复制或剽窃他人作品;另一方面,短视频模板必须是作者创造性的智力成果,是作者思想或情感内容的表达,可以体现作者的个性。基于短视频的创作和传播有助于公众的多元化表达和文化的繁荣,故对于短视频是否符合创作性要求进行判断之时,对于其创作高度不宜苛求,如果能体现出制作者的个性化表达,可以认定达到构成类电作品所应具备的独创性。

判定"女生节为爱充电"短视频模板的"独创性"时,法院考量如下因素:

第一,涉案短视频模板系由制作者独立创作完成。短视频模板本身属于短视频,与短视频相比其特别之处在于用户可以将其中两张人物图片替换后通过该短视频模板生成自己的短视频。涉案短视频模板的创作路径并不是制作者完全独立从无到有创作,而是在已有成果的基础上进行创作,其选择的音乐、贴纸、图标、特效、动画等部分元素虽来源于剪映 App 的素材,但使用公开元素与是否独立创作完成并不矛盾。判断涉案短视频模板是否符合"独立完成"的要求,应以该短视频模板与上述元素间是否存在能够被客观识别的差异为条件。本案制作者将上述元素进行选择与编排制作出的短视频模板与既有各个独立的元素存在客观明显的差异,且没有证据证明在发布前存在相同或近似的短视频内容,故应当认

定该短视频模板由制作者独立创作完成。二被告关于涉案短视频模板源于公有领域元素并非制作者独立完成的抗辩意见，法院不予采纳。

第二，涉案短视频模板体现出了创作性。具体创作性表达体现在剧情的安排和画面的组合上，其以“女生节表达爱意”为主题，塑造了女生面对追求从面临选择、内心犹豫、作出决定、开始追求、情感积累到恋爱达成后幸福满溢、甜蜜温馨的情感故事。在画面的组合上，以显示为3月7日5:20的苹果手机待机界面为背景，意寓“女生节，我爱你”，通过在“Player”与“Watcher”中的选择体现面对追求内心的犹豫以及最终决定追求的决心。随着苹果充电图标中粉红色爱心充满电池的动画，体现爱情的升温，最终在电量满格后，背景图中朦胧的女生以清晰的图形出现，音乐随之高昂，彩虹、爱心、星星散花般迸出布满屏幕，产生类似“烟花爆炸”的特效体现恋爱达成后幸福甜蜜的情感体验。由此可见，该短视频构成了一个有机统一的视听整体，其中包含制作者多方面的智力劳动，制作者根据想要表达的思想主题，奠定风格基调，寻找合适的背景音乐、图片，再根据音乐的节奏点搭配不同的贴纸、特效、滤镜、动画等元素，并结合主观需要协调多种元素的排列方式、大小、顺序和持续时间，整个创作过程存在智力创造空间。虽然该短视频是在已有元素的基础上进行创作，但其编排、选择及呈现给观众的效果，与其他短视频不同，在音乐、动画、特效、滤镜等效果整体搭配上有一定的设计感，具有独特的选择、安排与设计，体现了制作者的个性化表达。因此，应当认定涉案短视频模板符合创作性的要求。对于二被告认为时长过短影响短视频创作性的抗辩意见，法院认为，视频时间的长短与创作性有无的判定没有必然联系，涉案短视频模板能较为完整地表达制作者的思想感情，时长较短不影响创作性的判定。

综上，法院认为，“女生节为爱充电”短视频模板具备著作权法的独创性要求，构成类电作品。①

二、二被告的行为是否构成侵权

法院认为，涉案短视频模板发布于2020年2月27日，而被控侵权短视频晚于涉案短视频模板的发布时间，且二被告与二原告同属于提供视频交互服务的互联网公司，二被告具有接触涉案短视频模板的合理机会，二被告提供被控侵权短视频的行为符合著作权侵权“接触+实质相似”的构成要件。本案二被告在其运

① 参见杭州互联网法院民事判决书，(2020)浙0192民初8001号。

营的 App 上共同或分别提供被控侵权短视频,使用户可以在其个人选定的时间和地点播放、下载、制作及分享短视频,该行为构成对二原告涉案作品信息网络传播权的侵害。

【法理评析】

一、短视频模板的概念梳理

短视频作为互联网时代的新产物,越来越受到用户的追捧与热衷,其中短视频模板可谓功不可没。眼下众多短视频平台上的短视频模板往往由背景音乐、图片、文字、特效、滤镜、贴纸、动画等多种要素,经过选取排列组合形成。用户想要使用短视频模板时,只需要在短视频平台中搜索心仪的模板,在视频剪辑轨道上插入用户指定素材后即可与短视频模板自动合成完整的短视频。换言之,用户使用短视频模板"创作"的短视频是由用户自己的照片、视频、文字素材与平台上收录的短视频模板合成的。由于短视频模板可以改善业余用户的短视频中拍摄、剪辑、配音的不足,也可以更好带动短视频平台上追捧热点的风气,因此短视频模板的相关纠纷日渐增多,对于短视频模板的概念争论也应运而生。

第一种观点认为,短视频模板虽名为"模板",但实为结合模板所创作的一段全新短视频,既包含了前文所述的已被用户选定的音乐、图片、文字、特效等固定要素,也包含了用户在模板上自我填充的指定素材。因此,讨论短视频模板的概念和著作权保护问题,均应建立在主体是这一段全新短视频的基础上,就本案而言,被告就持此观点进行抗辩。

第二种观点认为,短视频模板之所以名为"模板",正是因为它实际上是套用在用户自选素材上的特定框架,虽与视频内容无涉,但其被模板作者创作时同样经过了素材的制作、选取、组合等,可以被视为一独立主体,无须结合用户素材即可讨论其著作权法上的地位。

笔者认为,第二种观点更符合《著作权法》的立法意旨。一方面,将用户素材加入短视频模板的著作权法概念厘清中,会导致模板制作者和用户之间的作者身份认定陷入两难,两者并无合作创作的主观意图,难以构成合作作者,但用户对短视频整体进行了创作,而模板制作者对短视频模板进行了独立创作,显然不应混为一谈;另一方面,模板虽为短视频的组成部分,但就该部分而言,其可以从短视频作品中独立出来,能否得到著作权保护的关键在于其独创性分析,并非依靠短视频整体才能进行法理分析。因此,本案裁判中法院也认可第二种观点,并未支持被告的抗辩。

二、短视频模板的作品属性认定

著作权法意义上的作品存在三个要件:第一,应当是思想或感情的表现;第二,应当具有独创性;第三,作品的表现形式应当符合法律的规定。如前所述,在明确了短视频模板的概念并不包含用户所选素材的基础上,短视频模板究竟能否构成著作权法意义上的作品,重点在于对其独创性加以讨论。

(一)短视频模板来源于公有领域元素,是否影响作品属性

利益平衡原则是《著作权法》乃至整个知识产权法体系的基石,因此,公有领域与《著作权法》保护的范围始终是此消彼长。《著作权法》固然要求作品想要受到保护应具有独创性,然而独创并非凭空而来,仍是作者使用基于公有领域的元素,进行融合个人意志的加工创造产生。虽公有领域元素与作品创造密不可分,但使用公有领域元素的多少难免会影响作品独创性中的判断,这也是本案被告的抗辩理由之一。

就本案而言,独创性的审查包含两个方面的因素:一方面,短视频模板必须由作者独立创作完成,不能复制或剽窃他人的作品;另一方面,短视频模板必须是作者创造性的智力成果,是作者思想或情感内容的表达,可以体现作者的个性。涉案的短视频模板其创作路径并非“从无到有”,而是在剪映平台提供的已有成果上选择音乐、贴纸、图标、特效、动画等部分元素进行创造。法院认为,使用公有领域元素与独创并不矛盾,笔者也持此观点:首先,作品独创与公有领域保留本就是相对且动态变化的,独创性审查重在审查作品是否为作者独立创作且表达了作者思想情感,因此审查重点应在此前是否出现类似作品或使用的元素与作者最终作品是否明显相似;其次,《著作权法》中之所以存在改编作品、汇编作品,足以体现立法上并不排斥创作时使用公有领域元素,最终的衡量尺度应在于公共利益和作者利益的平衡;最后,考虑短视频模板系一类全新的视频形式,在互联网快速发展的背景下大大促进了作品的创作与传播,基于这一原因,对其独创性要求不宜过高。

本案裁判也佐证了这一思路,法院认为在判断作品是否系独立完成时,以涉案短视频模板与短视频中运用的元素间是否存在能够被客观识别的差异为条件,制作者虽使用了公有领域元素,但经过独立的编排选择,最终制成的短视频模板

与各公有领域元素存在客观明显的差异,且没有证据证明在发布前存在相似的短视频模板,故应当认定由制作者独立创作完成。虽然短视频模板这一类作品在现行著作权法体系下并无明确规定,但基于利益平衡原则,对此类作品施以著作权法的保护更有助于公众的多元化表达和文化的繁荣。

(二)短视频模板时长过短,其独创性存疑

本案被告的第二个抗辩理由是涉案短视频模板时长过短,影响了其创作性。与前文公有领域抗辩不同,短视频的时长长短影响的是作品独创性审查中"创"的判断。相比于"独"重在审查客观证据,即是否为作者独立创作、有无相同或相似的在先作品等,"创"的判断则更依赖主观,创造性需要作品能够体现作者为之付出了一定程度的智力劳动,同时表达了作者的思想和感情,法院在裁判时更需要综合判断作品表达的真实含义,更要兼顾利益平衡,因此,时长长短可能会对此有一定影响。

涉案短视频模板时长尤其短,仅有八秒钟,法院在裁判时结合了短视频模板的内容进行详细分析:本案中,具体创作性表达体现在剧情的安排和画面的组合上,从剧情安排来看,该模板以"女生节表达爱意"为主题,塑造了女生面对追求从面临选择、内心犹豫、作出决定、开始追求、情感积累到恋爱达成后甜蜜温馨的情感故事;在画面的组合上,以显示为3月7日5:20的苹果手机待机界面为背景,意寓"女生节,我爱你",通过在"Player"与"Watcher"中的选择体现面对追求内心的犹豫以及最终决定追求的决心。随着苹果充电图标中粉红色爱心充满电池的动画,体现爱情的升温,最终在电量满格后,背景图中朦胧的女生以清晰的图形出现,音乐随之高昂,彩虹、爱心、星星散花般迸出布满屏幕,产生类似"烟花爆炸"的特效体现恋爱达成后幸福甜蜜的情感体验。

由此可见,该短视频模板构成了一个有机统一的视听整体,其中包含了制作者多方面的智力劳动,制作者根据想要表达的思想主题,奠定风格基调,寻找合适的背景音乐、图片,再根据音乐的节奏点搭配不同的贴纸、特效、滤镜、动画等元素,并结合主观需要协调多种元素的排列方式、大小、顺序和持续时间,整个创作过程存在智力创造空间,具有独特的选择、安排与设计,体现了制作者的个性化表达。[①]

---

① 参见杭州互联网法院民事判决书,(2020)浙0192民初8001号。

综上所述，短视频模板时长虽然很短，但法院认为已足以体现制作者个性化的选择与判断，较短的时长并不影响该短视频模板创作性的判断，这一观点也得到了诸多判例的佐证。①

（三）短视频模板在现行著作权法语境下缺乏对应作品类型

短视频模板的作品类型也是本案的争议焦点之一，正是因为缺乏明确对应的作品类型判断，其作品地位才饱受质疑。基于对短视频模板本质的分析，不难判断出短视频模板包含了图片、文字、视频、特效等多项元素，这些元素的组合构成了连续的动态效果，哪怕模板时长较短，其表现形式也与其余短视频无异。我国《著作权法》对于作品类型有明确的列举式规定，本案判决在《著作权法》（2020年）施行以前，因此适用的法律依据主要是《著作权法》（2010年）和《著作权法实施条例》（2013年）。

根据《著作权法实施条例》（2013年）第4条的规定，电影作品和以类似摄制电影的方法创作的作品，是指摄制在一定介质上，由一系列有伴音或者无伴音的画面组成，并且借助适当装置放映或者以其他方式传播的作品。法院认为短视频模板具备连续动态效果的表现形式，显然符合类电作品的形式要件，因此结合独创性分析，法院最终认定其构成了类电作品。

对比《著作权法》（2020年）与《著作权法》（2010年），不难看出第3条关于作品类型的修订，其中第6项由“电影作品和以类似摄制电影的方法创作的作品”改为“视听作品”。虽然《著作权法实施条例》（2013年）未能及时调整，但从法理分析来看，视听作品与原先的电影作品、类电作品最显著的差别在于是否“摄制在一定介质上”。笔者认为，在《著作权法》将电影作品和类电作品更新为视听作品后，实际上是对此类作品放弃了“摄制在一定介质上”的要求。视听作品一方面不再要求采用摄制的手法获取，如本案的短视频模板、技术生成动画等，完全可以通过合成剪辑的手法在移动设备上直接完成；另一方面，介质概念也逐渐被《著作权法》淡化，视听作品无须被稳定固定在特定载体上，其创作和储存工程都可以在云端完成。

因此，在《著作权法》（2020年）修订后，短视频模板应当纳入视听作品范畴，对于短视频模板能否构成视听作品，依然需要从独创性方面加以审查。

① 参见北京互联网法院民事判决书，（2018）京0491民初1号、（2020）京0491民初18842号。

三、结语

本案是首例短视频模板著作权侵权纠纷案,在审判过程中,法院结合短视频模板的特殊属性和相关法律规定,明确了短视频模板的著作权法保护应当参照类电作品(现行法中的视听作品),并且基于短视频模板有助于文化传播与创作,本案裁判明确了对于短视频模板的独创性要求不宜过高。在此基础上,使用公有领域元素、视频时长较短等因素均与其是否构成作品之间没有必然联系。短视频模板的作品地位判断仍需从独创性角度出发综合分析。虽然本案裁判未曾提及利益平衡原则,然而对于此类案件的处理无一不是从利益平衡的角度出发,对于互联网时代的新兴产物,既要合理运用法律规范予以规制,也要考虑法条的适用是否过于僵化机械以至于违背了立法本意,短视频模板案件具备对公共利益的特殊意义,因此对其施以著作权法保护时无须苛责其独创性的高度,如此才能达到著作权人、公共利益和同业竞争者之间的利益平衡,以此推动互联网背景下的著作权保护革新。

15

实用艺术作品受著作权法保护的条件

——以“仙人掌衣帽架案”为例

李国旗　钱　虹　季丽佳*

【内容提要】目前,我国著作权法中并无实用艺术作品这一法律概念,而仅在最高人民法院公布的一件指导性案例中明确,实用艺术作品作为美术作品受到我国著作权法的保护,同时还需满足艺术性、艺术性与实用性相分离等条件。

【关键词】著作权　实用艺术作品　法律认定的条件

随着人们对高品质生活的不断追求,大众审美标准的不断提高,玩具、家具、饰品等具有实用性功能的工业化产品也逐渐呈现艺术化的特征。此外,在司法实务中,也有不少商家在无法获得外观设计等专利权制度保护的情况下,转而寻求著作权法的保护。本文从一起侵犯仙人掌衣帽架作品著作权纠纷案件出发,对实用艺术品受我国著作权法保护的条件予以探讨。

【案情简介】

2018 年 11 月 26 日,原告徐某独立创作完成了一个仙人掌衣帽架。徐某认为

* 李国旗:浙江工商职业技术学院教师,国浩律师(宁波)事务所律师。主持研究《外部董事制度在中小民营企业中的应用研究》等课题;出版《经济法》《电子商务法实务研究》等多部著作;发表《家族财富管理与传承之法律架构》《发明与实用新型专利侵权抗辩探析》等多篇文章。为众多高净值客户提供财富管理与传承的法律框架方案。钱虹、季丽佳:国浩律师(宁波)事务所律师。

该仙人掌衣帽架将工业建筑材料L型材料与金属异形切割的板材通过特定方式排列，巧妙运用对锁螺丝的连接组合呈现仙人掌造型，整体造型错落有致，既具有实用性，又极富有美感，是一件美术作品，应当受到著作权法的保护。2022年，原告徐某发现浙江某公司未经其授权许可在淘宝、小红书等平台上宣传、销售侵权产品。经比对，该公司所销售的侵权产品与原告所创作的仙人掌衣帽架美术作品完全一致。因此，原告认为被告的行为严重侵害了原告享有的著作权，故提起诉讼。

【裁判理由】

经法院审理，法院认为本案所涉的仙人掌衣帽架是否属于著作权法意义上的美术作品，应考虑涉案作品的实用性与艺术性是否能分离，排除使用功能后其表达是否具有独创性。原告徐某主张其独创性体现在“由四根高低不同的L型材料组成主干，与四个类似形状材料通过特定方式排列，组成一个抽象化的仙人掌形象”。法院认为其由主干和分枝形成的仙人掌造型是为了实现商品的衣帽架功能所设置，其十字形底座是为了让衣架稳定牢固，其分枝角度的设计是为了使挂物中心更加集中，不容易倾倒且防止滑落。因此，涉案作品的主干、分枝造型是实现其衣帽架实用功能的必要组成部分，该部分的艺术成分与实用功能无法分离，亦不具有独创性，不属于著作权法意义上的美术作品，故被诉侵权衣帽架亦不构成侵权，本院对原告的全部诉讼请求不予支持。①

【法理评析】

一、实用艺术作品的定义及保护现状

目前我国《著作权法》以及《著作权法实施条例》上并无实用艺术作品这一法律概念。虽然在2013年国务院法制办公室（已撤销）公布的《关于征求〈中华人民共和国著作权法（修订草案送审稿）〉意见的通知》中曾将“实用艺术作品”作为一项独立的“作品”列出，并采取概括加列举的方式将其定义为：“玩具、家具、饰品等具有实用功能并有审美意义的平面或者立体的造型艺术作品。”此修改主要是为了与《实施国际著作权条约的规定》相衔接。《实施国际著作权条约的规

① 参见浙江省宁波市鄞州区人民法院民事判决书，(2022)浙0212民初12467号。

定》第6条明确规定，对外国实用艺术作品的保护期，为自该作品完成起25年。但最终由于对于我国国民的实用艺术作品是以美术作品保护还是不保护没有统一认识，争议过大，在2020年正式发布的经修正的《著作权法》中还是删除了“实用艺术品”的法律概念。

尽管如此，在2021年7月15日最高人民法院发布的第157号指导性案例中，“实用艺术作品”的概念却被再次提及，并通过指导性案例的方式对实用艺术作品侵权的判断要件、作品的保护边界、保护范围以及在审理实用艺术作品案件时应考虑的因素和掌握的标准等方面进行了详细地分析论证。① 通过该指导性的裁判要旨确认：对于具有独创性、艺术性、实用性、可复制性，且艺术性与实用性能够分离的实用艺术品，可以认定为实用艺术作品，并作为美术作品受著作权法的保护。受著作权法保护的实用艺术品必须具有艺术性，著作权法保护的是实用艺术作品的艺术性而非实用性。故此，在现阶段，实用艺术品系作为美术作品受我国著作权法的保护。

二、实用艺术作品独创性和艺术性考量

《著作权法》第3条规定，本法所称的作品，是指文学、艺术和科学领域内具有独创性并能以一定形式表现的智力成果。同时，最高人民法院也在相关判决中指出：“《著作权法》保护的是具有独创性的作品，必须同时符合‘独立创作’和‘具有最低限度创造性’两个方面的条件才可能成为《著作权法》意义上的作品。受《著作权法》保护的作品不仅要求独立完成，还需达到一定水准的智力创造高度，智力创造性能够体现作者独特的智力判断与选择、展示作者的个性并达到一定创作高度要求，‘独’与‘创’缺一不可。”②故此，受著作权法保护的实用艺术作品首先应当满足的是独立完成且具有一定智力创造高度的要求。

此外，《著作权法实施条例》第4条第8项规定：“美术作品，是指绘画、书法、雕塑等以线条、色彩或者其他方式构成的有审美意义的平面或者立体的造型艺术作品。”因此，作为受著作权法保护的实用艺术作品还应当具有一定审美意义。

那么实用艺术品应当达到怎样的审美水平才能够受著作权法的保护呢？有

① 参见李嵘、石磊：《〈左尚明舍家居用品（上海）有限公司诉北京中融恒盛木业有限公司、南京梦阳家具销售中心侵害著作权纠纷案〉的理解与参照——艺术性与实用性能够分离的实用艺术品可以认定为实用艺术作品受著作权法保护》，载《人民司法》2022年第17期。

② 参见最高人民法院行政裁定书，（2012）知行字第38号。

观点认为，实用艺术品在被视为美术作品进行著作权保护时，是不应当考虑其艺术质量的。这就意味着一个非常简单的绘画也可以受到著作权法的保护，只要它是原创的。① 此外，也有观点认为，实用艺术品的审美高度应当同纯美术作品一致，保护实用艺术品与保护一般的美术作品没有实质区别。

实际上，在司法实务中，法院对于实用艺术品的艺术性审查是较为严格的。例如，在皇冠笔案件中，②法院就认为实用艺术品要构成美术作品，应具备较高的艺术性，能使大众从欣赏者的视角，从审美观的角度认为该作品是艺术上的创作成果。法院指出，案涉皇冠笔虽对笔顶部的皇冠部分进行了一定的设计，但整体形状未脱离皇冠常见的“皿”字形环形设计，皇冠棱上的珠状凸起以及下部的云形、三角形凹陷图案，虽具有一定的新颖性和美感，但未达到较高的艺术性，笔身的蓝底桃心音图案和笔头的螺纹设计亦较为简单，从该笔造型的整体而言并未达到较高水准的艺术高度，故法院认为涉案皇冠笔不构成美术作品，不受我国著作权法的保护。在本文开头所介绍的仙人掌衣帽架一案中，虽然法院未对仙人掌衣帽架的艺术性予以分析，但就参照浙江省高级人民法院的皇冠笔案例而言，其艺术性也未必能达到著作权法中对美术作品所要求的较高水准的艺术高度。

三、艺术性与实用性相分离的认定

除了独创性及艺术性的要求，最高人民法院的指导性案例中还明确受著作权法保护的实用艺术作品还需符合其艺术性与实用性相分离的条件，毕竟著作权法保护的是作品的艺术性而非实用性。

在美国的司法案例中很早就出现了“可分离”的思想，并发展出了“物理上的可分离”和“观念上的可分离”两种标准。③ “物理上的可分离”是指在实用艺术作品中存在两个部分：一部分是艺术特征表达；另一部分是实用功能载体，二者可以真实分离且实用功能不会受到影响。而“观念上的可分离”实用艺术作品的艺术特征虽然物理上与实用性不可分离，但是却可以通过假想与实用功能分离且独立存在。

虽然我国法律目前并未明确艺术性与实用性相分离的认定标准，但物理上及观念上可分离的两种标准却已出现在多个司法案例中。例如，在广东省中山市中

① 参见丁丽瑛：《略论实用艺术品独创性的认定》，载《法学评论》2005 年第 3 期。

② 参见浙江省高级人民法院民事判决书，(2019) 浙民终 1545 号。

③ 参见张烨：《实用艺术品“可分离”标准及其适用研究》，华东政法大学 2018 年硕士学位论文。

级人民法院作出的(2016)粤20民终1573号民事判决书中,法院认为:"本案中,由于镶嵌于首饰实物之上的装饰图案在物理上可以与其用来佩戴的实用功能部分实现分离,因此可以对该艺术成分即装饰图案作为实用艺术品的一部分以美术作品来保护。"该案中法官所运用的正是"物理上的可分离"标准。

此外,在最高人民法院公布的第157号指导性案例中,法院认为:"'唐韵衣帽间家具'之实用性主要在于柜体内部置物空间设计使其具备放置、陈列衣物等功能,以及柜体L形拐角设计使其能够匹配具体家居环境进行使用。该家具的艺术性主要体现在板材花色纹路、金属配件搭配、中式对称等设计,使其整体呈现鲜明中式风格。改动涉案'唐韵衣帽间家具'的板材花色纹路、金属配件搭配、中式对称等造型设计,其作为衣帽间家具放置、陈列衣物的功能不会受到影响,因此,涉案家具作品的实用性与艺术性能够进行分离并独立存在。"由此可见,在该指导性案例中,法院主要运用的是"观念上的可分离"标准,也就是即便改动实用艺术品中的艺术性,也不会导致其实用功能的实质丧失。①

在本文所介绍的"仙人掌衣帽架案"中,由于案涉仙人掌衣帽架的艺术性主要体现在仙人掌的造型上,但是如果改变该造型,其作为衣帽架的悬挂功能就会受损,其设计要素都仅仅只是服务于作为一个衣帽架所应具有的实用功能。如错落有致的仙人掌造型是为了方便不同身高类型的人使用,同时错开储物,使衣架的利用率更高;十字形底座是为了在减少占地面积的同时,使衣架更加稳定牢靠;挂钩角度的设计是为了使挂物中心更加集中,不容易倾倒,并且防止滑落。如果改动涉案仙人掌衣帽架的仙人掌造型就会使其作为衣帽架的实用性功能受损。无论是"物理上的可分离"标准或是"观念上的可分离"标准都无法满足,故此法院最终认为案涉仙人掌衣帽架不符合受著作权法保护的实用艺术品的要求。

由此可见,在我国司法实践中,在实用艺术作品艺术性与实用性相分离的认定上已存在物理上或观念上可分离的标准,即具备实用功能的实用性与体现艺术美感的艺术性可以在物理上相互拆分并单独存在,改动实用艺术品中的艺术性,亦不会导致其实用功能的实质丧失。

---

① 李嵘、石磊:《〈左尚明舍家居用品(上海)有限公司诉北京中融恒盛木业有限公司、南京梦阳家具销售中心侵害著作权纠纷案〉的理解与参照——艺术性与实用性能够分离的实用艺术品可以认定为实用艺术作品受著作权法保护》,载《人民司法》2022年第17期。

四、思考与建议

《伯尔尼保护文学和艺术作品公约》(以下简称《伯尔尼公约》)第2条第7款规定:“成员国可以立法决定,用专门法保护工业品外观设计和实用艺术作品,没有专门法的,这类作品必须作为艺术作品受到著作权法的保护。”我国作为《伯尔尼公约》的成员国具有承担公约义务的责任。同时随着实用艺术品案件的增加,我国应当对于实用艺术品的法律地位予以明确,而不仅仅只是通过一个最高人民法院的指导性案例予以约束。

同时,我国也应当以实用艺术品为例,对著作权及外观设计权等法律制度的界限予以明确。我国《专利法》第2条第4款规定,外观设计,是指对产品的整体或者局部的形状、图案或者其结合以及色彩与形状、图案的结合所作出的富有美感并适于工业应用的新设计。而著作权法中所保护的实用艺术作品的艺术性也往往体现在作品的外观上。由此可见,在实用艺术品的保护上很容易出现著作权与外观设计权制度边界不清的问题。

著作权法在权利获得的便捷性、保护期限和保护力度方面都远超外观设计专利:著作权不像外观设计权需要经过申请程序、支付申请费用,等待时间较长,著作权保护是自动产生的;著作权的保护期限是作者有生之年加50年;著作权是对作品本身的保护,也就是无论在何种载体中使用都应经过作者的许可,而外观设计专利权的期限只有15年,而且只针对相同或者相近种类的产品。[①] 在追求生活品味的现代社会,像本文所介绍的仙人掌衣帽架这样或多或少具有一定美感的日常实用品有很多,如果只要有一定美感,就能获得著作权的保护,这显然会导致设计者不再有动力去申请外观设计专利,从而使外观设计专利制度落空。因此,受著作权法保护的实用艺术品的艺术性必然要远高于外观设计对于富有美感的标准。

综上所述,在我国实用艺术品虽然可以作为美术作品受到著作权法的保护,但目前并无明确的法律规定,仅在最高人民法院的指导性案例中予以明确。同时,受著作权法保护的实用艺术品,除需满足一般作品的要求外,还需要满足艺术性、艺术性与实用性相分离的条件。在实用艺术品的保护上,著作权制度与外观设计制度的分野亟须厘清。

---

① 参见王迁:《知识产权法教程》(第7版),中国人民大学出版社2021年版,第167页。

第四章

疑难不正当竞争案例评析

16

论搜索关键词竞价排名不正当竞争行为的认定

——以“畅想案”为视角

吕甲木*

【内容提要】关键词竞价排名搜索推广中,经营者显性使用竞争对手的商标、字号、企业名称等商业标识作为关键词的行为,以是否构成混淆作为认定商标侵权或不正当竞争的标准。经营者隐性使用竞争对手商标、字号、企业名称等商业标识作为关键词的行为,应以是否存在故意违反诚实信用原则和商业道德的不正当性,是否对市场竞争秩序、经营者利益、消费者权益造成实质损害作为构成不正当竞争行为的要件。如一方明知竞争对手的商标、字号等商业标识具有很高的知名度,没有正当理由,将该标识作为隐性使用的搜索关键词,其主观上存在获取他人知名度利益的目的,可推定其具有故意的情形,存在不正当性。市场竞争秩序并非社会公共利益,关键词隐性使用是否损害市场竞争秩序的实质在于是否损害广告市场的竞争秩序;经营者的商业机会是否存在实质性损害的可能性,与双方的竞争关系是否密切、直接、激烈有关。网络用户作为消费者无偿使用搜索服务时应对广告予以容忍。不影响自然搜索结果排名的关键词隐性使用并未对消费者的利益造成实质性损害。

---

* 吕甲木:二级高级律师,浙江海泰律师事务所高级合伙人,兼任浙江省律师协会知识产权专业委员会主任、浙江省法学会知识产权法学研究会副秘书长、宁波市法学会知识产权法学研究会副会长兼秘书长、中华全国律师协会知识产权专业委员会委员,被聘为最高人民法院知识产权案例指导研究(北京)基地专家咨询委员会专家、最高人民检察院民事行政检察咨询专家、浙江省商业秘密领域智库专家、宁波仲裁委仲裁员。邮箱:jarmoo@163.com。

【关键词】搜索　关键词竞价排名　实质损害　商业机会

【案情简介】

本案入选2015年中国法院50件知识产权典型案例,2015年度浙江法院十大知识产权保护案件,中华全国律师协会知识产权专业委员会2016年年会十佳优秀案例,宁波市首届以案释法十佳典型案例。

中源公司于2003年成立,中晟公司于2011年成立,两家公司为关联企业,登记的经营范围均包括了软件的研发、销售、维护,主要从事"富通天下"系列外贸管理软件的研发、销售与服务。2005年,经国家工商行政管理总局商标局核准,中源公司注册了第3736662号"富通天下"商标,核定使用商品为第9类计算机程序等。

畅想公司于2001年11月成立,经营范围包括电脑软件开发、批发、零售,电脑、网络设备批发、零售、安装、维护、网页设计、计算机技术咨询、技术服务,企业管理咨询,市场营销策划,主要从事外贸管理软件的研发、销售、服务等,其产品和服务为"畅想"系列外贸管理软件。

2014年5月,当中源公司、中晟公司以畅想公司存在商业诋毁为由提起诉讼后,畅想公司于2014年8月13日也向宁波市中级人民法院提起了诉讼,起诉中源公司和中晟公司涉嫌不正当竞争行为,要求两家公司停止侵权、赔礼道歉,赔偿损失100万元、其他合理费用61100元。主要一项涉案事实为:在百度网站搜索栏中输入"宁波畅想软件开发有限公司",点击"百度一下",搜索结果左侧第一条标题为"富通天下外贸管理软件",旁边标注"推广链接",标题下方为"富通天下"的商标,同时载明"中国外贸管理软件领导者!12年的历史沉淀,全国百万外贸人的专业选择!软件—外贸软件—外贸cm—外贸erp—外贸客户管理系统,www.joinf.com"。该搜索结果左侧第三条(自然搜索结果第一条)显示为"宁波畅想软件有限公司,外贸软件,外贸管理软件,外贸ERP"。百度公司向法院复函称:中源公司自2013年1月1日至2014年8月31日提交的以"畅想软件""宁波畅想软件开发有限公司"作为关键词的推广结果点击量为452次,消费价格为1706.74元。畅想公司认为:中源公司、中晟公司在百度搜索推广后台将"畅想软件""宁波畅想软件有限公司"作为搜索关键词侵害了其企业名称权,目的在于以不正当手段获取市场交易机会,构成不正当竞争。中源公司、中晟公司认为：百度搜索输入“宁波畅想软件有限公司”“畅想软件”后的搜索结果中出现被告“富通天下”软件推广结果是百度网站基于关键词的质量度、匹配方式和出价等综合权重因素予以排名推广的结果；关键词是为了在储存大量的信息的数据库中方便搜索、检索信息之用的索引词，其本质是技术性的公众资源，任何人均无权垄断，使用他人商标或字号等文字作关键词的行为本身并不违法，且被告在后台秘密状态下使用涉案关键词属于商业秘密，“畅想”不是原告的注册商标，也非知名字号，在向公众公开的搜索结果中，被告的创意标题、描述内容和链接网址均无原告权利内容，不会造成相关公众的误认，也未对原告造成直接损害，不构成不正当竞争。

【裁判理由】

一审宁波市中级人民法院认为反不正当竞争法意义上对企业名称、字号的使用，是指在中国境内进行商业使用，包括将企业名称、字号用于商品、商品包装及商品交易文书上，或者用于广告宣传、展览以及其他商业活动中。中源公司、中晟公司在百度推广中将畅想公司企业名称及字号设置为关键词的行为，是在后台使用了畅想公司的企业名称及字号，该种使用方式并非用于对外的宣传及商业活动，而在搜索结果中被告的创意标题、描述内容和链接网址均明确标注了其提供的商品及服务为“富通天下”软件，上述内容未提及畅想公司的企业名称及字号。中源公司、中晟公司系借助百度推广的平台宣传自己的商品及服务，主观上不具有利用畅想公司的商誉使相关公众产生混淆和误认的故意。客观上，搜索结果显示中源公司、中晟公司信息的标题旁边标注了“推广链接”字样，使百度推广的搜索结果和自然搜索结果区分开来，相关公众对于百度推广的竞价排名与自然搜索结果具备基本的区分能力，在中源公司、中晟公司的对外宣传的创意标题、描述内容和链接网址中清晰描述了商品和服务的品牌及来源，并未使用畅想公司的企业名称和字号，且在自然搜索结果的第一条展示了畅想公司的相关信息，并未使其处于不可识别的位置，故不会使相关公众对商品和服务的来源及经营者产生混淆和误认，中源公司、中晟公司的行为不构成对畅想公司企业名称权的侵犯。在反不正当竞争法范畴内，一种利益应受保护并不构成该利益的受损方获得民事救济的充分条件。商业机会虽然是一种可以受到反不正当竞争法所保护的权益，但其本身并非一种法定权利，交易的达成是双方合意的结果，经营者可以在一定的规则中自由参与竞争来争夺交易机会。竞争对手之间彼此进行商业机会的争夺是竞争的常态,也是市场竞争所鼓励的。在市场竞争中,商业机会受损者要获得民事救济,还必须证明竞争对手的行为具有不正当性,通过不正当的手段攫取他人可以合理预期获得的商业机会,才为反不正当竞争法所禁止。当网络用户用某一家企业名称或字号作为搜索词进行搜索时,其目的既有可能是寻找与该企业相关的信息,也有可能是寻找该企业竞争对手的信息。搜索服务提供商同时提供自然搜索和关键词广告服务是该行业通常的商业模式,他人以某企业名称或字号设置推广链接关键词的行为并不影响该企业的网页或广告同时出现在自然搜索结果,只要设置的推广链接对其商品来源及相关信息做了清楚而不引人误解的描述,在面对自然搜索结果和推广链接中出现的多种商品时,相关公众具备一定的识别能力,在综合衡量商品价格、质量、功能等因素的基础上选择进行交易的对象。本案中,中源公司、中晟公司设置的推广链接的描述及其公司网站的内容足以表明其提供的商品和服务的来源,并未故意造成与畅想公司的商品及服务的混淆误认。中源公司、中晟公司设置推广链接的行为亦未导致畅想公司的网络链接不能出现在搜索结果中或导致其处于不易被网络用户识别的位置。虽然中源公司、中晟公司以畅想公司的企业名称或字号作为推广链接的关键词有借此增加其网站及商品广告出现在搜索结果中的机会的意图,但综合考虑其设置的推广链接的具体情形、关键词广告市场的特性以及网络用户的认知水平等因素,其行为尚未达到不正当竞争的程度。中源公司、中晟公司所设推广链接及其公司网站并未借用畅想公司的名义,其行为不属于利用了畅想公司的商誉,畅想公司也无证据证明中源公司、中晟公司设置推广链接的行为对其合法权益造成了实际损害,故此项行为不构成不正当竞争。①

畅想公司不服,向浙江省高级人民法院提起了上诉。二审法院认为,首先,畅想公司经多年经营,在业内积累了一定的商誉和知名度,其外贸软件产品的受众亦较为广泛,其合法取得的企业名称和字号应依法受到妥善而全面的保护。其次,使用畅想公司的企业名称和字号等实施百度搜索的行为人很可能是畅想公司的目标客户或潜在客户,亦是中源公司、中晟公司所要争取的对象。中源公司、中晟公司作为与畅想公司相互熟知的同地域的同业竞争者,在无任何正当使用畅想

① 参见浙江省宁波市中级人民法院民事判决书,(2014)浙甬知初第196号。

公司企业名称和字号的合法事由的情况下，却将畅想公司的企业名称、字号等作为搜索关键词通过百度进行推广链接，显然具有不当利用畅想公司商誉，攫取其客户资源，以获取不正当竞争利益的主观故意。而当客户搜索“畅想软件”或“宁波畅想软件开发有限公司”时，位列搜索结果首行的“富通天下”广告推送极可能吸引客户一定的注意力，客观上会增加该两家公司网站的点击量，亦极可能影响客户的选择，给该两家公司带来潜在的商业交易机会。再者，虽然百度推广在将“富通天下”作为首条推送的同时，标注有“推广链接”的字样以示区别，但即使百度搜索行为人最终未对产品的来源产生混淆误认，但该两家公司利用此类后台设置的关键词搜索模式，进行广告推送，显属不当使用他人的企业名称或字号，有悖于诚实信用原则和公认的商业道德，具有可责性，应给予明确的否定性评价。[①]

中源公司、中晟公司不服二审判决，向最高人民法院申请再审。最高人民法院认为，《反不正当竞争法》(1993 年)第 2 条规定，经营者在市场交易中，应当遵循自愿、平等、公平、诚实信用的原则，遵守公认的商业道德。本案中，根据原审查明的事实，畅想公司经过多年经营，在外贸管理软件行业已经具有一定的知名度、影响力和竞争优势。中源公司、中晟公司在百度竞价排名搜索推广中将“畅想软件”“宁波畅想软件开发有限公司”设置为关键词，当相关公众搜索“畅想软件”“宁波畅想软件开发有限公司”时，在位列搜索结果首位出现“富通天下”广告推送，而不是在搜索结果首位出现畅想公司的相关产品及服务。虽然中源公司、中晟公司主张其是在后台使用了畅想公司的企业名称及字号，在搜索结果中中源公司、中晟公司的创意标题、描述内容和链接网址均标注了其提供的产品及服务为“富通天下”软件，并在标题旁边标注了“推广链接”，使百度推广的结果与自然搜索的结果区分开来，但是该行为仍具有不正当性。一方面，中源公司、中晟公司将畅想公司的企业名称和字号设置为关键词没有任何正当理由，且它们之间存在直接的竞争关系。在畅想公司在外贸管理软件行业具有一定知名度的前提下，中源公司、中晟公司显然具有利用畅想公司商誉，不正当获取竞争利益的主观故意。中源公司、中晟公司主张关键词属于公有领域，任何人均可使用，其使用他人商标及字号作为关键词本身并不违法的理由不成立。另一方面，在搜索结果中首位出现“富通天下”广告推送，极有可能吸引相关公众的注意力，诱导相关公众去点击

---

① 参见浙江省高级人民法院民事判决书，(2015)浙知终字第 71 号。

中源公司、中晟公司的网站,增加该网站的点击量,从而给该两家公司带来潜在的商业交易机会,也使畅想公司失去了潜在的商业交易机会,损害畅想公司的利益。故二审判决认定中源公司、中晟公司该行为显属不当使用他人的企业名称或字号,有悖于诚实信用原则和公认的商业道德,具有可责性,应给予明确的否定性评价,未有不当。①

【法理评析】

搜索引擎是自进入21世纪以来,随着互联网技术发展而蓬勃兴起的一种互联网技术和与此相关的商业模式。关键词源于英文keywords,特指单个媒体在制作使用索引时,所用到的词汇。关键词搜索是网络搜索索引主要方法之一,就是希望访问者了解的产品、服务和公司等的具体名称用语,用途在于可获得更精确更丰富的搜索结果。因此,关键词作为检索、搜索之用的索引词语,本身完全是技术性的,是一种公众资源。关于将他人的商标、企业名称作为竞价排名搜索的关键词的行为是否构成不正当竞争,实践中存在两种截然不同的观点。

一、关键词竞价排名搜索推广服务中搜索引擎网络服务提供者的责任

搜索引擎提供的关键词竞价排名搜索推广服务的性质是信息提供服务还是网络广告服务在以前的司法实践中存在很大的争议,由此也决定了搜索引擎网络服务提供者的注意义务的大小,是否要承担连带侵权责任。

(一)搜索引擎网络服务提供者不需要承担侵权责任的典型案例

北京市海淀区人民法院在陈某篷诉百度在线网络技术(北京)有限公司(以下简称百度在线公司)侵犯著作权及虚假广告纠纷案中认为,《广告法》规定,广告是指商品经营者或者服务提供者承担费用,通过一定媒介和形式直接或者间接地介绍自己所推销的商品或者所提供的服务的商业广告,故广告应具有介绍商品或服务的功能,且应与商品或服务的提供者相联系。本案中,网站所有者选定的关键词“早泄”,该词本身未涉及任何商品或服务,亦无法与网站所有者联系在一起,无法起到广而告之的作用。网站所有者支付一定的费用,目的是保证自身的信息在选定的关键词搜索结果显示页面中处于特定的位置,前提是该网站本身取得了相应的资质,且其制作的网页上的信息在技术上能够被搜集、被链接,其网站

① 参见最高人民法院民事裁定书,(2015)民申字第3340号。

上的信息由所有者自行发布,并不需要百度在线公司提供支持。竞价排名模式系百度在线公司在其搜索引擎的服务下提供的一种服务模式,其本质仍是实现网上快捷传递、获取信息的一种技术手段,即向网络用户提供信息检索服务,告知用户找到相关信息的途径,并不直接提供任何信息。其与传统的搜索引擎的主要区别在于:网站的所有者通过支付一定的费用,确保其选定的关键词在被用户搜索时,优先出现在显示的结果中,如果用户需要了解信息的详细情况,仍需链接到相关网站才能获得,故百度在线公司提供的竞价排名服务,仍是一种搜索引擎服务。百度在线公司向公众提供搜索引擎服务,仅是网络服务的提供者,其对网络信息不具备编辑控制能力,对网络信息的合法性没有监控义务,对被搜索到的信息内容是否侵权无法承担审查责任。作为面向公众设立和运营的网站,理应允许任何人进入和使用,涉案网站已到国家有关管理部门进行备案并取得了相应的注册号码,百度在线公司对其进行链接并无不妥。百度在线公司在得知陈某篷主张涉案网站侵犯其权利后,已断开了相关网站的链接,陈某篷亦予以认可,且不再主张相关诉讼请求,法院不持异议。百度在线公司已尽到网络服务提供者的义务,故对陈某篷要求其承担赔偿责任的主张,法院不予支持。①

北京市海淀区人民法院在北京沃力森信息技术有限公司(以下简称沃尔森公司)诉八百客(北京)软件技术有限公司、第三人北京百度网讯科技有限公司侵犯注册商标专用权纠纷案中认为,作为搜索引擎网站的百度网站为满足为数众多的市场经营者提升自己的网站、商品、服务曝光率以及吸引网络用户注意力的需要,向市场经营者提供有偿的竞价排名服务。竞价排名服务系百度公司基于搜索引擎技术推出的一种网络推广服务方式,市场经营者在百度网站的竞价排名栏目注册账号后,通过自行选定关联到其网站的竞价排名关键词、自行撰写简要概括其网站网页内容的推广信息作为链接标题以及自行设定点击价格,来达到影响搜索关键词与该网站网页的技术相关度之目的,从而使该网站网页在搜索结果中排序优先。竞价排名服务已成为为数众多的市场经营者宣传推广自己的网站、商品、服务以获得更多商业机会的重要途径,但该服务在本质上仍属于信息检索技术服务,并非广告法所规范的广告服务。对于百度公司对客户选定的竞价排名关键词进行主动审核的程度一节,法院认为,百度公司应以一个合理谨慎的理性人

① 参见北京市海淀区人民法院民事判决书,(2006)海民初字第18071号。

的标准，主动过滤和删除涉及反动、淫秽等违反国家强制性法律规定的关键词，主动注意和审核与具有极高知名度的驰名商标存在冲突的关键词；而就本案中八百客公司选定的竞价排名关键词“XTOOLS”而言，虽沃力森公司享有专用权的“XTOOLS”注册商标在 CRM 软件服务领域具有较高的市场知名度，但“XTOOLS”注册商标在特定行业领域的现有市场知名度，并不足以导致竞价排名服务提供者百度公司，在合理谨慎的情况下对该注册商标能够有所知晓和注意，故法院认为百度公司客观上并不能对八百客公司选定的竞价排名关键词“XTOOLS”是否侵犯沃力森公司的第 4372228 号“XTOOLS”注册商标专用权作出准确的识别和判断。且法院考虑到百度公司已在与所有竞价排名服务客户签订的推广服务合同中强调和要求竞价排名服务客户提交的推广信息不得含有侵犯他人知识产权的内容，并通过设置多种投诉渠道以供发现涉嫌侵权行为的权利人能够得到及时的事后救济等事实，法院认为，作为竞价排名服务提供者的百度公司在本案中已尽其合理的注意和审核义务。二审判决对此予以维持。①

北京市朝阳区人民法院在海泰斯（北京）科技有限公司（以下简称海斯泰科技公司）等诉普若泰克科技发展（北京）有限公司（以下简称普若泰克公司）等不正当竞争纠纷案中认为，从普若泰克公司自己提供的公证行为过程来看，没有证据证明百度时代网络公司为其推荐了“海泰斯”关键词，且百度时代网络公司也并未直接使用“海泰斯”关键词，而只是为普若泰克公司提供了推广其网站的技术服务。所以，对普若泰克公司提出的百度时代网络公司为其推荐了“海泰斯”关键词的答辩意见，本院不予支持。另外，“海泰斯”三字只是海泰斯科技公司和海泰斯工程设备公司的字号，尽管该字号在液压紧固设备行业具有一定的知名度，但还不足以导致从事互联网搜索服务的百度时代网络公司知道或者应当知道普若泰克公司设置了该侵权关键词。海泰斯科技公司和海泰斯工程设备公司也没有证据证明百度时代网络公司对此是明知或者应当知道的。为了最大限度地避免客户设置关键词侵犯他人权利，百度时代网络公司在与普若泰克公司签订的合同中要求普若泰克公司保证设置的关键词不能侵犯他人权利，并与推广的网站具有相关性，且在推广设置的步骤中多次提示普若泰克公司注意关键词、创意描述不得侵犯他人权利。而且，百度时代网络公司在百度网站上也公示了投诉渠

① 参见北京市第一中级人民法院民事判决书，(2010)一中民终字第 2779 号。

道，为权利受到侵犯的权利人提供了方便的救济途径。在海泰斯科技公司和海泰斯工程设备公司未事先通知百度时代网络公司的情况下，百度时代网络公司接到本案诉状后及时将“海泰斯”关键词做了下线处理。综上，本院认为百度时代网络公司在涉案经营中主观上没有过错，不构成侵权，不应当承担法律责任。①

北京市海淀区人民法院在美丽漂漂（北京）电子商务有限公司（以下简称美丽漂漂公司）诉百度时代网络技术（北京）有限公司、北京薄荷时尚电子商务有限公司（以下简称薄满公司）侵犯商标权及不正当竞争纠纷案中认为，关于百度公司的行为，从其应负的注意义务来看，除对明显违反国家法律法规以及具有较高知名度的商标等关键词应予主动排除之外，一般情况下，竞价排名服务商对于用于所选择使用的关键词并不负有全面、主动、事前审查的义务。就“美丽漂漂”和“向尚看齐”两个关键词而言，没有证据显示百度公司有义务事先禁止用户将其作为竞价排名关键词使用。同时，本案中也没有证据显示百度公司在明知薄荷公司存在侵权行为的情况下，仍然继续为其提供竞价排名服务。由此可见，百度公司在本案中为薄荷公司提供竞价排名服务，不存在过错，不应当与薄荷公司承担共同侵权责任。②

杭州市滨江区人民法院在杭州盘古自动化系统有限公司（以下简称盘古公司）与杭州盟控仪表技术有限公司（以下简称盟控公司）、北京百度网讯科技有限公司侵害商标权纠纷案中认为，从百度推广服务的操作模式看，创意标题、关键词的选择均由客户即盟控公司实施；且商标的知名度还不足以导致百度公司在合理谨慎的情况下知道或应当知道盟控公司设置的关键词因与盘古公司的商标近似而涉嫌侵权；而百度公司与客户签订的网上协议中明确要求对方设置的关键词不能侵犯他人相关权利，而且在起诉前百度公司也未收到盘古公司的通知或投诉。因此，法院认为，百度公司在主观上没有过错，不构成侵权，不应当承担法律责任。③

北京市高级人民法院在费希尔厂有限责任两合公司等诉北京百度网讯科技有限公司等侵犯商标权及不正当竞争纠纷上诉案中认为，百度公司提供百度推广服务以及向推广用户提供关键词推荐工具的行为系向用户提供一种网络技术服

① 参见北京市朝阳区人民法院民事判决书，(2011)朝民初字第2299号。

② 参见北京市海淀区人民法院民事判决书，(2011)海民初字第10473号。

③ 参见浙江省杭州市滨江区人民法院民事判决书，(2011)杭滨知初字第11号。

务，本身不涉及对其推荐的或推广用户设置的关键词进行商标性的使用，也不存在违反诚实信用原则和公认的商业道德的问题，百度公司仅提供百度推广服务本身未侵犯费希尔厂的商标权，也未构成不正当竞争行为。提供关键词广告服务的网络服务提供者通过网络参与、教唆、帮助他人实施侵权行为并有过错的，应承担共同侵权的责任，但其构成侵权应当以他人实施了直接侵权行为为前提条件，即他人利用关键词广告服务的行为侵犯了他人权利或构成不正当竞争。①

北京市第一中级人民法院在上海映脉文化传播有限公司（以下简称映脉公司）与华盖创意（北京）图像技术有限公司（以下简称华盖公司）等不正当竞争纠纷上诉案中认为，对于百度在线公司而言，首先，其虽然是百度竞价排名服务的实际经营者，但搜索关键词的选择仍是作为百度竞价排名服务接受者的映脉公司的主动行为，映脉公司并无证据证明搜索关键词是由百度在线公司向其推荐使用的，故对其自行选择的搜索关键词所可能产生的法律纠纷，映脉公司应自行承担相应的法律责任。其次，百度推广服务系统虽然存在对搜索关键词的审核程序，但这种审核在一般情况下所针对的是明显违反公共秩序和公共利益的行为，而对于竞价排名服务接受者自行选择的搜索关键词是否存在潜在的侵权风险，作为网络服务商的百度在线公司难以完成这种全面和深入的审查。而根据百度在线公司所提交的证据，在本案纠纷诉诸原审法院之后，涉嫌侵权的搜索结果已不存在，华盖公司亦对此予以认可。由此可见，在映脉公司选择关键词参与百度竞价排名服务进而对华盖公司的合法权益造成损害的过程中，百度在线公司对此并不存在共同的意思联络和主观过错。②

上海市第二中级人民法院在南京喜郎儿投资管理有限公司与上海迪亿投资管理有限公司（以下简称上海迪亿公司）商标侵权纠纷案中认为，对被告百度公司，首先，被告百度公司仅系其推出的上述百度推广服务的关键词搜索服务提供者，上述涉及侵权的关键字、相关内容链接及注释的设置均系被告上海迪亿公司自行完成。同时，涉案“喜郎儿”注册商标的知名度尚不足以导致被告百度公司在合理谨慎的情况下知道或者应当知道被告上海迪亿公司设置的上述涉及侵权的关键字、相关内容链接及注释涉嫌对原告“喜郎儿”注册商标的侵害。其次，两

① 参见北京市高级人民法院民事判决书，(2013)高民终字第1620号。

② 参见北京市第一中级人民法院民事判决书，(2011)一中民终字第11137号。

被告所订立合同中，已明确要求使用百度推广服务的单位或个人在设置关键字、相关内容链接及注释需与网站中的相关内容具有实质关联性，且不得侵害他人的知识产权。而在收到本案诉状副本后被告百度公司已经删除了上述侵权的关键字、相关内容链接及注释。因此，被告百度公司主观上没有过错，不构成侵权。[①]

南京市中级人民法院在重庆金夫人实业有限公司（以下简称金夫人公司）与北京百度网讯科技有限公司、南京米兰尊荣婚纱摄影有限公司（以下简称米兰公司）侵害商标权纠纷案中认为，百度公司提供百度竞价排名推广服务以及向推广用户提供关键词推荐工具的行为系向用户提供一种网络技术服务，本身不涉及对其推荐的或推广用户设置的关键词进行商标性的使用，也不存在违反诚实信用原则和公认的商业道德的问题，故百度公司仅提供百度推广服务本身未侵犯金夫人公司的商标权，也未构成不正当竞争行为。百度公司推出的推广服务是一种新的网络信息检索服务模式，解决了互联网信息的海量性、网络用户希望快速获取信息的现实性与推广用户在海量信息中希望被关注之间的矛盾。百度推广技术具有实质性非侵权用途，百度公司是否因米兰公司的侵权行为承担法律责任取决于其是否具有过错。本案中，金夫人公司享有涉案注册商标的专用权，但其享有的该合法权利尚不足以导致百度公司对其涉案商标负有更高的注意义务。如果根据关键词的性质来判决搜索引擎服务商是否负有更高审查义务，则颠倒了因果关系，因为关键词的性质是搜索引擎服务商进行合理审查后才能得知的信息。具体而言，第一，其涉案商标为图文组合商标，且指定颜色，而米兰公司在推广服务中设置的关键词为“金夫人”汉字，虽然涉案商标的呼叫包括“金夫人”，但不能将涉案组合商标等同于“金夫人”三个汉字，更不能因为涉案商标曾经被认定过驰名商标而认为“金夫人”三个汉字也至今驰名。第二，涉案商标虽在2006年曾被行政机关认定为驰名商标，但至金夫人公司发现米兰公司的被控侵权行为之时，该商标是否仍然驰名，并无证据证明；况且，在金夫人公司的官方网站，其也未使用曾经被认定的驰名商标，而是使用了其他商标。第三，驰名商标保护的本义，是对该注册商标禁用权范围的扩张，加大其他市场主体对该商标合理避让的程度；即使涉案商标仍然驰名，其驰名的事实与百度公司在审查关键词时的注意义务也属于不同的法律关系和逻辑概念，并不因为商标的驰名而使百度公司对其负有更高

① 参见上海市第二中级人民法院民事判决书，(2011)沪二中民五(知)初字第156号。

的法定注意义务。另外，在不同类别的商品或服务上还存在其他主体的“金夫人”文字或组合商标的情况。因此，百度公司在审查米兰公司推广服务关键词过程中不存在过错，也无证据证明百度公司对米兰公司选用“金夫人”作为搜索关键词存在帮助、教唆等情形，故百度公司不应承担金夫人公司指控的侵权责任。[①]

(二)搜索引擎网络服务提供者需要承担侵权责任的典型案例

广东省高级人民法院在广东联塑科技实业有限公司(以下简称广东联塑公司)与广州联兴塑胶管业有限公司(以下简称广东联兴公司)、北京搜狗信息服务有限公司(以下简称北京搜狗公司)侵害商标权纠纷案中认为，北京搜狗公司虽然是搜索引擎服务提供商，但在搜狗搜索推广服务中，其向用户收取服务费用，并根据用户的竞价情况改变网站链接的排名顺序。因此，北京搜狗公司的竞价排名是一种收费服务，其对客户所设置关键词的合法性，应当负有更高的审查注意义务，而不能仅限于其免责声明中的相关条款，或仅适用“通知并删除”的免责方式。在本案中，北京搜狗公司对广州联兴公司设置的涉案“联塑”关键词，没有审核是否构成侵权，也没有审核是否与广东联塑公司有关，无疑没有尽到合理审慎的注意义务，主观上存在过错，客观上为广州联兴公司的侵权行为提供了帮助。因此，原审认定北京搜狗公司应与广州联兴公司承担连带侵权责任，并无不当，本院予以维持。[②]

(三)搜索引擎提供的竞价排名搜索推广服务的性质

上海市第一中级人民法院在东莞市国安票务有限公司与上海携程商务有限公司侵害商标权及不正当竞争纠纷案中认为，根据《百度推广服务合同》的规定，百度推广即在百度网站等的相关页面的特定位置展示被推广方的网站信息。具体分析被诉侵权内容“国安票务，订机票，就上携程网 www. ctrip. com 国安票务：携程官网查询及预订机票，使用超方便，买就送积分，可免费兑换机票及丰富礼品”，上述内容实际上是被告利用百度推广对其网站上提供的机票查询、预订等相关服务进行的宣传和推广，其内容具有明显的商业广告性质。二审对此予以维持。[③] 但该案未将百度公司列为当事人，也未明确百度公司的角色。

1995 年 2 月 1 日施行的《广告法》第 2 条第 2 款规定的广告是指“商品经营

---

① 参见江苏省南京市中级人民法院民事判决书，(2016)苏 01 民终 8584 号。

② 参见广东省高级人民法院民事判决书，(2016)粤 73 民终 335 号。

③ 参见上海市高级人民法院民事判决书，(2013)沪高民三(知)终字第 59 号。

或服务提供者承担费用，通过一定媒介和形式直接或间接地介绍自己所推销的商品或者所提供的服务的商业广告”。2015 年 4 月 24 日修订的《广告法》(2015 年 9 月 1 日实施)第 2 条第 1 款规定，“商品经营者或者服务提供者通过一定媒介和形式直接或者间接地介绍自己所推销的商品或者服务的商业广告活动，适用本法”。因此，《广告法》并未将竞价排名服务列入广告发布行为。但自魏某西事件发生以后，①国家工商行政管理总局于 2016 年 7 月 4 日发布了《互联网广告管理暂行办法》(现已失效)，规定推销商品或者服务的付费搜索广告属于互联网广告。此后，搜索引擎在竞价排名的推广链接处会标注“广告”字样。无论是 1995 年施行的《广告法》第 13 条，还是 2015 年修订、2018 年、2021 年修正的《广告法》均规定，广告应当具有可识别性，能够使消费者辨明其为广告。也就是对于广告的判断，消费者的主观认知也是必须考虑的因素之一。因此，我国《广告法》意义上的广告的界定既要从行为本身进行判断，同时也要结合广告主、广告经营者和广告发布者之间的主观意图，并结合消费者的感知进行综合认定。从参与竞价排名经营者的主观意图而言，基于互联网经济为“注意力经济、眼球经济”的特性，为了能在网络用户利用特定的关键词搜索时，将自身的排名尽量靠前，通过支付一定费用的方式，在搜索引擎服务商通过特定算法的自然搜索结果之外，利用特殊规则，将自己网站的排名靠前，从而使参与竞价排名的经营者获得网络用户的注意。通俗而言，就是通过支付费用的方式，在搜索引擎网站上发布推广自身网站的广告。从搜索引擎服务商的角度来讲，搜索引擎服务商对竞价排名商业模式的运营，是基于免费搜索、自然搜索而衍生出的运营模式。其通过互联网经济的特性，在吸引、积累、粘合、锁定庞大网络用户的同时，利用自然搜索的庞大资源，通过此种增值收费的服务，提高自身的盈利数额。但是，搜索结果的触发，都是以网络用户输入关键词与参与竞价排名经营者设定关键词的一致性为前提。作为搜索引擎服务商，仅是在其提供的搜索引擎服务平台上，为此种关键词的触发提供技术的支持。此外，我国现行的搜索引擎服务商所提供的“竞价排名”服务中，

① 魏某西事件是指 2016 年 4 月至 5 月初在互联网引发网民关注的一起医疗相关事件。2016 年 4 月 12 日，西安电子科技大学 21 岁学生魏某西因滑膜肉瘤病逝。他去世前在知乎网站撰写治疗经过时称，在百度上搜索出武警北京第二医院的生物免疫疗法，随后在该医院治疗后致病情耽误，此后了解到，该技术在美国已被淘汰。2016 年 5 月 2 日，国家网信办会同国家工商总局(现为国家市场监督管理局)、国家卫生计生委(现为国家卫生健康委员会)成立联合调查组进驻百度公司，对此事件及互联网企业依法经营事项进行调查并依法处理。

多是系参与竞价排名的主体自行设置的关键词或者相关的标题、网页内容介绍等，而服务商仅是对违反国家法律、法规等强制性内容进行预先设定程序的审查，并不实质进行人工干预，因此就搜索引擎服务商自身而言，其也不存在与参与竞价排名经营者对特定内容的合意。就网络用户角度而言，其利用某一词语作为搜索词进行搜索时，其目的是想了解与该词语相关且符合自己需求的信息，其需求的信息可能是正面的，也可能是负面的；有可能是寻找与该搜索词相关的信息，也有可能是寻找竞争对手的信息，并非要进入竞价排名的网站。但是对于经营者的注册商标、字号、企业名称、知名商品等商业标识含义的关键词而言，网络用户输入该关键词的目的主要还是寻求与该关键词相关的商业信息。因此，从参与竞价排名的经验者以及网络用户的角度来看，关键词竞价排名的搜索推广服务的性质应该是互联网广告。

二、关键词竞价排名构成商标侵权或不正当竞争的判断标准

司法实践中，对于使用竞争对手的商标、企业名称作为搜索推广关键词的行为是否构成商标侵权或不正当竞争存在巨大的争议，核心问题在于认定标准的不统一。目前，司法实践中主要存在混淆性判断标准和无正当理由标准这两种观点。当然，这两种判断标准并非互相排斥，而是存在递进关系。混淆性判断标准认为行为人使用竞争对手的商标、企业名称作为竞价排名搜索推广的关键词，如果搜索的结果导致互联网的参与者产生混淆，误认为行为人与关键词对应商标、企业名称等商业标识的权利人存在关联关系，则该行为构成商标侵权或不正当竞争，如果不会产生混淆，则不构成商标侵权或不正当竞争。无正当理由判断标准认为，即使根据混淆性标准不会产生混淆，但是行为人无正当理由使用竞争对手的商标或企业名称等商业标识作为关键词的行为违反了公认的商业道德，直接或间接地为自己增加了市场关注度和交易机会，构成不正当竞争。使用了竞争对手的商标、企业名称等识别性标识作为竞价排名搜索引擎关键词行为的形态可以分为两种。一种是不仅将竞争对手的商标、企业名称等识别性标识设置为其搜索推广账户后台搜索的关键词，而且呈现给网络参与者的搜索结果中的标题、创意描述、链接网址等位置也出现与该关键词相关的等竞争对手的商业标识。这种关键词使用行为，业界称为关键词显性使用行为。另一种是只将竞争对手的商标、企业名称等识别性标识设置为其搜索推广账户后台搜索的关键词，但是呈现给网络参与者的搜索结果中的标题、创意描述、链接网址等位置没有出现与该关键词相关的等竞争对手的商业标识。这种关键词使用行为,业界称为关键词的隐性使用行为。司法实践中,对于关键词的显性使用行为,法院一般坚持混淆性判断标准认为构成侵权或不正当竞争;对于关键词的隐性使用行为,坚持混淆性判断标准的法院认为不构成侵权或不正当竞争,而坚持无正当理由标准观点的法院还是会认定构成不正当竞争。

(一)关键词显性使用行为的典型案例

北京市第一中级人民法院在上诉人八百客(北京)软件技术有限公司与被上诉人沃力森公司侵犯注册商标专用权纠纷上诉案中认为,被控侵权行为系上诉人在百度网站上实施的竞价排名推广行为。由公证书的记载可知,该行为的具体表现形式为:输入“xtools”关键词进行搜索,在搜索结果第一位可得“八百客国内最专业的 xtools”的链接标题,该链接标题下方的推广信息为“www. 800app. com 八百客国内最 crm 服务提供商标准版免费 5000 个成功案例提供一对一免费视频培训”。鉴于被控侵权行为中使用了与涉案商标相近似的标识“xtools”,且被控侵权行为中“xtools”所使用的服务与涉案商标所核定使用的服务类别相类似,故进行这一关键词搜索的网络用户在看到被控侵权页面时,可能认为被控侵权行为的实施者(上诉人)即为涉案商标的所有人。据此,被控侵权行为中“xtools”的使用具有使相关公众对于商品或服务的提供者产生混淆误认的可能性。虽然被控侵权内容中明确标有上诉人的字号“八百客”,但鉴于该标示不能当然使网络用户认为其所标注的即为被控侵权行为人的字号,且即便网络用户会产生此种认知,因对于混淆误认可能性的判断并不要求相关公众对于涉案商标的真正提供者具有认知(不需要相关公众明确知晓涉案商标的注册人为被上诉人沃力森公司),而仅需相关公众客观上认为涉案商标所有人与被控侵权行为人为同一主体或具有特定联系的主体即可,故即便网络用户会认为该网页中的“八百客”字样系指代上诉人,亦不影响对于混淆误认可能性的判定。[①]

北京市海淀区人民法院在美丽漂漂公司诉百度时代网络技术(北京)有限公司、薄荷公司侵犯商标权及不正当竞争纠纷案中认为,薄荷公司主动选择“美丽漂漂”和“向尚看齐”关键词参加竞价排名为薄荷时尚网进行网络推广,且在网站名称和网页描述中使用“美丽漂漂”和“向尚看齐”,导致在百度网以“美丽漂漂”

---

① 参见北京市第一中级人民法院民事判决书,(2010)一中民终字第 2779 号。

和“向尚看齐”为关键词进行搜索所得排名首位的搜索结果系薄荷时尚网，足以造成相关公众在看到搜索结果后，误以为薄荷公司经营的薄荷时尚网与美丽漂漂公司存在特定联系，对两家企业的经营活动产生混淆和误解，致使本该属于美丽漂漂公司的市场关注和交易机会被薄荷公司攫取。薄荷公司有意选择“美丽漂漂”为关键词参加竞价排名推广其经营的薄荷时尚网，属于未经美丽漂漂公司许可，在核定使用商品为第 35 类上使用与美丽漂漂商标近似的商标的行为，侵犯了美丽漂漂公司享有的注册商标专用权。薄荷公司在明知“向尚看齐”与美丽漂漂公司的经营活动有一定的指向性联系的情况下，未经许可有意选择与其网站无关的“向尚看齐”为关键词参加竞价排名推广其经营的薄荷时尚网的行为，构成不正当竞争。①

北京市朝阳区人民法院在海泰斯科技公司等诉普若泰克公司等不正当竞争纠纷案中认为，普若泰克公司与“海泰斯”三个字无任何关系，也理应知道“海泰斯”是海泰斯科技公司、海泰斯工程设备公司的字号，且百度时代网络公司又多次提示注意避免设置侵犯他人合法权利的关键词，但普若泰克公司却仍然将该三个字作为关键词参加百度推广服务，并撰写带有“特固兰海泰斯”字样的链接标题和带有“美国顶尖海泰斯”等字样的创意描述，导致欲了解海泰斯科技公司和海泰斯工程设备公司有关信息的相关公众在百度搜索引擎中搜索“海泰斯”三个字时，却首先找到了普若泰克公司网站的链接，并看到带有“特固兰海泰斯”字样的链接标题及带有“美国顶尖海泰斯”等字样的创意描述，进而使相关公众对“海泰斯”与“特固兰”是否具有一定的关联关系产生混淆，并引导相关公众进入普若泰克公司的网站。普若泰克公司的这种行为势必降低相关公众对海泰斯科技公司和海泰斯工程设备公司网站的访问量，反而提高了相关公众对普若泰克公司网站的访问概率。普若泰克公司也自认其选择“海泰斯”作为关键词的目的就是在搜索“海泰斯”时，同时显示出普若泰克公司的网站，增加其网站的曝光率。普若泰克公司此举显然抢占了海泰斯科技公司和海泰斯工程设备公司在互联网上被相关公众发现的机会，从而挤占了海泰斯科技公司和海泰斯工程设备公司利用互联网进行交易的市场空间，也会使海泰斯科技公司和海泰斯工程设备公司在市场中投放的广告效应降低，从而使海泰斯科技公司和海泰斯工程设备公司在市场竞

① 参见北京市海淀区人民法院民事判决书，(2011)海民初字第 10473 号。

争中处于不利地位。普若泰克公司主观恶意极其明显，严重违反了市场竞争中的诚实信用原则和公认的商业道德，破坏了公平有序的竞争环境，构成了不正当竞争行为，应当承担相应的法律责任。①

北京市海淀区人民法院在映脉公司与华盖公司等不正当竞争纠纷案中认为，映脉公司在百度网上对其经营的东方IC网进行推广的过程中，使用了“华盖创意”“华盖”“华盖网”“华盖图片价格”“华盖图片库”等关键词进行竞价排名，并将网页标题设定为“华盖·东方IC才实惠，高端创意中国制造”。由此导致在百度网上搜索“华盖”“华盖创意”“北京华盖创意”“华盖创意图像”“华盖创意图片”“华盖创意图片库”“华盖创意图片社”时，所列搜索结果第一页的第一项和最后一项均为东方IC网的链接，且显示有上述网页标题内容。映脉公司作为同业竞争者，为推广自身业务和网站而使用华盖公司的企业字号和简称，既无法说明“华盖”“华盖创意”等词语与该公司有何关联，更未能对其使用上述词语进行竞价排名的目的作出合理解释。华盖公司的上述行为已显然不是对“华盖”等词语原有含义的使用，而是利用其指代特定的市场经营者，即华盖公司。鉴于“华盖创意”“华盖”与华盖公司存在明确的对应性和指代关系，故映脉公司的竞价排名行为，足以造成相关公众在看到搜索结果后，误以为映脉公司所经营东方IC网与华盖公司存在特定联系，产生对两家企业及其产品、服务的混淆和误解，致使本应属于华盖公司的市场关注和交易机会被映脉公司所获取。综上，映脉公司的上述行为违反了市场竞争中所应遵守的诚实信用原则，损害了华盖公司的合法权益，扰乱了正常的市场秩序，构成不正当竞争。二审判决对此予以确认。②

杭州市滨江区人民法院在盘古公司与盟控公司、北京百度网讯科技有限公司侵害商标权纠纷案中认为，盟控公司作为与盘古公司的同行竞争者，故意将与注册商标近似的“盘古记录仪”选定为百度网站的竞价排名关键词，导致在百度网站上以“盘古记录仪”“盘古无纸记录仪”“杭州盘古生产的记录仪”“杭州盘古生产的无纸记录仪”“盘古商标记录仪”“盘古商标无纸记录仪”“杭州盘古公司无纸记录仪”“盘古牌记录仪”等为关键词进行搜索所得排名首位的搜索结果“盘古记录仪专业生产厂家杭州盟控仪表 www. mkong. com. cn”指向盟控公司网站的

① 参见北京市朝阳区人民法院民事判决书，(2011)朝民初字第2299号。

② 参见北京市第一中级人民法院民事判决书，(2011)一中民终字第11137号。

链接，使用户误入盟控公司网站，从而吸引网络用户对其公司网站的注意力，误导公众对盘古记录仪与盟控仪表是否具有一定关联性产生混淆。盟控公司的上述行为已构成对盘古公司的注册商标造成其他损害的行为，侵犯了盘古公司的注册商标专用权。①

前述东莞市国安票务有限公司与上海携程商务有限公司侵害商标权及不正当竞争纠纷案，一审法院上海市第一中级人民法院认为，被诉侵权内容“国安票务，订机票，就上携程网 www. ctrip. com 国安票务：携程官网查询及预订机票，使用超方便，买就送积分，可免费兑换机票及丰富礼品”，上述内容易使相关网络用户将被告网站上的机票查询、预订等服务与“国安票务”建立特定的联系，认为被告网站上的机票查询、预订等服务就是国安票务，或与国安票务存在某种关联。从以上“国安”的实际使用方式和使用效果来看，其已经起到了标识服务来源的作用。②

上海市第二中级人民法院在南京喜郎儿投资管理有限公司与上海迪亿公司商标侵权纠纷案中认为，被告上海迪亿公司作为涉案商标核定使用范围同类商品的经营者，未经原告的许可，亦无合理的理由，在百度推广服务中将“喜郎儿”设置为关键词，并设置了含有“喜郎儿”的相关内容链接及注释。上述行为突出使用了“喜郎儿”，并将“喜郎儿”作为企业字号在涉案商标的相同商品上使用，使涉案商标与被告上海迪亿公司所经营的商品相关联，足以使相关消费者产生其喜郎儿休闲食品店系“喜郎儿”商标注册人开设，以及该休闲食品店经营的商品与涉案商标有关联的混淆和误认。因此被告上海迪亿公司上述行为已经构成商标侵权，应当就此承担民事责任。二审对此予以维持。③

广东省高级人民法院在广东联塑公司与广州联兴公司、北京搜狗公司侵害商标权纠纷案中认为，广州联兴公司通过搜索推广服务，使其设置有“联塑”关键词的网页链接，在搜索结果中排名靠前或在特定的区域展示，从而达到被链接的网站获取更多点击、浏览的宣传和推广目的，故其设置关键词的行为属于商业使用。广州联兴公司在网页标题和网页信息中均设置有“联塑”字样，该行为会导致使用搜索功能的网络用户误认为该网页链接的企业与广东联塑公司具有某种关联，

① 参见浙江省杭州市滨江区人民法院民事判决书，(2011)杭滨知初字第 11 号。
② 参见上海市高级人民法院民事判决书，(2013)沪高民三(知)终字第 59 号。
③ 参见上海市高级人民法院民事判决书，(2013)沪高民三(知)终字第 97 号。

进而点击、浏览被链接网站。广州联兴公司的上述行为,主观上具有“搭便车”的故意,客观上实施了擅自使用广东联塑公司的企业名称以及虚假宣传,其结果是广州联兴公司的网站获取更多的点击和浏览量,从而达到借助广东联塑公司的知名度和美誉度,为广州联兴公司的商品进行宣传和推广,增加其交易机会的目的,显然违反了诚实信用原则,构成不正当竞争行为。①

(二)关键词隐性使用的典型案例

1. 认定不构成不正当竞争的案例

北京市第一中级人民法院在费希尔厂有限责任两合公司等诉北京百度网讯科技有限公司等侵犯商标权及不正当竞争纠纷案中认为,以“慧鱼”为搜索词后搜索结果页面的显示,美坚利公司设置的推广链接位于页面右侧,未处于页面中的自然搜索结果当中,且页面右侧上方标明了“推广链接”;该推广链接的描述部分使用了“美坚利”文字,并未出现与“慧鱼”相关的文字,网址注明了“www. meijianli. com”;点击该链接进入美坚利公司的网站,亦未显示有与“慧鱼”商标或费希尔厂有关联的内容。因此,美坚利公司设置该推广链接的行为不会导致相关公众对商品来源的混淆误认或者认为其提供的商品与费希尔厂有特定的联系,未损害涉案商标的识别功能。至于费希尔厂、慧鱼公司所称的商业机会虽然可以作为一种受《反不正当竞争法》保护的利益,但其本身并非一种法定权利,而且交易的达成并非完全取决于单方的意愿而需要交易双方的合意,因此他人可以自由参与竞争来争夺交易机会。竞争对手之间对商业机会的争夺是竞争的常态,亦为市场竞争所鼓励和提倡。只有竞争对手在争夺商业机会时不遵循诚实信用原则,违反公认的商业道德,通过不正当的手段获取他人可以合理预期获得的商业机会,才为《反不正当竞争法》所禁止。当网络用户用某一商标作为搜索词进行搜索时,其目的既有可能是寻找与该商标相关的信息,也有可能是寻找该商标所有人竞争对手的信息。因搜索服务提供商同时提供自然搜索和关键词广告服务,以该商标设置推广链接关键词的行为并不影响商标权人的网页或广告同时出现在自然搜索结果(且通常位于第一位)中。只要设置的推广链接对其商品来源及相关信息作了清楚而不引人误解的描述,在面对自然搜索结果和推广链接中出现的多种商品时,相关公众仍会从综合衡量各方提供商品的价格、质量、功能等因素的基础上

① 参见广东省高级人民法院民事判决书,(2016)粤73民终335号。

选择进行交易的对象,这也符合市场交易的常态。本案中,美坚利公司设置的推广链接的描述及其公司网站的内容足以表明其提供的商品的来源,并未故意造成与费希尔厂、慧鱼公司的商品的混淆误认或使人认为二者有特定的联系。美坚利公司设置推广链接的行为亦未导致费希尔厂及其关联公司的网络链接不能出现在搜索结果中或导致其排序处于不易被网络用户识别的位置。故美坚利公司的行为未导致搜索“慧鱼”信息的网络用户因在搜索结果中不能发现或难以发现费希尔厂和慧鱼公司的网站链接或者因对美坚利公司的产品的混淆误认而错误地购买美坚利公司的产品。虽然美坚利公司以与他人商标“慧鱼”相关的文字作为推广链接的关键词有借此增加其网站及产品广告出现在搜索结果中的机会的意图,但综合考虑其设置的推广链接的具体情形、关键词广告市场特性以及网络用户的认知水平等因素,其行为尚未达到违反诚实信用原则和公认的商业道德的程度。美坚利公司所设推广链接及其公司网站并未借用费希尔厂、慧鱼公司的名义,也未导致相关公众对商品来源的混淆误认,其行为亦不属于利用了费希尔厂、慧鱼公司的商誉。因此,美坚利公司设置推广链接的行为并未对费希尔厂、慧鱼公司的合法权益造成实际损害,其行为不构成不正当竞争。二审法院对此予以认同。①

南京市中级人民法院在金夫人公司与北京百度网讯科技有限公司、米兰公司侵害商标权纠纷案中认为,米兰公司将“金夫人”文字设置为推广链接的关键词系在计算机系统内部操作,并未直接将该词作为商业标识在其推广链接的标题、描述或其网站页面中向公众展示,不会使公众将其识别为区分商品来源的商标,不属于商标性的使用。本案中,以“金夫人”为关键词搜索后的结果页面,前六行显示的是金夫人公司的官网及其各地分站链接,下方是“上海婚纱摄影”的链接,且该标题右侧标明了“推广链接”字样,米兰公司的网址链接位于推广链接的第二位,未出现在页面中的自然搜索结果当中;该推广链接的标题、描述部分使用了“米兰”文字,并未出现与“金夫人”相关的文字,网址链接为“www. milanvip. com”;点击该链接进入米兰公司的网站,亦未显示有与“金夫人”商标或金夫人公司有关联的内容。因此,米兰公司设置该推广链接的行为不会导致相关公众对服务来源的混淆误认或者认为其提供的服务与金夫人公司有特定的联系,未损害涉

① 参见北京市高级人民法院民事判决书,(2013)高民终字第1620号。

案商标的识别功能。此外,网络用户以关键词进行搜索的目的,既可能是查找关键词直接指向的商品或服务,也可能是查找与关键词相似的商品或服务,以进行充分的比较、选择。网络用户具有一定的识别、区别相似商品或服务的能力。再者,关于在识别功能基础上产生的广告宣传功能。在提供关键词推广的网站,推广链接与自然搜索结果列表分处不同位置,其中推广链接部分结果的排列与引擎自身的算法规则、网站本身的权威度、网站内容的建设、维护、更新及推广选择、点击率、相关性、网页标题、关键字、描述、主页内容、点击价格等因素相关,而自然搜索结果的排序则是根据结果与网络用户输入的搜索词的相关性所决定,搜索服务提供商并不对自然搜索结果的排列顺序收取费用。当网络用户使用商标作为搜索词进行搜索时,商标权人的页面和相关信息会因其相关度高而出现在自然搜索结果的列表中,而且往往出现在列表中靠前位置。无论商标权人是否设置了推广链接并能处于推广链接中排序靠前的位置,搜索服务提供商提供的自然搜索的结果均能保证其网站和广告能够被网络用户获得。如本案中,搜索"金夫人"后首先出现的即为金夫人公司的官网,其后才是推广链接。因此,米兰公司设置该推广链接的行为未损害涉案商标的广告宣传功能。因此,米兰公司的行为未侵犯金夫人公司对涉案商标享有的注册商标专用权。至于金夫人公司所称的商业机会,虽然可以作为一种受《反不正当竞争法》保护的利益,但其本身并非一种法定权利,而且交易的达成并非完全取决于单方的意愿而需要交易双方的合意,因此他人可以自由参与竞争来争夺交易机会。竞争对手之间对商业机会的争夺是竞争的常态,亦为市场竞争所鼓励和提倡。只有竞争对手在争夺商业机会时不遵循诚实信用原则,违反公认的商业道德,通过不正当的手段获取他人可以合理预期获得的商业机会,才为《反不正当竞争法》所禁止。网络用户用某一商标作为搜索词进行搜索的目的具有多重性。因搜索服务提供商同时提供自然搜索和关键词推广服务,以该商标设置推广链接关键词的行为并不影响商标权人的网页或广告同时出现在自然搜索结果(且通常位于第一位)中。只要设置的推广链接对其商品来源及相关信息作了清楚而不引人误解的描述,在面对自然搜索结果和推广链接中出现的多种商品或服务时,相关公众仍会从综合衡量各方提供商品或服务的价格、质量、功能等因素的基础上选择进行交易的对象,这也符合市场交易的常态。本案中,米兰公司设置的推广链接的标题、描述及其公司网站的内容足以表明其提供的服务的来源,并未故意造成与金夫人公司的服务的混淆误认或使人认为二者有特定的联系。米兰公司设置推广链接的行为亦未导致金夫人公司的网络链接不能出现在搜索结果中或导致其排序处于不易被网络用户识别的位置。故米兰公司的行为未导致搜索“金夫人”信息的网络用户因在搜索结果中不能发现或难以发现金夫人公司的网站链接或者因对米兰公司的服务的混淆误认而错误地选择米兰公司的服务。虽然米兰公司以金夫人公司涉案商标中的“金夫人”文字作为推广链接的关键词有借此增加其网站及服务广告出现在搜索结果中的机会的意图,但综合考虑其设置的推广链接的具体情形、关键词广告市场特性以及网络用户的认知水平等因素,其行为尚未达到违反诚实信用原则和公认的商业道德的程度。米兰公司所设推广链接及其公司网站并未借用金夫人公司的名义,也未导致相关公众对服务来源产生混淆误认,其行为亦不属于利用了金夫人公司的商誉。因此,米兰公司设置关键词推广链接的行为并未对金夫人公司的合法权益造成实际损害,其行为不构成不正当竞争。①

上海浦东区人民法院在上海鸿云公司与同创蓝天公司等不正当竞争纠纷案中认为:适用《反不正当竞争法》(2019 年)第 2 条认定某一行为是否属于不正当竞争行为一般应具备以下条件:(1)法律对该种竞争行为未作出特别规定;(2)《反不正当竞争法》保护的法益因被诉行为受到实际损害;(3)该竞争行为确因违反诚实信用原则和公认的商业道德而具有不正当性和可责性。《反不正当竞争法》未对被告同创蓝天公司的行为作出特别规定。本案中,被告同创蓝天公司虽在被告百度公司提供的系统后台将原告的 URL 设置为关键词,但在前端均不存在与原告企业字号、URL 等任何内容相关的信息。在推广链接的底部明确标注了“广告”字样、载明了被告同创蓝天公司的注册商标“酷雷曼”且显示在搜索页面的最下方的情况下,相关公众在施以一般注意力的情况下,不会导致将原告与被告同创蓝天公司发生产品来源混淆或二者存在特定关系的混淆,故被告同创蓝天公司的该行为不属于《反不正当竞争法》(2019 年)第 6 条混淆条款规制的内容。《反不正当竞争法》(2019 年)所保护的法益未因被诉行为受到实际损害。首先,被告同创蓝天公司的行为未损害原告的合法权益。虽然被告同创蓝天公司将原告的 URL 设置为搜索关键词,但原告官方网站依旧出现在搜索结果的首位。这种无需支付费用的“显示”已经保证了商业标识专用权人的网址对于消费者的

① 参见江苏省南京市中级人民法院民事判决书,(2016)苏 01 民终 8584 号。

可见性,未对原告的合法权益造成损害。其次,被告同创蓝天公司的行为未剥夺消费者信息选择的权益。从消费者利益的角度来看,若允许选用他人商标、企业名称、域名等商业标识作为关键词,则能够帮助消费者获得更多的信息和选择的机会,降低其搜索成本。互联网用户使用某一商业标识作为搜索词进行搜索时,其目的也有可能是寻找该商业标识所有人竞争对手的信息。这些信息只要不是虚假或误导性的,就有助于消费者做出理性的购买决策。最后,被告同创蓝天公司的行为未扰乱正常的市场秩序。本案中,被告同创蓝天公司的行为未破坏市场主体的辨识度,未扰乱正常的市场秩序。该竞争行为未违反诚实信用原则和公认的商业道德。自由竞争是市场经济的根本属性,任何竞争都会产生竞争者间的利益减损,竞争与损害相伴而生、如影随形。因此,竞争对手之间彼此进行商业机会的争夺是竞争的常态和应有特征,也是市场竞争所鼓励和提倡的。在付费搜索广告服务中,关键词选用行为本身,是一种市场竞争的手段。在开放的竞争环境下,隐性关键词的使用方式符合现代销售和合法竞争的精神,该竞争行为并不违反诚实信用原则和公认的商业道德。①

2. 认定构成不正当竞争的案例

前述畅想公司与中晟公司、中源公司案中,最高人民法院认为:一方面,中源公司、中晟公司将畅想公司的企业名称和字号设置为关键词没有任何正当理由,且它们之间存在直接的竞争关系,在畅想公司在外贸管理软件行业具有一定知名度的前提下,中源公司、中晟公司显然具有利用畅想公司商誉,不正当获取竞争利益的主观故意,中源公司、中晟公司主张关键词属于公有领域,任何人均可使用,其使用他人商标及字号作为关键词本身并不违法的理由不成立。另一方面,在搜索结果中首位出现“富通天下”广告推送,极有可能吸引相关公众的注意力,诱导相关公众去点击中源公司、中晟公司的网站,增加该网站的点击量,从而给该两家公司带来潜在的商业交易机会,也使畅想公司失去了潜在的商业交易机会,损害畅想公司的利益。故二审判决认定中源公司、中晟公司该行为显属不当使用他人的企业名称或字号,有悖于诚实信用原则和公认的商业道德,具有可责性,应给予明确的否定性评价,未有不当。②

① 参见上海市浦东区人民法院民事判决书,(2020)沪0115民初3814号。该案入选上海浦东法院数字经济知识产权司法保护典型案例(2017—2022)之九。

② 参见最高人民法院民事裁定书,(2015)民申字第3340号。

最高人民法院在“畅想案”7年以后，又在浙江荣怀教育集团有限公司等与海亮集团有限公司等不正当竞争纠纷案的再审判决中认定关键词隐性使用构成不正当竞争。最高人民法院认为：在弘扬社会主义核心价值观的背景下，要实现市场经济的健康发展，市场主体的竞争和创新应建立在遵循诚实信用原则、遵守商业道德准则的基础之上。随着互联网行业的快速发展，互联网领域的不正当竞争行为层出不穷，《反不正当竞争法》(2019年)第6～12条所列举的具体不正当竞争行为方式已难以涵盖现实中存在的所有不正当竞争行为。判定互联网领域的竞争行为是否具有不正当性，应当结合互联网经济环境下具体商业模式的性质和特点，判断行为人的主观状态，并综合考量该行为对经营者利益、消费者权益、市场竞争秩序、社会公共利益等方面造成的影响，以是否违背诚实信用原则和商业道德准则为标准，依法作出判定。本案中，荣怀方在互联网竞价排名过程中，将含有竞争对手海亮方的“海亮”商标或企业字号的文字设置为关键词，进行“隐性使用”。二审判决认为，荣怀方的上述行为并未妨碍海亮方的网站得以展示，亦未导致消费者混淆、误认，未造成损害后果，故荣怀方的上述行为既不构成商标侵权亦不构成不正当竞争。而海亮方主张该“隐性使用”行为构成不正当竞争，二审法院适用法律错误。对此，法院认为，首先，应结合竞价排名商业模式的性质和特点来分析荣怀方实施被诉侵权行为的主观意图、行为结果以及二者之间的因果关系。竞价排名是由推销产品或服务的商家通过搜索引擎的推广服务，自主选取一定数量的关键词在搜索引擎后台进行设置，用以推广自身网站的一种商业行为。在竞价排名的商业模式下，多个主体购买同一关键词的，通常出价高者在搜索结果中的排序靠前；所选取的关键词在消费者心目中的知名度越高，商家的推广链接就越能够从海量的互联网信息中“脱颖而出”，从而获得宣传、推广的广告效应。本案中，根据海亮方提供的证据，主张权利的“海亮”商标及“海亮”字号显著性较强，在教育、培训等服务上具有很高的知名度和影响力，这种知名度和影响力是海亮集团及其下属学校经过长期使用、广泛宣传所积累的市场成果和商誉，应当受法律保护。荣怀方作为与海亮方处于同一地域范围内的同业竞争者，对“海亮”品牌的知名度和影响力显然应当知晓，但其在竞价排名过程中，不但没有对“海亮”予以避让，反而将海亮方的多个学校名称在搜索引擎后台设置为关键词；其主观上具有攀附“海亮”商誉的故意，且利用“海亮”知名度将消费者的注意力吸引到自身教育品牌上来的意图十分明显。虽然荣怀方被推广链接的标题及链接目标网站所展示的内容均不含有与“海亮”相关的标识或宣传内容，似不会导致消费者的混淆、误认，但从被诉侵权行为导致的后果来看，由于荣怀方在搜索引擎设置了多个包含“海亮”的关键词，当网络用户搜索“海亮”时，就会触发荣怀方的付费推广链接，使该推广链接出现在搜索结果较为靠前的位置。也就是说，无论“海亮”关键词是否直接体现在搜索结果的词条中，均不影响荣怀方利用“海亮”的知名度达到推广、宣传自身目标网站的目的。其次，营造公平竞争的市场秩序，是促进社会主义市场经济健康发展的内在要求。《反不正当竞争法》鼓励竞争自由和创新自由，但竞争自由和创新自由不得侵犯他人的合法权益，亦不得损害社会公共利益。只有鼓励和支持通过诚实劳动积累社会财富和创造社会价值，并保护在此基础上形成的合法财产性权益，同时倡导经营者在市场活动中讲究信用、诚实不欺，在不损害他人合法利益、社会公共利益和市场秩序的前提下追求自己的利益，才能够为公平竞争创造良好的环境和条件，从而激发市场主体的创新活力和动力。本案中，荣怀方的被诉侵权行为发生于互联网领域，其是否造成了损害后果，亦应当置于互联网经济的大背景下，从以下几个方面予以考量：第一，互联网是数字技术搭建的虚拟平台。在互联网商业模式下，消费者的注意力和流量与商业利益密切相关，并已成为互联网领域商业竞争的目标与核心资源，抢夺他人流量势必会损害他人的商业利益。故对互联网商业模式下侵权行为所造成的损害后果，亦应当充分考虑互联网商业竞争的上述特点。商家竞价排名的目的系通过关键词获得展示和推广的效果，而非与他人混淆，并且《反不正当竞争法》所规制的“不正当竞争行为”并不以“导致混淆、误认”为构成要件，对于有悖于诚实信用原则、商业道德准则的行为，即使未导致混淆、误认，同样也构成不正当竞争。本案中，荣怀方对“海亮”关键词的“隐性使用”行为，正是通过利用“海亮”在消费者心目中的知名度和影响力，以及关键词设置具有隐蔽性的特点，将原属于“海亮”的流量吸引至自身网站，提高了自身网站的曝光率，从而获得竞争优势，亦造成了海亮方竞争利益的损害。第二，市场竞争的本质即交易机会或者竞争优势的争夺，在竞争中必然会造成一方利益的损害。因此，竞争行为即使造成了竞争性损害，也并不意味着该行为就当然具有不正当性。竞争行为正当与否，还需要从该行为对市场竞争秩序、消费者权益及其他市场主体利益的影响等方面进行考量，作出综合评价。本案中，荣怀方为获取竞争优势，并非通过诚信经营，努力提升自身品牌的质量或口碑，而是采取将竞争对手海亮方的知名商标或企业名称设置为关键词“隐性使用”的方式来推广自身的品牌，这种参与竞争的方式和手段不应予以鼓励和提倡。如果对荣怀方涉案关键词“隐性使用”的行为不加以规制，不仅使海亮方长期积累的市场成果无法获得保护，也必然会挫伤其他市场主体诚信经营的积极性，从而抑制了机场活力。尤其需要指出的是，对竞价排名而言，荣怀方不论对“海亮”关键词进行“显性使用”还是“隐性使用”，客观上都具有相同的推广效果，而这种推广效果均是通过海亮方“海亮”品牌的市场知名度所获得。在此情况下，二审判决关键词“显性使用”行为构成侵权，而涉案关键词“隐性使用”的行为不构成侵权的结论，势必对市场主体在竞价排名过程中应采取何种竞争方式和手段产生不良的导向，不利于营造公平竞争的市场环境。第三，本案被诉侵权行为所涉及的竞价排名商业模式，是以搜索引擎为依托的商业推广服务。而搜索引擎承载着向网络用户提供与其查询内容具有最大限度关联性搜索结果的基本功能，具有一定公益性。网络用户使用搜索引擎检索信息通常带有明确的目标和需求，而降低检索信息成本，提升信息检索效率则是搜索引擎服务的目的。根据在案证据，当网络用户利用搜索引擎搜索“海亮”时，搜索结果中除展示海亮方的相关网站外，同时也展示了荣怀方的付费推广链接，而且部分被推广链接在搜索结果中处于较为靠前的位置。此时，相关网络用户还需要进一步识别该搜索结果与其搜索词之间的相关性，才能获取需要的信息。因此，荣怀方上述对“海亮”关键词“隐性使用”的行为对网络用户造成了信息干扰，增加了搜索成本，同时也妨碍了搜索引擎基本功能的正常发挥。第四，消费者获取信息的权益仅是消费者权益的一个方面。消费者通过搜索引擎获取丰富而广泛的信息，有赖于搜索引擎通过不断优化算法、改进匹配模式等技术手段来达成；满足消费者获取信息的需求不应以损害市场主体的合法权益以及破坏公平竞争秩序为代价，否则，将会对消费者权益造成更大程度的损害。综上，竞价排名的本质是一种商业行为，商家购买关键词进行竞价排名应当受《反不正当竞争法》的规制，不得采用违背诚实信用原则和商业道德准则的方式和手段攫取他人的交易机会，谋取不正当利益。荣怀方将他人商业标识设置为关键词“隐性使用”的竞价排名行为，违反了诚实信用原则和商业道德准则，不仅损害了海亮方的合法权益，扰乱了正常的互联网竞争秩序，亦对消费者权益及社会公共利益造成了损害，属于《反不正当竞争法》第 2 条第 2 款规定的不正当竞争行为，应当依照上述法律规定予以规制。二审判决对该问题的事实认定及法律适用均存在错误，本院予以纠正。[①]

（三）关键词隐性使用行为构成不正当竞争的要件

《反不正当竞争法》（2019年）第2条第1款、第2款规定："经营者在生产经营活动中，应当遵循自愿、平等、公平、诚信的原则，遵守法律和商业道德。本法所称的不正当竞争行为，是指经营者在生产经营活动中，违反本法规定，扰乱市场竞争秩序，损害其他经营者或者消费者的合法权益的行为。"《最高人民法院关于适用〈中华人民共和国反不正当竞争法〉若干问题的解释》（法释〔2022〕9号）第1条规定："经营者扰乱市场竞争秩序，损害其他经营者或者消费者合法权益，且属于违反反不正当竞争法第二章及专利法、商标法、著作权法等规定之外情形的，人民法院可以适用反不正当竞争法第二条予以认定。"最高人民法院在知识产权年度报告（2010年）中指出，适用《反不正当竞争法》第2条的原则规定认定构成不正当竞争应当同时具备以下条件：一是法律对该种竞争行为未作出特别规定；二是其他经营者的合法权益确因该竞争行为而受到了实际损害；三是该种竞争行为因确属违反诚实信用原则和公认的商业道德而具有不正当性或者说可责性。《最高人民法院关于充分发挥知识产权审判职能作用推动社会主义文化大发展大繁荣和促进经济自主协调发展若干问题的意见》（法发〔2011〕18号）规定："妥善处理好反不正当竞争法的原则规定与特别规定之间的关系，既要充分利用原则规定的灵活性和适应性，有效制止各种花样翻新、层出不穷的不正当竞争行为，又要防止原则规定适用的随意性，避免妨碍市场自由公平竞争。严格把握反不正当竞争法原则规定的适用条件，凡属反不正当竞争法特别规定已作明文禁止的行为领域，只能依照特别规定规制同类不正当竞争行为，原则上不宜再适用原则规定扩张适用范围。反不正当竞争法未作特别规定予以禁止的行为，如果给其他经营者的合法权益造成损害，确属违反诚实信用原则和公认的商业道德而具有不正当性，不制止不足以维护公平竞争秩序的，可以适用原则规定予以规制。正确把握诚实信用原则和公认的商业道德的评判标准，以特定商业领域普遍认同和接受的经济人伦理标准为尺度，避免把诚实信用原则和公认的商业道德简单等同于个人道德或者社会公德。"因此，构成《反不正当竞争法》第2条原则规定的不正当竞争民事侵权行为属于一般不正当竞争行为，如果《反不正当竞争法》其他条款有

---

① 参见最高人民法院民事判决书，（2022）最高法民再131号。

特别规定的,就适用其他条款的特别规定,而不再适用第2条的原则规定。《反不正当竞争法》第2条原则规定的不正当竞争民事侵权行为作为一般不正当竞争行为须符合一般侵权责任的构成要件:(1)行为人违背了诚实信用原则和商业道德,存在主观过错的可责性,即缺乏正当性;(2)其他经营者的合法权益、消费者权益、社会公共利益、市场竞争秩序遭受了损害。

1. 关于经营者存在过错,缺乏正当性的认定

《最高人民法院关于适用〈中华人民共和国反不正当竞争法〉若干问题的解释》(法释〔2022〕9号)第3条规定:特定商业领域普遍遵循和认可的行为规范,人民法院可以认定为《反不正当竞争法》第2条规定的“商业道德”。人民法院应当结合案件具体情况,综合考虑行业规则或者商业惯例、经营者的主观状态、交易相对人的选择意愿、对消费者权益、市场竞争秩序、社会公共利益的影响等因素,依法判断经营者是否违反商业道德。人民法院认定经营者是否违反商业道德时,可以参考行业主管部门、行业协会或者自律组织制定的从业规范、技术规范、自律公约等。反不正当竞争法意义上的诚实信用原则更多的是以商业道德的形式体现出来的。最高人民法院在知识产权年度报告(2010年)的“马达庆案”中指出:商业道德要按照特定商业领域中市场交易参与者即经济人的伦理标准来加以评判,它既不同于个人品德,也不能等同于一般的社会公德,所体现的是一种商业伦理。经济人追名逐利符合商业道德的基本要求,但不一定合于个人品德的高尚标准;企业勤于慈善和公益合于社会公德,但怠于公益事业也并不违反商业道德。特别是,反不正当竞争法所要求的商业道德,是指特定商业领域普遍遵循和认可的行为规范,具有公认性和一般性。即使在同一商业领域,由于是市场交易活动中的道德准则,公认的商业道德也应当是交易参与者共同和普遍认可的行为标准,不能仅从买方或者卖方、企业或者职工的单方立场来判断是否属于商业道德。具体到个案中的商业道德,需要根据特定商业领域和个案情形具体确定,特定行业的一般实践、行为后果、交易双方的主观状态和交易相对人的自愿选择等都可能成为考虑因素。

百度、搜狗等搜索引擎服务提供商作为一家以搜索引擎业务为主业的商业公司,其搜索结果是基于其自身拥有的庞大海量的信息数据库。因此,搜索引擎服务提供商在提供免费的自然搜索结果的情况下,利用该自然搜索结果的商业资源开发了搜索推广的竞价排名服务。其他商家可以与其建立商业合作关系,通过搜

索推广的竞价排名服务使自己的信息更方便的被网络用户搜索到。经营者在秘密状态下采取有利于自己的技术措施，将竞争对手的商标、字号、企业名称等识别性标识作为后台搜索关键词，是符合经济人追名逐利的商业道德要求的，同时该技术措施也是一家公司的商业秘密，受到法律的保护。因此，在通常情况下，秘密状态下的行为不属于商业道德需要责难的内容，不存在不正当性。社会良好的道德风尚或者说应该予以鼓励提倡、发扬光大的优良品德是一个社会良好的愿望，但其并非商业道德的最低要求。在市场竞争条件下，对不符合良善标准的行为虽然不值得鼓励提倡，但也予以容忍，而非以其不具有正当性予以禁止。孔祥俊教授认为，反不正当竞争法的目标是维护市场竞争不受扭曲，通过评估市场行为对竞争的负面或者正面影响程度而实现，且效率是其保护目标，因而其判断标准必然是市场目标导向性的。商业道德标准的内容是以经济效率为内容进行塑造的。效率因素的引入，更加突出其功利性或者效用性，更加重视利益衡量和比例原则，传统意义上的“高贵商人”“良好商业风尚”之类的道德判断色彩趋于淡薄。[①] 但是，正如过错认定的客观化一样，商业道德在具体个案的认定中，与行为本身密不可分，故司法解释也规定了在个案里，可综合考虑行业规则或者商业惯例，经营者的主观状态，交易相对人的选择意愿，对消费者权益、市场竞争秩序、社会公共利益的影响等因素，依法判断经营者是否违反商业道德。所以在个案中，如果一方明知竞争对手的商标、字号等商业标志具有很高的知名度，没有正当合理的理由，将该标识虽然作为隐性使用的搜索关键词，但其主观目的仍在于将其自身的网站展示给让以该关键词进行搜索的互联网用户以增加其网站的曝光度和流量，在主观上存在“盗用”他人商誉、获取他人知名度利益的目的，可认定其存在故意的情形，具有可责难性和不正当性。

2. 关于市场竞争秩序，经营者、消费者合法权益受到实质损害的认定

在市场经济条件下，竞争是市场的状态，效率和经济利益是其主要目标。竞争是自由的，也是动态的，对市场的干预、管控只是特殊情形下的例外。而秩序则是市场自由竞争的保障，保障竞争在一定的轨道内进行，使符合条件的经营者均有机会参与到竞争中去，实现公平竞争的目的。孔祥俊教授认为：在市场竞争中

① 参见孔祥俊：《理念变革与制度演化：〈反不正当竞争法〉30 年回望与前瞻》，载《知识产权》2023 年第 7 期。

自由是公平的根基,公平是自由的附加值;公平是为了更为健康可持续的自由,必须以维护竞争自由为最终目的。因此,竞争自由是绝对的,竞争公平是相对的;竞争自由是原则,对竞争自由的限制是例外。维护竞争公平应当有限和适度,不能过度干预竞争自由,类似于"非必要不干预竞争自由",也就是有些裁判所言的"正当性推定"或者"无责推定"。所以,对市场竞争秩序、经营者、消费者合法权益的损害也应该在自由的、动态的市场环境下予以判定。①

(1)市场竞争秩序损害的认定

虽然无法给市场竞争秩序下一个确定的定义,但基于市场竞争的自由、效率、公平、动态的特点,我们可以根据该特点,将市场竞争秩序提炼为经营者为提高经济效益,在一定的限度内均有机会进行自由竞争的公平的市场环境。市场竞争秩序与社会公共利益并不能画等号。有论者以社会公共利益来评价市场竞争秩序,实无必要,也容易造成法律概念的混乱。如前述同创案的一审法官认为,《反不正当竞争法》对于公共利益的保护体现在对于市场竞争秩序的维护,公平的市场秩序对于相关市场及整个经济社会领域的发展都至关重要。而所谓的对竞争秩序的损害,即指经营者的行为通过不当地损害了他人的竞争优势或不当地获取竞争利益从而导致相关市场丧失公平、正常的竞争秩序,其结果往往表现为导致市场上资源及商业机会的分配与相关经营者所做的商业上的投入失调。② 市场竞争秩序主要是公法意义上的,即经济行政法意义上的,而社会公共利益作为与民事主体利益、国家利益相对应的利益划分对象,在私法、公法领域均存在,其并不存在一个特定的利益主体。如果从利益角度进行分析,则《反不正当竞争法》所保护的消费者权益就是社会公共利益的体现。因其并不保护特定消费者的权益,而是对作为整体的消费者全体利益的保护。关键词搜索竞价排名业务实质上是搜索引擎服务提供商提供的一种有偿广告业务。搜索引擎服务提供商是广告发布者,购买关键词竞价排名服务的经营者是广告主。所以,是否损害市场竞争秩序的实质在于是否损害广告市场的竞争秩序。如果竞价排名广告的发布过程、发布内容不涉及医疗、烟酒等《广告法》特别规制的内容的,则通常不涉及对市场竞

① 参见孔祥俊:《理念变革与制度演化:〈反不正当竞争法〉30 年回望与前瞻》,载《知识产权》2023 年第 7 期。

② 参见姜广瑞、庄雨晴:《搜索关键词隐性使用的不正当竞争判定》,载《人民司法·案例》2023 年第 14 期。

争秩序的评价。

(2)经营者合法权益实质损害的评价

因为《反不正当竞争法》所保护的法益与知识产权的客体一样,具有无形性的特点,所以对经营者合法权益的损害不能像物权受到损害一样,以具体、特定的实际损害结果作为是否遭受实质损害的依据。在关键词搜索竞价排名中,经营者将他人具有一定知名度的商标、字号作为搜索关键词的目的在于让互联网用户在利用该关键词搜索时能让自己的广告呈现在用户面前。在这一过程中,很难举证证明商标、字号拥有者的特定利益受到了侵害。目前的学术界和实务界,基本上以商业机会的丧失来作为经营者利益受损的评价对象。前述"畅想案""海亮案"均是从商业机会的角度进行分析。《反不正当竞争法》和司法解释也将交易机会和竞争优势作为经营者可以受到《反不正当竞争法》保护的法益予以规制。关于商业机会,最高人民法院最早在知识产权年度报告(2010 年)中指出:在正常情况下能够合理预期获得的商业机会,可以成为法律特别是《反不正当竞争法》所保护的法益;但基于商业机会的开放性和不确定性,只有当竞争对手不遵循诚实信用原则和违反公认的商业道德,通过不正当手段攫取他人可以合理预期获得的商业机会时,才为《反不正当竞争法》所禁止。商业机会虽然作为一种可以受到《反不正当竞争法》所保护的法益,但本身并非一种法定权利,而且交易的达成并非完全取决于单方意愿而需要交易双方的合意,因此他人可以自由参与竞争来争夺交易机会。竞争对手之间彼此进行商业机会的争夺是竞争的常态,也是市场竞争所鼓励和提倡的。对于同一交易机会而言,竞争对手间一方有所得另一方即有所失。利益受损方要获得民事救济,还必须证明竞争对手的行为具有不正当性。只有竞争对手在争夺商业机会时不遵循诚实信用的原则,违反公认的商业道德,通过不正当的手段攫取他人可以合理预期获得的商业机会,才为《反不正当竞争法》所禁止。对于搜索关键词竞价排名是否损害了经营者可能获取的交易机会,存在较大争议。孔祥俊教授认为:关键词搜索隐性使用他人商标,是否因为"搭便车"构成攫取他人商业机会,而构成不正当竞争? 首先,在并不产生市场混淆误认的情况下隐性使用关键词,本身就已对他人商业标志进行了避让。而且,在足以产生市场的情况下,结合他人商业标志的知名度,不需要另外的正当理由,因为竞争自由就是最大的正当理由。其次,仅仅因为由此获取交易机会就认定构成不正当竞争,过于简单化和表层化。如"马达庆案"再审裁定所言:"在交易机会领域，由于竞争的开放性、复杂性和多变性，影响获得交易机会的因素是极其复杂和难以准确预期的。竞争者在某些方面的竞争优势只是影响其获得交易机会的可能因素之一，竞争优势本身并不能预定其必然就应当获得特定的交易机会。”商业机会不构成现实的市场利益和法益，只是一种需要通过竞争和努力才能获取的商业可能性。“海亮案”所涉商业机会的得失取决于多种因素，且被诉行为并未主张涉案商业标志的正常展示，未实质性妨碍其获取交易机会，因隐性使用方的呈现而使其处于与被使用方进行直接竞争的状态，至多只是使双方直接同台面对消费者的选择，增加双方之间直接竞争的机会并加剧双方之间的竞争，这恰恰是竞争的应有之义。由此导致的优胜劣汰，都属于竞争带来的正常商业风险。正如“马达庆案”再审裁定所言：“因他人正常争夺商业机会而导致的投资损失或者竞争失败属于正常的商业风险，不能仅因有历史积淀和前期投入即推定商业机会应归属于己。”①陶乾认为：商业机会具有开放性和不确定性，商业机会的促成取决于广告营销、产品质量、价格、消费者偏好等多重因素。关键词隐性使用向用户提供多元信息的同时，的确可能影响部分网络用户的初始选择，但这并不代表权利人的结果信息无法呈现。第三人对关键词的选择并没有剥夺商业标识权利人有效使用自己商标来告知和赢取客户的机会，也不存在强制用户跳转至指定网站的情形。一般来说，当权利人网站自身的信息与关键词匹配度较强且网站质量、访问量较高时，网络用户在搜索框输入关键词后，权利人的网站会根据自然排名算法自动地出现在搜索结果中。仅就商业标识权利人遭受的损害程度而言，尚不足以达到需要通过《反不正当竞争法》进行救济的必要。当然，在个案中，应当重点关注自然搜索结果与付费广告搜索结果之间是否有区别性标记、付费广告搜索结果对自然搜索结果的排序优先程度以及排序结果的成因、是否足以导致消费者无法从自然搜索的结果中获取权利人信息来进行具体分析。② 在具体个案中经营者的商业机会是否存在被攫取的可能性而受到实质性损害，其实与双方的竞争关系是否密切，是否存在直接的、激烈的竞争程度有关。通常而言，在同一地方的经营者，针对同一目标消费群体的争夺相对而言会比较直接、激烈，交易机会受到

① 孔祥俊：《理念变革与制度演化：〈反不正当竞争法〉30 年回望与前瞻》，载《知识产权》2023 年第 7 期。

② 参见陶乾：《关键词隐性使用的综合利益考量——反不正当竞争法一般条款的审慎适用》，载《人民司法·案例》2023 年第 14 期。

损害的可能性比较大,例如前述“畅想案”“海亮案”的双方当事人之间的竞争。

(3)消费者合法权益受到损害的认定

网络用户在利用某一词语作为搜索词进行搜索时,其目的是想了解与该词语相关且符合自己需求的信息,其需求的信息可能是正面的,也可能是负面的;有可能是寻找该搜索词相关的信息,也有可能是寻找竞争对手的信息。在搜索引擎服务提供商同时提供自然搜索结果和关键词竞价排名服务时,在后台以该“商业标志”设置为推广链接关键词的行为并不影响该商业标识权利人的网页或广告同时出现在自然搜索结果中。只要竞价排名搜索结果中的标题、内容、链接网址对其提供的商品或服务作了清楚而不引人误解的描述,网络用户在面对自然搜索结果和竞价排名推广链接中出现的多种商品或服务时,相关公众仍会以“货比三家”的态度,在综合衡量各方提供的商品或服务的价格、质量、功能等因素的基础上选择进行交易的对象。经营者虽然在隐性状态下使用竞争对手的商业标识作为关键词,但是因为在公开的搜索推广结果中没有出现竞争对手商业标识,不会导致相关公众的混淆和误认。所以,部分学者、法官认为关键词隐性使用反而增加了消费者选择的多样性,并未损害消费者的利益。在关键词隐性使用的场景下,网络用户一般不会产生混淆,这就意味着用户明确地知道这个付费广告不是那个精准的结果。此时,那个精准的结果看似受到了付费广告的干扰,但事实上这种干扰只是在结果排序上的干扰,仅仅增加用户下滑翻页的时间而已。在搜索结果呈现上,看似是消费者被动获取自己不想要的信息,但是消费者在选择是否点击进入落地页面了解广告详情时具有主动性。法律所关注的客观结果是消费者是否有混淆误认,而非消费者搜索所得信息是否精准,更何况对精准与否的判断本身就带有主观色彩。对消费者而言,信息的多样性与信息的准确性同等重要,关键词隐性使用后的信息呈现,可以满足部分公众对于信息多样性的需求,这从另外的角度看是降低了其搜索成本,也有助于用户比对、分析从而作出最有利的决策。① 关键词竞价排名广告是搜索引擎服务商向互联网用户提供无偿搜索引擎服务过程中获取收入的手段。广告收入是无偿搜索引擎服务赖以生存的经济基础。因此,消费者在享受无偿搜索引擎服务时,要对搜索引擎服务提供商发

① 参见陶乾:《关键词隐性使用的综合利益考量——反不正当竞争法一般条款的审慎适用》,载《人民司法·案例》2023 年第 14 期。

布的广告予以容忍。消费者利用关键词搜索的目的是寻求自然搜索的结果,而非推广链接的广告,何况在没有将该“商业标志”设置为竞价排名关键词的情况下,也有其他类似的推广链接广告展示,所以只要不影响自然搜索结果的排名,关键词隐性使用并未对消费者的利益造成实质性损害。

17

“有一定影响的商品包装、装潢”的要件辨明

——以“武义明仕达案”为视角

姚小娟*

【内容提要】“知名商品的特有包装、装潢”是指商品具有知名度，包装装潢具有特有性。知名商品的特有装潢虽在区分商品生产者、承载商誉价值的功能上与商标近似，但两者的知名度并不能完全等同，当企业存在多种商品或同一商品存在多种不同装潢的情况下，商标的知名度不能完全等同于某一商品的知名度。另外，外观设计专利与知名商品的特有装潢一体两面，《专利法》与《反不正当竞争法》保护的侧重角度不同，即便外观设计专利权终止后，该包装并不必然落入公有领域，其仍可能因为构成知名商品特有装潢，但专利权终止至少向社会公众传递了该设计可能进入公有领域的信号，因此权利人应提供更加充分的证据来证明相关设计仍属于《反不正当竞争法》保护的权利客体。

【关键词】知名商品的特有装潢　不正当竞争　知名度

---

* 姚小娟：浙江天册律师事务所律师，任杭州市律师协会反垄断与反不正当竞争专业委员会主任，浙江省知识产权局商业秘密入库专家，浙江财经大学法学实务导师等职务。承办案例先后入选中国法院50件知识产权典型案例、浙江省高级人民法院十大知识产权案例、杭州市中级人民法院十大知识产权案例等。作为浙江省律师协会知识产权专业委员会的编委会成员编辑《浙江律师办理商业秘密案件指引》并于2022年12月正式发布，以及作为编辑组成员编辑国内首部电子商务法律研究报告《2011—2012年度中国电子商务法律报告》等。

【案情简介】

原告浙江浪花扑克公司(以下简称浪花公司)成立于1999年3月11日,专业生产数百个类型的中高档娱乐扑克、礼品广告扑克、外贸扑克及塑料扑克,是扑克行业的骨干企业。原告于2001年11月15日申请“扑克内盒及外包装箱”的外观设计专利,并于2002年7月17日获得授权。原告将该专利投入生产。自2003年以来,屡获各项荣誉。

被告武义明仕达印业有限公司(以下简称明仕达公司)成立于2009年5月26日,企业类型为有限责任公司,注册资本为50万元人民币,经营范围为其他印刷品印刷。明仕达公司的法定代表人周某明及其妻子王某芝作为该公司的自然人股东,分别担任该公司的执行董事和监事。2009年9月3日、2012年10月8日,王某芝就印花扑克牌盒申请了两项外观设计专利,该两项专利的授权公告日分别为2010年6月30日和2013年4月3日,王某芝将上述两项专利分别授予明仕达公司使用。2009年,明仕达公司成立后开始生产被控侵权产品。

明仕达公司法定代表人周某明从2001年至2008年为浪花公司的经销商;2007年,浪花公司与明仕达公司的法定代表人周某明签订《浪花扑克销售合同》,授权周某明在山东临沂设立经销店,经销浪花牌系列扑克,周某明的妻子王某芝作为保证人在该合同上签字。

2012年12月13日,金华市工商行政管理局出具《案件线索移送函》,称明仕达公司生产的扑克包装、装潢与浪花公司生产的浪花扑克相近,其行为已构成了不正当竞争,该局已经责令明仕达公司改正上述违法行为。

2015年9月22日,浪花公司公证人员前往福建省邵武市购买了标有“武义明仕达印业有限公司”标识的价格为人民币壹元伍角的扑克牌一盒。

原告浪花公司向一审法院提出诉讼请求:(1)判令被告立即停止使用浪花8100型号扑克的特有包装、装潢;(2)判令被告立即停止对原告的不正当竞争行为;(3)判令被告赔偿经济损失及合理费用80000元;(4)被告承担本案的诉讼费用。

被告明仕达公司辩称,其行为不构成不正当竞争,理由如下:第一,原告的产品不是知名商品。第二,两者的产品外包装设计和装潢既不相同也不相似,因为,无论是原告还是被告产品的包装、装潢,都是参照旧版的100美元,除了中间侧过来的L,与1968年版的100美元是完全相同;被告产品的外包装、装潢是参照旧版1美元图案,把中间美国总统的图案换成M,把背面1美元花边图案设计到盒子正面。两者由于参照物不同,故也不构成相同。第三,两者的包装、装潢均不受法律保护,原被告双方的包装、装潢都是使用了不能作为商标注册的、与美元近似的图案,按照相关规定,被告的行为不构成不正当竞争。综上所述,请求驳回原告的诉请。

对于浪花公司一审中提交的中国文教体育用品协会扑克牌专业委员会于2006年10月26日出具的证明,二审法院经审查认为,该证据为无法与原件相核对的复印件,明仕达公司对该证据的真实性亦有异议,故该证据的真实性无法确认,且浪花公司对中国文教体育用品协会扑克牌专业委员会的资质也没有提交相关证据予以佐证,故二审法院对该证据不予认定。二审中,浪花公司未提交证据,明仕达公司提交两份证据。证据一为浪花公司官网上的扑克牌包装的截图,拟证明浪花公司的扑克牌至少拥有200多种不同的型号,且每种均具有不同的包装、装潢。证据二为网络上流传的有美元印花包装的小商品的图片,拟证明参照美元样式设计的包装、装潢是小商品行业普遍的、广泛的设计方式。二审法院经审查认为,浪花公司对证据一真实性没有异议,且该证据能证明浪花公司生产的扑克牌具有多种型号,各型号的装潢均有区别,故对该证据予以认定。证据二由于明仕达公司不能提供证据来源,其真实性无法确认,故对该证据不予认定。

对于原审法院认定8100型号扑克牌在国内市场具有较大销量和知名度的事实,二审法院不予认定。二审另查明,浪花公司在其官网上对其生产的包括8100型号扑克牌在内的多种型号的扑克牌进行了产品展示,每款型号均具有不同的装潢。①

【裁判理由】

一、关于8100型号扑克牌的包装、装潢是否为知名商品特有的包装、装潢

《反不正当竞争法》(1993年)第5条第2项规定:“经营者不得采用下列不正当手段从事市场交易,损害竞争对手;擅自使用知名商品特有的名称、包装、装潢,或者使用与知名商品近似的名称、包装、装潢,造成和他人的知名商品相混淆,使

① 参见浙江省金华市中级人民法院民事判决书,(2016)浙07民初531号;浙江省高级人民法院民事判决书,(2017)浙民终68号。

购买者误认为是该知名商品。"《最高人民法院关于审理不正当竞争民事案件应用法律若干问题的解释》(2007 年)[以下简称《反不正当竞争法司法解释》(2007 年),现已失效]第 1 条规定:"在中国境内具有一定的市场知名度,为相关公众所知悉的商品,应当认定为反不正当竞争法第五条第(二)项规定的'知名商品'。人民法院认定知名商品,应当考虑该商品的销售时间、销售区域、销售额和销售对象,进行任何宣传的持续时间、程度和地域范围,作为知名商品受保护的情况等因素,进行综合判断。原告应当对其商品的市场知名度负举证责任。"

盛装或者保护商品的容器等包装,以及在商品或者其包装上附加的文字、图案、色彩及其排列组合所构成的装潢,在其能够区分商品来源时,即属于《反不正当竞争法》保护的知名商品特有的包装、装潢。《反不正当竞争法》规制擅自使用知名商品特有装潢的目的在于防止仿冒行为造成市场混淆,而市场混淆本身是以知名商品特有的包装、装潢具有区别商品来源的功能为基础的。知名商品所使用的包装、装潢因其包装材质、形状或装潢的构成要素在文字、图形、色彩、大小等方面的排列组合具有独特性,形成了显著的整体形象,且与商品的功能性无关,经过企业长时间使用和大量宣传,已足以使相关公众将上述包装、装潢的整体形象与知名商品联系起来,才能认定为知名商品特有的包装、装潢。

第一,关于 8100 型号扑克牌是否能认定为知名商品。明仕达公司于 2009 年 5 月 26 日成立后开始生产被诉侵权产品,其与浪花公司均位于浙江省金华市。浪花公司购买被诉侵权产品的区域为福建省邵武市,其据以主张市场份额下降的证据也来自福建省邵武市经销商。因此,浪花公司需证明在被诉侵权行为发生时 8100 型号扑克牌在金华市或邵武市有一定知名度。本案中,浪花公司在一审中提供的宣传广告证据仅将 8100 型号扑克牌作为浪花公司多种扑克牌型号之一进行展示,其主要宣传的为浪花公司的扑克牌产品而非 8100 型号扑克牌。故知名度证据仅为浪花牌扑克和浪花公司注册商标所获得的荣誉称号。法院认为,一种商品通过商标的使用,并通过广泛宣传和销售而为相关公众所知悉,该商标的知名度当然能及于企业及具体商品。但在企业存在多种商品或同一商品存在多款不同包装、装潢的情况下,商标的知名度不能完全等同于某一商品的知名度,且市场处于不断变化中,商品的知名度会随着时间、市场及消费者对商品的认知态度等情况的变化而不断发生变化。因此,在认定某一商品是否为知名商品时,主要应考量在被诉侵权行为发生时,该商品的销售时间、销售区域、销售额和销售对象,进行任何宣传的持续时间、程度和地域范围,作为知名商品受保护的情况等因素,进行综合判断。本案中,浪花公司生产的浪花牌扑克有多种型号,且每一型号的包装、装潢各不相同,故浪花牌扑克知名并不代表其生产的使用不同包装、装潢的所有型号的扑克牌均为知名商品,浪花公司仍应举证证明8100型号扑克牌具有一定的知名度。但是,浪花公司不能证明8100型号扑克牌达到了具有一定知名度的标准,其对此应承担举证不能的法律后果,8100型号扑克牌不能认定为知名商品。

第二,关于8100型号的扑克牌所使用的包装、装潢的特有性问题。首先,关于8100型号的扑克牌的包装。其采用印有图案的长方体纸盒包装,以呈现扑克牌形状的方式进行简单的组合,其形成的包装因无区别商品来源的显著特征而不具有特有性,且这种组合中的各个要素也属于扑克牌商品的通用包装元素,不能被独占使用,故8100型号扑克牌的包装不具有特有性。其次,关于8100型号扑克牌的装潢。整体视觉效果上浪花公司的商标及商标中的相关元素占装潢设计中的比重较大。因美元图案来自于公有领域,故8100型号扑克牌装潢的显著性主要源于浪花公司的商标标识及从商标中提取的文字和字母,该装潢固有的显著性并不强,即其本身的特有性不强。而装潢的特有性是指该装潢能起到区别商品来源的作用,而不是指该装潢具有新颖性或者独创性。因此,即使浪花公司将美元图案作为扑克牌的装潢具有一定的独创性,但其并没有提供证据证明这一具有一定独创性的装潢经过了长期的使用和宣传,在被诉侵权行为发生时已具有了区别商品来源意义的特有性。最后,浪花公司生产的扑克牌有多种型号,每种型号使用的装潢元素各不相同,即便是8100型号扑克牌的装潢前后也有两版,两者颜色、文字排列、花纹样式均有不同,但两个版本均以较为醒目的方式标注了其商标标识及标识中的主要文字、字母。扑克牌商品的一般消费者能够凭借这些标识对商品的来源进行正确区分,不会造成相关公众因对商品生产者、经营者存在特定联系而产生误认。综上所述,8100型号扑克牌所使用的包装、装潢不具有特有性,原审法院对此认定错误,应予纠正。

二、关于明仕达公司在被诉侵权产品上使用包装、装潢的行为是否构成不正当竞争行为

在知名商品特有的包装、装潢的不正当竞争案件中,需把握权利人利益和社会公众利益之间的平衡,坚持权利人利益保护的强度与商品包装、装潢的知名度和特有性相适应的原则。在外观设计专利权终止后,该设计因可能构成知名商品特有的包装、装潢而并不当然进入公有领域,但这至少向社会公众传递了该设计可能进入公有领域的信号,因此主张该设计仍受到知名商品特有的包装、装潢保护的权利人应提供更加充分的证据来证明相关设计仍属于《反不正当竞争法》保护的权利客体。本案中,浪花公司法定代表人余某浪于2001年11月15日将8100型号扑克牌的装潢申请外观设计专利权保护,并于2002年7月17日获得授权公告,之后余某浪将该外观设计专利权授权给浪花公司使用,但该外观设计专利权现已因过保护期而失效,因此浪花公司应承担更高的举证义务证明该设计构成知名商品特有的包装、装潢,且仍受《反不正当竞争法》保护。虽然明仕达公司的法定代表人曾为浪花公司的经销商,其在知晓浪花公司8100型号扑克牌的包装、装潢的情况下,应履行更审慎的注意义务,在使用扑克牌的包装、装潢时进行合理避让。但如前所述,浪花公司不能提供充分证据证明8100型号扑克牌使用的包装、装潢属于知名商品特有的包装、装潢,明仕达公司在其扑克牌产品上使用的标识以及生产厂家等信息亦足以表明其产品来源,故明仕达公司的行为不构成不正当竞争行为。

【法理评析】

一、"知名商品的特有包装、装潢"的构成要件

关于"知名商品的特有包装、装潢"的保护规定在《反不正当竞争法》(1993年)第5条中,结合《反不正当竞争法》的立法目的来看,此条规定意在打击仿冒行为,避免竞争者攀附他人商誉,牟取不正当的竞争优势。"知名商品的特有包装、装潢"存在两项构成要件:其一,相关商品应当具备知名度,即"知名商品";其二,相关商品的包装、装潢应当具备特有性,即"特有包装、装潢"。由于立法存在一定空白,无论是学术界还是司法界对知名商品的特有包装、装潢认定均存在一定争议。

(一)相关商品应当具备知名度

"知名商品"中的"知名"特指商品的知名度,而非商标的知名度。在知识产权法语境下,商标与商品息息相关,商标是商品的生产者、经营者在其生产、制造、加工、拣选或者经销的商品上或者服务的提供者在其提供的服务上采用的,用于区别商品或服务来源的,由文字、图形、字母、数字、三维标志、声音、颜色组合,或上述要素的组合,具有显著特征的标志。

换言之,商标具备一定的显著性特征,以此起到帮助消费者区分商品来源的作用。商标所指向的商品来源不同于商品本身,商品来源的概念更类似于商品生产者,商标所承载的商誉往往是商标权利人的商誉,这种商誉是通过对商标的长期使用经营并付出金钱时间加以推广积累而来,其指向对象包括商标权利人和其生产的商品。而商品在被生产销售后,逐渐为公众所熟知,其品质受到市场认可后,若商品上存在特有的包装、装潢,其上也会承载一定商誉,但这部分商誉将仅限于特定商品。因此商标的知名度能及于企业及具体商品,但在企业存在多种商品或同一商品存在多种不同装潢的情况下,商标的知名度不能完全等同于某一商品的知名度。

在司法实践中,法院往往会援引《反不正当竞争法司法解释》(2007 年)第 1 条第 1 款中的规定:在中国境内具有一定的市场知名度,为相关公众所知悉的商品,应当认为《反不正当竞争法》规定的"知名商品"。人民法院认定知名商品,应当考虑该商品的销售时间、销售区域、销售额和销售对象,进行任何宣传的持续时间、程度和地域范围,作为知名商品受保护的情况等因素,进行综合判断。因此,知名度的判断有法可依,裁判时难免会出现重"知名"认定,而轻"特有"认定,本案一审也是如此,根据浪花公司提供的证据可以证明浪花牌扑克属于知名商品,因此其涉案的包装装潢在具有一定独创性的情况下即认定为"知名商品特有包装装潢"加以《反不正当竞争法》保护。① 二审法院纠正了这一误区,因为这样的判决思路存在根本矛盾:如果同一知名商标用于数种不同商品,这些商品又存在不同种类的包装装潢,甚至例如本案的百余种包装装潢,难道就能认定构成知名商品的特有包装、装潢吗?

综上所述,依据《反不正当竞争法》(1993 年),在认定相关商品的知名度时,应当明确递进的判断方式,首先,由于判断商品知名度,无法脱离商标的知名度,但商标对应商品众多,应由原告明确商品具体型号款式。其次,在有具体商品的型号款式基础上,应当进一步确定相关商品所主张的具体包装、装潢,才能进入相关包装、装潢的特有性判断。

① 参见陈为:《多种包装、装潢情形下知名商品特有包装、装潢的判定》,载知产力,https://mp.weixin.qq.com/s/LESqE7RYaU2txwACp9RAQg,2023 年 6 月 13 日访问。

（二）相关包装、装潢应具备特有性

从文义解释来看，《反不正当竞争法》相关规定保护的是知名商品上的特有包装、装潢，而非知名商品本身。《反不正当竞争法司法解释》（2007 年）将特有性描述为“具有区别商品来源的显著性特征”，显著性与独创性、新颖性等知识产权法体系中的术语不同。显著性实际上是识别性，即特有包装、装潢使相关公众对对应的知名商品来源和商品内容产生识别性。特有包装、装潢的特有性与商标的显著性近似而不相同，一方面，特有包装、装潢和商标均能起到帮助相关公众辨明商品来源；另一方面，商标可以独立发挥这一显著性，而特有包装、装潢只有对应使用在具体的知名商品上才能发挥特有性。

由此可见，相较于近似于商标的显著性，特有包装、装潢的特有性更多一层专属性的意义，即特有包装、装潢唯有与某一知名商品对应，才能够得到《反不正当竞争法》的保护。因此，关于知名商品的包装、装潢是否具备特有性的认定，一方面需要根据销售范围、销售量等多方面证据，判定包装、装潢是否已经使用获得了能帮助相关公众区分商品来源的作用，即经使用获得了显著性；另一方面，在《反不正当竞争法》（1993 年）语境下，包装装潢无法脱离知名商品受保护，因此要认定其特有性，包装装潢还应当存在能与知名商品对应的专属性。

基于包装、装潢需与知名商品相对应才能判定其特有性是否成立，因此，在认定“知名商品的特有包装、装潢”时，商品的知名度应当是前提性要件。

二、“有一定影响的商品包装、装潢”的认定思路

前文已经论明，包装、装潢的特有性建立在商品的知名性基础上，《反不正当竞争法》（1993 年）的立法条文难免有冗余之处，因此《反不正当竞争法》的修订也应运而生，经历了 2017 年和 2019 年两次修订，禁止混淆被规定在第 6 条中，“经营者不得实施下列混淆行为，引人误认为是他人商品或者与他人存在特定联系：（一）擅自使用与他人有一定影响的商品名称、包装、装潢等相同或者近似的标识；（二）擅自使用他人有一定影响的企业名称（包括简称、字号等）、社会组织名称（包括简称等）、姓名（包括笔名、艺名、译名等）；（三）擅自使用他人有一定影响的域名主体部分、网站名称、网页等；（四）其他足以引人误认为是他人商品或者与他人存在特定联系的混淆行为。”

自“知名商品的特有包装、装潢”更新为“有一定影响的商品包装、装潢”，其受《反不正当竞争法》保护的构成要件也随之变化。《最高人民法院关于适用〈中华人民共和国反不正当竞争法〉若干问题的解释》（2022 年）第 4 条规定："具有一定的市场知名度并具有区别商品来源的显著特征的标识，人民法院可以认定为反不正当竞争法第六条规定的'有一定影响的'标识。人民法院认定反不正当竞争法第六条规定的标识是否具有一定的市场知名度，应当综合考虑中国境内相关公众的知悉程度，商品销售的时间、区域、数额和对象，宣传的持续时间、程度和地域范围，标识受保护的情况等因素。"

除了上述法条对于有一定影响认定时需考虑因素的列举，《反不正当竞争法》和《反不正当竞争法司法解释》2007 年明确了保护的对象是商品包装、装潢而非商品本身，这也就免除了原本"知名商品的特有包装、装潢"中，包装装潢与商品相对应的专属性证明责任，但原本特有性中关于显著性的部分仍需要加以证明，方能满足"有一定影响"的前提条件。

结合本案来看，若放在《反不正当竞争法》修订后的视角加以审查，则原告浪花公司若想证明其 8100 型扑克牌构成"有一定影响的商品包装、装潢"，则需要首先明确其所主张的包装装潢究竟是哪种款式，再就特定款式包装装潢的影响力进行综合举证，包括但不限于对应商品的销售时间、销售区域、销售额和销售对象，进行宣传的持续时间、程度和地域范围，获得相关荣誉的情况等方面，才有可能被认定为"有一定影响的商品包装、装潢"。

需要注意的是，"有一定影响的商品包装、装潢"在司法实践中常与外观设计专利存在交叉，本案也存在这一问题。究其原因，两者表现形式均可能是商品的包装，但分别受到了《反不正当竞争法》和《专利法》的保护。《专利法》的保护存在期限限制，当外观设计专利到期后，相关商品包装却因为《反不正当竞争法》的规定，并不必然落入公共领域，这是因为《专利法》重在赋予专利权人特定期限内相对垄断的权利，而《反不正当竞争法》则更重视市场自由竞争秩序的维持，两者并不构成重复保护，相关商品包装仍可能因为构成知名商品特有装潢。当然，专利权的终止因其时间节点明确，应被视为向社会公众传递了该设计可能进入公有领域的信号，因此若要得到《反不正当竞争法》的保护，权利人应提供更加充分的证据。

三、结语

早在 1993 年《反不正当竞争法》制定之初，混淆仿冒行为就被规定在具体不正当竞争行为之首，"傍名牌""搭便车"等攀附商誉的行为历来是《反不正当竞争法》的重点打击对象。然而，司法须有立法做指引，本案判决中，法院基于“知名商品的特有包装、装潢”构成要件，明确了多种包装、装潢情形下知名商品特有包装、装潢的判定应当在确定具体包装装潢和对应商品的前提下展开知名性和特有性的分析，其中知名性为其前提要件。虽然《反不正当竞争法》已经修订为“有一定影响的商品包装、装潢”，但纵观立法沿革，不难看出《反不正当竞争法》的保护思路中依然需要对包装装潢和商品的专属性进行证明。此外，本案判决还对外观专利设计届满后的商品包装、装潢进行了强调，在判定相关包装、装潢是否能够继续得到《反不正当竞争法》保护时需把握权利人利益和社会公众利益之间的平衡，主张《反不正当竞争法》保护的权利人也因此需要提供更加充分的证据来证明相关设计满足“有一定影响的商品包装、装潢”。

18

商标或字号的商誉专属性辨析

——以“中策永通案”为视角

姚小娟*

【内容提要】商标和字号均能起到区分商品来源、辨明商品生产者的重要作用，承载着体现商誉价值的重要作用。无论是《商标法》还是《反不正当竞争法》，均对商标与字号施加了相对垄断性的权利加以保护，然而这同时也是对社会公众使用公共领域资源、开展自由竞争的一种限制。从本案裁判来看，商标与字号上所附着的商誉并不一定具有专属性，不能仅凭商标权利人的外观即断定相关商誉的专属性，相反，应当从商标流转历史、字号使用渊源对商标和字号上附着的商誉进行判断，进而在商标权利人的私人利益与公共利益之间达到平衡。

【关键词】商标侵权字号　商誉　不正当竞争

【案情简介】

原告杭州中策公司由成立于2006年4月5日的威玛克电缆（杭州）有限公司于2009年1月12日变更名称而来，注册资本1580万美元，法定代表人汪某民，

---

* 姚小娟：浙江天册律师事务所律师，任杭州市律师协会反垄断与反不正当竞争专业委员会主任，浙江省知识产权局商业秘密入库专家，浙江财经大学法学实务导师等职务。承办案例先后入选中国法院50件知识产权典型案例、浙江省高级人民法院十大知识产权案例、杭州市中级人民法院十大知识产权案例等。作为浙江省律师协会知识产权专业委员会的编委会成员编辑《浙江律师办理商业秘密案件指引》并于2022年12月正式发布，以及作为编辑组成员编辑国内首部电子商务法律研究报告《2011—2012年度中国电子商务法律报告》等。

股东为杭州经济技术开发区永通中策电缆有限公司及 Winmax International Corporation，经营范围为研发、生产汽车电线束及其他高中档电缆；销售本公司生产的产品；从事高低压电器、成套电气设备、防爆电器、母线槽、电缆桥架、仪器仪表、建筑电器、高压电力变电设备、取暖设备（浴霸）、照明灯具、五金、通信器材、塑料管件的批发业务等。杭州经济技术开发区永通中策电缆有限公司及威玛克电缆（杭州）有限公司的法定代表人均为汪某民。

汪某民于2003年6月25日提出申请注册第3606144号“中策”商标，于2005年3月28日核准注册。核定使用商品为第9类：计算机；电线；电缆；电开关；插座、插头和其他连接物（电器连接）；电焊设备；电动开门器；电话机；报警器商品（截止），有效期限为2005年3月28日至2015年3月27日，后经续展有效期至2025年3月7日。2007年12月10日汪某民将第3606144号“中策”商标转给杭州中策公司。

2009年11月28日，杭州中策公司的“中策”注册商标被杭州市工商行政管理局认定为“杭州市著名商标”，此后，中策商标曾获多种荣誉。

被告中策永通公司成立于2009年5月25日，注册资本11880万元，经营范围为电线、电缆、配电开关控制设备、电动机、塑料管、塑料粒子制造、销售；机电产品销售。

被告中策永通公司网站上方显著位置标注“YITONG 屹通”商标及“中策永通电缆有限公司”名称，网站上有公司简介、产品展示、销售网络等版块。其中“产品展示”版块展示有标注“正宗中策永通电线”字样的产品；“销售网络”版块，包括国内销售网络及国际销售网络两幅地图，并标注相应的地点和国家名称。

2017年8月31日，国家工商行政管理总局商标评审委员会出具商评字【2017】第0000108409号《关于第13961158号“鑫中策”商标无效宣告请求裁定书》，对中策永通公司第13961158号“鑫中策”商标认定为与杭州中策公司“中策”商标构成近似商标，裁定该商标无效。中策永通公司不服提起诉讼，北京知识产权法院作出行政判决认定第13961158号“鑫中策”商标与第3606144号“中策”商标分别使用在核定使用商品上，易使相关公众认为其存在特定联系，从而对商品来源产生混淆、误认，认为商标评审委员会对第13961158号“鑫中策”商标作出无效宣告的裁定结论正确，应予支持，并驳回中策永通公司的诉讼请求。在该行政判决书中，对杭州中策公司提交的（2017）浙杭钱证内字第12436号公证书所载内容，法院在本院认为部分认定中策永通公司在使用“鑫中策”商标过程中存在遮盖的情况，使其产品外包装视觉显示的商标字样为“中策”二字，可以推定具有一定的主观恶意。另查明，中策永通公司上诉后，北京市高级人民法院维持原判。经查询中国商标网，第 13961158 号“鑫中策”商标专用权期限为 2015 年 4 月 14 日至 2025 年 4 月 13 日，现已失效。

2018 年 3 月 12 日，杭州中策公司委托代理人胡某昌在浙江省台州市被告中策永通公司一对外销售点以 2090 元价格购得标注了“屹通”商标的精品电线 2 卷，取得收款收据及增值税专用发票各一份，其中收款收据上载明“屹通牌、正宗中策永通电缆、中策永通电缆有限公司”字样，增值税专用发票盖具中策永通公司发票专用章。庭审中，被告中策永通公司确认该 2 卷电线由其生产。

被告得着五金商行系个体工商户，注册于 2015 年 12 月 3 日，经营范围为零售机械设备及电子产品、五金交电、装饰材料、工业橡塑制品、渔具、劳保用品、市政配套设备等。

2018 年 3 月 21 日，杭州中策公司的委托代理人胡某昌向杭州市国立公证处申请证据保全，该处公证人员与胡某昌一起来到杭州市下城区石桥路上的浙江科奥机电五金市场 2 幢 1 楼 21 号标识为“HONYAR 鸿雁”的店铺，胡某昌以消费者的身份在该店铺内购买了电线 2 卷，支出 170 元并从该店当场取得收款收据、名片各一张。该收款收据上盖具“浙江科奥机电五金市场得着五金商行”公章，名片背面载有“批发中策电线、电缆”等字样。

原告据此向杭州市下城区人民法院提出诉讼请求：(1) 被告中策永通公司、得着五金商行立即停止商标侵权行为，停止生产、销售涉嫌侵权产品；(2) 被告中策永通公司、得着五金商行立即停止不正当竞争行为，停止生产、销售涉嫌侵权产品；(3) 被告中策永通公司立即停止使用并变更带有“中策”字样的企业字号名；(4) 被告中策永通公司、得着五金商行连带赔偿经济损失 300 万元；(5) 被告中策永通公司、得着五金商行连带承担合理费用 5260 元（公证费用 3000 元，购买费用 170 元与 2090 元）；(6) 被告中策永通公司、得着五金商行承担本案一切诉讼费用。庭审中，原告明确对被告得着五金商行仅主张其有销售行为。

法院另查明：原杭州电缆厂为创建于 1958 年的国有企业，1992 年 7 月 3 日，杭州电缆厂与香港中策投资有限公司合资成立杭州中策电缆（股份）有限公司，注册资本 5610 万元，经营范围为生产销售电线电缆。因合资企业经营不善，2000

年4月23日由浙江富春江集团有限公司兼并杭州电缆厂和杭州中策电缆(股份)有限公司,成立浙江富春集团杭州电缆厂,在此过程中,根据杭州市人民政府《关于浙江富春江通信公司兼并杭州电缆厂、杭州中策电缆股份公司的批复》(杭政发〔2000〕79号)第3条,原杭州电缆厂、杭州中策电缆(股份)有限公司使用的"永通"注册商标,所有权属国家,同意兼并后的企业无偿、独家使用。2002年,浙江富春江集团有限公司将浙江富春集团杭州电缆厂改制后与杭州永通投资有限公司共同出资成立杭州电缆有限公司,后更名为杭州电缆股份有限公司。2002年10月8日原合资企业杭州中策电缆(股份)有限公司办理吊销手续。

另查明,国家工商行政管理总局商标局于2007年4月6日作出(2007)商标异字第01464号《"中策"商标异议裁定书》,就异议人杭州电缆有限公司、浙江中策电缆有限公司对汪某民第3606144号"中策"商标提出的异议,裁定异议人所提异议理由不成立,"中策"商标予以注册。复审评议后该被异议商标予以核准注册。

1992年9月至2009年,浙江省内及全国各地有多家电缆电气企业名称中包含"中策"或"中策永通"字样。

【裁判理由】

一、被告中策永通公司、得着五金商行是否构成侵害商标权

(一)被告中策永通公司是否构成侵害商标权

根据《商标法》(2013年)第57条的规定,要判断是否构成商标侵权,需要考虑商品是否相同或类似,商标是否相同或近似以及是否构成混淆。首先,关于商品是否相同或类似。本案中,原告"中策"商标核定使用的商品范围与被控侵权商品电线电缆属相同商品。其次,关于商标是否相同或近似。原告于2017年、2018年两次公证购买的标注为"鑫中策"商标的被控侵权商品上,均用防伪标签粘贴"鑫中策"中的"鑫"字,以致原告商标在字形、读音上完全相同,构成相同商标。即便如被告得着五金商行提供的同种商品上未对"鑫"字进行遮盖,则"鑫中策"商标亦已被生效行政判决书认定与原告杭州中策公司的"中策"商标构成近似商标,且已被宣告无效。被控侵权商品上的二维码中标注的"中策",属于商标性使用,与原告"中策"商标在字形、读音上亦完全相同,构成相同商标。原告于2018年3月12日在台州市购买到的标注有"屹通"商标的被控侵权商品上,被告中策永通公司通过粘贴防伪标签的方式突出“正宗中策”字样，与原告“中策”商标在字形、读音上完全相同，构成相同商标。最后，关于是否存在混淆可能性问题。原告的“中策”商标及企业名称中的“中策”字号自2010年开始在杭州市、自2012年开始在浙江省具有较高的知名度。被告中策永通公司与原告均位于浙江省，又是同行业经营者，应当知道原告“中策”商标在杭州市及浙江省的知名度和影响力，其行为却有意使相关公众造成混淆，误认为被控侵权商品系由原告生产或与原告存在特定联系。综上，法院认为，前述行为构成对原告“中策”商标专用权的侵害。

（二）被告得着五金商行是否构成侵害商标权

判断被告得着五金商行是否构成侵害商标权行为，既需要考量其销售的产品是否有合法来源并说明提供者，还需要考量其主观上是否不知道销售的是侵犯商标权的商品。本案中，被告得着五金商行作为销售商，尽管中策永通公司认可其销售的被控侵权商品来源于中策永通公司，但得着五金商行作为从事电线电缆产品的专业销售者，对原告杭州中策公司的“中策”商标在行业中的知名度应当了解，其在销售涉案产品时应具有较高的注意义务。其行为不足以认定其不知道销售的是侵犯注册商标专用权的商品，因此认定得着五金商行构成侵犯商标权。

二、被告中策永通公司、得着五金商行是否构成不正当竞争及中策永通公司是否需要停止使用并变更“中策”字号

（一）被告中策永通公司、得着五金商行是否构成不正当竞争

《反不正当竞争法》系对不属于《商标法》等知识产权特别法所规制的行为进行补充规定，鉴于前述第一条所述行为均已构成商标侵权行为，本院对其是否构成不正当竞争行为不再进行评述。

（二）被告中策永通公司是否应当停止使用并变更带有“中策”字样的企业字号

本案适用《反不正当竞争法》（1993年）和《最高人民法院关于审理不正当竞争民事案件应用法律若干问题的解释》（2007年）第6条第2款规定，具有一定的市场知名度、为相关公众所知悉的企业名称中的字号，可以认定为《反不正当竞争法》第5条第3项规定的“企业名称”。原被告关于这节事实主要争议点在于“中策”商标或字号在电线电缆行业的商誉是否完全属于原告，被告中策永通公司在注册企业名称时是否具有攀附原告“中策”商标或企业字号的意图。首先，

纵观杭州市场上电线电缆行业“中策”二字的由来，最早应始于1992年原杭州电缆厂与原香港中策投资有限公司合资成立的原杭州中策电缆（股份）有限公司企业名称中的“中策”二字。此后，杭州市、浙江省乃至全国市场上陆续出现多家企业名称中包含“中策”字样。这些公司均未将“中策”注册为电缆产品的商标，而原杭州中策电缆（股份）有限公司亦于2002年10月8日办理吊销手续。因此，在1992年至2002年这一阶段，市场上关于“中策”电缆的知名度和商誉不属于原告。

其次，原告法定代表人汪某民于2008年5月核准注册“中策”商标，但注册专用期限自2005年3月28日开始，并于2007年将“中策”商标转让给原告。在这一阶段，原告虽然最终取得了“中策”注册商标专用权，但未有证据证明原告此时就使用在电线电缆上的“中策”商标已取得相应的知名度，或属于原告的“中策”电缆商誉已经建立。

最后，原告于2009年1月变更企业名称为“中策”字号，自2009年其知名度和影响力逐渐扩大。由此可见，原告在电线电缆行业的“中策”商标自2009年年末开始逐渐取得知名度，相应的商誉亦应自此时起开始建立，但此前市场上累积的关于“中策电缆”的相关知名度和商誉并非完全属于原告。因此，被告中策永通公司于2009年5月25日注册企业字号时，其所攀附的“中策电缆”的知名度和商誉，大部分应源于之前市场上已经存在的“中策电缆”的相关知名度，而非攀附原告尚未取得知名度和影响力的“中策”商标或企业字号。综上所述，原告主张被告中策永通公司变更企业名称不得含有“中策”字样的诉讼请求缺乏事实依据，本院不予支持。但鉴于原告“中策”商标及字号2010年以后在电线电缆商品上取得的知名度和影响力，以及被告自2017年开始存在的案涉侵权行为，被告中策永通公司今后在使用企业名称时应予以规范，不得突出使用“中策”字样。①

【法理评析】

一、《反不正当竞争法》对于商标的保护

在我国知识产权法体系中，商标得到了专门立法保护，然而《反不正当竞争法》（1993年）早在立法之初，就在第5条有关禁止仿冒的规定中，对假冒他人的

---

① 参见浙江省杭州市下城区人民法院民事判决书，（2018）浙0103民初3629号。

注册商标施以《反不正当竞争法》保护，这种特殊的双重保护机制导致两法的关系模糊，学术界也因此产生分歧。

第一种观点“补充说”，坚持其观点认为两法条文有交叉重叠部分，《反不正当竞争法》主要起到兜底作用，对于商标保护进行辅助。第二种观点“一般与特别关系说”认为，对于与商标相关的不正当竞争案件，《商标法》为特别法，应优先适用，特别法没有规定的，再适用一般法《反不正当竞争法》进行处理。第三种“并列说”认为两法保护对象存在不同，《商标法》的侧重点为注册商标，《反不正当竞争法》则主要保护没有注册但是有着较大社会影响力的商标，两者并行不悖，不存在主从关系。

本案裁判中，法院即持第一种观点，认为在已经论述构成商标侵权行为的情况下，无须适用《反不正当竞争法》进行补充，故而对其是否构成不正当竞争行为不再进行评述。笔者认为，《商标法》重点保护的是注册商标的权利，但更多未注册但存在经济价值和社会影响的商标权益是依靠《反不正当竞争法》保护的，在商业实践中，未注册商标多如牛毛，若简单认为在商标保护层面《反不正当竞争法》是《商标法》的辅助与补充，这与社会实际不符，难免导致裁判与现实脱节。笔者更倾向于“并列说”，《商标法》与《反不正当竞争法》虽同为知识产权法体系的两块基石，但其立法意旨也略有不同，《商标法》更侧重维护商标权利人的私人利益，《反不正当竞争法》则着眼于维护市场公平竞争秩序。两法的保护措施也全然相反，《商标法》提供积极的支配性保护，《反不正当竞争法》提供的则是消极的禁止性保护，①但无论是哪种保护措施，其核心目的均是围绕商誉出发，只有明确权利人享有商誉，才有保护的意义。

具言之，就现行知识产权法体系而言，《商标法》和《反不正当竞争法》为商标相关的不正当竞争问题提供了紧密协同但不重复保护的法律保障，在权利人力争商标上的商誉不被攀附时，《反不正当竞争法》存在其适用必要，在审查商誉与商标权利人的对应关系后，在满足要件的前提下，即便已构成商标侵权，同样可以适用《反不正当竞争法》加以规制。

① 参见黄汇：《反不正当竞争法对未注册商标的有效保护及其制度重塑》，载《中国法学》2022 年第 5 期。

二、《反不正当竞争法》对于字号的保护

字号与商标一样,均能作为商业标识使用,随着经济发展,与字号相关的纠纷也日趋增多,本案中,原告杭州中策电缆有限公司即主张被告中策永通公司立即停止使用并变更带有“中策”字样的企业字号名。由于字号在我国法律体系中并无单行立法。因此,字号的保护往往也通过《反不正当竞争法》来实现,本案关于是否支持原告这一诉请的分析也围绕《反不正当竞争法》展开。

本案审理适用的是《反不正当竞争法》(1993 年)和《最高人民法院关于审理不正当竞争民事案件应用法律若干问题的解释》(2007 年)第 6 条第 2 款规定,具有一定的市场知名度、为相关公众所知悉的企业名称中的字号,可以认定为《反不正当竞争法》第 5 条第 3 项规定的“企业名称”。根据《反不正当竞争法》的规定,擅自使用他人字号构成不正当竞争行为需符合三个条件:第一,经营者擅自将他人字号在中国境内用于商品、商品包装以及商品交易文书上,或者用于广告宣传、展览以及其他商业活动;第二,被使用的字号具有一定市场知名度、为相关公众所知悉;第三,产生引人误认为是他人商品或者与他人存在特定联系的后果。

不难看出,《反不正当竞争法》的三项要件中,第一项是客观要件,第二项、第三项实质上都对字号所承载的商誉指向有所要求:有一定市场知名度、为相关公众所知悉、要求字号在相关公众中能与企业相对应,产生了特定联系;引人误认的混淆后果则是要求字号所带的商誉为其他经营者所攀附窃取。因此,唯有字号所承载的商誉能够归属于权利人,同时该字号商誉受到了其他竞争者不当使用的攀附,才能得到《反不正当竞争法》的保护。

三、商标与字号的商誉专属性辨析

结合前文分析,《反不正当竞争法》(1993 年)对于商标与字号的保护实质上直指其背后承载的商誉,原被告两家公司名称在“中策”二字上存在重合,原告主张被告停止使用并变更“中策”字号,法院因此展开了详细分析:

法院在事实调查时即对相关市场中企业名称包含“中策”二字的企业进行了分析,发现在 1992 年 9 月至 2009 年,浙江省内及全国各地有多家电缆电气企业名称中包含“中策”或“中策永通”字样。

首先,将视角聚焦于杭州市场,法院查明“中策”二字在电缆行业中的知名度最早源于原杭州中策电缆(股份)有限公司,而非始创于原告。因此,在 1992 年至 2002 年这一阶段,“中策”字号的知名度和商誉不属于原告。其次,原告虽在

2007年取得了“中策”注册商标专用权，但该商标对应的原告知名度与商誉是否在当时就已建立缺乏证据证明。最后，原告于2009年1月变更企业名称为“中策”字号，自2009年其知名度和影响力逐渐扩大。

无论是从“中策”商标出发还是从“中策”字号出发，原告所享有的商誉均自2009年起开始建立和积累，2009年以前的商誉应当认为属于原杭州中策电缆（股份）有限公司等其他主体，原告对此并不享有竞争权益。基于对原告“中策”商标和“中策”字号所承载商誉的建立时间点认定是在2009年，而被告中策永通公司于2009年5月25日注册企业字号时，即便其存在攀附故意和使用行为，那么所攀附的大部分商誉也应归属于其他主体而非本案原告。

在此基础上，法院已对字号混淆不正当竞争行为的不成立做了充分论述，虽然存在商标侵权，但并不意味着原告主张被告变更字号的诉请即可成立。注册商标和包含字号在内企业名称均是依照我国法律程序获得的商业标示性权利，现并无证据证明被告企业名称注册使用违法。即便构成了商标侵权，其实质也只是不规范使用企业名称，若判决停止使用或者变更企业名称，未免存在矫枉过正。规范使用企业名称与停止使用或变更企业名称是完全不同的责任承担方式，应当综合市场竞争秩序和权利人私人利益考量，选择恰当的纠正方式，不能因侵害商标权就简单判决停止使用或变更企业名称。

因此，法院对原告此项诉求不予支持，但基于维护此后的市场竞争秩序考量，在裁判中进一步强调了鉴于原告“中策”商标及字号2010年以后在电线电缆商品上取得的知名度和影响力，以及被告自2017年开始存在的案涉侵权行为，被告需规范使用企业名称，不得突出使用“中策”字样。

本案判决虽然表面上未对被告行为是否构成不正当竞争行为予以置评，实际上却在论述原告要求被告停用并更名的诉请是否成立时进行了详细分析，根据法院观点和前文论述，足以说明《反不正当竞争法》禁止混淆条款看似保护的是商标、字号等商业标识，实际上更重视这些商业标识之上所附着的商誉。商誉作为一种无形财产，是经过经营者长时间投入金钱、精力进行商业活动所积累的。笔者认为，商标或字号所承载的商誉与其经营者存在特定联系，这一点与人格权类似，均存在其专属性，虽然通说认为商誉权作为一种财产性的权利，本身是能够进行转让的，例如商标上的商誉会随着商标转让而发生流转，但这种观点值得商榷，商誉本身不可能构成商业交易的客体，所谓商誉转让的行为，例如企业吸收合并、公司交易商标等所发生的商誉权转让情形，其实质是商誉权的增加或者减少，而非真正意义的转让。尤其在反不正当竞争法语境下，认定是否构成混淆不正当竞争行为，需要对商标或字号上的专属性进行深入分析，判断原告是否具备相关商誉的专属性的同时，也要辨明被告有没有攀附或攀附的究竟是不是原告的商誉。

四、结语

《反不正当竞争法》(1993 年)在商业混淆的条款中对商标、字号等都加以保护，抛去《反不正当竞争法》保护商业标识的外壳，根据立法目的不难看出其实质在于保护商标、字号上所承载的商誉。在《反不正当竞争法》视角下，此类商誉难以通过商标转让等方式流转。本案裁判明确指出，在适用《反不正当竞争法》保护时，应当对商誉的归属主体加以厘清，明确了商标、字号承载的商誉具有专属性。只有首先确定是谁于何时起建立并积累了此商誉，才能进行是否构成商业混淆的认定，对于攀附商誉者，也应当仔细辨析其攀附对象。本案裁判不但于实务上对于《反不正当竞争法》混淆行为的认定进路有一定指导意义，也在学理上为商誉类似于人格权属性的专属性特征提供了实证素材，唯有坚持在此类案件中辨明商誉专属性，才能更好地兼顾商标、字号权利人与社会公众之间的利益。

19

企业名称权与商标权冲突之利益衡量及法律适用

——以“一招鲜案”为视角

陈国江*

【内容提要】一般而言，对于突出使用字号的行为认定构成商标侵权，判令侵权人规范使用企业字号。但是由于注册商标与企业名称均是依据相应的法律程序获得的标志权利，分属不同的标志序列，应依照相应法律获得相应保护。在认定一招鲜酒店突出使用其字号是否构成商标侵权时，应当考虑涉案注册商标显著性、知名度、两者实际使用状况、使用历史、相关公众的认知状态以及使用者的主观状态等因素予以综合判定，给予与之相匹配的保护强度，并尊重已经客观形成的市场格局。在涉案商标知名度不高、涉案字号具有一定知名度的情况下，相关公众一般不会认为两者存在特定的关联性，从而对服务来源造成误认。

【关键词】字号权　商标权　混淆　攀附　不正当竞争

---

* 陈国江：北京安理（杭州）律师事务所合伙人，从事法律服务二十余年，专业方向：知识产权。现任最高人民检察院民行咨询专家、浙江省知识产权专家库专家、浙江省法学会知识产权法学研究会理事、浙江省法学会竞争法学研究会理事、浙江省律协知识产权委员会委员、浙江省商标品牌专家顾问团专家。

【案情简介】

保定市一招鲜火锅城系第 1445942 号商标的注册人，注册有效期限为 2000 年 9 月 14 日至 2010 年 9 月 13 日，核定服务项目第 42 类：餐厅、饭店、餐馆、快餐店、自助餐馆、流动饮食供应。保定市一招鲜火锅城于 1994 年成立，2005 年核准吊销；2000 年至 2005 年在保定市开设三家分店。经国家工商行政管理总局核准，第 1445942 号商标于 2006 年 10 月 7 日转让给王某忠。2009 年 3 月 11 日，王某忠与谭某飞签订《商标权转让合同》，约定王某忠将第 1445942 号商标永久性转让给谭某飞，转让价款为 100000 元，但该商标在河北省区域内的独占无偿使用权归王某忠终身所有。2009 年 10 月 20 日，第 1445942 号商标经核准转让给谭某飞，并核准续展有效期为 2010 年 9 月 14 日至 2020 年 9 月 13 日。2007 年 1 月 9 日谭某飞将其注册成立的其他字号火锅店变更名称为绍兴市越城一招鲜饭店。2007 年 2 月 13 日，谭某飞注册成立绍兴市越城区谭某飞火锅店。2017 年 6 月至 2018 年 5 月，谭某飞以杭州一招鲜品牌投资有限公司（总部）（经查询未有该公司登记注册信息）的名义分别与位于杭州萧山、建德、下沙及绍兴越城等地的经营者签订《一招鲜特许经营加盟协议书》，其拍摄的照片显示，各个门店在店招上使用的“一招鲜”在字体、颜色等方面均不统一，且没有与第 1445942 号商标相同的标识。

一、一招鲜酒家使用“一招鲜”标识的相关情况

2002 年 9 月，一招鲜酒家经营者方某明申请成立个体工商户，在其申请的 3 个字号中经工商行政管理部门核准字号为“杭州市下城区一招鲜酒家”，并于 2022 年 10 月 15 日注册成立，经营范围为中型餐馆，经营地址在杭州市下城区香积寺路颜家里 127 号。2004 年 7 月、2006 年 4 月、2006 年 8 月、2010 年 10 月，方某明分别注册成立杭州市下城区一招鲜酒家江城路分店、千岛湖分店、艮山西路分店、北景园分店，其中艮山西路分店于 2007 年注销，千岛湖分店于 2010 年 7 月注销。后因经营地址拆迁，杭州市下城区一招鲜酒家于 2017 年 7 月 20 日注销，2017 年 7 月 21 日杭州市下城区一招鲜酒家北景园分店变更名称为杭州市下城区一招鲜酒家。方某明经营的上述“一招鲜”字号及相关菜品分别获得过以下荣誉：浙江广播电视中心《特色美食》栏目推广一招鲜为特色美食；中国国际餐饮联合会、中国商界领袖杂志评选一招鲜餐馆为“中华美食·特色餐饮店”;2004 年 3 月浙江省私营(民营)企业协会认定一招鲜为“诚信 3·15 示范单位”;2004 年 8 月杭州饮食旅店业同业公会、杭州烹饪协会评选一招鲜酒家“红烧鱼头皇”“酸汤桂鱼”为《百家食谱》特别推荐奖、金勺奖;2006 年 10 月中国(杭州)美食节组委会、杭州市贸易局、杭州饮食旅店业同业公会第二届“百家食谱”评选一招鲜酒家“炭烧野生大白条”为金勺奖;2008 年 10 月杭州市贸易局、杭州市餐饮旅店行业协会·杭州杭菜研究会评选一招鲜“村姑豆花”“营养鸡”为百家食谱健康菜肴金奖;2009 年 11 月杭州市贸易局评选杭州市一招鲜酒楼“大碗牛排”为 2009 年牛、羊、禽菜肴烹饪大赛金奖;2005 年浙江省质量品牌监督调查组委会《中国质量与品牌》杂志社在“市场质量合格、消费者放心品牌”活动中评选“一招鲜”为浙江省餐饮行业十佳优秀企业。另外,一招鲜江城路店、北景园店被杭州千岛湖发展有限公司指定为“千岛湖淳鱼”经销商(期间 2013—2016 年度不等)。由杭州饮食旅店业同业公会编著的《新杭州美食地图·百家食谱》(浙江科学技术出版社 2005 年版)一书中,序号 27 店名为“一招鲜”,在第 54 – 55 页介绍“一招鲜”成立于 2001 年,特色经营鱼头和江湖菜肴,地址为香积寺路 18 号。《吃玩在杭州 – 休闲娱乐宝典》(浙江科学技术出版社 2008 年版)一书目录中有“去一招鲜吃千岛湖‘淳’牌大鱼头”,在第 49 – 52 页介绍一招鲜北景园店的千岛湖鱼头,文章末尾提示“一招鲜”共有四家店,分别位于香积寺路 18 号、江城路 625 号、东新路 995 号、德苑路 58 号。《吃玩在杭州》(第 2 版)(浙江科学技术出版社 2015 年版)一书目录中有“一招鲜,从千岛湖鱼头到演绎江湖味道”,在第 14 – 15 页介绍一招鲜的招牌菜“红烧鱼头”及“大碗牛排”等特色菜肴。2006 年 8 月 4 日《钱江晚报》C 版广告中有“一招鲜,艮山西路开新埠”一文,内容主要为一招鲜开设城东新店的广告。2007 年 5 月 31 日的《钱江晚报》D 版广告中有一招鲜江城路分店的相关介绍。在大众点评、美团网上一招鲜江城路分店的消费者评论中,不乏“老客户、一招鲜是杭州的老牌子、是一家老店”等内容。

二、谭某飞公证取证及网络查询相关信息

2019 年 3 月 25 日,谭某飞的委托代理人戴某平向杭州市国立公证处申请证据保全,在公证员监督下在公证处电脑上打开“大众点评”网,搜索“一招鲜”,显示有位于上城区江城 625 号的“一招鲜(江城店)”(浙菜)、位于东新路 995 号的“一招鲜(北景园分店)”(浙菜)及位于新广场场新安东路 235 号的“一招鲜”(砂锅)等。杭州市国立公证处为此分别出具(2019)浙杭证民字第2801号、第2802号等公证书。

2019年3月21日,谭某飞的委托代理人戴某平向杭州市国立公证处申请证据保全,并与该公证处公证员屠某婕、助理滕某慧一起来到位于杭州市东新路995号、标识为"一招鲜"的店铺,戴某平以普通消费者身份在上述商家进行了用餐消费,支付餐饮费后当场取得盖具"杭州市下城区一招鲜酒家江城路分店"的《浙江增值税普通发票》一张,金额为87元,戴某平对该商家内部及外部现状进行拍照,拍得照片26张。杭州市国立公证处为此出具(2019)浙杭证民字第2828号公证书。公证书所附照片显示,商铺门头招牌有"鱼 · 生态甲鱼一招鲜夜宵""一招鲜北景园店""一招鲜江湖菜"等;店内菜谱、价目表、打包袋、墙面宣传菜谱等多处均标有"一招鲜"字样。

三、谭某飞起诉及法院判决情况

谭某飞一审诉讼请求:(1)一招鲜酒家立即停止侵犯第1445942号注册商标专用权的行为;(2)一招鲜酒家立即停止不正当竞争、停止使用"一招鲜"字号,变更企业名称不得含有"一招鲜"三个文字;(3)一招鲜酒家赔偿谭某飞因商标侵权及不正当竞争造成的经济损失1000000元;(4)一招鲜酒家支付谭某飞因商标维权产生的合理费用包括律师代理费30000元、公证费10000元、差旅费2000元,合计42000元;(5)一招鲜酒家承担案件受理费。

各级法院判决情况见表1。

表1 各级法院判决情况

案由	侵害商标权及不正当竞争纠纷案
案号	一审:杭州市下城区人民法院(2019)浙0103民初2602号 二审:杭州市中级人民法院(2020)浙01民终4889号 再审:浙江省高级人民法院(2021)浙民再34号
原告(被上诉人、被申请人)	谭某飞
被告(上诉人、再审申请人)	杭州市下城区一招鲜酒家

续表

案由	侵害商标权及不正当竞争纠纷案
一审判决结果	(1)一招鲜酒家立即停止侵犯谭某飞第1445942号注册商标专用权的行为; (2)一招鲜酒家于本判决生效之日起10日内赔偿谭某飞经济损失70000元(含制止侵权支出的合理费用); (3)驳回谭某飞的其他诉讼请求
二审判决结果	驳回上诉,维持原判
再审判决结果	(1)撤销浙江省杭州市中级人民法院(2020)浙01民终4889号民事判决; (2)撤销浙江省杭州市下城区人民法院(2019)浙0103民初2602号民事判决; (3)驳回谭某飞的全部诉讼请求

【裁判理由】

一、一审:杭州市下城区人民法院

被告的个体工商户字号为"一招鲜酒家",其在门头店招、店内装饰、菜单餐具、网络平台等处单独使用"一招鲜"标识的行为,并非其字号的规范性使用,而是起到识别商品和服务来源的作用,属于商标性使用。被告使用"一招鲜"标识的餐馆和提供的餐饮服务,与注册商标核定的"餐厅、饭店、餐馆"属于同一种服务。原告及其授权经营者主要经营火锅类、煲类等中餐饮食,被告主要提供千岛湖鱼头及其他特色招牌菜等中餐饮食,两者均属于中餐餐饮行业,消费群体存在重叠,存在混淆的可能性。原告第1445942号注册商标由左图右字组成,其文字部分为中文"一招鲜"和英文"YIZHAOXIAN",通常应呼叫为"一招鲜";被告的注册字号虽为"一招鲜酒家",但其在多处位置单独使用"一招鲜"标识,与原告注册商标的读音、中文文字均相同,仅在字样、图案上存在差别。以一般消费者的注意义务,容易对被告服务的来源产生误认或者认为其来源与原告注册商标提供的服务具有特定的联系,构成商标近似。认为被告在其餐饮服务中使用"一招鲜"标识的行为,属于未经商标注册人的许可,在同一种商品或服务上使用与其注册商标近似的商标的行为,侵犯了原告第1445942号注册商标专用权,依法应承担相应的民事责任。

二、二审:杭州市中级人民法院

杭州市下城区一招鲜酒家于2002年9月登记,晚于注册商标的核准时间,依法不享有"一招鲜"字号的在先使用权。上诉人一招鲜酒家使用"一招鲜"字号的经营范围为中型餐馆,该经营范围属于前述注册商标的核定服务范围之内,而"一招鲜"字号与注册商标的主要识别部分"一招鲜"三字读音、文字均相同,容易造成混淆。原审认定上诉人一招鲜酒家使用"一招鲜"字号的行为,侵犯了被上诉人谭某飞的案涉商标专用权,并无不当,本院予以确认。

三、再审:浙江省高级人民法院

在认定一招鲜酒家突出使用其字号是否构成商标侵权时,应当考虑涉案注册商标显著性、知名度、两者实际使用状况、使用历史、相关公众的认知状态以及使用者的主观状态等因素予以综合判定,给予之相匹配的保护强度,并尊重已经客观形成的市场格局。由于"一招鲜"固有显著性不强,且仅为涉案注册商标的中文文字部分,两者在商标标识的构成要素上具有一定的差异。同时在涉案商标知名度不高、涉案字号具有一定知名度的情况下,相关公众一般不会认为两者存在特定的关联性,从而对服务来源造成误认。故综合以上因素,本院认为应当认定一招鲜酒家在本案中的被诉行为不会给谭某飞造成其他损害,不构成《商标法》(2019 年)第 57 条第 7 项规定的商标侵权行为。

【法理评析】

本案是字号权和商标权冲突的典型案例。冲突的原因是法律渊源不同。字号权属于即企业名称权,系《反不正当竞争法》(2019 年)第 6 条所保护的权利,不同于一般意义上的人身权,是区别于不同市场主体的商业标识,本质上属于一种财产权益。商标权即商标专用权,系按照《商标法》(2019 年)对商业标识享有的独占性的权利。关于权利冲突的含义、原因及类型,《最高人民法院关于全国部分法院知识产权审判工作座谈会纪要》(法〔1998〕65 号)中提及:"知识产权权利冲突,是指对争议的智力成果或标记,原、被告双方均拥有知识产权。造成权利冲突的原因,主要是因为我国对知识产权审查授权的部门不同,且这些知识产权授权的最终审查权不在人民法院。"①字号权与注册商标权冲突是否构成侵权,司法实践中有不同的认识、不同的裁判标准。对此问题,司法实践、司法解释和法律规

① 参见《解读最高人民法院司法解释、指导案例》(知识产权卷)-《解读关于审理注册商标、企业名称与在先权利冲突的民事纠纷案件若干问题的规定》,人民法院出版社 2014 年版。

定有一个渐进发展的过程。

知识产权权利冲突既涉及不同知识产权权利主体行使权利的范围和界限，也涉及授权机关有关职能的划分和衔接。《最高人民法院关于审理商标民事纠纷案件适用法律若干问题的解释》(2020年)第1条规定，将与他人注册商标相同或者相近似的文字作为企业的字号在相同或者类似商品上突出使用，容易使相关公众产生误认的行为，属于《商标法》第57条第7项规定的给他人注册商标专用权造成其他损害的行为。《最高人民法院关于审理注册商标、企业名称与在先权利冲突的民事纠纷案件若干问题的规定》(2020年)第4条的规定，被诉企业名称侵犯注册商标专用权或者构成不正当竞争的，人民法院可以根据原告的诉讼请求和案件具体情况，确定被告承担停止使用、规范使用等民事责任。故一般而言，对于突出使用字号的行为认定构成商标侵权，判令侵权人规范使用企业字号。但是由于注册商标与企业名称均是依据相应的法律程序获得的标志权利，分属不同的标志序列，应依照相应法律获得相应保护。

《民法典》(2020年)将商标权及企业名称权分别规定在不同的编中。《民法典》总则编第五章民事权利提纲挈领地明确规定知识产权客体及其民事权利。第123条规定了商标权，其中规定"民事主体依法享有知识产权。知识产权是权利人依法就下列客体享有的专有的权利：……(三)商标……"企业名称权则是指企业依法对其登记注册的名称所享有的权利。企业名称权规定在《民法典》第四编人格权第三章姓名权和名称权。其中第1013条规定，"法人、非法人组织享有名称权，有权依法决定、使用、变更、转让或者许可他人使用自己的名称"。企业名称权归属在人格权编，而《民法典》未将知识产权单独成编，商标权等知识产权散见于各章各条。由于企业名称权在人格权编，对于企业名称权是否属于知识产权学术界一直有不同观点。有学者根据《民法典》上述规定，认为企业名称权属于人格权，不属于知识产权。《保护工业产权巴黎公约》(1979年)第1条规定，"工业产权的保护对象有专利、实用新型、工业品外观设计、商标、服务标记、厂商名称、货源标记或原产地名称，和制止不正当竞争"，该条将厂商名称和专利、实用新型、工业品外观设计、商标、服务标记并列，作为知识产权的一份子进行保护。《保护工业产权巴黎公约》(1979年)将企业名称权列入知识产权范畴。企业名称权和商标权有着不同的法律渊源，对其不同的理解，导致两者客观上形成权利冲突。

冲突之解决以利益衡量为立足点。利益衡量一般在个案中利益衡量。司法裁判在不少情形下都会在个案中进行利益平衡。一旦冲突发生，为重建法律和平状态，一种权利必须退居另一种权利［或相关法益（Rechtsgüter）］之后，或者两者各自都必须做出一定程度的让步。鉴于此，司法裁判根据相关利益在相关情况下的“分量”来“权衡”处于竞争之中的权利或法益，从而获得决定。①

注册商标权与企业名称权，均为《民法典》规定的权利客体，共同受到法律的保护，都是法定权利。权利之间无大小、无上下，均系同位权利。平等地位的权利引起的冲突，处理时应遵循“诚实信用、保护在先权利及禁止混淆”三项原则。《商标法》第7条规定，申请注册和使用商标，应当遵循诚实信用原则。诚实信用原则是民商事活动的基本原则，解决权利冲突也不例外，首先需遵循该原则。《商标法》第32条前半段规定了“申请商标注册不得损害他人现有的在先权利”。在先权利对于在后权利来讲，已经形成了在先的权利，该权利已客观存在。尤其是在先权利具有知名度和显著性时，在后权利行使时，应主动避让，避免造成混淆，避免搭在先权利的便车，傍在先权利的名牌。判断商标与企业名称中的字号的使用冲突是否造成消费者误认混淆（包括混淆的可能）时，应综合考虑行业、地域、消费群体、商标与字号相同或近似的程度、先权利的驰名或知名程度、双方所经营的商品或服务的类似程度及消费者购买时的注意程度、是否有利用或损害他人商誉的行为、是否已经造成了实际混淆等因素，综合作出判断。

《最高人民法院关于审理商标民事纠纷案件适用法律若干问题的解释》（2020年）“将与他人注册商标相同或者相近似的文字作为企业的字号在相同或者类似商品上突出使用，容易使相关公众产生误认的”行为，归入《商标法》“给他人的注册商标专用权造成其他损害”的兜底性规定之中。据司法起草者介绍，该条规定构成要件有四个：一是使用了与他人注册商标相同或相近似的文字；二是行为人将所使用的文字作为其企业的名称字号；三是将名称字号在与商标权人注册商标所标识的相同或类似商品上突出醒目地使用；四是造成了容易使相关公众产生误认的效果或者结果。突出使用相当于将字号用作商标，进入了他人注册商标专用权的领域。“突出使用”包括“在广告、招牌、成品介绍灯上突出使用”他人

① 参见［德］卡尔·拉伦茨：《法学方法论》，黄家镇译，商务印书馆2020年版，第508－509页。

的注册商标文字。①

加强不正当竞争案件的审判,维护市场公平竞争。妥善处理好知识产权专门法与《反不正当竞争法》的关系,在激励创新的同时,又要鼓励公平竞争。《反不正当竞争法》补充保护作用的发挥不得抵触知识产权专门法的立法政策,凡是知识产权专门法已作穷尽性规定的领域,《反不正当竞争法》原则上不再提供附加保护,允许自由利用和自由竞争,但在与知识产权专门法的立法政策相兼容的范围内,仍可以从制止不正当竞争的角度给予保护。

① 参见蒋志培等:《〈最高人民法院关于审理商标民事纠纷案件适用法律若干问题的解释〉的理解与适用》,载中国人大网 2008 年 12 月 18 日。

20

恶意受让商标、使用商标行为与在先字号权保护

——以“好娃娃不正当竞争案”为视角

王优飞　陶　歆*

【内容提要】《反不正当竞争法》的基本原则要求经营者在市场交易中，应当遵循自愿、平等、公平、诚实信用的原则，遵守公认的商业道德。该项原则适用于商标注册、转让、使用等市场行为的各个环节，即使对于经过核准注册的商标，受让人在受让及使用过程中仍然应当遵循上述原则。商标受让人原主要股东与权利人曾有过交易或者经销等合作关系，其对字号的知名度应当是明知的。在此情况下，商标受让人受让、使用商标应当秉持善意，对在先字号权应予以合理避让，避免造成相关公众混淆误认。

【关键词】字号　受让商标　在先权利　恶意受让　不正当竞争一般条款

【案情简介】

原告台州好娃娃婴童用品有限公司（以下简称好娃娃公司）成立于2000年1

* 王优飞：北京盈科（台州）律师事务所管委会主任，盈科浙江区知识产权专业委员会主任。浙江省法学会知识产权法学研究会常务理事、台州市律师协会第七届理事会理事、台州市律师协会知识产权委员会副主任、台州仲裁委员会仲裁员、台州市法学会首席法律咨询专家、台州市政府法律服务智囊团重大项目推进法律服务组成员、椒江区法学会首席法律咨询专家、中国国际贸易促进委员会/中国国际商会贸易台州调解中心调解员。获台州市律师行业“251”精英人才、台州市椒江区司法行政系统法律服务工作先进个人、台州市知识产权优秀专业律师、县级青年律师骨干人才、浙江省律师行业优秀共产党员等荣誉。陶歆：北京盈科（台州）律师事务所实习律师。

月 24 日,自成立以来一直制造、销售婴童用品,包括儿童餐具、婴童奶瓶、婴童洗浴盆、健身车等系列产品。原告自成立以来一直注重于产品创新、企业标准化管理、企业品牌的建设,生产规模较大,销售网络遍布全国以及欧洲、东南亚等国家和地区,先后荣获“台州市知名商品”“中国品牌玩具”“台州市高级新技术企业”“年度人气儿童玩具”等多项荣誉,在行业内知名度较高。

原告于 2000 年开始使用企业名称中的“好娃娃”字号,并以“好娃娃”文字、“Howawa”字母在国家商标局注册了包括第 6417155 号、第 11779445 号等共计九十余个商标,注册商标分布在《类似商品和服务区分表》第 7 类至第 43 类。原告注册了大量的商标,每年投入大量资金用于“好娃娃”、“Howawa”商标和“好娃娃”字号的广告宣传。“好娃娃”字号和“好娃娃”、“Howawa”商标经过原告多年的经营,通过持续的、大范围的广告宣传,“好娃娃”字号以及“好娃娃”和“Howawa”商标已经与原告企业之间建立了特定的联系,“好娃娃”字号以及相关产品在全国范围内具有一定的市场知名度,已为相关公众所知晓悉。

被告义乌市彭苑电子商务有限公司(以下简称商务公司)成立于 2014 年 5 月 19 日,经营范围包括利用互联网销售文体用品、化妆品、服饰、鞋帽、箱包、母婴用品、塑料制品、玩具等。被告台州市黄岩灵贝婴童用品有限公司(以下简称灵贝公司)成立于 2015 年 9 月 1 日,经营范围包括婴童用品,塑料制品,玩具制造、加工、销售等,经营范围基本与原告一致。被告商务公司、灵贝公司的股东均为林某益、苏某,存在股东重合,属于关联企业。两被告的股东林某益于 2015 年 6 月 18 日和原告签订了《京东电子商务项目承包合作协议书》,两被告的股东林某益作为原告“好娃娃京东旗舰店”的运营承包合作人,负责店铺的策划、管理运营的全部工作,承包期限暂定为 3 年。

2006 年 3 月 21 日,案外人陈某波申请注册了第 28 类的“好娃娃”商标,商品类别包括玩具车、儿童游戏用踏板车等。2009 年 7 月 21 日,该商标被核准注册。被告商务公司于 2016 年 5 月 27 日从陈某波手中受让了第 5227559 号“好娃娃”商标。国家商标局于 2017 年 1 月 27 日出具了核准转让的证明。被告商务公司授权被告灵贝公司在其制造的“儿童娱乐健身车”系列产品上使用。原告认为,两被告在与原告生产的相同类产品上标注“好娃娃”字样,突出使用“好娃娃”字样的行为,足以使相关公众对商品来源、生产商产生误认,侵犯原告在先“好娃娃”字号权益,构成不正当竞争。

原告自成立之日起便在自己制造的玩具等婴童产品上标明“好娃娃”字号，使用“好娃娃”或“Howawa”标识本是自身权益的合法使用，原告享有“好娃娃”商标的先用权。两被告恶意扰乱原告正常的市场经营活动，企图混淆“好娃娃”商标并抢占好娃娃产品的销售市场。2017 年 8 月 7 日，被告商务公司向浙江天猫网络有限公司投诉原告 A 经销商侵害其商标权，导致原告 A 经销商的天猫商铺中原告生产的扭扭车被迫下架。2017 年 9 月 11 日，被告商务公司又以原告 B 经销商侵害其商标权为由起诉至椒江区人民法院，诉讼中原告 B 经销商网店销售链接被浙江天猫网络有限公司强制断开，商品被迫下架，法院判定构成商标侵权。2017 年 11 月 2 日，被告商务公司以原告 A 经销商侵害其商标权为由起诉至杭州市余杭区人民法院，法院判定构成商标侵权。

至此，原告面临被告滥用商标权维权败诉，经销商销售链断裂的被动挨打的困局。原告依法向台州市中级人民法院提起了不正当竞争诉讼，后因其他原因，原告被迫撤回了起诉。

为了解决原告的困境，我们团队接受委托，整理了案件代理思路，收集、调取了大量的证据，作为原告公司的诉讼代理人向台州市中级人民法院重新提起不正当竞争诉讼，诉讼请求如下：(1)判令商务公司受让“好娃娃”商标并使用“好娃娃”商标对好娃娃公司经销商发动维权的行为构成不正当竞争；(2)判令灵贝公司使用“好娃娃”商标的行为构成不正当竞争；(3)判令商务公司、灵贝公司立即停止使用侵犯好娃娃公司“好娃娃”字号权益的“好娃娃”商标；(4)判令商务公司、灵贝公司在省级以上公开发行的报纸、杂志公开向好娃娃公司赔礼道歉、消除侵权不良影响；(5)判令商务公司、灵贝公司赔偿好娃娃公司经济损失 20 万元；(6)判令本案的诉讼费用由两被告共同承当。

两被告共同答辩称：两被告既未侵犯原告的企业名称权，也未侵犯原告的商标权，被告商务公司是第 5227559 号的商标专用权人，核定使用在第 28 类商品上，商务公司授权被告灵贝公司生产儿童娱乐健身车产品是合法行为，原告的诉请没有事实与法律依据，请求驳回原告诉请。

【裁判理由】

一、商务公司受让并使用第5227559号"好娃娃"商标对好娃娃公司经销商发起投诉或诉讼的行为，许可灵贝公司使用该商标的行为，以及灵贝公司在其生产销售的儿童娱乐健身车上使用"好娃娃"标识的行为是否构成不正当竞争

一审法院认为，虽然涉案5227559号"好娃娃"商标经过形式上的核准注册，但对该商标的使用仍然不得与他人在先权利相冲突，原告可直接通过民事诉讼程序对被告灵贝公司使用的"好娃娃"商标侵害其在先享有的企业名称权进行主张，而无须以商标行政确权程序确认注册商标是否有效为前提。第5227559号"好娃娃"商标于2006年3月21日申请注册时，原告的"好娃娃"字号已具有一定的市场知名度，为相关公众所知悉，应当受到法律保护。《商标法》具体条款对行为人主观恶意的相关规制均围绕申请注册环节进行，并不包括之后的受让、接受许可使用商标的行为，商标作为一项自由流通的财产权利，受让人、使用人在受让或经许可使用时并无必要也难以审查商标的注册取得是否合法正当，并且根据自由竞争原则，当事人有权自由向他人受让符合其自身利益的商标，故本案无须考虑两被告的受让或使用时的动机或故意，但是商标申请注册环节的主观状态具有延续性，若商标申请注册人具有主观恶意，则无论受让人的受让行为是否善意，之后的使用行为均被视为不正当，故本案对于主观方面主要审查案外人陈某波申请注册第5227559号"好娃娃"商标是否存在主观恶意。最终，认定被告灵贝公司在其生产销售的"儿童娱乐健身车"产品上使用"好娃娃"标识，构成不正当竞争。①

二审浙江省高级人民法院认为，评价被告公司的被诉行为是否构成不正当竞争，应当从好娃娃公司的权利基础，商务公司、灵贝公司的主观恶意及其行为后果等方面进行评述。

首先，关于好娃娃公司是否享有在先字号权。二审法院认为，第5227559号"好娃娃"商标虽由陈某波于2006年3月申请注册，但商务公司于2017年才经核准受让该商标，好娃娃公司指控的侵权行为系针对商务公司、灵贝公司受让该商标后实施的投诉和起诉、使用等行为，而非陈某波的商标注册行为，故陈某波在注册时的主观恶意以及好娃娃公司字号当时的知名度情况与本案并无直接关联性，

① 参见浙江省台州市中级人民法院民事裁定书，(2018)浙10民初535号。

对此不予评述，本案仅须审查好娃娃公司的字号在商务公司受让第5227559号“好娃娃”商标时是否具有知名度。企业字号的知名度通常是在持续使用和宣传过程中产生，知名度大小和影响范围是一个逐渐积累的过程。根据查明的事实，好娃娃公司的字号于2000年注册，其后好娃娃公司通过注册并开始运营顶级国际域名“howawa. com”，参加有一定影响的展会，在全国性期刊《玩具世界》杂志刊登广告等方式持续宣传和使用。同时，好娃娃公司或其法定代表人陆续在多个种类商品或服务上申请注册“好娃娃”系列商标并使用，亦对好娃娃公司字号的知名度具有强化作用。好娃娃公司先后荣获“台州市知名商品”“中国品牌玩具”“年度人气儿童玩具”等荣誉，并获得中国玩具协会会员、中国玩具和婴童用品协会会员、中国质量检验协会团体会员单位等证书，两款扭扭车产品曾获得玩具设计类奖项。以上事实表明，好娃娃公司的字号通过持续使用和宣传，在商务公司受让第5227559号“好娃娃”商标之时已经具有较高的市场知名度，为相关公众所知悉，构成反不正当竞争法保护的权利客体，好娃娃公司享有在先字号权。

其次，关于商务公司的被诉行为是否构成不正当竞争为。“从反不正当竞争法的性质、立法原理和商标作为竞争手段的客观事实出发，商标不正当竞争行为成立需要满足两个基本要件：一是商标不正当竞争行为发生在具有竞争关系的商事主体之间，即侵害了与商标侵权人具有竞争关系的经营者的利益，妨碍了市场的公平竞争；二是商标不正当竞争行为的结果造成或可能造成一般消费者对商品来源识别的困难，即造成或可能造成商品或服务之间识别的混淆，即侵害了一般大众消费者的利益。”①商务公司于2017年1月经核准受让取得第5227559号“好娃娃”商标，随即将该商标许可灵贝公司使用，同年8月起，商务公司利用该商标对好娃娃公司经销商陆续发起投诉或诉讼，以上行为相互之间具有牵连性，对其合法性应当作整体评价，分析如下：第一，《反不正当竞争法》的基本原则要求经营者在市场交易中，应当遵循自愿、平等、公平、诚实信用的原则，遵守公认的商业道德。该项原则适用于商标注册、转让、使用等市场行为的各个环节，即使对于经过核准注册的第5227559号“好娃娃”商标，商务公司在受让及使用过程中仍然应当遵循上述原则。第二，商务公司原主要股东林某益曾于2015年承包经

① 蒋罗林：《商标侵权行为与商标反不正当竞争行为的差异竞合分析》，载《法制博览》2017年第33期。

营好娃娃公司的“好娃娃京东旗舰店”，其对好娃娃公司字号的知名度应当是明知的。在此情况下，商务公司受让、使用商标应当秉持善意，对好娃娃公司的在先字号权予以合理避让，避免造成相关公众混淆误认。但商务公司仍然受让了与好娃娃公司字号相同的第5227559号“好娃娃”商标，并在明知好娃娃公司产品包含儿童扭扭车的情况下，许可灵贝公司使用在儿童娱乐健身车上，明显具有攀附好娃娃公司字号知名度的主观恶意，其行为后果显然容易引起消费者对于市场主体和商品来源产生混淆和误认。第三，好娃娃公司字号的知名度在一定程度辐射到其经营的健身童车产品上，商务公司利用第5227559号“好娃娃”商标向好娃娃公司经销商发起投诉和起诉，通过打击好娃娃公司销售渠道削弱“好娃娃”字号用于识别商业主体和商品来源的作用，主观上存在不正当竞争的恶意，客观上亦对好娃娃公司的商业信誉、商品声誉造成损害。第四，第5227559号“好娃娃”商标已于2018年12月5日被商标评审委员会商评字[2018]第23985复审决定以3年未使用为由而撤销，北京知识产权法院一审判决也驳回了商务公司要求撤销该复审决定的诉讼请求，商务公司主张享有的第5227559号商标权权利基础存在明显瑕疵，不足以构成其不侵权的抗辩事由。综上，商务公司受让第5227559号“好娃娃”商标将其许可灵贝公司使用，并利用该商标对好娃娃公司经销商陆续发起投诉或诉讼，具有攀附好娃娃公司字号知名度的主观恶意，客观上容易引起消费者混淆误认，违背公认的商业道德，构成不正当竞争行为。

最后，关于灵贝公司的被诉行为是否构成不正当竞争行为。灵贝公司在其生产销售的儿童娱乐健身车产品上使用与好娃娃公司字号相同的“好娃娃”标识，具有攀附好娃娃公司商誉的主观恶意，客观上容易引人误认其商品系好娃娃公司的商品，灵贝公司的行为亦构成不正当竞争。

二、如果构成不正当竞争，商务公司、灵贝公司的法律责任应如何确定

涉案“好娃娃”商标系商务公司许可给灵贝公司并由灵贝公司在被诉侵权产品上使用，许可使用行为发生时两公司股东重合，可以认定两者在主观上存在共同的意思联络，客观上分别作为授权商和生产厂家相互分工、通力协作，导致同一损害后果的产生，商务公司与灵贝公司共同实施了侵犯好娃娃公司字号权的不正当竞争行为，应当承担连带责任。

关于责任形式，一审法院未判令商务公司、灵贝公司立即停止使用“好娃娃”标识，对此，二审法院认为，灵贝公司使用“好娃娃”标识的时间较短，并无证据显示该标识取得了一定知名度,已形成了自身相关公众群体,由于第5227559号"好娃娃"注册商标已经被商标评审委员会复审决定所撤销,本案不存在适用《最高人民法院关于当前经济形势下知识产权审判服务大局若干问题的意见》第9条的情形,一审判决对此认定有误,好娃娃公司要求商务公司、灵贝公司立即停止使用被诉"好娃娃"标识的诉请有理,二审法院对此予以支持。此外,商务公司、灵贝公司的被诉行为尤其是向好娃娃公司经销商发起投诉和起诉的行为,对好娃娃公司的商业信誉、商品声誉造成一定影响,好娃娃公司要求商务公司、灵贝公司消除影响的诉请有理,二审法院将综合考虑好娃娃公司字号的知名度的辐射范围,商务公司、灵贝公司的注册地址、销售范围等因素确定具体形式。[①]

【法理评析】

根据《商标法》(2019年)第32条、第42条之规定,注册商标不得损害他人现有的在先权利,不得以不正当手段抢先注册他人已经使用并有一定影响力的商标,商标局对于涉嫌上述商标并容易导致混淆的或有其他不良影响的商标注册、转让行为不予核准。同时《反不正当竞争法》(2019年)第2条第1款规定,经营者在生产经营活动中,应当遵循自愿、平等、公平、诚信的原则,遵守法律和商业道德。《反不正当竞争法》(2019年)第6条第2项规定,经营者不得实施擅自使用他人有一定影响的企业名称(包括简称、字号等),引人误认为是他人商品或者与他人存在特定联系的混淆行为。上述法律规定蕴含着保护在先权益、避免混淆、遵守商业道德、诚实信用原则和法理。结合本案,权利人是否拥有在先权利、被告受让并使用涉案"好娃娃"商标对在先权利人经销商发起投诉或诉讼的行为、许可使用受让商标的行为,以及受许可方在其生产销售的产品上使用许可注册商标的行为是否遵循避免混淆、诚信原则,商业道德是认定各方行为是否构成侵权以及不正当竞争的关键。

一、本案适用《反不正当竞争法》的一般条款的原因探究

在我国法律体系和司法实践中,《商标法》对恶意的考虑以及对侵权行为的认定与规制,一般仅限于商标权的原始取得环节。《商标法》属于私法范畴,侧重保护私益,赋予权利人对其注册商标享有独占使用权,允许并保障权利人从商标

① 参见浙江省高级人民法院民事判决书,(2019年)浙民终1134号。

使用中获取利益。《商标法》的价值取向是保障权利人的个体利益，其更多体现的是个人本位主义。而《反不正当竞争法》属于公法范畴，侧重于社会整体效益的最大化，追求的是市场经济秩序以及市场秩序下的其他经营者与众多消费者的合法利益。相较于保护个体利益，《反不正当竞争法》的立法目的是保障社会经济秩序、公平竞争等社会法益以及兼顾经营者和消费者的合法权益。

《商标法》(2019 年)第 44 条第 1 款规定："已经注册的商标，违反本法第四条、第十条、第十一条、第十二条、第十九条第四款规定的，或者是以欺骗手段或者其他不正当手段取得注册的，由商标局宣告该注册商标无效……"该条规定将规制的对象明确为以欺骗手段或者其他不正当手段取得注册的行为，而非受让或转让商标的行为。《商标法》(2019 年)第 45 条第 1 款规定："对恶意注册的，驰名商标所有人不受五年的时间限制。"该条规定将规制的对象明确为恶意注册的驰名商标的行为，同样也不包括恶意受让或转让的驰名商标的行为。《商标法》(2019 年)第 42 条规定："转让注册商标的，转让人和受让人应当签订转让协议，并共同向商标局提出申请。受让人应当保证使用该注册商标的商品质量。转让注册商标的，商标注册人对其在同一种商品上注册的近似的商标，或者在类似商品上注册的相同或者近似的商标，应当一并转让。对容易导致混淆或者有其他不良影响的转让，商标局不予核准，书面通知申请人并说明理由。转让注册商标经核准后，予以公告。受让人自公告之日起享有商标专用权。"这一条款虽然对商标转让有一定限制，但主要是出于公共利益的考虑，且规制手段也仅囿于商标局的核准。

在司法实践中，绝大多数商标转让行为并不违反上述《商标法》(2019 年)第 42 条的规定，那么如何在民事审判中对于恶意的商标转让、受让行为进行规制，是我们需要积极探索的。《反不正当竞争法》第 2 条第 1 款规定了市场交易的基本原则即遵循自愿、平等、公平、诚实信用的原则，遵守法律和商业道德。当不正当竞争行为不属于《反不正当竞争法》列举的具体不正当竞争行为时，应以第 2 条第 1 款规定的市场交易的基本原则为标准，即看该行为是否违反了诚实信用原则和商业道德。这是本案适用《反不正当竞争法》一般条款对被告的被诉行为性质进行认定并最终判令其停止注册商标使用的主要原因。

二、《反不正当竞争法》的基本原则在司法实践中适用的路径探索

由于不正当竞争行为随着市场经济的发展而不断演变，行为模式无法穷尽列举，因而在司法实践中，往往存在无法单独适用具体条款对侵权人的行为进行定性并予以相应的处罚的情形,《反不正当竞争法》一般条款的适用显得尤为重要。"现代反不正当竞争法在调整不正当竞争行为时一般采取概括条款+典型列举的方式,既规定不正当竞争的概括性条款,以增强法律调整的适应性和稳定性,也列举式规定各种具体的不正当竞争行为,以加强法律调整的针对性和可操作性。"①一般条款中蕴含着《反不正当竞争法》的立法目的与原理,同时一般条款的适用能够起到规制一定新型市场不正当竞争行为、捍卫市场竞争秩序的作用,确保法律调整的灵活性和时效性。但是,《反不正当竞争法》作为规范市场竞争秩序的法律,不仅要维护竞争的公平正义,还要考虑市场的自由性,防止过度干预抑制市场发展活力、阻碍市场拓展创新,违背了《反不正当竞争法》保障、促进市场经济的立法初衷。

因此,在具体条款无法明确规制的情形下,《反不正当竞争法》一般条款的适用,要与具体条款相结合,适当利用《反不正当竞争法》一般条款的规定,扩大具体条款的保护范围。既不能因过度适用而阻碍自由竞争,也不能因过度放任而破坏市场秩序。对《反不正当竞争法》一般条款的适用,更应当秉持谦抑的原则,对竞争行为保持有限干预,严格把握一般条款的适用条件,以避免不适当干预而阻碍市场的自由竞争。

综上所述,《反不正当竞争法》一般条款的适用应当从以下几点出发:(1)行为人的行为在客观上违反了自愿、平等、公平、诚实信用原则和商业道德而具有不正当性;(2)行为人在主观上有故意或过失;(3)《反不正当竞争法》一般条款的适用应当结合具体规定进行综合衡量和判断。

具体到本案,法院认定《反不正当竞争法》的基本原则要求经营者在市场交易中,应当遵循自愿、平等、公平、诚实信用的原则,遵守公认的商业道德。该项原则适用于商标注册、转让、使用等市场行为的各个环节,即使对于经过核准注册的第5227559号"好娃娃"商标,商务公司在受让及使用过程中仍然应当遵循上述原则。实际上就是以《反不正当竞争法》一般条款结合《反不正当竞争法》中对于在先权利、混淆行为的认定,以及《商标法》对于"恶意注册"行为的认定与规制。王泽鉴教授指出,任何法律均有立法目的,解释法律均应以贯彻、实践此立法目的

① 包文炯:《"地区+产品"具有较高市场知名度和辨识度时不得登记为企业字号》,载《人民司法(案例)》2016年第5期。

为基本任务，因此根据《商标法》的立法目的，可将商标注册、转让、使用等市场行为的各个环节进行囊括，围绕着保护在先权益、避免混淆、诚实信用这三个原则进行论证，分析被告行为是否构成不正当竞争。

（一）商务公司恶意受让并授权灵贝公司在儿童健身车上使用第5227559号“好娃娃”商标的行为违反了保护在先权益、避免混淆、诚实信用的基本原则，构成不正当竞争

商务公司与灵贝公司系关联公司，2018年8月30日前两者的股东均为林某益、苏某，而林某益、苏某及灵贝公司的住所地均为台州。商务公司与灵贝公司的股东林某益曾于2015年6月18日和好娃娃公司签订了《京东电子商务项目承包合作协议书》，约定林某益作为好娃娃公司“好娃娃京东旗舰店”的运营承包合作人，负责店铺的策划、管理运营的全部工作。该份合同签订后的2015年9月1日，林某益与苏某成立了灵贝公司，且经营范围与好娃娃公司基本一致。故无论是从商务公司的成立时间远迟于好娃娃公司的成立时间、灵贝公司成立时间在与好娃娃公司合作之后、商务公司与灵贝公司经营范围与好娃娃公司基本一致、商务公司与灵贝公司的股东相同且住所地在台州、灵贝公司的住所地一直在台州、商务公司的住所地曾位于台州等因素考虑，还是商务公司与灵贝公司股东林某益曾与好娃娃公司合作的事实，商务公司与灵贝公司均是对好娃娃公司的“好娃娃”字号、商标在婴童用品行业的知名度、影响力、美誉度有着清晰的认知。

在此情况下，商务公司转而受让了与好娃娃公司“好娃娃”字号完全相同的第5227559号“好娃娃”商标，且该商标核定使用的商品为玩具车、儿童游戏用踏板车、玩具等与好娃娃公司主要经营范围相符的行业，随后更授权灵贝公司在与好娃娃公司主要业务一致的儿童健身车上突出使用该商标。商务公司受让并授权使用的行为具有明显攀附好娃娃公司“好娃娃”字号知名度、影响力、美誉度的故意，欲使相关公众及消费者对其销售的商品产生源于好娃娃公司或与好娃娃公司存在特定联系的误认，违反了《反不正当竞争法》规定的保护在先权益、避免混淆、诚实信用的基本原则。

（二）商务公司恶意受让第5227559号“好娃娃”商标对好娃娃公司的经销商进行恶意商标投诉、侵害商标权诉讼的行为违反了《反不正当竞争法》规定的保护在先权利、诚实信用的基本原则，构成不正当竞争

商务公司在明知好娃娃公司对涉案商标具有在先使用权、对“好娃娃”字号

具有字号权的情况下，向好娃娃公司的经销商网店进行投诉，并对其发动侵害商标权的维权诉讼，其主观上即具有不正当竞争的恶意，客观上实施了侵权行为，违反了《反不正当竞争法》规定的保护在先权利、诚实信用的基本原则，扰乱了公平竞争的市场秩序，构成不正当竞争。

商务公司网络恶意投诉行为造成经销商销售的好娃娃公司的产品被迫下架并取消与好娃娃公司的贸易，致使好娃娃公司网络销售平台减少，销售链接断裂。商务公司恶意诉讼的行为避开好娃娃公司，只起诉了好娃娃公司的经销商，其片面陈述致使法院作出好娃娃公司经销商销售的好娃娃公司的产品系侵害商标权的错误认定，从而利用法院判决书形式散布好娃娃公司生产、销售的“好娃娃”牌健身车系侵权产品的消息。商务公司的上述恶意投诉、诉讼行为实际上就是利用恶意投诉、诉讼排挤的不正当竞争手段，从而获取竞争优势，损害好娃娃公司的商业信誉，扰乱市场竞争秩序，以牟取不正当利益，违反了《反不正当竞争法》规定的保护在先权利、诚实信用的基本原则，属于明显的不正当竞争行为。

综合以上事实，在现行商标注册制下，注册商标恶意受让人维权具备形式上的合法性，但实质上违反了诚实信用的基本原则，应该通过司法予以个案矫正，以实现公平、正义。在具体适用法律上，要从《商标法》的精神实质着手，创造性地适用诚实信用基本原则，紧抠商标侵权构成的主客观要件，制止恶意维权行为。二审法院最终认定商务公司受让第5227559号“好娃娃”商标将其许可灵贝公司使用并利用该商标对好娃娃公司经销商陆续发起投诉或诉讼，具有攀附好娃娃公司字号知名度的主观恶意，客观上容易引起消费者混淆误认，违背公认的商业道德，属于《反不正当竞争法》调整范围，构成不正当竞争行为，并依法判令其停止注册商标的使用并承担侵权责任，这无疑是司法审判对于《反不正当竞争法》调整注册商标在恶意注册、恶意受让、恶意维权等环节中寻求保护在先权利的又一探索。

21

公知信息重新组合后的秘密性认定

——以“南方中金案”为视角

姚小娟*

【内容提要】我国《反不正当竞争法》对于商业秘密的构成要件进行了列举式规定，无论是技术信息还是经营信息，均需要满足不为公众所知悉、具有商业价值、经权利人采取保密措施三项法定构成要件，才能够得到《反不正当竞争法》的保护。在技术信息类商业秘密纠纷案件中，权利人所主张的商业秘密既可能是单个零部件的技术信息，也可能是多个零部件上所附技术信息组合而成的技术方案。在本案中，法院经审理认为，即便单个零部件所承载的技术信息属于公知信息，但多个零件通过重新组合设计成为新的技术方案并不必然属于公知信息，如果满足通过查阅公开资料或其他公开渠道无法得到，且通过反向工程也不容易获得，应当认定前述技术方案不为公众所知悉，满足商业秘密的秘密性要件。

【关键词】商业秘密　技术信息　公知信息　秘密性

* 姚小娟：浙江天册律师事务所律师，任杭州市律师协会反垄断与反不正当竞争专业委员会主任，浙江省知识产权局商业秘密入库专家，浙江财经大学法学实务导师等职务。承办案例先后入选中国法院50件知识产权典型案例、浙江省高级人民法院十大知识产权案例、杭州市中级人民法院十大知识产权案例等。作为浙江省律师协会知识产权专业委员会的编委会成员编辑《浙江律师办理商业秘密案件指引》并于2022年12月正式发布，以及作为编辑组成员编辑国内首部电子商务法律研究报告《2011—2012年度中国电子商务法律报告》等。

【案情简介】

本案入选浙江法院商业秘密司法保护八大典型案例。

原告南方中金环境股份有限公司(以下简称中金公司)曾用名杭州南方特种泵厂,成立于1991年8月31日,2005年1月21日企业名称由杭州南方特种泵厂变更为杭州南方特种泵业有限公司,2009年9月28日由杭州南方特种泵业有限公司变更为杭州南方特种泵业股份有限公司,2011年2月12日由杭州南方特种泵业股份有限公司变更为南方泵业股份有限公司,2016年4月24日由南方泵业股份有限公司变更为现名。经营范围:水泵、电机、金属冲压件、紧固件、不锈钢精密铸件、供水设备、配电柜的制造、安装及售后服务……

被告浙江南元泵业公司(以下简称南元公司)成立于2015年1月22日,法定代表人赵某高,股东为范某法、吴某忠、金某明、赵某高;经营范围:水泵、电机、供水设备的生产、销售、研发、五金制品及配件销售。

被告赵某高、吴某忠、金某明、姚某保均为中金公司前员工,在原告公司担任生产负责人、技术员等工作。前述员工在职期间,中金公司通过制定《员工手册》、与公司员工签订《竞业限制协议书》,以及通过使用保密软件对涉案技术图纸的接触人员进行管控等方式,对涉案技术图纸采取了相应的保密措施。

中金公司诉称,其投入财力物力人力开发获得CDL32系列产品的技术图纸,被告赵某高、吴某忠、金某明、姚某保均曾为其员工,在职期间接触和获取了其技术图纸,并将其图纸披露给南元公司使用,五被告共同侵害了其商业秘密,故诉请五被告立即停止复制、存储并删除侵害中金公司CDL32产品图纸的图纸,停止使用侵权图纸生产销售立式多级离心泵SDL32产品,连带赔偿中金公司经济损失及合理费用1000万元。

南元公司辩称,中金公司主张的商业秘密秘密点不明确,且属于公知技术。赵某高、吴某忠、金某明、姚某保均辩称无法获得技术图纸。

诉讼中,中金公司明确其主张的商业秘密是涉案产品设计图纸所承载的尺寸公差、形位公差、粗糙度、图样画法(表达方法)、局部放大视图、明细表内容、尺寸标法和技术要求。

经中金公司申请,法院于2020年7月13日至南元公司,在该公司办公电脑上保全到SDL32离心泵产品设计图纸若干,图纸上标注有南元公司企业名称。经与中金公司提交的CDL32离心泵产品设计图纸所记载的尺寸公差、形位公差、粗糙度、图样画法(表达方法)、局部放大视图、明细表内容、尺寸标法、技术要求等技术信息进行比对,结果如下。

尺寸公差:中金公司主张南元公司多张技术图纸与中金公司 CDL32 系列技术图纸中记载的有关尺寸公差存在一致之处。对此,南元公司认为双方均系仿制格兰富公司的产品,难免尺寸公差上存在相似之处,有的尺寸公差数值属于正常和必须的设计选择,而有的尺寸公差双方实际上并不一样,且无可比性。

形位公差:中金公司主张南元公司 SDL32 - 11A - 00、SDL32 - 11B - 00 技术图纸中记载的跳动 0.15 与中金公司 CDL32 对应技术图纸一致,SDL32 - 10 技术图纸跳动以及垂直度也都是选用 0.1,SDL32 - 15 - 01 技术图纸中直径 30 和轴承端面的圆跳动也是 0.15。对此,南元公司认为,跳动公差是工程师的自由选择,是设计范围,二者图纸的圆度要求是不一样的。

粗糙度:中金公司主张南元公司编号为 SDL32 - 07 - 00、SDL32 - 07 - 01、SDL32 - 07 - 03、SDL32 - 07 - 06、SDL32 - 11A - 06、SDL32 - 15 - 01 的技术图纸标示的粗糙度与中金公司 CDL32 系列技术图纸存在一致之处。南元公司认为,水泵行业的粗糙度除了 6.3 就是 3.2,相关机械设计手册里有基本规定。

图样画法(表达方式):中金公司主张南元公司多张技术图纸的图样画法与中金公司 CDL32 系列技术图纸存在一致之处。南元公司认为,图纸画法是工程师的权利,南元公司采用的是机械制图的标准画法,符合国家的要求,且有的图纸的布图二者并不完全一样或者完全不一致。

局部放大视图:中金公司主张南元公司 SDL32 - 00、SDL32 - 07 - 01、SDL32 - 07 - 04 与中金公司 CDL32 系列技术图纸存在局部放大视图相同或放大位置一致或引出位置、放大比例相一致的地方。南元公司认为,这是制图布置的需要,且有的局部放大图与中金公司的并不相同。

明细表内容:中金公司主张南元公司 CDL32 - 00 图纸代号与中金公司一致,南元公司认为,C 代表冲压,S 是 stainless(不锈钢)的意思。中金公司主张,南元公司的图纸明细表中内撑、出水体、上外壳、下外壳、上盖、下盖、口环盖、口环座、口环、拉扣等零件名称与中金公司一致,南元公司认为这些零件为水泵领域的通用名称。

尺寸标法:中金公司主张南元公司多张技术图纸中的有关尺寸标法与中金公司 CDL32 系列技术图纸存在一致之处。南元公司认为,技术图纸序号一般都是从 1 –7 排列的，尺寸标注及引出位置是正常的制图现象，对于多级泵而言其长度、尺寸的标注无选择空间，关于“10 孔均布”的描述也是根据现实的正常标注，内部零件选择焊点是一种正常的工艺参数，倒角标注是正常的零件需要。另外，双方有的尺寸标法并不一致，指引线的序号、指向的零件完全不同，零件的角度位置也不同。

技术要求：中金公司主张南元公司 CDL32 –00 技术图纸中技术要求记载的“所有零部件必须清洁、无油污、无毛刺飞边、外来物”“所有零件必须合格后方可组装”“出厂检验合格后，放出泵内试验用水，泵进出水口应封闭”与中金公司 CDL32 –00 –00 技术图纸存在一致。南元公司认为，清洁等技术要求是公知常识，且南元公司图纸中技术要求为 5 项，中金公司有 9 项。

【裁判理由】

一、关于中金公司主张的商业秘密是否成立

《反不正当竞争法》(2019 年)第 9 条第 4 款规定，商业秘密是指不为公众所知悉、具有商业价值并经权利人采取相应保密措施的技术信息、经营信息等商业信息。据此，中金公司主张的商业秘密只有符合不为公众所知悉、具有商业价值、经权利人采取保密措施的法定条件，才属于我国《反不正当竞争法》保护的商业秘密。

(一)价值性要件

涉案技术图纸所承载的技术信息，可以实际用于水泵的加工，具有现实的经济价值，可以为中金公司带来竞争优势，符合商业秘密具有商业价值的要求。

(二)保密性要件

中金公司通过制定《员工手册》、与公司员工签订《竞业限制协议书》，以及通过使用保密软件对涉案技术图纸的接触人员进行管控等方式，对涉案技术图纸采取了相应的保密措施，故认定中金公司为防止涉案商业秘密泄露而采取了与其商业价值等具体情况相适应的合理保密措施。

(三)秘密性要件

针对中金公司主张的秘密点，法院逐一进行分析。

1. 关于尺寸公差、形位公差两项秘密点

(1)关于尺寸公差

尺寸公差是指零部件制造过程中由于加工和测量等因素的影响，完成后的零部件实际尺寸存在一定误差，为保证零部件的互换性，规定了尺寸允许变动的范围，这个允许变动的范围即为尺寸公差。尺寸公差是指导生产零部件的理论尺寸，是零部件满足配合及其相应的作业要求的指导参数，也是后期能够便于拆装更换维护的保障，特别是在一些精密配合的机具上，能够对机具的性能产生较大的影响，其往往是企业参照相应的国家标准，根据产品的精度需求、配合位置、加工手段以及工厂的设备水平等因素综合考量给出的。经庭审比对，南元公司的SDL32产品技术图纸中总计有47处尺寸公差与中金公司CDL32产品技术图纸相同。而南元公司提供的相关抗辩证据给出的仅仅是一般性的尺寸公差的指导参数，工程技术人员对此具有较大的选择空间，其并未公开完整的针对具体水泵类型或型号的参数数据。而且即使单个零部件所承载的技术信息已经属于公共领域的知识，只要上述零部件通过重新组合设计成为新的技术方案，且不为公众所知悉，就可以认定为非公知技术。因此，中金公司技术图纸中的尺寸公差信息通过查阅公开资料无法得到，而通过测绘实物仅仅能够得到结构和被测绘实物的实际尺寸，不能获得能够满足用户使用要求并能指导产品生产的完整资料。这些资料须根据产品的使用条件、性能要求、生产厂家的装备能力和经验积累来确定，这些技术信息由生产厂家掌握，不为公众所知悉。

(2)关于形位公差

形位公差也叫几何公差，包括形状公差和位置公差，其中位置公差包括垂直度、平行度、圆跳动、全跳动、同轴度等。经庭审比对，南元公司的SDL32产品图纸中有数处圆跳动、垂直度数据与中金公司CDL32产品图纸一致。而南元公司提供的抗辩证据都是理论的指导参数，属于对产品形状的质量要求，工程技术人员对此具有较大的选择空间，而通过测绘实物仅能够得到被测绘实物的实际参数，不能获得指导产品生产的理论数据，以上资料一般是厂家根据产品要求，结合工厂的装备水平，考虑到成本因素等给出，不为公众所知悉。

综上所述，虽然单个零部件所承载的尺寸公差、形位公差信息已经属于公共领域的知识，但涉案技术信息系经重新组合设计而成的新的技术方案，既无法通过查阅公开资料或其他公开渠道得到，也无法通过反向工程测绘产品实物获得，故这些技术信息不为公众所知悉，构成反不正当竞争法意义上的商业秘密。

2. 关于粗糙度等其他秘密点

中金公司主张的粗糙度、图样画法（表达方法）、局部放大视图、明细表内容、尺寸标法和技术要求等技术信息，或可通过查阅公开资料获得，或为所属领域相关人员运用熟知的测量方法通过反向工程可直接获得，属于为本领域技术人员所熟知或为公众所知悉的内容，不符合商业秘密的构成要件。

二、关于五被告侵害商业秘密是否成立

（一）针对南元公司

经庭审比对，南元公司的技术图纸中共有 22 份图纸所载总计 47 处尺寸公差、6 处形位公差与中金公司享有商业秘密的对应技术信息构成实质性相同，对此南元公司并未提交证据证明上述技术信息系其自行研发、通过反向工程取得或具有其他合法来源，故认定南元公司的被诉侵权技术图纸实际使用了中金公司的商业秘密。

（二）针对赵某高、吴某忠、金某明、姚某保

由于中金公司并未提供有效证据证明赵某高、吴某忠、金某明、姚某保具体实施了非法获取涉案商业秘密并披露给南元公司使用的行为，故对于中金公司关于该四被告的侵权主张，未予支持。

综上，杭州市中级人民法院于 2021 年 8 月 27 日判决：南元公司于判决生效之日起立即停止侵害中金公司涉案技术图纸商业秘密的行为，即停止复制、存储并删除含有涉案商业秘密的技术图纸，停止使用侵权技术图纸生产销售侵权产品，并销毁侵权产品专用模具；南元公司于判决生效之日起 10 日内赔偿中金公司经济损失及为维权支出的合理费用 110 万元；驳回中金公司的其他诉讼请求。①

一审判决后，各方当事人均未提起上诉，该案判决已生效。

【法理评析】

一、商业秘密的构成要件

商业秘密在《反不正当竞争法》（2019 年）第 9 条中被明确施以保护，同时，《反不正当竞争法》对商业秘密这一概念加以定义，“商业秘密，是指不为公众所知悉、具有商业价值并经权利人采取相应保密措施的技术信息、经营信息等商业信息”。据此，无论是技术秘密还是经营秘密，均应当满足秘密性、价值性、保密性三大要件。

① 参见浙江省杭州市中级人民法院民事判决书，（2020）浙 01 民初 287 号。

就本案而言，原告南方中金公司主张的商业秘密是涉案产品设计图纸所承载的尺寸公差、形位公差、粗糙度、图样画法（表达方法）、局部放大视图、明细表内容、尺寸标法和技术要求。上述图纸上承载的技术信息可以实际用于水泵的加工，具备现实经济价值，原告同样举证其采取了签订保密条款、购入保密办公系统等措施，因此，本案的价值性与保密性均不难判断，审理的核心问题在于前述信息是否具备秘密性。

二、商业秘密秘密性的含义

商业秘密的核心在于其实际或潜在的经济价值，但这种经济价值的转化与实现势必须通过特定人员的接触、掌握、运用，只有知晓商业秘密载体中包含的经营信息和技术信息并进行加工，商业秘密的价值才能得以发挥。因此，相关信息的知晓人员范围和获取难度就构成了商业秘密案件中秘密性认定的关键。

秘密性是构成商业秘密的前提要件，《反不正当竞争法》（2019 年）对秘密性的要求仅表述为“不为公众所知悉”，《最高人民法院关于审理侵犯商业秘密民事案件适用法律若干问题的规定》（2020 年）在第 3 条中对其进行了阐释，即“在被诉侵权行为发生时不为所属领域的相关人员普遍知悉和容易获得的”。由于“非普遍知悉”和“不容易获得”事实上都是以否定式的立法体例加以规制。因此，秘密性的边界较难界定，其判断标准在立法和司法中都存在一定争议。

三、商业秘密秘密性的判断标准

（一）秘密性要件的法律规定

从立法来看，《最高人民法院关于审理侵犯商业秘密民事案件适用法律若干问题的规定》（2020 年）在第 4 条第 1 款中，以列举式的立法模式明晰了五类否定秘密性的情形：(1)该信息在所属领域属于一般常识或者行业惯例的；(2)该信息仅涉及产品的尺寸、结构、材料、部件的简单组合等内容，所属领域的相关人员通过观察上市产品即可直接获得的；(3)该信息已经在公开出版物或者其他媒体上公开披露的；(4)该信息已通过公开的报告会、展览等方式公开的；(5)所属领域的相关人员从其他公开渠道可以获得该信息的。

就本案而言，被告的抗辩实际上也是沿用前述法条的情形展开。被告主张原告诉称的产品为通用机械产品，其基本结构和工作原理是机械专业的通用教材。同类产品生产历史久、涉案产品多，在领域内已经不存在技术秘密。产品结构在公知领域属于必须掌握的基础知识，产品的尺寸公差等均有国家标准、行业标准，部分在产品说明的内容中就可以获得,部分通过成熟产品的简单观察或测绘即可获得。涉讼产品作为通用机械产品,所使用的工艺通过对市场成熟产品的简单观测即可获得,根本无须任何原告的技术图纸,被告完全有能力自行根据公知信息研发完成。

虽然公知信息往往被作为否定商业秘密秘密性的依据,但在特定情形下,公知信息仍能转化为秘密信息,即前述法条第 2 款,“将为公众所知悉的信息进行整理、改进、加工后形成的新信息”仍有可能被认定为不为公众所知悉的秘密信息,但究竟经过何种程度的整理、改进、加工才能使公知信息转化为具有秘密性的新信息依旧缺乏定论。

(二)秘密性要件的司法实践

虽然立法上有“在被诉侵权行为发生时不为所属领域的相关人员普遍知悉和容易获得的”的规定,这一条文明确了秘密性要件存在三方面的要求。

其一,在判断是否满足秘密性的时间节点上,应当为“被诉侵权行为发生时”。

其二,参考人员范围系“所属领域的相关人员”,可以概括为同业及相关产业的从业人员。上述两方面的判断标准在司法实践中虽有细微出入,但基本已达成共识。

其三,信息正当取得较为不易,应同时不满足“普遍知悉”和“容易获得”两个要求。从文义解释出发来看,普遍知悉强调的是“普遍”,不为所属领域相关人员中的大多数所知悉;容易获得强调的是“容易”,即不要求实际获得,只需要存在通过正当途径轻便获得该信息的可能性。在司法实务中,法院常常通过“并非通过公开渠道可以查询”①“需花费大量时间和金钱成本积攒”②等方面来验证相关信息的秘密性。

然而,以本案为例,原告所主张的商业秘密与公知信息之间存在较为密切的联系,仅凭原则性的“非普遍知悉”和“不容易获得”规定难以做出准确判断,因此,有必要就公知信息重新组合后形成的商业秘密与公知信息之间的界限加以厘清。

---

① 参见最高人民法院民事裁定书,(2018)最高法民申 1273 号。

② 参见最高人民法院民事裁定书,(2018)最高法民申 4529 号。

(三)商业秘密与公知信息的界限

从《最高人民法院关于审理侵犯商业秘密民事案件适用法律若干问题的规定》(2020年)第4条第2款来看,公知信息到商业秘密的转变可以通过“整理、改进、加工”等方式,但最终落脚点是经过前述方法调整后,公知信息已成为“新”信息,因此“新”也成为判断其是否为公众所知悉的关键。

在公知信息重新组合后形成新信息的秘密性认定中,法条为“新”的判断提供了“非普遍知悉”和“不容易获得”两种思路,然而笔者认为两者在判断中并非并重,而是应当有所侧重。这是因为新信息部分甚至全部取材自公知信息,拆解其内容构成极易认定其属于“普遍知悉”,若将判断标准局限在查新鉴定中,那么该法条也就失去了其实际适用意义。因此,对于此类新信息,“不容易获得”应当是公知信息与商业秘密界限的核心判断因素。

本案中,法院的裁判思路实际上也是围绕“不容易获得”展开的。对于涉案商业秘密中最核心的尺寸公差与形位公差两项秘密点,被告主张,国家标准、行业标准中对此有所规定,且部分信息对产品进行简单观察或测绘即可获得。对此,法院认为,尺寸公差是指导生产零部件的理论尺寸,企业生产时虽然参考国家标准等,但其最终参数依旧是根据产品的精度需求、配合位置、加工手段以及工厂的设备水平等因素综合考量给出的,换言之,即便在公有领域存在参考标准,但该标准也是一定范围,具体数值仍具有较大的选择空间;形位公差属于对产品形状的质量要求,通过测绘实物仅可得实际参数,不能获得指导产品生产的理论数据,更何况实际数据受厂家需求、工厂水平、成本因素等影响。法院还在裁判中分析,上述两个秘密点中,单个零部件所承载的技术信息即便属于公共领域的知识,也不影响多个零部件通过重新组合设计构成“新信息”,又因为原告并未公开完整的针对具体水泵类型或型号的参数数据,前述信息故而被认定为属于“不为公众所知悉”。

笔者认为,关于公知信息与商业秘密的界限其核心在于“不容易获得”,而以往司法实践中如何判断“不容易获得”存在一定困境,本案裁判为公知信息组合转化的新信息“不容易获得”的判断提供了两方面思路:

第一,对于组合信息中的各项要素,需要甄别其有无经过“明确选取”。商业秘密案件中,由于行业类别存在较大差异,各项要素是否存在相关行业规定,若如同本案,相关要素虽存在行业标准、国家标准等公知信息,然而该公知信息仅提供了指导范围、粗略参考的，在有相应证据能够证明原告对商业秘密中所含要素进行筛选，并结合成本因素、设备水平、加工手段等多方面考虑进而"明确选取"特定数值、形状作为其商业秘密中的要素时，可以佐证相关要素的"不容易获得"。

第二，对于公知信息转化而成的整体方案来看，则需要宏观看待各项要素的"重新组合"。即便整体方案中的要素来源于公知信息，然而要素的组合搭配是需要付诸商业努力的行为，在整体方案的确定过程中，权利人需要付出大量的时间、金钱和智力劳动来调试出最终存在商业价值的信息组合。抛开本案，在程某犯侵犯商业秘密罪案中，[①]涉案产品为服装，而服装的面料、辅料等均属于公知信息，之所以商业秘密得以被认定，正是因为其服装的具体搭配系对公知信息的重新组合，满足"不容易获得"的条件。

综上所述，在公知信息经过重新组合形成的商业秘密秘密性认定中，关键在于对"不容易获得"的判断，唯有虽取材自公知信息，但经过再加工成为了"新信息"，才能在经过商业秘密三项要件判断后被认定构成商业秘密。

四、结语

随着信息技术的发展，信息检索与共享日趋便利，公知信息的范围也越来越大，然而《反不正当竞争法》在修订时明确了公知信息在特定情况下仍可能转化为新信息进而构成商业秘密，其用意显然在于维持公共利益与私人利益的平衡。因此，探索出相应的秘密性判断路径，并以此划清公知信息与商业秘密的界限也尤为重要。

结合本案来看，所涉商业秘密包含了多种类型的技术信息，其中既有粗糙度、尺寸标法等单独的技术要素，也有尺寸公差、形位公差等包含多项要素在内的组合技术方案，针对类型存在差异的技术秘密，其秘密性判断方法和侧重点也并不相同。对于由公知信息重新组合形成的新信息，要更加注重"不容易获得"的判断，从单个要素的"明确选取"和整体方案的"重新组合"两方面出发，审查公知信息重新组合后的秘密性。

① 参见广东省深圳市罗湖区人民法院刑事判决书，(2013)深罗法知刑初字第6号。

22

商业秘密典型案例中的侵权认定规则

——从正反两面解析商业秘密典型案例中的侵权认定规则

徐　敏*

【内容提要】从商业秘密案例大数据中精选相关最高人民法院再审案例及其他典型司法案例，从认定商业秘密侵权成立，支持商业秘密侵权诉讼原告（权利人）的诉讼请求，到认定商业秘密侵权不成立，驳回商业秘密侵权诉讼原告（权利人）的诉讼请求，从正反两方面案例来解析商业秘密的构成要件与同一性认定问题，从这些典型案例中提炼出众多商业秘密诉讼实务案例中的共性问题、难点问题，进而从商业秘密侵权案例中找寻到商业秘密保护的要点与难点，从而反思商业秘密保护方式更应从被动的、事后的诉讼救济保护，前移到事先的非诉讼法律保护方式中来，以更好地保护权利人的商业秘密。

【关键词】商业秘密　侵权　典型案例

本文商业秘密侵权典型案例以近年来的司法案例为基础，特别是以最高人民法院再审案例为主要分析对象，从大量的实务案例中整理、归纳出与商业秘密相

---

* 徐敏：浙江大公律师事务所执业律师，法律硕士，浙江省律师协会知识产权委员会委员，浙江省法学会知识产权法学研究会理事，浙江省商业秘密领域专家库专家，曾参与浙江省级、市级商业秘密保护示范站/指导站、点的专家评审工作，《律师办理商业秘密民事诉讼业务操作指引》的编写工作，国家市场监管总局《侵犯商业秘密案件查处指南》的起草论证工作。

关的主要专业问题,对相关商业秘密案例作了具体、深入的分析,以商业秘密的秘密性、保密性与价值性三要件及同一性为视角,对同一问题从正反两方面,即获法院支持诉讼请求的胜诉案例与未获法院支持而被驳回诉讼请求的败诉案例两方面,来分析商业秘密侵权诉讼的要点,并从商业秘密诉讼司法实务的共性问题中认识到事前的非诉讼方式进行商业秘密保护的重要性与迫切性。

一、商业秘密侵权案件的基本现状

在众多的商业秘密侵权案件中,企业员工或离职员工侵权是引发商业秘密侵权案件最主要的原因,这也是商业秘密侵权案件最主要的特点。主要情形是企业员工在任职时或离职后,利用原任职企业商业秘密进行所谓"创业"或与第三方合作进行相关产品的生产、经营,或利用原任职企业作为商业秘密的经营信息进行经营,从而与原企业形成相互竞争关系,商业秘密侵权案件大多与企业员工或离职员工的侵权行为有关。而商业秘密案件中,技术信息类商业秘密的案件涉及化工行业、医药行业居多,经营信息类商业秘密案件涉及服务性行业居多。

在原告败诉的商业秘密案件中,即原告诉讼请求不被法院所支持的案件中,由于涉案技术信息或经营信息不构成法律上的商业秘密因而使原告败诉的居多。商业秘密侵权的成立,首先要求涉案信息须构成法律意义上的商业秘密,这是前提条件;其次,再行认定是否有侵权行为的存在,认定是否构定侵权。而商业秘密构成要件中的秘密性、保密性是能否构成商业秘密的两大关键,也是商业秘密案件中原告败诉最主要的原因。

二、商业秘密典型案例中的主要法律问题

商业秘密侵权案件中的主要法律问题及裁判要点,主要集中在商业秘密的构成要件及同一性的认定上。《反不正当竞争法》(2019 年)第 9 条规定:"本法所称的商业秘密,是指不为公众所知悉、具有商业价值并经权利人采取相应保密措施的技术信息、经营信息等商业信息。"商业秘密有三个构成要件:秘密性、保密性和价值性,商业秘密首先要不为公众所知悉,而且权利人已采取了合理措施并且具有一定的价值性。权利人主张的商业秘密,只有符合"不为公众所知悉""经权利人采取保密措施",同时具备这两大法定条件而又有一定的价值性,才能符合商业秘密的构成要件。

在商业秘密侵权案件中存在的争议焦点主要有三个方面,这三方面内容也是商业秘密案件办理中需解决的主要问题,即是否构成商业秘密?商业秘密侵权是否成立与侵权责任的如何承担？这三个焦点问题也是商业秘密侵权案件中的基本问题。而涉案信息能否构成商业秘密是前提，商业秘密侵权行为、同一性认定是关键。

(一)商业秘密的秘密性认定问题

无论是技术信息还是经营信息，要构成商业秘密首先就需具备秘密性，即该信息具有“不为公众所知悉”的要件，这是商业秘密中最首要的要件。

1. 具有秘密性——构成商业秘密

关于涉案技术是否不为公众所知悉。《最高人民法院关于审理侵犯商业秘密民事案件适用法律若干问题的规定》(以下简称《商业秘密司法解释》)第4条规定具有下列情形之一的，人民法院可以认定有关信息为公众所知悉：(1)该信息在所属领域属于一般常识或者行业惯例的；(2)该信息仅涉及产品的尺寸、结构、材料、部件的简单组合等内容，所属领域的相关人员通过观察上市产品即可直接获得的；(3)该信息已经在公开出版物或者其他媒体上公开披露的；(4)该信息已通过公开的报告会、展览等方式公开的；(5)所属领域的相关人员从其他公开渠道可以获得该信息的。将为公众所知悉的信息进行整理、改进、加工后形成的新信息，符合本规定第3条规定的，应当认定该新信息不为公众所知悉。

【典型案例】

再审申请人(一审被告、二审上诉人)江苏康宁化学有限公司(以下简称康宁公司)因与被申请人(一审原告、二审被上诉人)沈阳化工股份有限公司(以下简称沈化公司)、一审被告沈阳石油化工设计院(以下简称石化院)、江阴大华化工有限公司(以下简称大华公司)侵害技术秘密纠纷案，不服辽宁省高级人民法院(2015)辽民三终字第332号二审民事判决，向最高人民法院申请再审。

本案一审、二审均认定沈化公司是涉案技术的合法权利人，该涉案技术具有秘密性，符合商业秘密的构成要件。最高人民法院审查本案时认为涉案“微悬浮法聚氯乙烯糊树脂生产工艺”技术是否构成商业秘密是本案的争议焦点之一，其中涉案技术是否“不为公众所知悉”而具有秘密性是本案首先要确定的焦点问题。

最高人民法院组成合议庭对本案进行了审查，认为二审法院根据查明的事实所作出涉案技术具有“不为公众所知悉”的认定并无不当。

关于本案涉案技术的秘密性，可从以下四个方面分析：(1)涉案微悬浮法聚氯乙烯糊树脂生产工艺是在1983年12月经国家计划委员会批准，由具有对外贸易权的中国化工建设总公司代表沈化公司与日本钟渊公司签订《年产1万吨糊用聚氯乙烯树脂生产技术及主要设备合同》后引进的技术，沈化公司在此基础上投入大量资金并经多年技术革新不仅使该项技术进入实际生产阶段，而且予以升级，达到年产10万吨以上，使之趋于完善，更加适应本国市场需要。该项技术是沈化公司核心技术，通过该项技术生产的产品也是沈化公司在全国糊树脂行业的主打产品，并非市场标配产品。由于全国糊树脂行业每家企业都有自己主打的产品，故涉案微悬浮法聚氯乙烯糊树脂生产工艺技术信息并非一般常识或行业惯例。(2)涉案微悬浮法聚氯乙烯糊树脂生产工艺不仅涉及技术原理、相关专利，还包括各种经过不断实验得到的最佳数据、详细流程图、设备具体尺寸、各种技术信息的配比配套。而通过阅读具有理论性框架性技术信息的教科书、专业期刊，往往只能得到如搅拌、加热温度的范围数值，缺乏确定数值，而定型产品必须有确定数据，才能制造出统一标准的产品，否则一个产品一个数值，无法实现量产，故将书中的具有一定变化幅度的数据简单组合不可能进入实际量产。(3)涉案技术是沈化公司作为技术秘密进行保护的，没有证据证明该技术信息曾经由沈化公司或其他公司在公开出版物或其他媒体公开披露，或者通过公开的报告会、展览等方式公开。而且，即使该整体技术信息中的单独技术、工艺已经进入公知领域，但是整体技术并非各项单独技术的简单组合，必然需要大量实践的检验、磨合，才能定型化、产业化，而经过大量实践积累的数据以及最终选择的数值，一定是企业宝贵的财富以及未来发展的核心竞争力，该信息无法从其他公开渠道获得。该案涉及的刑事案件被告人窃取沈化公司涉案技术秘密的事实，也从另一方面证明该信息无法从公开渠道获得。(4)该技术信息的创建耗费了沈化公司大量人力、物力、财力，并非无须付出一定代价而容易获得，从多名技术人员参与窃取该技术信息的犯罪活动也能证明其获得之不易。所以，可认定本案涉案技术具有相应的秘密性。

最终，最高人民法院作出了(2016)最高法民申2206号再审裁定，认定涉案技术信息构成商业秘密，驳回了康宁公司的再审申请。①

---

① 参见最高人民法院再审裁定书，(2016)最高法民申2206号。

【法理评析】

商业秘密构成的核心要件是其秘密性。涉案技术信息不同于技术常识、行业标准或可从相关公开渠道可获知的信息，商业秘密的“不为公众所知悉”是商业秘密最为重要的特性。

本案再审的争议焦点围绕案涉技术信息是否不为公众所知悉，即该技术信息是否具有作为商业秘密的秘密性。从案涉技术信息作为整体技术信息，虽然其中的单独技术、工艺已经进入公知领域，但是其整体技术并非各项单独技术的简单组合，而是需要大量实践的检验、磨合，才能定型化、产业化，而非通过专业期刊、教科书等公知领域即可获取相应的技术参数、数值等技术信息，即该整体技术符合《商业秘密司法解释》第 4 条第 2 款的规定，即“将为公众所知悉的信息进行整理、改进、加工后形成的新信息，符合本规定第三条规定的，应当认定该新信息不为公众所知悉”。

2. 不具有秘密性——不构成商业秘密

在商业秘密侵权案例中，其中原告败诉的案件绝大多数均是因为不具备商业秘密的秘密性，即权利人作为“商业秘密”的技术信息或经营信息不具备“不为公众所知悉”的条件。

【典型案例】

再审申请人（一审原告、二审被上诉人）湖北洁达环境工程有限公司（以下简称湖北洁达公司）因与被申请人（一审被告、二审上诉人）郑州润达电力清洗有限公司（以下简称郑州润达公司）、陈某荣、吴某林及一审被告天津市港电电力设备检修有限公司侵害商业秘密纠纷案，再审申请人不服湖北省高级人民法院（2015）鄂民三终字第 00645 号民事判决，向最高人民法院申请再审。最高人民法院受理后依法组成合议庭进行了审查。

本案二审法院认为本案证据不足以证明涉案技术信息处于不为公众所知悉的状态，据此认定涉案信息不构成商业秘密。二审判决后湖北洁达公司向最高人民法院申请再审，最高人民法院审查后认为，本案争议的焦点是湖北洁达公司主张的技术信息是否构成商业秘密。而该案再审申请人湖北洁达公司在一审期间未对其所主张商业秘密的具体内容及其相关载体进行明确说明。

最高人民法院结合该案二审情况，对涉案技术信息的秘密性作出了相应的认定：湖北洁达公司主张的本案第 1 项技术信息是“电厂油管道水基专用清洗液”，具体技术秘密点包括清洗液的配比、原材料的组成和特定的清洗工艺。技术信息的载体是《湖北省科技成果鉴定查新报告书》和《荆科鉴字（2001）第 09 号科学技术成果鉴定证书》。上述文件形成时间早于本案被控侵权行为约十年之久。涉及相关争议的另案民事判决，虽有关于前述信息构成商业秘密的认定，但距本案被控侵权行为发生时间亦有数年之久。前述查新报告、鉴定证书或判决书等文件，不能作为主张相关技术信息构成商业秘密的当然依据。在本案再审被申请人郑州润达公司和陈某荣提交证据资料证明相关清洗技术已经公开的情况下，湖北洁达公司未就该技术信息仍然不为公众知悉进一步提供证据，亦不申请委托进行司法鉴定。二审法院由此认定本案现有证据不足以证明前述技术信息仍然处于不为相关公众知悉的状态，并无不当，即该涉案技术信息不属于“不为公众所知悉”的信息，不构成商业秘密。

据此，最高人民法院作出了（2016）最高法民申 2161 号裁定，驳回了再审申请人的再审申请。①

【法理评析】

权利人的相关技术信息或经营信息没有秘密性，即不符合“不为公众所知悉”的要件，则不构成法律意义上的商业秘密，权利人的权利即从根本上丧失了权利基础，那么，皮之不存，毛将焉附，这种情况下，权利人进行商业秘密侵权诉讼，相应的诉讼请求将得不到法院的支持，案件败诉无疑。

本案中，再审申请人（一审原告）虽在庭审中提供了案涉技术信息的查新报告、技术成果鉴定证书以及另案民事判决书，通过这些证据材料以证明案涉技术信息具有不为公众所知悉的秘密性，该技术信息应作为商业秘密而被保护。但同时，再审被申请人（一审被告）也提供了该技术信息已处于公知状态的证据，即该案涉技术信息不具有秘密性。由于案涉技术信息的查新报告、技术成果鉴定证书以及另案民事判决书系数年前形成的历史资料，在再审被申请人（一审被告）提供了该技术信息现已处于公知状态的证据后，不能再以此作为相反证据来证明案

① 参见最高人民法院民事裁定书，（2016）最高法民申 2161 号。

涉技术信息仍可作为商业秘密,仍具有秘密性。再审法院也据此作出了相应的裁定。

(二)商业秘密的保密措施认定问题

1. 采取了适当的保密措施——具有保密性

【典型案例】

再审申请人(一审原告、二审上诉人)克拉玛依金驼运输服务有限公司(以下简称金驼公司)因与被申请人(一审被告、二审上诉人)克拉玛依市凯隆油田技术服务有限公司(以下简称凯隆公司)、谭某不正当竞争纠纷案,不服新疆维吾尔自治区高级人民法院(2017)新民终53号民事判决,向最高人民法院申请再审。最高人民法院于2018年9月10日作出(2018)最高法民申5号民事裁定,提审本案。

本案经过了一审、二审和最高人民法院再审,各级法院在审理本案时均表明了相应不同的司法观点。

其中,一审法院认定该涉案信息——投标的标底降幅属于商业秘密;二审法院则认为,原一审原告证据不能证明原告金驼公司限定了涉案标底降幅的知悉范围,原一审原告金驼公司亦未提供相关证据证明其与谭某签署了相关的保密协议或在单位内部对该标底降幅采取足以防止信息泄露的防范措施。故二审法院对原一审被告凯隆公司称原一审原告金驼公司未对涉案标底降幅采取保密措施的主张予以支持。二审法院认为,原一审法院认定涉案标底降幅符合商业秘密法定条件有误,认为原一审原告金驼公司主张的商业秘密不成立,二审法院遂据此对金驼公司主张凯隆公司、谭某侵犯其商业秘密的诉讼请求不予支持。二审法院据此判决:撤销一审判决,驳回金驼公司的全部诉讼请求。

最高人民法院组织合议庭审理本案后,则对涉案信息是否采取了符合商业秘密要求的保密措施进行了认定。

最高人民法院再审后认为:投标文件由投标人自行制作,在开标之前必然采取密封措施,这是招投标活动的应有之义。涉案标书内容中的标底降幅不为公众和其他投标单位所知晓,因此具有秘密性。《最高人民法院关于审理不正当竞争民事案件应用法律若干问题的解释》(现已失效)(以下简称《不正当竞争若干问题解释》)第11条规定:“权利人为防止信息泄漏所采取的与其商业价值等具体情况相适应的合理保护措施，应当认定为《反不正当竞争法》第十条第三款规定的'保密措施'。人民法院应当根据所涉信息载体的特性、权利人保密的意愿、保密措施的可识别程度、他人通过正当方式获得的难易程度等因素，认定权利人是否采取了保密措施。"本案中，金驼公司主张的经营信息载体为投标标书，金驼公司标书的制作限于参与投标活动的人员范围，并且标书的天然秘密属性要求任何知道标书内容的人都应负有保密的义务，标书所有人对标书进行封存即可看作对标书采取了保密措施，而且这种保密措施也达到了法律要求的标准，因此具有保密性。

据此，最高人民法院作出了（2018）最高法民再 389 号再审民事判决，该判决部分撤销了一、二审法院的判决，最终认定涉案信息具有保密性，构成商业秘密。①

【法理评析】

商业秘密的保密性与秘密性是相关联的，而商业秘密对保密性的要求也要根据不同的信息情况而采取相应不同的保密措施，这样才能使权利人意欲保密的信息处于有效保密状态而不丧失秘密性，根据不同信息的特性，保密性要求标准或要求也并不相同。

本案中，一审法院认定案涉信息是被采取保密措施而具有保密性的商业秘密。二审法院则并不认为案涉信息（标底降幅）是具有保密性的商业秘密，最高人民法院再审审理后，从不同信息的特性出发，根据本案所涉及的标底所具有天然属性和知晓标书内容相关人员所当然承担的保密义务来考量保密性要求与标准，从而最终认定案涉信息具有保密性，属于商业秘密而应受保护。

2. 未采取适当的保密措施——不具有保密性

【典型案例】

再审申请人（一审原告、二审上诉人）蓝星商社、南通中蓝工程塑胶有限公司（以下简称中蓝公司）、南通星辰合成材料有限公司（以下简称星辰公司）因与被申请人（一审被告、二审被上诉人）南通市旺茂实业有限公司（原南通市东方实业

① 参见最高人民法院民事判决书，（2018）最高法民再 389 号。

有限公司,以下简称旺茂公司)、陈某新、周某敏、陈某、戴某勋、李某敏(以下统称五自然人)侵害商业技术秘密和商业经营秘密纠纷案,不服(2014)民三终字第3号民事判决,向最高人民法院申请再审,最高人民法院依法组成合议庭进行了审查。

该案审查的最主要问题可归纳为:中蓝公司是否对涉案信息已采取了合理的保密措施以及《公司法》所规定的法定保密义务能否取代商业秘密合理保密措施。

最高人民法院对本案审查后认为:关于中蓝公司是否对涉案信息已采取了合理的保密措施。当事人对自己的诉讼主张有提供证据的责任,否则应当承担不利后果。再审申请人提供的部分证据如二审证据:2.8《生产工艺配方管理规定》、2.9中蓝公司《岗位任职要求》等缺乏真实性,部分证据如《保密工作管理办法》《保密协议》等因系合成材料厂等其他共有人所采取的措施,缺乏关联性,部分证据如“混料单”“配料单”,标明“绝密”邮件等,缺乏足够证明力。再审申请人提供的证据不能充分证明中蓝公司就涉案信息已采取了合理的保密措施。因此,原审依据现有证据,认定中蓝公司未对涉案信息采取合理的保密措施,并无不当。

关于《公司法》所规定的法定保密义务能否取代商业秘密合理保密措施。再审申请人称“被申请人长期在申请人处工作,并在公司担任重要职位,其行为违反了公司法规定的保密义务,原审缺少对被申请人法定保密义务的审理和认定,属于认定事实不清,适用法律错误”。而本案案由为侵害商业技术秘密和商业经营秘密纠纷,再审申请人原一审系以侵害商业秘密、构成共同侵权为由提出相应诉讼请求,其请求权基础并非《公司法》第147条、第148条所规定的董事、监事、高级管理人员违反忠实义务、勤勉义务所导致的损害公司利益责任。再审申请人虽在二审上诉理由中提及,但系主张周某敏、陈某新负有法定的保密义务,进而主张采取了合理的保密措施。侵害商业技术秘密和商业经营秘密纠纷与董事、监事、高级管理人员损害公司利益责任纠纷二者法律关系不同,构成要件不同,审理对象显然亦不同。同时,基于《公司法》所规定的董事、监事、高级管理人员忠实义务中的保密义务,并不能完全体现商业秘密的权利人对其主张商业秘密所保护的信息采取保密措施的主观意愿和积极态度,不能构成作为积极行为的保密措施,显然亦不能免除权利人诉讼中对商业秘密采取合理保密措施的证明责任。因此,再审申请人前述申请再审理由缺乏法律依据,法院未予采纳。

最终,最高人民法院作出了(2017)最高法民申1602号民事裁定,认定本案涉案信息因未采取合理的保密措施不能作为商业秘密而被法律保护,驳回了再审申请人的再审申请。①

【法理评析】

商业秘密案件中法院对涉案信息是否采取了适当的保密措施在案件审理中会根据商业秘密的不同特性而进行认定。而基于《公司法》所规定的董事、监事、高级管理人员忠实义务中的保密义务,则并不能完全体现商业秘密权利人对其主张为商业秘密的信息采取保密措施的主观意愿和积极态度,不能构成作为积极行为的保密措施,即不符合《商业秘密司法解释》第5条、第6条采取保密措施的要求。而且,《公司法》规定的忠实义务与保密义务,并不一定指向商业秘密,如涉案信息未采取适当的保密措施就不具有保密性,最终会使涉案信息因缺乏保密性而不构成商业秘密。

(三)商业秘密的侵权行为认定问题

1. 侵权行为的认定

【典型案例】

再审申请人(一审被告、二审上诉人)唐山三友氯碱有限责任公司(以下简称三友公司)因与被申请人(一审原告、二审被上诉人)沈阳化工股份有限公司(以下简称沈化公司)以及一审被告、二审上诉人辽宁方大工程设计有限公司(以下简称方大公司)、一审被告沈阳欧陆科技发展有限公司(以下简称欧陆公司)侵害技术秘密纠纷案,不服辽宁省高级人民法院(2015)辽民三终字第331号民事判决,向最高人民法院申请再审。最高人民法院依法组成合议庭进行了审查。

最高人民法院经审查认为,综合归纳三友公司的再审申请请求、理由及本案事实,三友公司是否构成侵害沈化公司涉案商业秘密是本案的争议焦点之一。

在本案中,作为再审申请人(一审被告、二审上诉人)三友公司主张其系通过合法招投标方式与欧陆公司(一审被告)订立合同,不知悉欧陆公司提供的微悬浮法聚氯乙烯糊树脂技术属于被申请人(一审原告、二审被上诉人)沈化公司的

① 参见最高人民法院民事裁定书,(2017)最高法民申1602号。

商业秘密,且已对欧陆公司违反权利瑕疵担保责任的行为提起民事赔偿诉讼。根据与本案相关的已生效刑事裁判查明的事实,欧陆公司通过雇用或发放报酬等方式招来沈化公司的在职、退休工作人员,采取不正当手段,获取沈化公司的技术秘密。三友公司在聚氯乙烯糊树脂工程项目建设之前曾多次与欧陆公司接触商谈,其明知欧陆公司所掌握的微悬浮法聚氯乙烯糊树脂技术系以不正当手段获取自沈化公司,仍与欧陆公司签订技术转让合同,且合同中约定的产品比照了沈化公司的产品牌号及标准,三友公司非法获取涉案技术信息的主观意图非常明显,难谓善意不知情。故三友公司采用招投标形式与欧陆公司签订合同不是三友公司主观无过错的判断依据。欧陆公司与方大公司之间是否具有紧密的合作关系以及三友公司对欧陆公司提起民事赔偿之诉的行为,均不影响三友公司具有不正当获取沈化公司技术秘密的主观恶意的事实。三友公司还主张,因欧陆公司未交付核心技术内容,三友公司另行与浙江大学签订协议合作开发相关技术,其目前所使用的技术与沈化公司的技术不具有同一性。对此法院认为,根据生效刑事裁判查明的事实,欧陆公司已按照其与三友公司所签订技术转让、建设工程施工合同的约定,履行了除试车工序之外的全部项目内容,即欧陆公司已经向三友公司交付施工图、技术设计图纸、关键生产设备、技术参数等合同内容,三友公司亦已依照合同的约定向欧陆公司支付大部分款项。故即使三友公司就后续的试车工序与浙江大学签订合作开发合同,亦不影响对三友公司不当获取沈化公司技术秘密的认定。故对三友公司不构成侵权的抗辩主张,法院不予采信。三友公司还主张其产品的特定性能指标不同于沈化公司的产品,故讼争双方的技术不具有同一性。通常而言,不同厂家的糊树脂产品在技术指标方面可能存在一定差异,但这种差异显然无法直接认定二者使用了不同的技术方案。因此,在三友公司未提供充分证据证明其使用的技术不同于沈化公司的情况下,其以所生产糊树脂产品的两项技术指标数值与沈化公司不一致为由,主张其糊树脂技术与沈化公司拥有的技术秘密不具备同一性,事实依据不充分,法院不予采信。

最终,最高人民法院作出了(2016)最高法民申2857号民事裁定,认定商业秘密侵权成立,驳回唐山三友氯碱有限责任公司的再审申请。①

① 参见最高人民法院民事裁定书,(2016)最高法民申2857号。

【法理评析】

司法实践中,判断侵犯商业秘密的逻辑公式是:实质相同 + 接触 + 排除合法来源,即作为商业秘密的信息与被控侵权的信息相同或实质相同,再加上侵权人接触过该商业秘密,最后排除被控侵权人用合法来源所获取了与商业秘密相同的信息这种情形,如通过反向工程获取了该信息。

本案中,再审申请人(一审被告、二审上诉人)三友公司与欧陆公司(一审被告)为技术合作关系,订立有相应的合同,三友公司也以已经向技术合作相对方提起民事诉讼,主观上没有恶意为由,认为其商业秘密侵权不成立,而从现有证据中法院认定,三友公司明知技术合作方欧陆公司通过不正当手段获取相应的微悬浮法聚氯乙烯糊树脂技术,双方技术合作涉及的技术信息涉及他人的商业秘密,三友公司非法获取涉案技术信息的主观意图非常明显,善意不知情的抗辩理由不能成立。同时,以民事诉讼方式追究技术合作相对方的责任,也不是主观善意和不存在侵权行为的抗辩理由,故最高人民法院最终认定再审申请人(一审被告、二审上诉人)三友公司构成商业秘密侵权。而实务中,不乏存在各种技术合作的场景,那么技术受让方或技术被许可方在与对方合作时,如不作合理安排与合作合同的设计,也会存在对第三方商业秘密侵权的法律风险。

2. 同一性的认定

商业秘密侵权行为认定中一个关键问题就是相关案涉信息是否具有同一性的问题。

【典型案例】

上诉人曹某、李某保、周某、上海路启机械有限公司(以下简称路启公司)因与被上诉人优必选(上海)机械有限公司(以下简称优必选公司)侵害商业秘密纠纷案,不服上海知识产权法院(2015)沪知民初字第 275 号民事判决,向上海市高级人民法院提起上诉。上海市高级人民法院组成合议庭开庭进行了审理。

就该案侵权确定中涉案技术信息的同一性问题,即一审被告路启公司优选横截锯技术信息与一审原告优必选公司“MAXCUT 系列电脑优选横截锯”中技术信息是否具有同一性,这是该案是否构成商业秘密侵权的关键性问题。法院分别对文件资料反映内容进行了比对,然后再通过现场勘验来进一步作比对。

1. 文件资料比对。(1)机械图纸资料比对。被告路启公司提交的171张图纸中,包括2张装配图、169张零件图。该套图纸部分内容不规范,部分图纸没有设计人签名,装配图内容不完整。其中,优选横截锯Bestcut200总装配图没有明细栏、没有标注零件名称、没有技术要求,只是标注了一些简单的外观尺寸,没有标注出反映产品或部件的装配、安装所需的必要尺寸,从该图纸上难以看出各个零件的安装和连接关系,无法确定整台机器的装配关系。机架装配图没有明细栏,在图纸上标注了每个零件的图号和名称,从图纸上可以看出各个零件的连接关系,但该装配图没有标注出反映产品或部件的规格、外形、装配、安装所需的必要尺寸。无法从被告路启公司图纸中找到与优必选公司518张图纸中的对应图纸。两者图纸差异大,无法比对。(2)软件源程序资料比对。优必选公司提供的《OC程序》与被告路启公司提供的《Woodsea. txt》,两者源程序文件不同。

2. 现场勘验。(1)边测量边锯切的设计。因被告路启公司的优选横截锯Bestcut200缺失CF卡,未能正常启动,无法连接simotion,无法测试其木材切割的相关功能。故根据现有资料,无法比对双方的该项技术信息点。(2)基于simotion控制系统开发的软件源程序。因被告路启公司的优选横截锯Bestcut200电控柜中simotion缺失CF卡,无法确定它的源代码是否用于该台机器,在机器未连接上simotion的情况下无法判断该源代码实现的功能、作用,无法与优必选公司提供的《OC程序》进行比对。(3)机械图纸中难以在产品上反映出来的公差配合、技术要求等工艺参数。被告路启公司的优选横截锯Bestcut 200部分机械结构布置与优必选公司优选横截锯基本相同。但公差配合、技术要求等工艺参数难以在机器上直接反映,无法进行实物上的比对。(4)simotion系统硬件与软件程序的匹配。①电控系统的组成方案。两者电控柜元器件选型、电路布线及原理基本相同。②基于上述硬件电路所开发的软件与硬件匹配。两者软件界面有差异,手动操作功能模式基本相同,两者软件的参数设置基本相同。

通过比对,最终结论为:(1)优必选公司以下三项技术信息是不为公众所知悉的技术信息。①边测量边锯切的设计(内容与"优必选公司边测量边锯切的设计"相一致);②基于simotion控制系统开发的软件源程序(详见MAXCUTOC软件源程序);③机械图纸中难以在产品上反映出来的公差配合、技术要求等工艺参数(详见MAXCUTOC机器的机械图纸)。(2)优必选公司有关simotion系统硬件与软件程序的匹配、电控系统的组成方案、基于硬件电路开发的软件与硬件匹配不是不为公众所知悉的技术信息。(3)鉴于送检材料和实物对比的欠缺,无法对被告路启公司优选横截锯 Bestcut200 技术信息与优必选公司"MAXCUT 系列电脑优选横截锯"中技术信息是否具有同一性进行比对。

二审法院认为,虽然在一审鉴定中,一些鉴定事项因鉴定检材限制无法得出确定结论,但根据本案鉴定材料并结合其他资料,认为路启公司制造并出售的 Bestcut 200 优选锯(位于阿曼达公司生产车间)测量锯切方法的设计与"优必选公司边测量边锯切的设计"的技术信息相同。此外,二审中,四上诉人提出被控侵权产品是会根据用户的需求进行定制的主张,但其并未提供相应证据证明其上述主张。即使根据客户要求定制,因四上诉人未在本案中证明其具体采用的是何种方法,故不能排除该定制内容使用了"优必选公司边测量边锯切的设计"的测量锯切方法。因此,综合在案证据,包括曹某、李某保、周某在奉贤公安处所作陈述,一审法院认定已经出售的五台被控侵权产品 Bestcut 200 都使用了"优必选公司边测量边锯切的设计"技术秘密之事实,具有高度盖然性,在无相反证据的情况下,一审法院此节事实认定并无不妥,故四上诉人的该项上诉理由没有事实依据,二审法院不予采信。

综上,一审法院根据李某保、周某违反了与优必选公司之间的保密约定,未经优必选公司许可共同向路启公司披露技术秘密,曹某、李某保、周某共同设立的路启公司在明知其获取的系优必选公司技术秘密的情形下,仍予以使用之事实,认定四上诉人的行为共同侵害了优必选公司的涉案商业秘密,具有法律和事实依据,二审法院予以了支持。

最终,上海市高级人民法院作出了(2016)沪民终 470 号二审民事判决,驳回上诉,维持原判。①

【法理评析】

商业秘密侵权行为认定中的一个关键问题就是相关涉案信息是否具有同一性的问题。这是商业秘密侵权认定中的一个核心,本案中,虽因鉴定检材限制无法得出确定的结论,但法院通过对涉案技术方案中的各技术信息进行细化比对,通过对相应设计、参数进行比对,同时结合相关证据材料对商业秘密侵权中的同

① 参见上海市高级人民法院民事判决书,(2016)沪民终 470 号。

一性作了相应认定。

本案中,涉案商业秘密属于技术秘密,该技术信息具体包含相应的公差配合、技术要求等各技术参数,软件程序及软件程序与硬件的匹配方案、电控系统组合方案等技术信息,各技术信息要点也即商业秘密的秘密点是进行同一性比对与认定的基础,明确而精细的技术信息要点的确定是同一性技术比对的关键,也是认定商业秘密同一性的核心。

三、商业秘密主要法律问题的应对

针对商业秘密典型案例中反映出来的问题,我们如何应对?面对新的科技浪潮与技术革命,我们可以总结过去,面向未来,不断提炼出商业秘密诉讼案件与非诉业务办理中的问题,针对这些问题,不断探索新的解决思路,创新商业秘密领域的法律服务模式。

商业秘密法律业务主要分为诉讼业务与非诉讼业务,诉讼业务主要是商业秘密侵权案件的代理,非诉讼业务主要是商业秘密专项法律服务,两者其实都是对商业秘密保护的方式,诉讼方式是事后救济的保护方式,非诉方式是事先防范的保护方式。在商业秘密非诉讼业务中发现的主要法律问题与商业秘密诉讼业务中发现的主要问题其实是有关联性的,其中突出的问题也是具有共性的。

(一)主要法律问题

1. 权利人对商业秘密的认识存在偏差

在商业秘密法律业务中,无论是诉讼业务还是非诉讼业务,作为商业秘密权利人的客户对于什么是商业秘密,商业秘密与其他知识产权形式的异同,自身的技术与经营信息能否作为商业秘密,商业秘密的秘密点何在,以及如何合理而有效地保护商业秘密?对于这些问题,企业主、企业高管往往认识模糊。对于商业秘密的范围也认识不清,认为可以将任何自身想保护的技术与信息全都纳入保护范围。对于一项商业秘密的具体秘密点则并不明确,往往眉毛胡子一把抓,只要自身认为重要就以为都可以作为商业秘密并加以保护。

2. 权利人对商业秘密的秘密点疏理不到位

商业秘密构成要件中的核心是具有秘密性,即具有不为公众所知悉的具体秘密点。而在众多商业秘密侵权案例中,作为权利人的原告方时常不能明确商业秘密的秘密性所在或具体的秘密点所在,而是笼统地表明某项技术即是商业秘密,而该技术或技术方案其实由若干技术要点组成,并非所有的技术要点均具有秘密性,有些技术要点已属于公知信息,并不具有不为公众所知悉的特性。而在商业秘密侵权诉讼的庭审中则会要求明确秘密点,并在确定秘密点的基础上,进行技术比对,这也是商业秘密鉴定的要求。那么,作为权利人自身就应明了涉案商业秘密的技术构成要点的分布,在平时的商业秘密管理中就应预先梳理商业秘密的秘密点。在需要进行侵权诉讼时,即可免于处于相对被动的状态。在商业秘密具有秘密性这个核心要件的证明与商业秘密同一性比对上,就会处于相对有利的局面,在高败诉率的商业秘密侵权诉讼中才有可能获得胜诉,也才能更好地保护权利人的商业秘密。

3. 权利人对商业秘密的保密措施不适当

在商业秘密的法律服务中,时常会遇到权利人对商业秘密保密措施不适当的问题。这也是作为原告的权利人在诉讼中败诉的另一个主要原因。采取保密措施是构成商业秘密的另一个重要条件。而不同的商业秘密,重要性不同、价值性不同、商业秘密自身的特性也不同,那么,所采取的保密措施也应是不同的。无论是在商业秘密诉讼实务中,还是在商业秘密非诉讼实务中,商业秘密权利人所采取的保密措施一般体现在与企业员工签订的劳动合同中的保密条款、保密协议、竞业限制协议、保密制度等文件中。根据商业秘密自身的特性还需采取符合其特性的相应的保密措施,如保险柜、密码箱、加密软件、视频监控、接触人员与接触区域限制等物理保密措施、电子加密措施以及其他适当的保密措施。而在实践中,企业往往只有简单而模糊的保密协议,有些企业只有在劳动合同中有保密条款,虽有保密条款,但该条款又过于简略,也未在保密协议或劳动合同中的保密条款中对相关意欲保密的商业秘密作出明确范围的约定,而只作简单而模糊的约定。诸如:“公司的所有技术均应对外保密”“乙方(员工)应保守公司的商业秘密”“公司的未公开的技术与经营信息属于商业秘密,公司员工应保守公司的商业秘密”……这类保密条款未明确具体哪些技术与经营信息属于商业秘密,在发生侵权需对商业秘密进行认定时,企业虽有一定的保密意愿,但与意欲保密的特定技术信息与经营信息难以相对应。此外,商业秘密采取的保密措施要与商业秘密自身的重要性与价值性相匹配,重要的或高价值的商业秘密须采取不同于一般性商业秘密的措施,其保密措施的要求与严密性须比一般性商业秘密要高,否则,会因不符合《商业秘密司法解释》所规定的采取保密措施的要求而被认定为未采取相应的《商业秘密司法解释》第5条第2款规定的保密措施。

4. 权利人对商业秘密缺乏有效的动态管理

部分商业秘密权利人虽确定了商业秘密的秘密点，也采取了一定的保密措施，但认为此即足矣，未对商业秘密进行持续、有效的动态管理，未对商业秘密中的技术要点与相应信息进行定期、不定期的梳理。未根据技术发展动态，结合企业实际情况增减相应的秘密点，实时掌握自身商业秘密的秘密性情况，明确商业秘密保护的关键秘密点。同时，对于企业员工或前员工，作为商业秘密主要的侵权主体，也未进行动态管理，以实时掌握企业关键人员的动向，对商业秘密侵权风险进行动态评估，以防范商业秘密侵权事件的发生。

5. 权利人未及时采取适当的救济方式

最后，在发生商业秘密侵权事件时，权利人如何采取适当的救济方式来维护自身权益，如何在侵权事件发生的第一时间采取适当措施来减少损失，进行亡羊补牢式的商业秘密保护，商业秘密权利人也欠缺这方面的认识与措施，往往在商业秘密侵权事件发生后无所适从，也不能及时应对采取必要的应对措施，通过适当的途径进行依法权利救济。

（二）应对建议

针对上述商业秘密诉讼及非诉讼法律服务中遇到的问题，我们可以针对不同的行业、企业开展符合行业、企业特点的商业秘密保护实务的法律宣传与培训，使企业树立正确的商业秘密保护意识和掌握基本的商业秘密保护常识。对于特定企业，特别是技术密集型企业，可以根据企业需要开展商业秘密专项法律服务或提供专项法律顾问服务，指导企业确定商业秘密保护范围，梳理商业秘密秘密点，并结合具体商业秘密的性质、特性与重要性采取相对应的保密措施。协助企业进行商业秘密在生产经营过程中的全流程商业秘密动态管理，协助企业对重点员工进行入职、在职与离职各环节的商业秘密动态管理。尽最大可能防范商业秘密侵权法律风险，避免发生商业秘密侵权事件，制定商业秘密侵权应急预案，为企业提供商业秘密救济方案和建议，协助企业第一时间通过刑事、行政及民事途径进行法律救济，通过刑事控告、行政投诉及民事诉讼来依法维护商业秘密权利人的合法权益。将商业秘密法律服务工作做深做细，提升商业秘密法律服务的工作成效。

23

以相对优势地位拒绝交易行为的正当性认定标准

——以格凯商贸与广西玉柴不正当竞争案为视角

钱 航 陈 梦*

【内容提要】以相对优势地位拒绝交易，系经营者合同自愿、经营自主的体现，并不当然具备竞争法意义上的不正当性；而当经营者达到市场支配地位时，该拒绝交易行为则应受《反垄断法》的规制，《反不正当竞争法》不宜评价，故当经营者尚不具备支配地位时，无论其是否处在相对优势地位，均应认为允许其自主设置交易条件。若以《反不正当竞争法》(2019 年)第 2 条对该行为进行主张，则应根据该条综合评判行为是否伴随或产生其他违反诚实信用和商业道德，扰乱竞争秩序，损害消费者利益的情形，严格把握竞争自由与不正当竞争的界限。

【关键词】相对优势地位　拒绝交易　不正当竞争　滥用市场支配地位

【案情简介】

本案入选 2020 年度杭州法院“知识产权司法保护十大案例”。

原告杭州格凯商贸有限公司(以下简称格凯公司)成立于 2012 年 5 月 16 日，

---

* 钱航：北京盈科(杭州)律师事务所知识产权法律事务部主任，2002 年毕业于兰州大学法律系，INTA 及 AIPPI 会员，曾任浙江省贸促会(浙江省国际商会)商法处副处长，浙江大学法学院实务导师。从事国际贸易及知识产权法律的工作，拥有丰富的国外访问及工作的经验。2018 年入选司法部“全国千名涉外律师人才名单”。陈梦：北京盈科(杭州)律师事务所律师，毕业于华东政法大学知识产权专业，获法学学士学位。

经营范围为批发零售工程机械设备等。被告广西玉柴机器专卖发展有限公司(以下简称玉柴公司)成立于2000年1月28日,经营范围为工程机械、农业机械等。

案外人恒风公司、义乌产权交易所招投标中心于2018年6月发布招标文件,对恒风公司汽车配件零库存采购项目公开招标。格凯公司进行投标,其投标文件中投标书列明货物和服务的投标总价,开标一览表(一年报价)中列明物料名称、单位、数量、最高限价、投标单价、投标总价等。恒风公司(需方)与格凯公司(供方)于2018年8月签订《汽车配件零库存采购合同》,项目名称为恒风公司汽车配件零库存采购,合同期三年,合同文件组成及解释顺序列明招标文件及其补充文件、询标承诺等。

《2018年配件采招合同》中包含玉柴在内不同型号物料数千项,其中玉柴产品如缸盖/YC6G260N-40,单价最高限价为4704.5元,中标价为470元,缸盖/玉柴/6795,单价最高限价为3589元,中标价为358元,气缸垫/玉柴/XML6795/JS6851,单价最高限价为156.17元,中标价为15元等,玉柴公司整理投标产品中涉及玉柴产品清单390余种物料中,玉柴公司给予一级客户价格与招标最高限价多数接近,亦存在少数给予一级客户价格低于招标最高限价或金额相比50%左右。而格凯公司中标价格相比招标最高限价差距较为悬殊,其中中标价格相比招标最高限价约5%或不及5%的有270多种,约10%或不及10%的约60多种,其余占比20%—50%较多,而中标价与最高限价一致或接近仅十余种。

玉柴公司于2018年8月10日向玉柴专卖各经销单位发送《关于对杭州东成汽车配件有限公司等单位禁止供货的通报》(以下简称《禁止供货通报》),该通报陈述经核实,杭州格凯商贸有限公司在经营玉柴正品配件过程中,存在跨区域采购,恶意低价竞争的违规行为,严重扰乱玉柴专卖配件市场秩序,打击其他体系成员经营玉柴专卖配件的积极性;自发文之日起,所有玉柴专卖体系成员(含子公司服务站、各授权网点及其下级网络)均不得向杭州格凯公司提供玉柴正品配件……通报后,杭州海宇汽配有限公司在微信聊天中拒绝向格凯公司提供玉柴配件。2018年9月18日,玉柴公司向玉柴专卖各经销单位发布《关于苏州市柴发贸易有限公司违约行为的考核通报》,陈述经核实,苏州市柴发贸易有限公司存在跨区域向公司被禁止销售单位销售玉柴正品配件的违约行为……并通报处罚措施,该通报中并未明确被禁止销售单位。恒风公司于2019年2月1日在另案中起诉格凯公司,请求法院确认双方合同解除,并判令格凯公司支付违约金。

基于上述事实,格凯公司于 2019 年 1 月 3 日向杭州铁路运输法院提起不正当竞争诉讼,指控玉柴公司损害了其公司的商誉,捏造事实、恶意诽谤格凯公司,并且违反商业交易中的“自愿、平等”原则及商业道德,利用市场优势地位限制其经销体系成员向格凯公司提供玉柴正品配件,违反了《反不正当竞争法》(2017 年)第 2 条的规定,请求法院判令玉柴公司停止限制其专卖体系成员向格凯公司提供玉柴正品配件,书面赔礼道歉、消除影响,并赔偿格凯公司经济损失 497 万元。

针对格凯公司的指控,玉柴公司抗辩称:(1)拒绝交易系正当的商业竞争行为,未违反诚实信用原则和公认的商业道德;(2)本案不属于单独适用《反不正当竞争法》第 2 条的情形,对于格凯公司所主张的涉嫌不正当竞争行为,《反垄断法》和《反不正当竞争法》的其他条款已进行了明确的规定,请求驳回格凯公司的诉讼请求。

【裁判理由】

杭州铁路运输法院经审理认为,格凯公司在本案中指控玉柴公司存在不正当竞争的具体行为表现为:玉柴公司在其经销体系内通报称因格凯公司存在跨区域采购,恶意低价竞争的违规行为,要求其体系成员拒绝向格凯公司提供玉柴正品配件。格凯公司认为该行为违反《反不正当竞争法》(2019 年)第 2 条,构成不正当竞争。玉柴公司行为是否违反《反不正当竞争法》(2019 年)第 2 条,须首先审查玉柴公司的上述行为是否具有反不正当竞争法意义上的不正当性。对此,法院具体评述如下:

首先,玉柴公司通过在经营体系内发布通告,限制体系内主体向格凯公司销售玉柴产品,该行为是否具有不正当性在于经营主体是否可以选择交易对象,是否可以限定交易相对人。市场经济鼓励自由竞争,亦保护合同自由,保障经营主体享有的经营自主权,根据《合同法》第四条的规定,当事人依法享有自愿订立合同的权利,任何单位和个人不得非法干预。[①] 经营者可以根据交易自愿原则选择

① 《合同法》已失效。现类似规定可参见《民法典》第 5 条规定:“民事主体从事民事活动,应当遵循自愿原则,按照自己的意思设立、变更、终止民事法律关系。”

交易对象,决定交易内容,也意味着经营者可以拒绝交易,因此拒绝交易行为本身并不具备不正当性。

格凯公司主张上述拒绝交易行为是违反自愿、平等原则,利用市场优势地位的行为,如上所述,拒绝交易本身系经营者行使自主经营权利的体现,并无违反自愿、平等原则,但该拒绝交易并非不受限制。规制拒绝交易须以经营者具有市场支配地位为前提,《反垄断法》对此已经作了明确规定,对于不具有市场支配地位的经营者,应允许其自主设置交易条件,购买者如不愿接受该条件,可以选择与其他经营者进行交易,这属于正常的市场交易活动,不宜予以干预。格凯公司提供的证据中并无任何材料显示玉柴公司系具备市场支配地位的经营者,同时,即使具备该情形,也是《反垄断法》而非《反不正当竞争法》调整的范围,对于该行为,既非本案审查的范围,法院亦无管辖权限。

其次,根据通告内容,玉柴公司拒绝交易之理由在于认为格凯公司存在跨区域采购,恶意低价竞争行为。根据双方提交证据及本院认定事实,格凯公司在案外人恒风公司招标项目的投标书及采购合同中,涉及玉柴公司产品存在大量投标价仅占最高限价的10%或20%的情形,格凯公司采用远低于玉柴产品市场价格的方式参与竞标,该低价竞争行为必将破坏玉柴公司的产品价格机制,冲击玉柴产品的市场价格,给玉柴公司及其经销商在市场上带来负面的影响,甚至损害客户对玉柴公司的评价。格凯公司在明知其报价与限价差距悬殊,将给玉柴产品带来极大负面影响的情形下仍采用低价竞标,且无法给予充分正当的理由,玉柴公司据此认为其存在恶意低价竞争行为,进而采用拒绝交易的方式维护其自身产品的价格体系和市场秩序,应认为具备正当理由。

最后,格凯公司在投标中大量产品报价不仅远低于招标最高限价,亦远远低于玉柴公司提供给一级客户的价格,即格凯公司的投标价格将远远高于购得玉柴产品的成本。《反不正当竞争法》规制的是以破坏竞争秩序,损害市场环境的方式进行的不正当竞争,此种行为系采用不正当方式破坏其他经营者正当劳动带来的竞争优势,本案中,并无证据显示玉柴公司存在不正当破坏其他经营者正当劳动产生的竞争优势,相反展现的是玉柴公司依据合法权利制止其他经营者以不正当方式获取竞争优势,维护市场竞争秩序。通过遏制不合理的低价竞争,稳定市场价格,营造良好有序的市场环境,才能保障符合消费者需求的优质产品和服务出现,玉柴公司的行为难谓具备不正当性。

据此,格凯公司指控玉柴公司的行为,系其合同自由、经营自主的行为,并无违反法律法规之情形,亦难认定其违反诚实信用原则和商业道德,不具备反不正当竞争法意义上的不正当性。对于格凯公司主张玉柴公司构成不正当竞争及承担相应民事责任的诉请,法院不予支持。

综上,法院判决:驳回原告格凯公司的全部诉讼请求。①

一审宣判后,原告不服提起上诉。杭州市中级人民法院经审理后认为,《反不正当竞争法》(2019 年)第 2 条规定的诚实信用原则及商业道德系法律原则,只有在没有具体的法律规范规制时,方可适用。本案中格凯公司同时主张了原则条款(第 2 条)和具体条款(第 11 条),应先判断玉柴公司的行为是否构成具体条款的违反:本案中玉柴公司对其经销商发布的《禁止供货通报》仅在内部传播,并未向社会公众公开,不会导致格凯公司的商誉降低、社会评价减损,事实上,格凯公司亦未提供证据证明其商誉降低,因此玉柴公司的行为并未违反《反不正当竞争法》第 11 条的规定,法院对格凯公司关于玉柴公司构成商业诋毁的上诉主张,不予支持。

关于诚实信用原则及公认的商业道德,法院认为,《反不正当竞争法》的立法目的在于鼓励和保护公平竞争,制止破坏市场竞争秩序的不正当竞争行为,单纯的拒绝与他人交易的行为,系民事活动中的意思自治、交易自由的体现,难以对市场竞争秩序造成影响,不构成不正当竞争行为。只有在拒绝交易的一方具有市场支配地位时,才有可能影响市场竞争秩序,但该种类型的市场竞争秩序属于《反垄断法》规制的范畴,不在本案当事人诉争的范围之内。本案中,玉柴公司发布《禁止供货通报》,限制其经销商与格凯公司进行交易,系其经营自由、交易自由的体现,格凯公司亦未提供证据证明其无法通过玉柴公司及其经销商之外的其他经营者购买相关汽车配件产品的事实,故玉柴公司的行为并未违反诚实信用原则及公认的商业道德。综上所述,法院对格凯公司关于玉柴公司的行为构成不正当竞争的上诉主张,不予采信。2020 年 8 月,浙江省杭州市中级人民法院作出二审判决:驳回上诉,维持原判。②

---

① 参见杭州铁路运输法院民事判决书,(2019)浙 8601 民初 9 号。

② 参见浙江省杭州市中级人民法院民事判决书,(2020)浙 01 民终 293 号。

【法理评析】

本案涉及具备相对优势地位经营者拒绝交易行为的性质认定，系目前理论和实践探讨的热点问题。本案在立法缺位下对实践中层出不穷的限制交易、二选一现象给予明确的司法指引。本案重申了市场交易自由、竞争自由的价值理念，明确以相对优势的市场地位拒绝交易行为系市场主体合同自愿、经营自主的体现，不能认定具备不正当性。同时廓清相对优势地位与市场支配地位，指出该类案件的审理有别于反垄断案件，应着眼于滥用行为而非相对优势地位本身、限制交易行为本身的不正当性审查，为类案处理提供了借鉴。

一、相对优势地位的概念

（一）相对优势地位的基本含义

相对优势地位是市场交易中交易当事人之间市场地位的对比，一方对另一方有相对优势地位，使一方依赖于另一方，弱势经营者缺乏合理转向其他经营者的可能性，优势地位经营者具有单方决定交易内容的市场地位。相对优势地位是不具有市场支配地位的市场力量，这一市场力量是优势地位经营者相较于交易相对人的优势，并且弱势地位经营者对优势地位经营者具有较强的依赖性。简单讲就是指在纵向交易关系中，由于一方可能要依赖于另一方的资产、资源，因而转换到其他人的可能性比较小。①

（二）相对优势地位与市场支配地位的区别

相对优势地位与市场支配地位是密切联系的两个概念，二者均为描述经营者在市场中所处的状态，但二者又存在明显的区别，主要表现在：(1)相对优势地位的“优势”主要体现在市场交易中双方地位的悬殊，一方对于另一方存在依赖关系，导致二者形成的是纵向的市场关系；而市场支配地位是指具有竞争关系的经营者在相关市场中竞争地位的对比，形成的是横向的市场关系；(2)在相对优势地位关系中，弱势一方虽然对于强势一方具有一定依赖性，但并非完全将其他市场经营主体排除在外，不排除转向其他经营者的可能性，故可能造成的损害程度略弱；而市场支配地位的优势往往表现为高市场份额或高市场占有率，往往存在

① 参见朱理：《滥用相对优势地位问题的法律规制——虚幻的敌人与真实的危险》，载《电子知识产权》2016 年第 6 期。

将其他竞争者排挤出市场，或是形成高市场进入壁垒等情况，可能造成的损害更大。在一定情况下，相对优势地位可能转化为市场支配地位。

二、关于以相对优势地位拒绝交易行为不正当性的认定标准

对于认定具备相对优势地位的经营者拒绝交易行为是否不正当，应当从主体要件、行为要件和结果要件三方面综合考虑，其中“相对优势地位”本身不是判定构成不正当竞争的依据，对上述行为的评价应聚焦于案件中是否存在滥用的情况。

（一）相对优势地位并不当然具有不正当性

具备相对优势地位的主体也享有自主经营的权利，市场经济的繁荣与市场主体的参与息息相关，市场经济鼓励更多新兴主体参与到市场竞争中，因进入市场时间及处于产业上下游关系的不同，而产生不同市场地位的现象十分常见。随着市场竞争的发展，优势地位时时刻刻处于变化之中，具备相对优势地位的经营者通过合法经营积累取得的优势理应受到法律的保护，对于相对优势地位的运用很多情况下都有利于资源优化配置、完善市场分工，具备相对优势地位的主体并不当然负有更高的义务。同时，具备优势地位的主体作为市场经济的参与者，不妨碍其利用优势地位根据自身发展规划选择交易对象，附加合理交易条件等。故在具体实践中，应当避免对相对优势地位加以过度规制。

（二）限制交易等行为的不正当性界定

市场经济鼓励自由竞争，亦保护合同自由，保障经营主体享有的经营自主。根据《民法典》第5条的规定，民事主体从事民事活动，应当遵循自愿原则，按照自己的意思设立、变更、终止民事法律关系。经营者具有选择相对人的自由，可以根据交易自愿原则选择交易对象，决定交易内容。法律规制拒绝交易行为须以经营者具有市场支配地位为前提，《反垄断法》（2022年）对此已经作了明确规定，对于不具有市场支配地位的经营者，应允许其自主设置交易条件，购买者如不愿接受该条件，可以选择与其他经营者进行交易，这属于正常的市场交易活动，不宜予以干预。

对于限制交易行为本身的不正当性判断应当结合实施行为是否具备正当理由、是否存在损害消费者和扰乱竞争秩序的后果、是否存在违背诚实信用原则或商业道德的情况等综合考量。

（三）判断以相对优势地位拒绝交易行为不正当性的结果要件

判断具备优势地位经营者拒绝交易行为的不正当性应当以“竞争损害”为结

果要件,而非“竞争者损害”[①],并不是造成其他经营者受到损害结果即为不正当竞争,不正当竞争法的立法目的是维护公平竞争、保护消费者利益、促进市场经济健康发展。在市场竞争中,无论经营者是否具备相对优势地位,只要实施了限制交易或者拒绝交易的行为,则或多或少地会造成交易相对方的损失,市场竞争行为本身就存在利益的此消彼长。如果以损害竞争者利益为判断不正当性的结果要件,则必然会扩大打击面,最终损害交易自由、竞争自由。对于相关行为不正当性的认定应当以是否扰乱市场正常竞争秩序为结果要件,同时考虑行为本身是否损害了普通消费者的利益,是否造成了不公平竞争的情况。

三、关于规制滥用相对优势地位行为的法律规定

《反不正当竞争法》(1993 年)第 6 条规定,“公用企业或者其他依法具有独占地位的经营者,不得限定他人购买其指定的经营者的商品,以排挤其他经营者的公平竞争”;第 12 条规定,“经营者销售商品,不得违背购买者的意愿搭售商品或者附加其他不合理的条件”。

但综观现行《反不正当竞争法》(2019 年)全文是没有相关条款的,对比相应的修改草案、送审稿、修改汇报等相关文件后可以发现针对该条的修改引起过比较大的争议,2016 年的修订草案送审稿将该条修改为“经营者不得利用相对优势地位,实施下列不公平交易的行为:(一)没有正当理由,限定交易相对方的交易对象;(二)没有正当理由,限定交易相对方购买其指定的商品;(三)没有正当理由,限定交易相对方与其他经营者的交易条件;(四)滥收费用或者不合理地要求交易相对方提供其他经济利益;(五)附加其他不合理的交易条件”。而该条的修改引起了理论界和实务界强烈的讨论。最终立法者认为《反不正当竞争法》不应该限制竞争,应当保障市场的公平竞争和市场正常的交易自由,不具有市场支配地位的经营者限制交易的行为不会破坏市场的竞争秩序,从而最终决定删除了该条款。

笔者认为,对于“滥用相对优势市场地位”行为的法律规定存在争议的原因可能在于:首先,其与《反垄断法》(2022 年)关于滥用市场支配地位的条文存在一定重合性;其次,对于保障交易主体之间的公平性问题,也可以援引《民法典》中的相关条文进行规范;最后,对于“滥用相对优势市场地位”行为的规制应当保

---

① 参见江怡:《滥用相对优势地位的法律规制》,载《人民司法》2022 年第 10 期。

持歉抑性，避免破坏《民法典》中关于市场交易自由、竞争自由的价值理念。

四、解读本案以相对优势地位拒绝交易是否构成不正当竞争行为

在本案中，原告格凯公司主要依据《反不正当竞争法》（2019 年）第 2 条和第 11 条指控被告玉柴公司拒绝交易的行为构成对原告的不正当竞争行为。

关于第 2 条的适用，根据最高人民法院年度报告案例，关于《反不正当竞争法》第 2 条作为一般条款予以适用应当同时具备以下条件："一是法律对该种竞争行为未作出特别规定；二是其他经营者的合法权益确因该竞争行为而受到了实际损害；三是该种竞争行为因确属违反诚实信用原则和公认的商业道德而具有不正当性或者说可责性，这也是问题的关键和判断的重点。"①具体到本案中：

首先，规制拒绝交易需以经营者具有市场支配地位为前提。对此《反垄断法》（2022 年）已经作出了明确规定，原告提交的证据中并无任何证据证明被告具备市场支配地位，同时即便具备该情形，也属于《反垄断法》而非《反不正当竞争法》调整的范围，非本案审理范围。

其次，玉柴公司的拒绝交易行为并没有排除格凯公司通过其他途径购买玉柴公司产品或者转向其他经营者的可能性。玉柴公司实施的行为本身也没有损害正常的市场秩序，也没有损害原告的合法权益；反而格凯公司在招投标过程中实施了跨区域采购、恶意低价竞争的恶意行为。玉柴公司只是为了维护自身价格体系，迫于无奈才实施的拒绝交易行为，具备正当理由。

最后，虽然格凯公司与玉柴公司之间存在一定的依赖关系，但玉柴公司拒绝交易行为本身具备正当理由，不仅没有违背诚实信用原则和商业道德，反而是在努力维护自身产品的价格体系和良性的市场竞争秩序，对于其拒绝交易行为应当予以正面评价。综上，玉柴公司拒绝与格凯公司交易的行为本身并不具备不正当性，格凯公司关于玉柴公司违反《反不正当竞争法》（2019 年）第 2 条的指控不能成立。

对于第 11 条，由于被告玉柴公司发布的《禁止供货通报》中关于"格凯公司跨区域销售、低价竞争"的内容，根据玉柴公司提供的证据以及格凯公司庭审陈述，上述行为属实，因此该《禁止供货通报》并非捏造事实，且仅在公司内部发布

① 转引自《最高人民法院办公厅关于印发〈最高人民法院知识产权案件年度报告（2010）〉的通知》（法办〔2011〕81 号），最高人民法院（2009）最高法民申字第 1065 号。

并不会导致原告的商誉减损,没有侵害其名誉权,故格凯公司关于玉柴公司违反《反不正当竞争法》(2019 年)第 11 条的指控也不能成立。

综合上述事实,原告格凯公司对于被告玉柴公司的指控均不能成立,玉柴公司实施拒绝交易的行为系合同自由、经营自主的行为,并无违反法律法规的情形,也不属于违反诚实信用原则和商业道德,不具备反不正当竞争法意义上的不正当性。

24

论不正当竞争纠纷案中适格原告主体的认定

——以“小企鹅 pororo”著作权侵权及不正当竞争纠纷案为例

陈乐妤*

【内容提要】权利被授权人仅获得著作权、商标权的授权，未明确获得《反不正当竞争法》所规定的竞争性利益的授权，亦未获得与竞争性利益有关的维权权利，该被授权人主张著作权侵权可获支持，主张以《反不正当竞争法》第 6 条第 4 项对诉争不正当竞争行为进行规制缺乏权利基础，但《反不正当竞争法》第 8 条的适用不在此限。

【关键词】著作权侵权　竞争行为　权利基础

【案情简介】

艾可公司向中华人民共和国国家版权局申请作品登记，获得美术作品《Pororo 形象系列》作品登记证书（登记号：国作登字 - 2014 - F - 00128 × × ×）、美术作品《Pororo 和它的小伙伴们》作品登记证书（登记号：国作登字 - 2014 - F - 00128 × × ×）。同时，艾可公司于 2006 年开始在中国境内出版中文版《小企鹅 pororo》的画册集，2012 年起至今围绕《小企鹅啵乐乐》（Pororo）展开全面知识产权布局，

---

* 陈乐妤：浙江英普律师事务所专职律师，浙江省律师协会知识产权专业委员会委员、浙江省律师协会文化传媒与体育专业委员会委员、第十届杭州市律师协会文化专业委员会委员。

就“”“啵乐乐”“小企鹅啵乐乐”“”等进行各商品与服务类别的商标注册申请,已大部分获准注册。

创丽公司是艾可公司在中国境内设立的全资子公司,经合法授权取得《小企鹅啵乐乐》等作品有关著作权、商标权等知识产权的合法权益,并有权以自己的名义独立地对侵权行为采取法律行动,该行动包括但不限于进行诉讼、仲裁或行政查处;该授权涵盖所有时段在中国境内出现的侵权行为;同时,创丽公司在以自己名义采取行动时,有权独立享有因此所获的全部赔偿。

经调查,婴秀公司在某多多平台开设并经营“Pororo 母婴旗舰店”“婴秀××××旗舰店”的店铺,店铺内标注产品品牌为 Pororo,同时宣传为韩国母婴品牌;婴秀公司还在某猫平台、速卖通平台开设名称为“Pororo”字样的店铺,登记有 pororo. tmall. com 的域名,销售、进出口母婴产品。楚涵公司、贝彼秀公司作为婴秀公司的关联公司,同样在某多多、某猫以及某卖通平台开设多家以 pororo 韩国母婴为品牌或识别来源的店铺,销售产品。创丽公司发现,婴秀公司、楚涵公司、贝彼秀公司均为王某华实际控制的关联公司,而王某华早在 2010 年即开始围绕小企鹅 Pororo 实施各种抢注行为。在对王某华启动商标行政维权程序中,王某华在举证时向国家知识产权局提交诸多其过去数年间使用诉争形象美术作品的行为,其生产或委托生产并销售的母婴产品(如一次性尿不湿、尿不湿、溢乳垫等)均载有 Pororo 小企鹅的形象,同时其对使用行为标注“韩国”“Pororo 韩国母婴”“韩国 Pororo 国际集团”等字样,宣传片中亦使用相同标语,数年间甚至以前述标语为宣传,持续参加产交会或接受采访,还在展位上大范围显著使用 Pororo 小企鹅形象。

创丽公司基于王某华提交的使用证据及调查取得的相关证据,对王某华及其实际控制的三关联公司提起诉讼。其间,王某华提交国作登字－2014－F－00126×××、名称为“快乐企鹅”的美术作品登记证书,第 8027×××号、第 7920×××号商标注册情况,其在香港登记注册的一人公司“韩国波诺尔国际集团婴秀某有限公司”内档,公司英文名为“KOREA PORORO INTERNATIONAL GROUP YINGXIU XXX LIMITED”,用以证明其行为的正当性;并提交与诉争产品不同类别的关于第 45262×××号“PORORO”商标无效宣告请求裁定书,用以证明“PORORO”不具备商品化权。

【裁判理由】

上海市浦东新区人民法院认为:(1)在无有效相反证据的情况下,可认定艾可公司为《小企鹅 pororo》系列书籍、《Pororo 形象》、《Pororo 和它的小伙伴们》美术作品的著作权人,创丽公司经授权获得了上述作品著作权授权及维权权利,有权提起本案诉讼。王某华在 2014 年申请的卡通企鹅形象的作品登记证书,称其创作完成时间为 2008 年 1 月 5 日,但未提供作品底稿、创作说明,时间也晚于《小企鹅 pororo》系列书籍在国内公开出版的时间为 2006 年。在该系列书籍公开出版后,可推定王某华与该作品发生接触,王某华主张其享有著作权的作品与创丽公司享有著作权的《Pororo 形象》构成实质性相似,其所提供的著作权登记证书不得对抗创丽公司经授权享有作品的著作权,王某华及婴秀公司、贝彼秀公司的相关行为侵害了创丽公司的相关著作权。(2)创丽公司未获得《反不正当竞争法》相关权利的授权及维权权利。创丽公司提交的授权文件显示,创丽公司仅获得了作品原始权利人艾可公司就著作权、商标权的授权,并未明确就《反不正当竞争法》所规定的竞争性利益获得授权,创丽公司以《反不正当竞争法》第 6 条为由主张王某华等实施不正当竞争行为之混淆行为,缺乏权利基础;且王某华"Pororo"标识的商标系三年不使用被撤销,王某华等对"Pororo"标识的使用行为在其商标有效期内;因此,创丽公司主张"Pororo"适用《反不正当竞争法》第 6 条第 4 项的混淆行为缺乏依据,不予支持。(3)被告王某华等在展会现场、宣传视频、网店商品中多处使用"韩国母婴""来自韩国""韩国畅销品牌",在提及"韩国 pororo 集团"时还称"韩国 pororo 集团成立于 1981 年 9 月,总部设立在韩中部地区燕岐……2004 年开始涉足中国市场并在上海设立办事处",但王某华等未能提供任何其产品与韩国相关的证据,各公司也未能证明其与韩国的关联或业务往来,故王某华等明显存在欺骗、误导相关公众的故意,可认定为引人误解的商业宣传。①

【法理评析】

一、是否具备主张的权利基础,应以实际市场身份是否为经营者为要素之一

一直以来,《反不正当竞争法》的属性在学界存在一定的争议。有学者认为

① 参见上海市浦东新区人民法院民事判决书,(2022)沪 0115 民初 51519 号。

其属于公法领域，亦有人认为其属于民法私法范畴。[①] 虽然公法和私法之间通常泾渭分明，但像我国《反不正当竞争法》《反垄断法》采取分立立法模式，其立法目的、利益衡量标准以及行为规范模式都是以维护市场秩序为基点，是一部市场竞争法；[②]同时，修正草案征求意见稿的内容更突出体现《反不正当竞争法》维护竞争秩序和公共利益的目的，因此就我国《反不正当竞争法》而言，其属性更偏向于经济法，意即：《反不正当竞争法》兼有公法和私法的双重属性。再有，立法者从1993年制定之初，曾表达《反不正当竞争法》具有行为法的属性："既然是竞争法，所调整的行为自然主要是竞争行为，侧重保护的是竞争对手的利益，以致最终达到维护公平竞争秩序的目的。公平竞争的秩序是竞争法的根本性目的，保护消费者实际上只是本法的副产品，甚至保护竞争对手的利益，也是竞争法的副产品。"[③]基于复杂的属性认定，《反不正当竞争法》究竟规制何人与何种行为，亦产生了一定程度的争议。

诚如立法者所言《反不正当竞争法》具有行为法属性，在众多属性中，行为法属性相对具象，本文即借由此来进行论述，即《反不正当竞争法》调整的是经营者之间基于市场竞争活动而形成的法律关系。《反不正当竞争法》保护的关键词有"经营者"和"竞争关系"或"竞争行为"。2019年修正的《反不正当竞争法》第2条明确规定，"不正当竞争行为是指经营者在生产经营活动中，违反本法规定，扰乱市场竞争秩序，损害其他经营者或者消费者的合法权益的行为。而经营者是指从事商品生产、经营或者提供服务的自然人、法人和非法人组织"。简言之，经营者是以营利为目的从事生产经营活动并与消费者立场相对的另一方当事人。《最高人民法院关于适用〈中华人民共和国反不正当竞争法〉若干问题的解释》第2条更进一步阐述了"其他经营者"的内涵为："与经营者在生产经营活动中存在可能的争夺交易机会、损害竞争优势等关系的市场主体，人民法院可以认定为《反不正当竞争法》第2条规定的'其他经营者'。"然而，司法实践中，往往会出现新的情况来抗辩"不属于经营者"。例如，公报案例所载：宜昌市妇幼保健院不服宜昌市工商行政管理局行政处罚决定案中，原告（妇幼保健院）认为自己是全民所有制财政全额拨款的公益事业单位，不是能够作为市场主体的经营者，不属于

① 参见王为农：《关于我国反不正当竞争法的几个理论问题》，载《财经问题研究》1997年第8期。

② 孔祥俊：《论反不正当竞争法的竞争法取向》，载《法学评论》2017年第5期。

③ 孙琬钟：《反不正当竞争法实用全书》，中国法律年鉴社1993年版，第26-27页。

《反不正当竞争法》调整的范围。但该抗辩显然违背朴素的法律价值观，因此，湖北省宜昌市中级人民法院最后认为：《反不正当竞争法》调整对象，不仅包括经核准登记、持有工商营业执照的经营者，还包括其他从事了经营行为或营利性服务等与市场竞争有关活动的法人、其他经济组织和个人。保健院虽为财政全额拨款的非营利性公益卫生事业单位，但其日常业务活动是营利的，这种活动是与市场竞争有关的经营行为，应当依照《反不正当竞争法》去规范。[①] 再如，湖南王跃文诉河北王跃文等侵害著作权、不正当竞争纠纷案中，就“作家”是否属于《反不正当竞争法》调整主体、双方当事人之间是否存在竞争关系的问题。长沙市中级人民法院认为：《反不正当竞争法》的立法目的，在于维护公平的市场竞争秩序，因此凡存在竞争的商业化市场，都应该属于其调整范围。现阶段，我国除了传统的商品流通市场，还形成了文化市场、技术市场等新兴市场。在这些新兴市场中，竞争仍是市场主体调整关系的基本方式，因此这些新兴市场中的竞争秩序，应当适用《反不正当竞争法》去规范。主体同在一个文化市场中活动，都在以自己的行为来分享文化市场中产生的经济利益，因此各方之间存在竞争关系，均属于《反不正当竞争法》调整的市场主体。[②]

尽管我国非判例法国家，但前文两案例仍给不正当竞争纠纷的适用主体奠定了基调。从当下司法实践的处理趋势来看，各级法院就是否“属于经营者”的处理从早期的严格解释趋向目的解释，不再局限于传统市场中的商品经营者或营利性服务提供者，更多的是结合立法的目的，即“为保障社会主义市场经济健康发展，鼓励和保护公平竞争，制止不正当竞争行为，保护经营者和消费者的合法权益”。这似乎已经成为《反不正当竞争法》适用共识的倾向，使《反不正当竞争法》逐渐成为市场竞争机制下“法工具”博弈的兜底选择。而在此种趋势下，是否作为具有竞争性的市场主体系审查要素之一，是否享有竞争性权益系其市场竞争主体身份自然产生，而非基于明文授权。

二、是否为《反不正当竞争法》的适格主体，还应以是否存在竞争关系为逻辑基点

判断不正当竞争行为应当考虑竞争关系是否存在，而竞争关系以竞争行为的

---

① 参见湖北省宜昌市中级人民法院公报案例：宜昌市妇幼保健院诉宜昌市工商行政管理局。

② 参见湖南省长沙中级人民法院公报案例：湖南王跃文诉河北王跃文等侵犯著作权、不正当竞争纠纷案。

存在为前提。[1]《反不正当竞争法》第2条第2款对不正当竞争行为定义为“经营者在生产经营活动中,违反本法规定,扰乱市场竞争秩序,损害其他经营者或者消费者的合法权益的行为。”世界知识产权组织《反不正当竞争示范条款》第1条亦规定,“在工商业活动中违反诚实信用惯例的任何行为,应构成不正当竞争行为;受到不正当竞争行为损害或者可能受到损害的任何自然人或法人,应有权获得救济”。孔祥俊教授也阐述道,竞争行为是市场的经营者为了获取市场优势和利益而从事特定活动,从欧美法系和大陆法系中看,竞争行为涵盖了贸易行为、商业行为等。[2] 而竞争行为衍生出了竞争关系,最高人民法院曾指出,要准确理解《反不正当竞争法》所调整的竞争关系。竞争关系是取得经营资格的平等市场主体之间在竞争过程中形成的社会关系。认定不正当竞争,除了要具备一般民事侵权行为的构成要件,还要注意审查是否存在竞争关系。存在竞争关系是认定构成不正当竞争的条件之一。[3] 狭义的竞争关系指经营相似或者可替代性商品的经营者之间所产生的直接竞争关系,简言之,指向同业竞争者。例如,典型的北京创磁空间影视、福建恒业影视与搜狐公司不正当竞争案中,二审判决持的观点为,“不正当竞争行为必须限于竞争者之间实施的行为,以行为人和受害人之间为同业竞争者(相同或类似商品服务的经营者)为前提”[4]。而随着互联网技术的发展、市场经营模式的多样化,很多情形已然无法用狭义的竞争关系来界定。广义的竞争关系,除了直接竞争关系,还应当包括经营者之间为抢占市场、排除或降低其他经营者交易能力,从而违背社会公序良俗、市场经营秩序等的间接竞争关系。最高人民法院将竞争关系界定为,“一般是指经营者经营同类商品或服务,经营业务虽不相同,但其行为违背了《反不正当竞争法》中第2条规定的竞争原则,也可以认定具有竞争关系”。[5] 这类广义的竞争关系(所谓的可推测的竞争利益)更能立足行为本身,较符合《反不正当竞争法》系行为法的属性,也更能适应现代经济社会

---

① 参见冯晓青:《反不正当竞争法中虚假宣传行为的认定》,载知产财经网,https://www.ipeconomy.cn/index.php/index/news/magazine_details/id/2919.html,2024年2月19日访问。

② 参见孔祥俊:《反不正当竞争法的司法创新和发展——为〈反不正当竞争法〉施行20周年而作》,载《知识产权》2013年第12期。

③ 参见曹建明:《知识产权司法保护力度,依法规范市场竞争秩序——在全国法院知识产权审判工作座谈会上的讲话》,2004年11月11日。

④ 参见北京知识产权法院民事判决书,(2016)京73民终156号。

⑤ 曹建明:《知识产权司法保护力度,依法规范市场竞争秩序——在全国法院知识产权审判工作座谈会上的讲话》,2004年11月11日。

的发展。这一倾向,为《反不正当竞争法》逐渐成为市场竞争机制下"法工具"博弈的兜底选择增添了一大助力。

于是,借由经营者及竞争关系认定的日益广义化所赋予的参与诉讼的更大便利性与可能性,经营者通过法工具来达成另一种竞争目的应运而生,无意间也为诉权的滥用埋下隐患。这引起了诸多法律工作者的不满与警惕。因此当下不少学者大家提出,除需证明两者之间存在竞争关系外,还应当初步证明其与案件具有直接利害关系,①即还应当要符合《民事诉讼法》(2021 年)第 122 条中"原告是与本案有直接利害关系的公民、法人和其他组织"。例如,腾讯科技(深圳)有限公司、深圳市腾讯计算机系统有限公司与被告北京青曙网络科技有限公司侵害作品信息网络传播权纠纷和不正当竞争纠纷案中,就腾讯科技公司是否为提起本案不正当竞争诉讼的适格原告,法院考量的角度为:根据《反不正当竞争法》第 2 条以及《民事诉讼法》第 119 条的规定,原告须与本案有直接利害关系。在不正当竞争法律关系中,"直接利害关系"应从被控不正当竞争行为是否直接损害特定经营者的利益来具体考量。如果特定经营者未因其他经营者的竞争行为而遭受合法利益的损害,则难以认定该特定经营者与本案具有直接的利害关系。这里所说的"利益"应为竞争利益,主要体现为对客户群体、交易机会等市场资源的争夺中所存在的利益。② 但是在"皇冠曲奇"案中,我们看到一审法院在原告是否与涉诉行为之间存在"直接利害关系"这一争议焦点上选择了回避。二审法院就认定:尤益嘉公司和丹麦蓝罐公司之间系存在直接利害关系,二者系同行业内具有市场竞争关系的经营者。尤益嘉公司和丹麦蓝罐公司均系本案的适格主体。当然,诚如北京知识产权法院的刘义军法官所言,立案登记制条件下,前述"直接利害关系"不能对原告的起诉资格要求过高。③ 在上海汉涛信息咨询有限公司与爱帮聚信(北京)科技有限公司、爱帮聚信(北京)信息技术有限公司不正当竞争纠纷案中,二审法院的观点就给出了一个适宜的参考,"反不正当竞争法旨在鼓励和保护公平竞争,制止不正当竞争行为,保护经营者和消费者的合法权益。因此,

---

① 参见刘义军:《不正当竞争纠纷中原告适格问题的司法认定》,载《电子知识产权》2017 年第 12 期。

② 参见北京互联网法院民事判决书,(2019)京 0491 民初 1957 号。

③ 参见刘义军:《不正当竞争纠纷中原告适格问题的司法认定》,载《电子知识产权》2017 年第 12 期。

不正当竞争之诉和侵权之诉对权利人的要求并不完全相同。在侵权诉讼中，法律通常要求原告享有完整权利、独占权利、排他权利或得到权利人同意起诉的明确授权。在不正当竞争诉讼中，法律通常要求原告主张保护、独占性、排他性等条件。如果某一经营者的行为破坏竞争秩序，则其他的一个或者多个经营者即有可能在竞争利益上受到损害，受害的经营者即产生诉权。比如：对经营者利用广告虚假宣传的行为，同行业的经营者均有权起诉，并不要求权利的完整性、独占性或排他性”。[①] 因此，在不正当竞争之诉中实则并不要求对竞争性利益具有独占、排他抑或授权。

三、结语

虽然《反不正当竞争法》中对经营者、竞争行为都有明确的表达，但很遗憾的是都属于抽象的一般规范，高度裁量性的规范有时未必能够应用于所调整的对象，特别是在当下商业发展迅速、创新日益活跃的市场环境中。经营者和其他经营者的概念早已延伸，不局限于传统的经营者概念，像非营利性组织、在中国从事生产经营活动的外国企业等这类存在竞争的商业化市场主体都应该属于《反不正当竞争法》调整的范畴。而已取得其他权利（如著作权等）的从事市场经营的主体，甚至于具备商业化属性的主体，都应当具备适用《反不正当竞争法》的主体资格。

本文案例中，浦东新区人民法院认定北京创丽公司享有著作权等权利，却否定其可基于此对不正当竞争行为进行维权，又在适用《反不正当竞争法》第 8 条时回避其对第 6 条的逻辑论证，属于在既有案例中相对新颖的表达。在判断不正当竞争纠纷适格主体（尤其是适格原告主体）时，应该更多立足立法目的，结合《反不正当竞争法》行为法和竞争法的基本属性特征。如时任最高人民法院副院长曹建明所言，准确理解《反不正当竞争法》所调整的竞争关系。不困于狭义的竞争关系的定义之中，凡是参与市场经济活动、受到他人不正当竞争行为影响的竞争者，均可认定存在竞争关系，不以直接竞争关系为限。[②] 当然，竞争关系的广泛化并不是增加诉讼的任意性，也非增加诉累。因为，除了存在竞争关系，适格的原告还应当初步证明其与案件具有直接利害关系，但是，这种“直接利害关系”并

---

① 参见北京市海淀区人民法院民事判决书，(2010)海民初字第 24463 号。

② 参见曹建明：《知识产权司法保护力度，依法规范市场竞争秩序——在全国法院知识产权审判工作座谈会上的讲话》，2004 年 11 月 11 日。

不应等同于侵权行为之诉这种过于严格的利害关系要求。法院在认定“利害关系”时,损害造成的对象应当是法律所保护的正当权益,而不以排他、独占和授权为请求权的前提,更不宜以仅取得著作权等权利而无明文确定取得竞争性权益为由否定该主体的市场属性。同时在整体适用《反不正当竞争法》时,亦不宜在法条适用时对适用主体的权利来源进行割裂区分。

第五章

其他疑难案例评析

25

知识产权惩罚性赔偿认定中的刷单行为性质分析

——以“HDMI”商标侵权案为例

黄润生　余　灵*

【内容提要】商标侵权损害赔偿数额主要以原告实际损失、被告侵权获利进行确定,实际损失和侵权获利难以计算时,可参照许可使用费的倍数进行确定。在司法实务中,实际损失难以确定时,可根据被告销售量结合行业利润率计算侵权获利。发生在互联网中的侵权案件,被告主张网店销量数据中包含的刷单数据应予以扣除时,法院应就刷单行为进行否定性评价。刷单行为有违诚实信用原则,又以不正当的手段欺骗消费者,损害了其他市场经营者的竞争利益,违反了《电子商务法》对电子商务经营者的法定义务,在计算违法所得时不应扣除刷单数额。原告在此基础上主张惩罚性赔偿,可根据以此计算的销售数额,结合行业利润报告显示的电子产品净利润率、毛利润率计算侵权获利,并以该计算方式确

* 黄润生:上海兰迪(温州)律师事务所主任、浙江省律师协会监事、浙江省法学会知识产权法学研究会常务理事、浙江省律师协会知识产权专业委员会副主任、温州市律师协会副会长。黄律师专注于知识产权领域,曾为诸多国际知名品牌提供过知识产权专项法律服务,譬如诺基亚(NOKIA)、阿迪达斯(ADIDAS)、耐克(NIKE)、施耐德(SCHNEIDER)、雨果博斯(HUGO BOSS)、潘多拉(PANDORA)、帝斯曼(DSM)、新纪元(NEW ERA)、联想(LENOVO)、添柏岚(TIMBERLAND)、汤米·希尔费格(TOMMY HILFIGER)、HDMI、多乐可(DORCO)、UGG、加拿大鹅(CANADA GOOSE)、亚萨合莱(ASSA ABLOY)等。其代理的多起案件被评为最高人民法院、省高级人民法院、市中级人民法院年度十大知识产权案例,擅长处理重大疑难商标侵权及不正当竞争纠纷。曾获评浙江省律师行业优秀党员、浙江省首届优秀专业律师(知识产权类)、浙江省151人才(第二层次)、温州十佳律师,其撰写的知识产权专业论文连续三年荣获浙江省律师论坛一等奖。余灵:上海兰迪(温州)律师事务所合伙人,温州市律协青年工作委员会委员,温州市律协知识产权委员会委员。

定惩罚性赔偿基数。

【关键词】侵权赔偿　刷单　惩罚性赔偿

【案情简介】

HDMI 公司经核准注册第 3330794 号“HDMI”商标，核定商品使用范围为国际分类第 9 类，优先权日为 2002 年 5 月 16 日，有效期至 2024 年 3 月 6 日；第 3330796 号“HDMI”商标，核定商品使用范围为国际分类第 9 类，优先权日为 2002 年 4 月 9 日，有效期至 2024 年 3 月 6 日；第 10251088 号“HDMI”商标，核定商品使用范围为国际分类第 9 类，有效期至 2023 年 2 月 6 日；第 10251085 号“HDMI”商标，核定商品使用范围为国际分类第 9 类，有效期至 2023 年 2 月 6 日；经过持续宣传和授权使用，HDMI 的注册商标在整个消费类电子领域和计算机领域享有较高的知名度。

被告鑫大瀛公司在 1688 开设的网店销售带有 HDMI 标识的产品，2021 年 1 月 18 日，深圳市市场监督管理局宝安监管局（以下简称市监局）在鑫大瀛公司处现场执法时，没收现场缴获的侵权数据线和生产模具并处以 10000 元罚款。2021 年 3 月 23 日 HDMI 公司的代理人再次从被告店铺购买到侵权产品。HDMI 公司从鑫大瀛公司 1688 网店公证购买的产品，包装纸盒、产品上贴附了“HDMI”标识，数据线插头处有“HDMI”标识，与原告第 3330796 号“HDMI”、第 10251088 号“HDMI”注册商标相同。HDMI 公司申请依法调取的阿里巴巴数据证明侵权产品成功交易数量为 21210 件，销售金额为 162.9862 万元。

基于上述事实，原告指控被告未经其许可，擅自生产、销售带有 HDMI 标识的产品，构成商标侵犯原告第 10251085 号、第 10251088 号、第 3330796 号、第 3330794 号注册商标专用权，请求法院判令被告停止销售并销毁所有侵权商品库存；在被告官网及阿里巴巴网站（www. xindaying. com、www. szdyxj. 1688. com）就其侵权行为刊登声明，以消除影响；赔偿经济损失人民币 200 万元（含惩罚性赔偿）并负担本案诉讼费用。被告鑫大瀛公司辩称，原告所调取的 1688 后台销售记录中有大部分是刷单形成并提交了刷单记录流水等予以证明，实际销量并不高，并提交了委托调查结果、交易账户及身份信息、银行流水等证明存在大量的刷单数额，合计商品数量为 19637 件，销售金额为 1350827.01 元。

【裁判理由】

一审法院认为，鑫大瀛公司在其生产的数据线上使用的“HDMI”标识与涉案商标“HDMI”以及“HDMI”显著部分完全相同，与 HDMI 公司注册商标分别构成相同和近似，易使相关公众对商品的来源产生误认或者认为其来源与 HDMI 许可管理公司注册商标的商品有特定的联系。根据《商标法》第 57 条第 1 项、第 2 项的规定，鑫大瀛公司的生产使用行为属于侵害 HDMI 公司涉案注册商标专用权的行为。HDMI 公司有权要求鑫大瀛公司承担停止侵权、赔偿损失等侵权责任。对于原告主张销毁库存商品，一审法院认为原告并未举证证明库存的地点和数量，因此对于该项诉请依法予以驳回。至于 HDMI 公司要求鑫大瀛公司在官网阿里巴巴网站上刊登声明消除影响的主张，HDMI 公司并未提供证据充分证明鑫大瀛公司侵权行为造成的相关影响及在网站上刊登声明该救济措施的必要性，不予支持。

关于被告是否构成不正当竞争，一审法院认为 HDMI 公司主张的刷单行为不属于混淆行为，其刷单行为是为了提高自身的引流和产品的销售量，鑫大瀛公司的行为不符合《反不正当竞争法》第 6 条的行为特征。本案能够认定鑫大瀛公司属于商业使用他人注册商标的行为，仍属于《商标法》保护的领域，且在依据知识产权专门法确定的赔偿数额能够弥补权利人损失或者使侵权人付出应有的金钱代价时，无须通过《反不正当竞争法》对权利人进行补充保护。因此对于 HDMI 公司的相关诉请，不予支持。

在赔偿数额的确定上，一审法院认为本案存在刷单情况，现有证据不能确定原告实际损失和被告侵权获利，综合考虑以下因素：(1)鑫大瀛公司系侵权商品的生产者，涉案侵权行为属于源头性侵权；(2)市场监督管理局现场查获的“HDMI”数据线数量以及销售记录；(3)HDMI 公司授权涉案商标每年的许可费包括 5000 美元的固定年度许可费加上产品及特许权使用费 1.15 美元/件；(4)根据现有证据及鑫大瀛公司自认，本案存在刷单情形，是店铺开办者伪造销售数量以吸引更多消费者的虚假宣传行为，该行为不应得到鼓励，因此本案赔偿额适当考虑店铺标明的侵权商品销售数量,最后酌定被告赔偿25万元。①

二审法院认为,因本案最后一次公证取证时间为2021年3月23日,即被诉侵权销售行为发生时,《最高人民法院关于审理侵害知识产权民事案件适用惩罚性赔偿的解释》(以下简称《惩罚性赔偿解释》)于2021年3月3日起施行,故可适用《惩罚性赔偿解释》。双方当事人对以下事实均无异议,本院予以确认:涉案注册商标的权利状况,HDMI公司的原告主体资格适格。鑫大瀛公司销售的数据线商品上使用了与注册商标相同的标识,构成商标侵权。根据HDMI公司的上诉请求,结合双方当事人的诉、辩意见,本案的争议焦点为:(1)本案应否适用惩罚性赔偿;(2)如适用惩罚性赔偿,本案的惩罚性赔偿数额应如何确定;(3)本案的维权合理开支应如何确定。

根据阿里巴巴调取的后台数据,侵权商品交易成功21210件,销售金额162.9862万元。根据鑫大瀛公司提交的行业利润年报,电子产品净利润率为1.52%、毛利润率为17.41%,HDMI公司对前述利润率均无异议,故本案的侵权获利在2.48万—28.38万元。一审法院酌定赔偿数额25万元,未偏离侵权获利的范围,且鑫大瀛公司对此未提出上诉,可作为本案确定惩罚性赔偿数额的计算基数。鑫大瀛公司辩称,1688网店的销售数据存在大量刷单,应在计算侵权获利时予以扣除。对此,法院认为,《电子商务法》(2018年)第17条规定,电子商务经营者应当全面、真实、准确、及时地披露商品或者服务信息,保障消费者的知情权和选择权。电子商务经营者不得以虚构交易、编造用户评价等方式进行虚假或者引人误解的商业宣传,欺骗、误导消费者。在实践中,确实存在电商卖家为在相关产品的销售量卖家排名中获得有利的竞争地位,或者为了提高卖家信誉,或者为了在消费者浏览商品网页时给予商品销量庞大的错觉,以不正当的手段进行虚假交易,从而吸引消费者购买增加商品销量。刷单行为构成虚假交易,有违诚实信用原则,又以不正当的手段欺骗消费者,损害消费者的知情权,损害了其他市场经营者的竞争利益,违反了《电子商务法》(2018年)对电子商务经营者的法定义务,亦即鑫大瀛公司在销售侵权商品时根据刷单博取好评、赚取流量,在计算侵权获利时却扣除刷单数据、降低侵权获利,岂不是因为违法行为双重获利?据此,本院在计算侵权获利对刷单数据不予扣除,鑫大瀛公司理应自行承担其虚假交易的

① 参见广东省深圳市宝安区人民法院民事判决书,(2021)粤0306民初20042号。

违法后果,理应对其不诚信经营行为付出相应代价。

关于倍数,《惩罚性赔偿解释》第6条规定,人民法院依法确定惩罚性赔偿的倍数时,应当综合考虑被告主观过错程度、侵权行为的情节严重程度等因素。因同一侵权行为已经被处以行政罚款或者刑事罚金且执行完毕,被告主张减免惩罚性赔偿责任的,人民法院不予支持,但在确定前款所称倍数时可以综合考虑。HDMI公司主张,应适用二倍赔偿。考虑到鑫大瀛公司已经因商标侵权行为被处以行政罚款,本院确定本案的倍数为一倍,即本案的惩罚性赔偿数额应为25万元(25万元×1),亦即鑫大瀛公司需向HDMI公司赔偿数额总计50万元(25万元+25万元)。

关于停止侵权、销毁库存、消除影响的赔偿请求,一审判决停止侵害的内容为“停止生产、销售标注HDMI标识商品的行为”,超出HDMI公司的诉讼请求,违反了民事诉讼“不告不理”的基本原则,本院予以纠正。考虑到2021年3月23日,HDMI公司仍能在鑫大瀛公司的1688网店上买到侵权商品,且公证书显示确有库存,故HDMI公司该项诉求具有事实依据,本院予以支持。因本案为侵害商标权纠纷,判令消除影响,应具有必要性。本案判令消除影响确有必要:(1)任何的商标侵权行为、混淆行为,显然都会对企业所承载的商誉造成损伤,这其实是一个不需要证明的事实。商标是商品或者服务来源的标识,是商标权利人商业信誉的载体,故商标侵权不仅造成商标权人财产损失,同时也必然会给商标权利人的商业信誉造成不良影响。(2)“消除影响”中的“影响”不仅是对名誉、商誉的不良影响,也是对消费者权益的不良影响。商标侵权除了会损害权利人的商标权利,也会侵害消费者权益,从而损害公平竞争的市场环境。通过让侵权人承担“消除影响”的民事责任,保护消费者的知情权,使消费者消除因侵权人所造成的误认与混淆。HDMI公司据此主张鑫大瀛公司应在其官网上刊登声明、消除影响,具有事实依据,符合法律规定,本院予以支持。

综上所述,二审改判被告立即停止销售侵害第3330794号、第3330796号、第10251088号、第10251085号注册商标专用权的商品,销毁库存侵权商品;被告向HDMI许可管理公司赔偿500000元,支付合理开支10000元,在www. xindaying. com、www. szdyxj. 1688. com网站上刊登声明,消除侵权行为造成的不良影响。[①]

---

① 参见广东省深圳市中级人民法院民事判决书,(2021)粤03民终36087号。

【法理评析】

一、刷单行为应当承担法律责任

刷单行为实际上是网络销售为了提高自身店铺曝光度，以虚高的商品、服务销量吸引消费者关注从而获得竞争优势而进行的虚假交易行为，根据《电子商务法》（2018 年）第 17 条的规定，电子商务经营者应当全面、真实、准确、及时地披露商品或者服务信息，保障消费者的知情权和选择权。电子商务经营者不得以虚构交易、编造用户评价等方式进行虚假或者引人误解的商业宣传，欺骗、误导消费者；《反不正当竞争法》（2019 年）第 2 条规定经营者在生产经营活动中，应当遵循自愿、平等、公平、诚信的原则，遵守法律和商业道德；第 8 条规定经营者不得对商品的性能、功能、质量、销售状况、用户评价、荣誉等作虚假或者误导性的商业宣传，欺骗、误导消费者。经营者不得通过组织虚假交易等方式，帮助其他经营者进行虚假或者误导性的商业宣传。本案中，被告本身即实施了侵害知识产权的侵权行为，又在此基础上进行大量的刷单，不仅侵害了原告的商标专用权，也会在很大程度上损害原告及原告授权的销售商的市场竞争利益，不正当攫取了原告的市场利益，扰乱正常的市场秩序，影响网络用户的真实选择，明显违背诚实信用原则和合法经营理念，减损市场竞争者的诚实劳动价值，扰乱公平有序的网络营商环境，不应被鼓励和提倡。[①] 在司法实践中，部分法院虽然认可刷单行为的存在，但对此不作否定评价，仅在赔偿数额的确定中将此作为考量因素，但赔偿数额也仅体现对原告的填平责任，原告主张的惩罚性赔偿不仅因基数无法确定而得不到支持，最后的赔偿数额也并没有体现出对被告的惩罚。因此，将刷单纳入赔偿考量的说辞，很难展现被告因该不法行为承担了较重的责任后果。被告不仅通过刷单取得了竞争优势，也并未因刷单行为承担法律责任，实际上不能对被告产生较强的威慑力，也不利于引导良好健康的市场秩序。因此，本案中二审法院认定被告在选择刷单方式牟取不当利益的同时，亦应承担其可能产生的商业风险和法律责任，在判决中支持原告的诉求，就被告的刷单行为进行了具体的法律分析与评价，对维护良好的竞争秩序、遏制刷单行为具有积极的导向意义。

---

① 参见陈颖、蔡伟：《知识产权侵权诉讼中刷单的法律认定》，载《人民法院报》2022 年 2 月 24 日，第 7 版。

二、涵盖刷单的销售数据可作为侵权获利的计算依据

以往的司法实践中法院虽然并不认可被告“刷单”行为的正当性，但在计算赔偿数额时，法院认为因“刷单”导致侵权获利的真实性难以确定，并不依据被告网页店铺的销量数据确定侵权获利，而是根据被告的侵权情节严重程度酌定赔偿数额。本案中，现有证据已经能够证明被上诉人在行政处罚之后仍实施重复侵权行为，根据《惩罚性赔偿解释》第 3 条的规定，对于侵害知识产权的故意的认定，人民法院应当综合考虑被侵害知识产权客体类型、权利状态和相关产品知名度、被告与原告或者利害关系人之间的关系等因素。在计算惩罚性赔偿基数时，按照《商标法》和《惩罚性赔偿解释》，应当根据原告实际损失、违法所得、被告侵权获利的数额确定赔偿基数，在实际损失、违法所得和侵权获利均难以计算时，可参照许可使用费的合理倍数合理确定。二审法院在分析刷单行为时，明确了刷单数据不应在计算侵权获利中扣除，不同于仅将刷单作为赔偿考量因素，二审法院的判决对司法实践具有良好的示范意义。本案若采纳被告予以扣除的主张，则不当行为既获得市场竞争的不当利益，又在损害赔偿中获得诉讼优势，而 HDMI 公司作为受该不正当行为影响的直接相对方的损失不能得到弥补，既不符合法律对此类虚假交易的不诚信行为的打击遏制之本意，亦不符合当下强化知识产权保护的政策路径。因此，本案在计算赔偿数额之时根据原告从阿里巴巴调取的被告销售数据，结合被告提交的行业利润报告显示的电子产品净利润率、毛利润率，可以计算被告侵权获利，不认可被告刷单数据予以扣除的主张。在此计算基数基准上，确定一倍的惩罚性赔偿倍数。

本案明确了《惩罚性赔偿解释》在认定惩罚性赔偿中的“故意”“情节严重”的证明程度，实际损失、侵权获利与许可使用费的合理倍数之区别及计算方式，并且在被告提出刷单数额抗辩时，二审法院采纳了我方观点，认为刷单数额不应在计算侵权获利时予以扣除。刷单行为构成虚假交易，有违诚实信用原则，又以不正当的手段欺骗消费者，损害消费者的知情权，损害了其他市场经营者的竞争利益，违反了《电子商务法》对电子商务经营者的法定义务。被告在销售侵权商品时根据刷单博取好评、赚取流量，在计算侵权获利时却扣除刷单数据、降低侵权获利，若予以扣除刷单数额，则被告就因违法行为双重获利，显失公平也不合法理。

26

知识产权财产保全损害责任纠纷中的“申请错误”的认定

——以“一知案”为例

周建中*

【内容提要】财产保全损害责任“申请错误”的认定,因诉讼当事人的法律知识、对案件事实的举证证明能力、对法律关系的分析判断能力各不相同,通常达不到司法裁判所要求的专业水平。当事人对诉争事实和权利义务的判断也未必与人民法院的裁判结果一致,故不能仅以保全申请人的诉讼请求是否得到支持作为申请保全是否错误的依据,而应当看申请人在申请财产保全时是否存在主观过错。在认定申请人的主观过错时,可根据其诉讼请求及所依据的事实和理由考察其提起的诉讼是否合理,或者结合申请保全的标的额、对象及方式等考察其申请财产保全是否适当。只有在申请人对出现财产保全的错误存在故意或重大过失的情况下,方可认定申请人的申请有错误,而不能仅依据裁判结果来认定责任的成立与否。

【关键词】财产保全　申请错误　损害责任　过错

* 周建中:律师、专利代理师,国浩律师(杭州)事务所合伙人。现任浙江省律师协会知识产权专业委员会副主任、杭州市律师协会知识产权专业委员会主任、浙江省知识产权专家库成员、浙江大学光华法学院实务导师、浙江省法学会知识产权研究会常务理事、杭州仲裁委仲裁员、浙江省市场监督管理局商标品牌专家顾问团成员等职务。周律师办理的案件入选过最高人民法院、浙江省公安机关、杭州市中级人民法院、杭州市人民检察院、AsialawProfiles《亚洲法律概况》等评选的知识产权典型案例。本案被告方代理人。

【案情简介】

原告浙江百应科技有限公司(以下简称百应公司)成立于2016年9月,是一家从事软件开发、信息服务的科技公司。2019年10月28日,原告百应公司向杭州市中级人民法院起诉被告一知公司、曹某侵害其计算机软件著作权及商业秘密,诉请一知公司、曹某连带赔偿百应公司经济损失共计8000000元,该案案号为(2019)浙01民初3892号。

被告杭州一知智能科技有限公司(以下简称一知公司)创立于2017年,是一家专注于人机交互领域的杭州市领军型人工智能公司。2019年11月28日,一知公司以百应公司为被告,向杭州市中级人民法院提起商业诋毁纠纷案,主张百应公司的商业诋毁行为对一知公司的商业信誉及商品声誉造成了巨大负面影响,诉请百应公司赔偿一知公司经济损失人民币800万元。该案案号为(2020)浙01民初46号。

一知公司在上述(2020)浙01民初46号商业诋毁案中主张,在(2019)浙01民初3892号百应公司诉一知公司、曹某软件侵权案件还未进行审理时,百应公司客户经理黄某通过微信向案外人周某发送了涉嫌诋毁一知公司"窃取商业秘密"的言论。同时主张百应公司客户经理黄某还在朋友圈发布涉嫌商业诋毁的言论,并附(2019)浙01民初3892号案件中法院依百应公司申请作出对一知公司的财产保全裁定书的内容。

一知公司同时就上述(2020)浙01民初46号商业诋毁案向杭州市中级人民法院提出财产保全申请,请求对百应公司价值人民币8055000元的财产采取保全措施。杭州市中级人民法院于2020年1月22日作出(2020)浙01民初46号民事裁定书,裁定冻结百应公司银行存款人民币8055000元或查封、扣押其他相应价值的财产。2020年8月11日,一知公司向杭州市中级人民法院提出撤诉申请,另向法院申请解除对百应公司的财产保全措施。

2020年11月9日,百应公司向杭州市中级人民法院提起因申请诉中财产保全损害责任纠纷,起诉一知公司恶意利用诉讼提起商业诋毁纠纷,在无任何经济损失及证据材料的情况下提出高额的损失赔偿要求,并申请财产保全,长时间限制百应公司的现金流,影响百应公司正常开展经营。

本文作者代理被告一知公司。针对原告的起诉,一知公司答辩:涉案财产保全是基于商业诋毁诉讼而申请的,是一知公司合法的维权行为而非侵权行为。首先,百应公司和一知公司的侵害计算机软件著作权及商业秘密纠纷案件尚在审理过程中,法院未生效的判决属于司法未决事实,百应公司将未定论的案件事实以扭曲、夸大的表述进行传播、散布,该行为明显超出了正当宣传、合法竞争的边界,构成商业诋毁。其次,一知公司为了研发底层算法技术投入了巨大的研发费用。百应公司及一知公司的客户群体并非专业的技术型企业,本身并不具备专业的辨别能力。百应公司的行为损害了一知公司的商业信誉、商品声誉,导致一知公司客户流失,对百应公司的经营活动造成了明显的贬抑和限制,造成了巨大损失。一知公司所申请的保全金额合理合法。

一审法院认为,一知公司虽可提起商业诋毁诉讼,但其胜诉预期值得怀疑,且在缺乏有效的损失证明依据的情况下,一知公司诉请标的却高达8055000元,并以该标的额申请保全百应公司的财产,导致百应公司资金被冻结而受损。故一知公司在商业诋毁案的财产保全申请中显然未尽到合理的注意义务,属于滥用其诉讼权利,构成申请财产保全错误。①

一知公司上诉称,一审判决关于商业诋毁相关事实的评价超出了财产保全损害责任纠纷的审理范围,对于财产保全中一知公司的合理注意义务认定不当。在双方的软件和商业秘密纠纷案件中,鉴定机构出具的鉴定报告也并未显示侵权的存在,为此百应公司还撤回了起诉。对于财产保全的金额,一知公司主要考虑:一知公司投入研发费用共四千多万元;一知公司除了语音机器人业务,还经营有其他业务;百应公司的商业诋毁会对一知公司的融资产生不良影响等。同时,百应公司实施商业诋毁行为所主张的权利基础涉嫌侵害案外人发明专利权,案外人已提起两件发明专利侵权诉讼。

二审法院认为,一知公司申请财产保全不具有主观上的故意或重大过失的过错,不构成法律规定的申请错误。且一审法院认定"一知公司并未提交其他因百应公司的被诉行为导致其客观受损的证据"及"一知公司虽可提起商业诋毁诉讼,但其胜诉预期值得怀疑,且在缺乏有效的损失证明依据的情况下,一知公司诉请标的却高达8055000元,并以该标的额申请保全百应公司的财产,导致百应公司资金被冻结而受损",上述行为系对一知公司诉百应公司商业诋毁纠纷案的事

① 参见浙江省杭州市中级人民法院民事判决书,(2020)浙01民初2959号。

实进行了认定，程序上存有不当，应予纠正。综上所述，一知公司的上诉请求成立，予以支持。二审法院裁定撤销一审法院判决，驳回百应公司的起诉。①

2022 年 8 月 29 日，百应公司向浙江省高级人民法院申请再审，请求撤销二审法院的裁定，改判维持一审判决。再审法院经审查后裁定：驳回浙江百应科技有限公司的再审申请。②

【裁判理由】

《民事诉讼法》(2017 年)第 100 条规定："人民法院对于可能因当事人一方的行为或者其他原因，使判决难以执行或者造成当事人其他损害的案件，根据对方当事人的申请，可以裁定对其财产进行保全、责令其作出一定行为或者禁止其作出一定行为。"《民事诉讼法》(2017 年)第 105 条规定："申请有错误的，申请人应当赔偿被申请人因保全所遭受的损失。"

一审法院及二审法院均认为，设立财产保全制度的目的在于保障将来生效判决的顺利执行。对于当事人而言，申请财产保全是其法定的诉讼权利。但是，如果当事人对该项权利行使不当，构成权利滥用，造成他人财产损失的，则应当予以赔偿。申请财产保全错误损害责任纠纷属于侵权责任纠纷，且并未包括在法律明文规定的无过错责任形态中，因此仍属于一般侵权责任的范畴，应当适用侵权责任中的过错责任归责原则，故申请财产保全损害责任的构成要件应以当事人具有过错为前提。

然而，对于本案中的财产保全申请人是否具有"过错"，一审法院与二审法院却作出了截然相反的认定，再审法院最终维持了二审法院的裁判结果。

一、一审法院认为，一知公司在商业诋毁案的财产保全申请中显然未尽到合理的注意义务，属于滥用其诉讼权利，构成财产保全申请错误

对于财产保全损害责任中"申请错误"的认定，一审法院认为，应结合财产保全申请人提出的诉讼请求所依据的事实与理由、申请保全的金额是否合理以及案件裁判结果等因素综合判断财产保全申请行为是否适当。

① 参见浙江省高级人民法院民事裁定书，(2021)浙民终 1779 号。

② 参见浙江省高级人民法院民事裁定书，(2023)浙民申 1143 号。

（一）一知公司提起商业诋毁案系在百应公司诉一知公司、曹某侵害计算机软件著作权及商业秘密纠纷案件审理过程中，其胜诉预期值得怀疑

一审法院认为，一知公司提起（2020）浙01民初46号商业诋毁案，系在百应公司诉一知公司、曹某侵害计算机软件著作权及商业秘密纠纷案件审理过程中。一知公司主张百应公司构成商业诋毁的证据主要为百应公司员工黄某与案外人周某的微信聊天记录，以及一知公司代理人通过周某使用的手机与百应公司员工黄某的通话记录，一知公司主张黄某在上述过程中的陈述属于散布虚假事实。但黄某的上述陈述发生于其与周某之间，尤其后者明确系百应公司为取证而形成。

（二）在缺乏有效的损失证明依据的情况下，一知公司诉请标的高达8055000元，并以该标的额申请保全百应公司的财产，属于滥用诉讼权利

一审法院认为，在上述沟通发生后的数月，周某作为股东成立了广州一知公司，一知公司提交的周某的证人证言中显示广州一知公司的业务内容包括销售一知公司的产品，可见一知公司并未因黄某与周某的沟通导致公司商誉受损。一知公司另主张百应公司的商业诋毁行为对其商业信誉及商品声誉造成了巨大负面影响，导致了不可估量的经济损失，但其在商业诋毁案件中用以证明经济损失的主要证据为其研发成本的审计报告，该审计报告系在一知公司向法院申请对百应公司的财产进行保全后的数月作出，除该审计报告外，一知公司并未提交其他因百应公司的被诉行为导致其客观受损的证据。在此情况下，一知公司在商业诋毁案件中的诉请金额高达8055000元，其中经济损失8000000元与百应公司在（2019）浙01民初3892号案件中诉请的损失金额完全一致。故一知公司虽可提起商业诋毁诉讼，但其胜诉预期值得怀疑，且其诉请缺乏有效的损失证明依据，故未尽到合理的注意义务，属于滥用诉讼权利，构成申请财产保全错误。

二、二审法院认为，一知公司申请财产保全不具有主观上的故意或重大过失的过错，不构成法律规定的申请错误

（一）“申请错误”的认定不能仅以保全申请人的诉讼请求是否得到支持为依据，而应看申请人对出现财产保全的错误是否存在故意或重大过失

对于财产保全损害责任中“申请错误”的认定，二审法院认为，因诉讼当事人的法律知识、对案件事实的举证证明能力、对法律关系的分析判断能力各不相同，通常达不到司法裁判所要求的专业水平，当事人对诉争事实和权利义务的判断未必与人民法院的裁判结果一致，故对当事人申请保全所应尽到的注意义务不应过

于苛责。如果仅以保全申请人的诉讼请求是否得到支持作为申请保全是否错误的依据,必然会对善意当事人依法通过诉讼保全程序维护自己权利造成妨碍,影响诉讼保全制度功能的发挥。因此,只有在申请人对出现财产保全的错误存在故意或重大过失的情况下,方可认定申请人的申请有错误,而不能仅依据裁判结果来认定责任的成立与否。

(二)一知公司的财产保全行为程序合法,且一知公司在申请保全时不能预见商业诋毁案件的诉讼结果,故一知公司基于现有证据申请财产保全,尽到了普通人的合理注意义务

在前案一知公司诉百应公司商业诋毁纠纷案中,一知公司为保证胜诉后的判决得以顺利执行而申请诉讼财产保全,其申请程序合法,申请保全的金额也与诉讼请求的范围大致相当,且提供了相应的担保。因此,一知公司的财产保全行为在无程序错误的前提下,不具有违法性。同时,前案一知公司起诉时提供了相应的证据材料,可初步证明各方当事人之间存在商业诋毁行为,至于一知公司提供的证据能否支持其全部诉讼请求,则有待于案件进入实体审理后才能作出判断,非一知公司申请保全时可以预见,故一知公司作为申请人基于现有证据申请财产保全,尽到了普通人的合理注意义务。且百应公司在一审法院作出(2020)浙01民初46号财产保全民事裁定书后,并未申请复议,默认了保全对其权利的限制。

综上所述,在百应公司诉一知公司、曹某侵害计算机软件著作权及商业秘密纠纷案和一知公司诉百应公司商业诋毁纠纷案均未审结的情况下,百应公司认为一知公司保全行为导致其账户利息受损,一审据此所作裁判存有不当,应予纠正。一知公司的上诉请求成立,予以支持。

【法理评析】

我国《民事诉讼法》规定了财产保全制度,赋予了当事人申请财产保全的法定诉讼权利。虽然其立法目的是保障法院裁判的顺利执行,但因财产保全程序是在原审案件权利义务未经终局裁决的情形下,由法官进行形式审查而作出的决断,因而可能存在错误。[①] 现行法律对财产保全"申请错误"的判定标准并未作出

① 参见李喜莲:《财产保全"申请有错误"的司法考量因素》,载《法律科学(西北政法大学学报)》2018年第2期。

具体规定，从最初的立法理由及早期案例到近年来的司法判例则呈现一种由"客观标准"转向"主观标准"的趋势，亦即，从依据"申请人撤诉、败诉或部分请求未被法院支持（超额保全）"等客观结果，转向依据申请人在保全申请中是否具有"主观过错"，来综合判定申请人是否构成"申请错误"。对于过错的认定，则主要以善意当事人的普通注意义务为标准，以预见规则为依据，来综合判断申请人在申请保全时是否具备故意或重大过失。

一、从立法理由及早期案例的"客观标准"到近年司法判例"主观标准"的转向

最早《民事诉讼法（试行）》（1982 年）第 94 条第 2 款规定："申请人败诉的，应当赔偿被申请人因诉讼保全所遭受的财产损失。"其后正式施行的《民事诉讼法》（1991 年）第 96 条规定："申请有错误的，申请人应当赔偿被申请人因财产保全所遭受的损失。"亦即，民事诉讼法正式稿将财产保全损害责任的构成由试行稿中的"申请人败诉"改为了"申请有错误"。后来《民事诉讼法》经多次修改，该条在文字上未作任何改变。而立法机关对此进行的立法理由解释是，现行法对试行法的修改是考虑到"申请有错误的原因是多种多样的"，不限于申请人败诉这一种原因，以下情形都属于保全错误："在诉讼保全中，如法院最终判决驳回申请人起诉或者诉讼请求、申请保全的原因不存在、因被申请人提出异议法院撤销保全裁定、其他可以归责于申请人的原因导致保全裁定被撤销等；在诉前保全中，利害关系人申请保全后未在法定期限内提起诉讼或者仲裁也将导致保全裁定被撤销。"[①]该立法理由列举了司法实践中常见的保全"申请错误"的情形，可以看出，立法者主要是以"客观标准"来界定保全中的"申请错误"。

观察 2012 年以前法院的裁判，也基本上是以裁判结果这一客观标准来判断保全中的"申请错误"。[②] 其中常见的申请错误情形有：（1）申请保全人在原审案件中败诉导致被保全人起诉要求赔偿；（2）申请保全人在原审案件中部分请求未被法院支持导致被保全人起诉要求赔偿损失；（3）申请保全人在保全后撤诉或不

---

① 全国人大常委会法制工作委员会民法室编：《中华人民共和国民事诉讼法条文说明、立法理由及相关规定》（2012 年修订版），北京大学出版社 2012 年版，第 171 页。

② 参见吴英姿：《论保全错误的程序法解释》，载《现代法学》2023 年第 2 期。

到庭应诉而视为撤诉。① 其实质是以不考虑当事人主观状态的“无过错归责原则”来认定“申请错误”。

2012年开始,关于保全错误的性质与认定标准的意见分歧在一些地方法院的裁判中出现。2013年后,地方法院判决中适用侵权行为定性申请保全错误、强调申请人主观过错为构成要件的判例多了起来。总体而言,在2013年至2014年的裁判中,法院认定保全错误的概率较高,约为50%,其中不少案件仍以申请人败诉、在法院裁定保全后撤诉作为认定保全错误的直接理由。2015年开始,法院裁判分歧加剧,既有按照侵权过错责任原则裁判的,也有按客观标准裁判的,并且不时出现一审与二审裁判意见截然相反的情况。②

2016年至2018年,《最高人民法院公报》连续刊登有关财产保全申请错误赔偿纠纷的案例,逐步明确财产保全错误损害赔偿责任的裁判规则要点:

1. 因财产保全引起的损害赔偿纠纷,应当适用侵权责任法规定的过错责任归责原则,只有在申请人对出现财产保全的错误存在故意或重大过失的情况下,方可认定申请人的申请有错误,不能仅以申请保全标的额达不到生效裁判支持结果作为判断标准。③

2. 申请保全人是否存在故意或重大过失,要根据其诉讼请求及所依据的事实和理由考察其提起的诉讼是否合理,或者结合申请保全的标的额、对象及方式等考察其申请财产保全是否适当;申请保全人提起的诉讼合理且申请财产保全适当的,不属于故意或重大过失,否则系存在过错。④ 如在青岛中金实业股份有限公司、滨州市中金豪运置业有限责任公司侵权责任纠纷中,申请人为对抗被申请人的解封申请而不断增加诉讼请求标的额及追加查封限额,导致被申请人的项目土地使用权长达一年多处于被查封状态,影响被申请人项目销售的行为,即构成“主观过错”。⑤

---

① 参见王亚明:《财产保全申请错误再探——从司法统计的视角》,载《法治研究》2014年第12期。

② 参见吴英姿:《论保全错误的程序法解释》,载《现代法学》2023年第2期。

③ 参见江苏省盐城市中级人民法院民事判决书,(2014)盐民终字第2352号,载《最高人民法院公报》2016年第6期。

④ 参见最高人民法院民事判决书,(2017)最高法民终118号,载《最高人民法院公报》2018年第10期。

⑤ 参见最高人民法院民事判决书,(2017)最高法民终118号,载《最高人民法院公报》2018年第10期。

3. 申请保全错误不再仅以申请人诉讼请求未得到支持为充分条件。由于当事人的法律知识、对案件事实的举证证明能力、对法律关系的分析判断能力各不相同，通常达不到司法裁判所要求的专业水平，因此当事人对诉争事实和权利义务的判断未必与人民法院的裁判结果一致。对当事人申请保全所应尽到的注意义务不应过于苛责。如果仅以保全申请人的诉讼请求是否得到支持作为申请保全是否错误的依据，必然会对善意当事人依法通过诉讼保全程序维护自己权利造成妨碍，影响诉讼保全制度功能的发挥。① 本案的二审法院直接援引了此处最高人民法院在此公报案例中释明的裁判理由。

4. 财产保全损害责任纠纷案件的审理无须依赖原审案件判决结果，故无须等待原审案件裁决而中止审理。判断申请人在原审案件中申请财产保全是否错误，要看其当时在该案中的诉讼行为是否存在过错，无论原审案件的最终判决结果是否支持原告诉讼请求，均不影响财产保全损害责任纠纷案件的裁判。② 在"一知案"中，一审法院在财产保全案件中对原审案件的案件事实进行了认定，一知公司上诉称一审法院超越了审理范围，二审法院亦支持了一知公司的该上诉理由。

二、保全"申请错误"主观过错归责的考量因素

如前所述，最高人民法院在一系列公报案例中确立了保全"申请错误"的主观过错归责原则。从学理上来说，对于"过错"的认定依据注意义务的程度可以分为三种不同层次，即普通人的注意义务、善良管理人的注意义务、处理自己事务的同等注意义务。最高人民法院公报案例及本案二审法院对于保全申请人施加的是"不能预见裁判结果"的普通人的注意义务标准，亦即，"由于当事人的法律知识、对案件事实的举证证明能力、对法律关系的分析判断能力各不相同，通常达不到司法裁判所要求的专业水平，因此当事人对诉争事实和权利义务的判断未必与人民法院的裁判结果一致，对当事人申请保全所应尽到的注意义务不应过于苛责"，应当保护善意当事人依法通过诉讼保全程序维护自身的合法诉讼权利。

最高人民法院确立了"申请错误"的过错归责原则，并进一步树立了"善意当事人"的普通注意义务及可预见规则后，在一定程度上扭转了司法实践中此前存

---

① 参见最高人民法院再审审查与审判监督民事裁定书，(2018)最高法民申 2027 号，载《最高人民法院公报》2018 年第 9 期。

② 参见最高人民法院民事判决书，(2017)最高法民终 118 号，载《最高人民法院公报》2018 年第 10 期。

在的仅依据原审案件裁判结果进行认定的“客观标准”，对“申请错误”的认定规则在一定程度上进行了统一。① 但是，主观性的“过错”和是否违反注意义务的认定最终仍需综合依据客观案件事实来加以认定，依据现有观点，可从以下几个方面进行考量：(1)保全前提：申请人提起诉讼的实体权利、基础法律关系、诉讼请求所依据的基本事实和理由是否合理；(2)保全对象及程序：申请保全的对象及程序是否正确；(3)保全范围：申请保全数额与诉讼请求及提交的证据是否基本相当；(4)保全变更及解除：在变更诉讼请求或足以认定超额保全、保全错误时，是否及时申请变更或解除保全措施。

相应地，如果申请人存在以下行为表现，则可能被认定为“申请错误”。

(1)保全前提：申请人所提起的诉讼请求明显无事实和法律依据，基础法律关系不存在等。(2)保全对象：财产保全未限于与本案有关的财物，即当事人争议的财产或被告应承担实体责任的财产；或对案外人的财产及案外人善意取得的与案件有关的财产采取了错误的财产保全措施等。(3)保全范围：申请人申请保全的数额过分高于诉讼请求的范围，构成超额保全。(4)保全变更及解除：在申请人变更诉讼请求或足以认定超额保全、保全错误时，未及时申请变更或解除保全措施。②

对于以上列举的第2点保全对象及程序、第3点保全范围、第4点保全变更及解除的认定，一般有具体的外在客观表现可供识别，因此较少出现争议。本案二审法院亦直接认定一知公司申请程序合法，申请保全的金额与诉讼请求的范围大致相当，且提供了相应的担保，因此不具有违法性。然而对于第1点保全前提的考量，由于其可能涉及原审案件的实体判定，因此对于法院及当事人而言，均具有难以把握的不确定风险，此处亦是本案被告上诉的核心理由及一审、二审法院裁判的分歧所在。

对于第1点保全前提的认定，此前的“客观标准说”认为，申请财产保全的目的是保证将来作出的判决能够得到顺利执行，而生效判决的执行前提和基础是申请人的诉讼请求得到法院的支持，如果其诉请没有获得支持，也就意味着其财产

---

① 例如，此前仍有观点认为，关于保全错误的认定，即由于财产保全错误引起的损害赔偿应该适用无过错责任原则。保全错误应该是一种客观上的判断，而不需要主观上的认定。参见陈兵、姜金良：《财产保全错误类侵权损害赔偿的认定》，载《中国检察官》2015年第2期。

② 参见曹忠明、陆炜炜：《财产保全错误的损害赔偿》，载《人民司法》2020年第17期。

保全申请失去应有的基础。因此持“客观标准”者会主要依据原审案件的裁判结果认定申请人的保全错误，如申请人最终撤诉、败诉，或法院判定的赔偿额超出其诉讼请求构成超额保全，就会被认定为“申请错误”。

然而，若以最高人民法院确立的主观过错归责标准来看，对申请人过错的认定应以申请人在申请保全时对原审案件裁判结果的预见可能性为依据。在原审案件仍存争议、尚未作出终局裁决前，不能苛责善意当事人预知到自身的胜诉结果，从而决定是否申请保全，更不能以事后裁判结果的不确定性来溯及审查申请人事前行为的合理性，否则将会对申请人的合法诉讼权利造成极大的限制。

本案中，一知公司举证，在双方的软件和商业秘密纠纷案件中，百应公司实施商业诋毁行为所主张的权利基础涉嫌侵害他人专利权。鉴定机构出具的鉴定报告也并未显示侵权的存在；百应公司客户经理在软件侵权案未经审查时就直指一知公司“窃取商业秘密”，可初步证明百应公司可能构成商业诋毁。对于一知公司受到的损失，一知公司亦提供了自身投入研发费用的审计报告，举证了百应公司的商业诋毁行为可能给一知公司造成一定的商誉损失。因此，一知公司在财产保全损害责任纠纷的原审商业诋毁案件中诉讼合理，申请财产保全适当，不具有故意或重大过失，不构成“申请错误”。二审法院及再审法院均支持了一知公司的抗辩请求。

从法理上看，法律规则的功能在于稳定行为人的规范性预期，为人们的行为提供确定性的指引。法律在时间效力上亦有“法不溯及既往”的原则。因此，单纯以原审案件的裁判结果这一“客观标准”溯及审查保全申请行为的适当性与合理性，其实质是将原审案件裁判结果的法律效力溯及至申请人申请保全之时的行为，违背了法规范的指引功能和“法不溯及既往”原则。最高人民法院及本案二审法院采纳的主观过错归责原则，不再单纯以保全申请人的诉讼请求是否得到支持为依据认定“申请错误”，保护了善意当事人的合法诉讼程序权利，有利于诉讼保全制度功能的正常发挥。

后记

浙江作为我国的经济大省和科技创新高地，民营经济、商品市场、电子商务和创新创业极为活跃。在此环境下，浙江省执法司法部门处理的知识产权案件数量也一直位列全国前茅。2022 年，全国管理专利工作机关共处理专利侵权案件 57788 件，其中浙江省处理 17202 件，占 29.76%，位居全国第一。2022 年，全国地方各级人民法院新收知识产权民事一审案件 438480 件，审结 457805 件，新收一审专利民事案件 38970 件，其中浙江法院共新收一审、二审、再审等各类知识产权案件 29463 件，审结 29142 件，位于全国第五，新收专利权民事一审案件 6647 件，位于全国第二，仅次于广东法院。

上述案件有相当一部分是浙江的知识产权律师参与承办。浙江省律师协会对知识产权律师极为重视，在 21 世纪初就成立了浙江省律师协会知识产权专业委员会。2020 年本人被任命为知识产权专业委员会主任，在提交给省律师协会的工作规划中有一项重要内容即本届专业委员会在 4 年的任期内拟编撰一本能够反映浙江律师知识产权研究水平和办案能力的著作。此项工作不仅是专业委员会的一项工作成果，也是浙江律师自知识产权专业委员会组建以来承办各类知识产权案件的经验总结。为了编著本书，我们知识产权专业委员会经过多次开会讨论，最终确定本书的体例、书名、文章的内容、范围。党和国家确定建立法官、检察官、行政执法人员、律师的以案释法制度，以增强全民法治观念，推进法治社会建设。故为了做好以案释法工作，确定本书的体例为案例评析。目前市场上着眼于案件影响力、典型性的典型案例评析、经典案例评析的著作较多，但未见其他类型的案例评析。因此，我们从律师的角度，选择争议性较强的疑难案件进行法理评析。最后，确定对近 10 年来律师在办案过程中遇到的疑难知识产权侵权案例背后的法理、办案思路进行分析。编入本书的案例评析共有 26 篇，包括专利案例 6 篇、商标案例 7 篇、著作权案例 2 篇、不正当竞争案例 9 篇、其他与赔偿和程序相关的案例 2 篇。其中有最高人民法院指导案例 1 篇，中国法院十大知识产权案件

2 件、50 件典型案例 3 件，浙江法院十大知识产权保护案件 3 件、浙江法院商业秘密司法保护八大典型案例 1 件，改判案件 10 件。在专利篇中，涉及等同侵权判定、现有技术抗辩证据认定、外观设计近似判定等疑难问题；在商标篇中，涉及涉外定牌加工商标侵权、驰名商标的认定、注册商标冲突、在先使用抗辩、正品重新包装侵权认定等疑难问题；在著作权篇中，涉及实用艺术作品的保护、短视频模板的保护等问题；在不正当竞争领域，涉及关键词竞价排名、有一定影响的包装装潢的认定、商标与字号冲突、商业秘密侵权等疑难问题；在其他类型中涉及刷单行为的性质与财产保全错误的认定等疑难问题。作者在评析相关案例时并非完全以目标案例进行分析，而是结合了法学理论、类案作进一步的深入研究。这本书收集的案例类型丰富、争议较大，对知识产权律师、企业知识产权法务人员、知识产权学者、学生，以及遇到类似案件的当事人，具有很高的实务参考价值和研究价值。

本书的出版，得到了浙江省律师协会和浙江省律师协会知识产权专业委员会的委员们的大力支持，我代表本书全部作者一并予以感谢。

本书各部分作者撰写完毕后，最后由吕甲木、黄润生、周建中、毛爱东负责修改、调整、编辑，最终由吕甲木统稿、定稿。

吕甲木

2023 年 11 月